高速铁路驱动的中国区域经济

覃成林　贾善铭　种照辉　等　著

国家社会科学基金重大项目"高铁快速发展背景下区域经济协调发展及相关政策研究"（11&ZD159）成果

科学出版社

北　京

内 容 简 介

高速铁路是驱动中国区域经济发展的一个新因素和重要力量。本书运用区域经济学的相关理论，以及空间计量、统计、复杂网络、社会网络等分析方法，重点研究了高速铁路的经济属性及其发展方式，高速铁路为中国区域经济增长、区域经济一体化、区域经济集聚及经济带发展、区域经济格局变化、区域经济要素集聚等所带来的影响及影响机制，得到了创新性的理论研究成果和有重要决策参考价值的政策启示。

本书可作为区域经济、城市经济、经济地理、交通经济、区域规划、空间规划、城市规划等领域学者的参考用书，同时可为有关政府部门、企业、智库、社会组织等的决策提供参考。

图书在版编目（CIP）数据

高速铁路驱动的中国区域经济/覃成林等著. —北京：科学出版社，2021.3

ISBN 978-7-03-067036-6

Ⅰ.①高… Ⅱ.①覃… Ⅲ.①高速铁路-影响-区域经济发展-研究-中国 Ⅳ.①F127

中国版本图书馆 CIP 数据核字（2020）第 240275 号

责任编辑：陈会迎 / 责任校对：贾娜娜
责任印制：霍　兵 / 封面设计：无极书装

科学出版社 出版
北京东黄城根北街 16 号
邮政编码：100717
http://www.sciencep.com

三河市春园印刷有限公司 印刷
科学出版社发行　各地新华书店经销
*
2021 年 3 月第 一 版　开本：720×1000 B5
2021 年 3 月第一次印刷　印张：27 3/4
字数：560 000

定价：278.00 元
（如有印装质量问题，我社负责调换）

目　　录

第一章 总 论

中国的高速铁路发展取得了举世瞩目的成就。迄今，中国建成了世界上运营里程最长、空间分布最广的高速铁路网。作为一个新的活跃因素，高速铁路对中国区域经济增长产生了广泛的影响，已经成为塑造中国区域经济格局的一个重要力量。首先，本章将讨论高速铁路的经济属性及其对中国高速铁路建设方式的影响；其次，介绍国外关于高速铁路影响区域经济发展的研究动态；再次，说明本书的主要研究问题及研究思路；最后，总结本书所获得的主要研究结论。

第一节 高速铁路经济属性与中国高速铁路发展方式

一、问题的提出

自 2008 年建成第一条高速铁路[①]以来，中国高速铁路建设与运营取得了不少成就，成为影响经济和社会发展进程的一个新因素。与此同时，近年来社会对高速铁路建设和运营的质疑不断，特别是 2011 年"7·23"甬温线动车特大交通事故的发生，使国内外一些媒体和人士对中国高速铁路发展的批评趋于激烈，认为高速铁路建设过快、高速铁路建设在经济上不合算、民众"被高铁"等。受此影响，中国高速铁路的建设步伐放缓，甚至出现了"急刹车"。这些现象告诉我们，社会对高速铁路的发展，还存在不少的疑问和分歧。究竟中国应不应该发展高速铁路？高速铁路应该在中国经济和社会发展中发挥什么功能？中国应该如何发展高速铁路？笔者认为，对于这些问题，有必要进行科学的回答，而其前提是科学

---

① 指 2008 年开通的京津城际高速铁路。也有学者认为，中国第一条高速铁路是 2003 年 10 月建成运营的秦沈客运专线。

认识高速铁路的经济属性。从根本上看，社会对于高速铁路的质疑或者认识偏差源于对高速铁路的经济属性缺乏科学的认识，或者认识上出现了偏差。

在经济学视野中，高速铁路是一种经济物品。因此，本节试图以经济学的经济物品分类理论为分析基础，形成高速铁路经济属性的分析思路。在此基础上，揭示高速铁路的经济属性。进而，讨论中国高速铁路的发展方式。本节的目的有两个：一是为纠正有关中国高速铁路的认识偏差提供理论支持，二是为国家选择正确的高速铁路发展方式提供决策依据。

二、国外高速铁路发展动因的启示

高速铁路是 20 世纪下半叶在客运技术发展方面非常重要的突破性进展之一（Campos and de Rus，2009）。高速铁路不仅运行速度快，而且是一种安全、舒适、高效的运输方式，为现有铁路运输体系带来了新活力，同时成为现代社会的一个重要标志（Arduin and Ni，2005）。因此，高速铁路首先在发达国家得以发展，并日益受到重视。

1964 年 10 月 1 日投入运营的连接东京（Tokyo）和大阪（Osaka）的日本新干线标志着世界高速铁路时代的来临（Givoni，2006）。随后，欧洲各国相继建成和投入运营的高速铁路有法国的高速铁路系统 TGV（Train à Grande Vitesse）（1981年）、意大利的 Direttissima（1988 年）、德国的城际特快列车 ICE（Intercity-Express）（1991 年）、西班牙的海浪高速 AVE（Alta Velocidada Española）（1992 年），以及横穿英吉利海峡连接英法的欧洲之星（1994 年）。美国于 2000 年开通了北美地区第一条高速铁路——Acela Express。韩国高速列车 KTX（Korea Train Express）也于 2004 年投入运营。迄今，很多发达国家都有高速铁路在运营（Nakagawa and Hatoko，2007）。此外，2001 年欧洲提出了超国家层面的"使铁路复活"的高速铁路发展规划。为应对欧洲和中国高速铁路快速发展带来的挑战，美国政府也推出了雄心勃勃的高速铁路发展计划。

那么，究竟是什么原因促使发达国家竞相发展高速铁路呢？如果从高速铁路的直接经济利润看，发展高速铁路基本上是无利可图的。如表 1-1 所示，高速铁路的建设成本很高，其运营收益与其巨额的投资相比，常常入不敷出，建设投资一般是亏损的（Albalate and Bel，2012；Button，2012）。有关研究指出，发达国家积极发展高速铁路的主要原因有两个：一是高速铁路提供了实时的交通便利、经济效益和社会融合，政府在考虑建设高速铁路时所衡量的不是其所带来的直接经济利润，而是重视其对周边城市和地区发展的带动作用（高柏等，2012）；二是主要看重高速铁路在缓解交通拥堵、降低能耗和保护环境、丰富民众出行选择，以及实现国家区域发展战略等方面所产生的多种正外部性。

表 1-1　部分国家高速铁路线路长度与建设成本

国家	线路	长度/公里	每公里平均成本/亿美元
日本	Tokaido	347	0.026
	Sanyo	389	0.076
	Tohoku	335	0.329
	Joetsu	209	0.320
法国	Paris-Lyon	264	0.070
	TGV	155	0.190
德国	Hanover-Würzburg		0.372
	Mannheim-Stuttgart		0.369
西班牙	Madrid-Valladolid	112	0.560
	Córdoba-Málaga	96	0.400
	Madrid-Barcelona	386	0.280

注：表中数据根据 Albalate 和 Bel（2012）研究成果整理所得；平均成本采用高速铁路开通时的名义美元价格

　　由此，我们不难发现，在探讨高速铁路的经济属性时，宜选择从公共物品而不是私人物品的角度去寻找解决问题的思路。

三、高速铁路经济属性的分析思路

　　在经济属性上，经济学常常把经济物品划分为私人物品和公共物品。新古典经济学主要研究经济社会中私人物品的生产和消费是如何达到均衡的，几乎不研究公共物品的问题。为了弥补这一缺陷，萨缪尔森在 1954 年发表了《公共支出的纯理论》一文，全面研究了公共物品的性质及其如何供给的问题，标志着公共物品理论的形成。公共物品理论的出现使得经济物品分类研究成为可能。而且，随着公共物品理论的不断发展与完善，经济物品分类标准也逐渐形成了与之对应的两种不同方式：一是以经济物品消费特性为基础的分类方式，以萨缪尔森和马斯格雷夫为代表。萨缪尔森提出了经济物品的两分法，即经济物品可以分为私人消费品和集体消费品，然后分析了公共物品在消费方面具有的非竞争性和非排他性两种基本属性，从而开创了从物品消费特性角度分析经济物品的思路。此后，马斯格雷夫沿着同样的思路，提出了"有益物品"的概念，建立经济物品的三分法。二是以经济物品是否具有外部性为切入点从经济物品供给方式的角度对经济物品进行分类。在这方面做出突出贡献的是以布坎南为首的公共选择学派和Marmolo 提出的宪政主义下的公共物品理论。布坎南从共有产权的角度出发，提出了"俱乐部物品"的概念，在弥补了萨缪尔森两分法不足的同时，提出经济物品的公共性是在公共物品供给过程中决定的、与经济物品本身的消费特性无关的观点。此后，Olson 和 ver Eecke 进一步发展了这一思想。Marmolo 则从宪政经济学的角度指出，"公共"和"私人"反映的是经济物品的不同供给方式，他甚至提出没有"公共物品"和"私人物品"的区别，只有"公共供给"和"私人供给"的不同。可见，公共物品理论基本形成了两条不同的研究路径[①]，为经济物品分类研究提供了两种不同的视角，即从经济物品的消费特性和供给方式两个角度分析经济物品的经济属性。

学术界关于高速铁路经济属性的研究尚处于起步阶段，多限于经验性讨论。不过，从将高速铁路作为一种交通方式来看，关于交通运输业经济属性的研究可以为我们认识高速铁路经济属性提供借鉴。贾顺平（2011）指出，交通运输业具有准公共物品的性质，并在经济发展中具有先导作用。张东风等（2007）研究了高速公路的经济属性，认为高速公路是具有自然垄断性的准公共物品。王素君和姜先庆（2010）对高速公路的研究也得出了相同的结论。华宇虹和李文兴（2012）认为，城市轨道交通具有准公共产品的一些特性。冯华和薛鹏（2011）在研究中国高速铁路补贴政策时，指出高速铁路具有自然垄断和部分公共产品的性质，但并未对这一观点进行深入分析。从上述这些研究中，我们可以发现，研究者关于交通运输业经济属性的界定基本达成了共识，就是交通运输业具有准公共物品特性。这为我们探讨高速铁路经济属性提供了思路[②]。

高速铁路作为一种新兴交通方式，既具有交通运输业的一些共性，又具有其自身的特殊性。这种特殊性主要体现在高速铁路所具有的两个主要职能上：一是作为路网，高速铁路是交通基础设施的组成部分，因此，高速铁路的路网建设承担着许多社会职能；二是作为交通工具，高速铁路是人们出行方式的选择之一，因此，高速铁路的运营又具备许多经济职能。同时，高速铁路的路网和运营是一个不可分割的有机系统，无论是其社会功能还是其经济功能都依靠这个有机系统来实现。因此，我们一方面要明确认识到高速铁路路网和运营的相对独立性，另一方面又要注意高速铁路路网和运营的密不可分性。只有这样才能准确地揭示高

---

① 臧旭恒和曲创（2002）认为这两条路径为物品本身的客观技术特性和供给方式；马珺（2005）则将其总结为萨缪尔森-马斯格雷夫方法和布坎南方法。

② 对高速铁路经济属性的研究尚未进入经济理论层面，更多见诸媒体报道的经验判断。例如，任寿根教授在《东方早报》发表的文章《高铁具有"半公共商品"性质》认为高速铁路具有半公共物品的性质；《财经》上的文章《高铁是基础公共服务而非商业行为》认为，高速铁路是公共基础服务而非商业行为；等等。

速铁路的经济属性。基于这种考虑,我们建立了如图 1-1 所示的高速铁路经济属性分析思路。

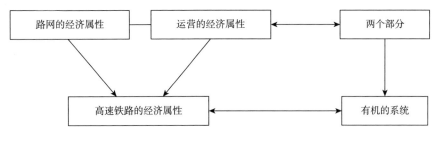

图 1-1 高速铁路经济属性分析思路

四、高速铁路的经济属性

根据国外及中国高速铁路发展的事实,我们认为,高速铁路的经济属性表现在复合公共性和正外部性两个方面。

(一)高速铁路的复合公共性

高速铁路的复合公共性是指高速铁路的路网具有公共性,而其运营具有准公共性。

1. 高速铁路路网的公共性

高速铁路作为路网承担着其作为交通基础设施的重要社会职能,这同时是其作为经济物品时必须要充当的一个角色,本节的一个基本论断是,高速铁路作为路网具有公共性。首先,从其消费特性看,高速铁路作为路网具有非排他性,高速铁路是交通基础设施的重要组成部分。基础设施的基本特性就是基础性、服务性、系统性、从属性、专业性和长效性(金凤君,2012)。从这些基本特性可以看到,任何一个特性都是从高速铁路路网连接区域整体角度起作用的,那么作为整体的高速铁路对区域内居民具有明显的非排他性,任何一个居民在享受高速铁路路网所带来的种种便利的同时都不能将其他居民排除在外。其次,从高速铁路路网的供给主体来看,政府都在世界已有高速铁路建设过程中起了不可替代的作用,中国高速铁路的建设完全是由国家职能部门交通运输部(原铁道部)来推动的,因此高速铁路路网的供给主体是国家层面的公共组织,具有明显的公共性。

2. 高速铁路运营的准公共性

高速铁路在运营过程中，作为交通工具更多承担的是经济职能，其主要目的是实现客流快速、准时和舒适地周转，在这种职能下高速铁路具有准公共性。一是消费的部分非排他性。从高速铁路乘客的角度来看，享受高速铁路服务要购买车票，车票从技术上可以很好地实现排他，因此从运输服务乘客的角度来看高速铁路具有明显的排他性；但是高速铁路运营又会给沿线地区的居民、厂商和政府带来收益，这部分收益很难界定，排他的成本很高，因此从高速铁路运输服务的外延看，高速铁路又具有非排他性，故高速铁路运营具有部分非排他性。二是消费存在一定程度的非竞争性，高速铁路运营存在拥挤效应，在拥挤效应产生前，高速铁路具有明显的非竞争性，随着乘客的增加，逐渐出现拥挤，最后当接近拥挤效应上限时，新增加的乘客会降低其他乘客的效用，高速铁路的消费就开始产生竞争性。三是供给主体的私人性，这一点判断起来较为困难，以中国武广高速铁路为例，武广高速铁路的运营主体是武广铁路客运专线有限责任公司，公司性质为国有企业，从所有制角度看，供给主体应该是国家，但是从经济主体的视角看，公司是一个带有私人性质的独立主体，本节倾向接受后一种观点，高速铁路作为交通工具其提供主体具有私人性质。从高速铁路作为交通工具在运营过程中表现出的消费特性看，其具有明显的准公共性，但是从供给主体来看其又具有一定的私人特性。综合来看，高速铁路在运营过程中的经济属性是较为复杂的[①]，基本的判断是高速铁路在运营过程中从运营本身和运营作为路网公共性延伸两个角度分析，其具有准公共物品的特性。

（二）高速铁路的正外部性

高速铁路作为由路网和运营组成的完整系统，其在建设与运营过程中会产生正外部性，这种正外部性在区域经济发展方面表现尤为突出。

1. 推动区域经济增长

新经济地理学（new economic geography，NEG）研究表明运输成本的降低可以强化区域之间的联系进而推动区域经济增长。高速铁路建设与运营为民众出行提供了一种新的交通方式，可以实现客流的快速和高效流动，从而有效地缩短旅行时间，节约时间成本（Okada，1994；Givoni，2006）。人流的快速流动提高了

---

① 我们认为这一复杂的经济属性是造成现在争议出现的主要原因之一，各方不同结论的得出或许是基于不同的假设条件，因此本节试图找出这一问题的根源。

信息流的交流速度，同时释放了原有线路的货运能力，降低了区域之间的出行成本、信息交流成本和物流成本，实现了区域之间人流、信息流和物流的更快和更大规模的流动，进而推动了其所连接区域的经济增长。此外，高速铁路具有就业带动作用。加利福尼亚高速铁路管理局研究指出，高速铁路建设会在加利福尼亚州北部和南部地区创造短期就业岗位 16 万个，而高速铁路运营则会带来 45 万个新工作岗位（Peterman et al., 2009）。通过增加就业，可以提高居民收入，为拉动区域内需提供支持。同时，高速铁路作为一种战略新兴产业，可以通过产业关联带动产业结构调整和升级。总之，高速铁路建设与运营通过加强区域联系、带动就业和产业关联等效应可以有效地推动区域经济增长。

2. 促进区域可持续发展

高速铁路被认为是环境最友好的交通方式，其能耗是航空运输的 1/3，是汽车运输的 1/5，其运营可以有效地减少 CO_2 排放（Givoni, 2006；Peterman et al, 2009）。参照日本新干线及法国 TGV 和国内有关资料[①]，按每人每公里标准能耗计算，各运输方式能耗比系数如下：内燃机车牵引铁路为 2.86，电力牵引铁路为 1.93，高速铁路为 2.73，汽车为 22.05，飞机为 44.1。因此，高速铁路的能耗大大低于汽车和飞机。随着高速铁路建设与运营的不断推进，民众出行的高速铁路化程度会进一步提高，由此可以有效地减少区域交通能耗，引导民众形成"绿色出行"的理念，为实现区域可持续发展提供基础。

3. 优化城市空间结构

高速铁路可以有效地缩短其所连接城市之间的时空距离，加强城市之间的联系和分工合作，优化城市之间的功能布局。高速铁路站点设置有催生高速铁路新城的可能，高速铁路新城的建设不但可以为区域经济增长提供新的动力，而且可以进一步优化城市空间。从整个高速铁路沿线地区看，高速铁路所带动的人流、信息流和物流规模的增大与速度的加快，对于形成多中心城市区域具有很好的推动作用。从单个城市发展来看，高速铁路站点的设置可以通过转移人流解决城市交通拥堵问题，对于城市本身居民和就业的均匀分布具有带动作用。

4. 加快区域经济一体化进程

区域经济协调发展与区域经济一体化是区域经济发展的必然趋势，高速铁路建设与运营在优化城市空间布局的同时可以有效推进区域经济一体化的进程。首先，高速铁路建设在更大的范围内实现了交通基础设施的一体化，交通基础设施

---

① 根据武广高速铁路调研材料所得。

一体化在实现区域经济一体化过程中具有先导作用。其次，高速铁路建设与运营增大了核心城市的辐射能力，可以有效推动边缘城市和沿线地区的经济发展，单条高速铁路线路有催生高速铁路经济带的可能，从而率先实现高速铁路经济带内部的区域经济一体化。最后，随着高速铁路网络化进程的加快，高速铁路所连接区域的一体化程度将进一步加深，区域之间的协调性将进一步增强。

综上所述，高速铁路作为路网具有公共性，而在运营过程中体现出准公共性。高速铁路作为由路网和运营构成的有机整体，其不仅仅是两个部分的简单加总。高速铁路作为整体要大于路网和运营之和。因此，我们将高速铁路界定为复合公共物品正是基于部分与整体之间的逻辑关系（图 1-2）。高速铁路路网的公共性和运营的准公共性共同决定了高速铁路的复合公共性，同时高速铁路作为一个完整的系统，其作用要远大于路网和运营的简单加总，高速铁路为区域经济发展带来的多种正外部性需要高速铁路作为完整系统时才能实现。

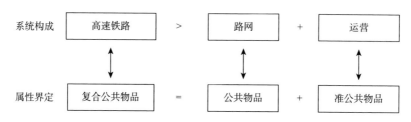

图 1-2　高速铁路复合公共物品属性解析

五、中国高速铁路发展方式的选择

根据高速铁路复合公共物品的经济属性，本节探索了未来中国高速铁路的发展方式。高速铁路路网的公共性决定了其建设应采取政府主导的方式，而高速铁路运营的准公共性则使得其运营可以采取以公司为主体的方式（表 1-2），并且要注意以下几个问题。

表 1-2　高速铁路经济属性与供给主体

高速铁路构成	消费特性		正外部性	经济属性	供给主体
	非竞争性	非排他性			
路网	完全	完全	明显	公共性	政府
运营	部分	部分	明显	准公共性	公司

一是高速铁路建设与运营应首先突出其公共性。单纯从财务角度质疑高速铁路的投资效益差，并将此作为反对中国高速铁路建设的依据是不恰当的，应当摒

弃这种观点。高速铁路在建设过程中固定成本较高，且多以沉没成本的形式体现，同时高速铁路的建设与运营具有多种正外部性，因此，为了获得高速铁路系统所带来的社会效益，中国高速铁路建设还是应该采取政府投资或者政府主导的模式，以此发挥中国的制度优势，尽快实现中国高速铁路网络化，为充分发挥高速铁路在推动区域经济发展和完善区域空间布局中的作用奠定基础。我们应该充分认识到高速铁路所具有的复合公共物品属性和其带来的多种正外部性，合理评价中国的高速铁路建设，并及时纠正民众对高速铁路认识的偏差，为中国高速铁路建设营造良好的社会氛围。

二是高速铁路的复合公共物品属性为其实现"网运分离"提供了理论依据。高速铁路建设的政府主导和运营的公司主体模式是高速铁路"网运分离"的具体体现。在具体运作过程中，可依据"谁投资谁受益"的原则对建设与运营收益进行分配，在成本和收益难以衡量的时候，可以引入第三方对分配方案进行监督和评估。

三是高速铁路建设在政府主导下可以实现投资主体的多元化。高速铁路路网的建设过程主要体现其作为交通基础设施的公共性，此时可以将高速铁路看作一种公共物品，在产权明晰的情况下，赋予高速铁路建设主体相应的经营收益权，为民营资本进入高速铁路建设领域提供激励。例如，允许高速铁路建设主体介入高速铁路运营管理，并赋予其开发高速铁路周边产品的权利，建立投资主体分享高速铁路收益的制度安排，积极引导社会资本进入高速铁路建设领域。

四是高速铁路运营管理可以采用更加灵活的方式。首先，从高速铁路运营的消费特性看，高速铁路具有不完全的排他性，因此高速铁路具有一定的经营性，这就为高速铁路采取公司化运营方式提供了理论基础。其次，运营作为高速铁路系统实现其社会职能的有机组成部分，是高速铁路路网公共性的延伸，因此在高速铁路公司运营过程中，要摒弃高速铁路公司自负盈亏的思路，借鉴国外先进运营经验，加大对高速铁路运营企业的补贴力度[①]，可以采取直接补贴的方式，也可以采取间接补贴的方式。例如，在赋予高速铁路运营公司充分票价制定权的情况下，保留部分低价车票，政府对其差额进行直接补贴，或者通过赋予高速铁路运营公司沿线部分土地的开发权等间接方式进行补贴。最后，加大中央政府和地方政府对高速铁路的支持力度，探索建立中央政府、地方政府和社会资本共同建设和运营高速铁路的制度安排，这样既拓宽了高速铁路建设与运营的投融资渠道，也为高速铁路运营主体与其他交通方式的合作提供了前提，为中国形成综合交通体系奠定基础。

---

① 1999~2004 年日本政府对新干线的补贴基本稳定在每年 30 亿日元左右；德国 1994~2004 年投入铁路的地方化专用资金达到 571.4 亿欧元，平均每年 51.9 亿欧元；2002~2006 年法国国家铁路公司共从中央政府和地方政府获得合同性收入和补贴性收入 314.3 亿欧元。

六、结语

本节以中国高速铁路建设与运营面临的诸多质疑为背景，从经济学视角分析并指出了引起这些质疑的原因是对高速铁路经济属性认识的不清晰。从部分与整体的关系入手，以经济物品分类理论为基础，对高速铁路经济属性进行了探索性研究，得出高速铁路是复合公共物品的结论。在此基础上对中国高速铁路发展方式提出了相应的对策建议。当然，本节在高速铁路公共性与准公共性边界的确定及"网运分离"的具体模式研究方面尚处在探索阶段，还有更大的研究空间值得进一步挖掘。

第二节　国外关于高速铁路影响区域经济发展的研究动态

一、高速铁路对区域经济发展的影响

国外学者就高速铁路对区域经济发展的影响开展了积极的研究。现有文献主要集中在高速铁路对区域经济增长的影响、高速铁路对解决区域经济发展不平衡的影响、高速铁路对经济空间布局的影响这三个方面。

（一）高速铁路对区域经济增长的影响

关于高速铁路能否促进区域经济增长，大致有两种观点：一种观点认为，高速铁路对区域经济增长的作用尚不明晰，即使有影响也是短期影响，而且从长期来看，高速铁路所连接的边缘区域的经济增长率还会下降（Vickerman，1997；Givoni，2006；Marie，2010）。这主要是因为高速铁路影响区域经济增长的程度取决于线路布局、建设成本和环境成本等各方面因素（Givoni，2006）。而且，高速铁路所带来的间接效益很难有效衡量，Elhorst和Oosterhaven（2008）在分析荷兰磁悬浮列车直接效益的基础上，进一步估算了其间接效益。由于并不存在统一的估算标准，他们只是估算了五种间接效益：消费者效用的增加、减少拥堵带来的间接效益、劳动力市场空间重新分布的效益、劳动力市场的空间规模和匹配效益、国际劳动力市场效益。通过估算，磁悬浮列车所带来的间接效益规模是其直接效益规模的0～38%。另一种观点认为高速铁路对区域经济增长具有推动作用。

Kim（2000）在考察日本与欧洲的高速铁路情况后指出，高速铁路可以通过增大可达性和减少旅行时间逐渐改变居民的居住区位选择和工作方式，进而刺激区域经济增长。Ahlfeldt 和 Feddersen（2010）的研究进一步指出，巨大的暂时冲击并不能给经济行为的区域布局带来永久性改变，因此，考察高速铁路建设的短期影响并无多大意义。为此，他们从新经济地理学的视角以德国科隆至法兰克福高速铁路为例，研究了高速铁路对区域经济增长的影响。基于高速铁路通过促进经济主体间更加紧密的联系和提高区域市场可达性，进而推动区域经济增长的假设，他们构建了反映区域市场可达性与区域经济增长因果关系的实证模型。研究发现，高速铁路对站点区域经济增长的影响最大，高速铁路建设后，霍恩林堡和蒙塔鲍尔的经济增长率提高了 2.7%，长期来看，市场可达性的经济增长弹性为 0.25，而且，这种影响是持续性的。他们进一步指出，在研究中只考虑了高速铁路对客运的直接影响，没有考虑其对货运的间接影响，所以，结论存在影响被低估的可能性。

（二）高速铁路对解决区域经济发展不平衡的影响

高速铁路对核心区域和边缘区域经济发展会产生不同的影响。Vickerman（1997）在考察了法国、德国、西班牙及意大利四个国家的高速铁路系统之后指出，高速铁路发展会促进核心区域公司的扩张行为而牺牲边缘区域公司的利益，因而降低了边缘区域的经济增长率。Preston 和 Wall（2008）、Hall（2009）的研究也表明，高速铁路连接的核心区域特别是中心城市的发展会对边缘区域产生不利影响，甚至会产生极化效应。当高速铁路增大了所连接城市的可达性时，也使得这些城市之间的区域变得分离，进而产生"隧道效应"（tunnel effect）（Ureña et al.，2009）。因此，高速铁路并不能提升区域的内聚力，而是提升了区域的极化水平（Albalate and Bel，2012）。但是，也有学者持有不同的观点。Sasaki 等（1997）通过构建供给导向（supply-oriented）的区域经济增长模型，分析了日本新干线建设对日本区域经济发展不平衡的影响。他们首先分析了高速铁路影响区域经济发展的三种情形——没有时滞的影响、有时滞的影响、长期的模拟影响。然后，分三个区域（中心区域、北部区域和南部区域）和五种情况就新干线建设对区域经济发展的影响进行了模拟。研究发现，新干线网的扩张在一定程度上促进了核心区域的经济扩散，但是却无法解释核心区域经济过度集中的问题，特别是将生产能力的长期影响考虑到模型中时，通过实证分析发现，经济扩散程度在一条新高速铁路线路运营前后并没有显著的提升。他们进一步的研究发现，产生这一结果的原因是现有新干线的存量效应（stock effect）对核心区域是有利的，在边缘区域新建高速铁路线路又进一步增大了核心区域的可达性。

部分学者还细分了高速铁路对不同类型区域经济发展的影响。Ortega 等（2012）将区域经济发展不平衡转变为可达性的差异，以西班牙加利西亚高速铁路为例，从国家、交通沿线、区域和溢出四个层面，以及不建设高速铁路和建设高速铁路两种情形，分析了可达性和可达性变异系数的变化情况。研究发现，在国家、交通沿线和溢出三个层面，高速铁路可以在增大可达性的同时减小可达性变异系数，其中可达性的增大幅度分别为 2.86%、5.24% 和 4.12%，而可达性变异系数减小幅度分别为 2.94%、12.83% 和 10.30%。而在区域层面，所考察的七个城市的可达性都有所增大，但是可达性变异系数的变化存在差异，有四个城市的可达性变异系数减小，有三个城市增大[①]。

（三）高速铁路对经济空间布局的影响

Hall（2009）指出高速铁路的空间影响是复杂的，而且，过去和现在的研究都发现高速铁路具有很强的空间影响，高速铁路建设和运营会带来时空压缩效应，从而改变高速铁路连接区域的经济空间布局。Spiekermann 和 Wegener（1994）运用逐步多维标度（stepwise multidimensional scaling，SMDS）法代替原有的多维标度（multidimensional scaling，MDS）法，克服了多维标度法在地图时空转换过程中产生的过分扭曲，同时他们采用三角形插值法，分别绘制了欧洲、西欧、德国和法国高速铁路建设前后的时空地图，通过与原有地图的比较，揭示高速铁路建设所带来的时空压缩效应对经济空间布局的影响。他们进一步指出，高速铁路仅仅是连接了主要城市，而不是城市之间的区域，时空压缩效应分析忽略了高速铁路连接城市之间的区域可能成为新边缘区域的事实，这些区域由于高速铁路的引入，其可达性会相对减小，甚至会因原有站点的取消而绝对减小。Kim（2000）预测了汉城（2005 年其中文翻译名称正式更改为首尔）至釜山高速铁路运营后对韩国区域经济空间布局的影响，指出居民会进一步集中于汉城及其周边地区，同时工作机会和经济行为会逐渐呈现扩散化趋势，最终将形成一个更加扩散的经济区域。

二、高速铁路影响区域经济发展的机制

可达性衡量到达目的地的难易程度，这意味着可达性与旅行时间成反比；同时，可达性也衡量目的地的价值，目的地的经济行为越多，其价值就越高

---

① 七个城市是指 La Coruña、Madrid、Orense、Pontevedra、Segovia、Valladolid 和 Zamora。Pontevedra、Valladolid、Madrid 的可达性变异系数增大，其他四个城市减小。

（Levinson，2010）。国外学者主要通过分析高速铁路所带来的可达性变化对居民和厂商行为的影响来研究高速铁路影响区域经济发展的机制。

（一）高速铁路影响下的居民出行行为及居住区位选择变化

Oosterhaven 和 Romp（2003）的研究指出，居民平均通勤时间基本保持不变，而且通勤时间的分布也是稳定的。因此，高速铁路运营会带来旅行时间的节省，进而影响家庭流动和就业流动。他们以荷兰高速铁路为例做实证研究，发现高速铁路发展会引起居民迁移行为的增加，从而带动区域经济发展。高速铁路还会通过影响房价改变居民的居住区位选择，但是，高速铁路对房价的影响在不同区域是不相同的。Bowes 和 Ihlanfeldt（2001）指出，可达性增大可以减少通勤时间，因此铁路站点的可达性变化会影响房地产价格。他们以美国佐治亚（Georgia）州为例的实证研究表明，那些离城市中心足够远的站点可以吸引居民居住，从而提高当地房价。Debrezion 等（2011）在研究荷兰铁路线对房价的影响时发现，那些邻近铁路站点区域的住房需求价格要比离站点 15 公里及其以上的区域高 25% 左右。此外，高速铁路线路的布局方式还会影响居民的出行效率。Nakagawa 和 Hatoko（2007）比较了瑞士与日本的高速铁路网络，发现拥有精确时间安排的瑞士网状高速铁路网络比日本的"核心-边缘"高速铁路网络更加有效，其可为居民提供更好的交通服务。

（二）高速铁路影响下的厂商区位选择变化

Vickerman（1997）指出，高速铁路可以增大所连接城市和区域的可达性，由此提升这些城市和区域作为厂商区位选择的吸引力，吸引厂商选址于此，形成厂商聚集，最终推动区域经济发展。但是，也有学者通过研究发现，高速铁路站点附近并没有吸引厂商入驻，尤其是高级的服务公司，但商业旅行和商务会议能从高速铁路建设中获益（Martín，1998）。

一些学者对可达性进行分解，深入研究哪些可达性因素在厂商区位选择中起主要作用。Willigers（2003）将可达性划分为四类：现有和潜在雇员的可达性、现有和潜在顾客的可达性、其他厂商选址的可达性、其他现有和潜在商业活动的可达性。然后，通过问卷的方式调查了在 1998～2002 年迁移或者有新选址的厂商、在高速铁路站点周围的厂商和至少有 10 个雇员且为非零售与餐饮类的厂商对上述四个可达性因素的评价，得到以下结论：①在可达性因素重要程度评价方面，厂商之间存在很大差异；②不能用一个单一指标将厂商区位选择中的可达性准确表述；③在厂商区位选择过程中，邻近高速铁路线路的可达性比高速铁路线路本身更重要；④高速铁路在厂商区位选择中的作用不是由可达性单独决定的。

三、高速铁路影响区域经济发展的研究方法

根据研究目的不同，国外学者采取的研究方法主要分为三类：一是探讨高速铁路建设可行性的成本-收益分析法，二是反映高速铁路时空压缩效应的地理空间信息分析法，三是研究高速铁路影响和其机制的计量模型分析法。

（一）成本-收益分析法

成本-收益分析法主要是分析高速铁路建设和运营的可行性问题。在成本分析方面，学者关注的视角不同，因此对于高速铁路成本分解的方式也存在较大差异。Levinson 等（1997）将高速铁路成本分为基础设施成本、运营成本、乘客成本和社会成本四类。de Rus（2008）则将成本分为基础设施成本、运营成本和外部成本三类。而且，每一个大类下具体的成本测算也不同。在建设成本方面，Campos和 de Rus（2009）援引国际铁路联合会 2005 年的研究指出，高速铁路新线路基础设施建设包括三类重要成本：一是规划与土地成本，这部分成本主要包括可行性的分析、规划设计、土地征用，以及其他成本，而且主要以沉没成本的形式体现，一般占到总投资成本的 5%～10%；二是基础设施建设成本，这部分成本占到总投资成本的 10%～25%，在地形较为复杂的区域其所占比例会上升到 40%～50%；三是配套设施建设成本，一般占到总成本的 5%～10%。在运营成本方面，Campos和 de Rus（2009）指出，高速铁路运营成本分为基础设施运营成本和列车运营成本，其中，基础设施运营成本包括劳动力成本、维护和消耗的其他材料的成本，以及导轨、站点、车辆、能源供给、信号系统、调度和安全系统的成本等；列车运营成本主要包括列车操作和转轨成本、列车和设备维护成本、能源成本，以及售票和管理成本。劳动力成本在每一类运营成本中所占比例最大，占到设备维护成本的 50%、轨道维护成本的 45%，以及电力输送设备维护成本的 55%。在外部成本方面，Campos 和 de Rus（2009）指出，外部成本包括事故、噪声、空气污染、气候变化、城市影响和上游或者下游影响等带来的成本，他们通过比较巴黎至布鲁塞尔、巴黎至维也纳这两条欧洲交通要道的汽车、航空和高速铁路三种运输方式的外部成本，发现巴黎至布鲁塞尔高速铁路的外部成本还不到汽车或者航空运输的 1/4，其中，1000 人每公里的外部成本如下：汽车为 43.6 欧元、航空为 47.5 欧元，而高速铁路只有 10.4 欧元；巴黎至维也纳的汽车、航空和高速铁路 1000 人每公里的外部成本分别为 40.2 欧元、28.7 欧元和 11.7 欧元。在收益测算方面，涉及旅行时间的节约、服务质量的提高、客流量的增加、外部成本的下降和二级

市场的间接效益等，而经济活动再分布及其所带来的区域经济协调发展效益一般未被考虑（de Rus，2008）。

尽管学者的分析方法存在差异，但是基本结论大体上是一致的，就是高速铁路的建设成本较高，而且固定成本在建设成本中所占比例较大（Albalate and Bel，2012）。乘客需求在收益测算中的影响至关重要（Peterman et al.，2009），高速铁路必须要连接那些人口密集、存在严重交通拥堵问题和航空线路不足的大都市（Nakagawa and Hatoko，2007），同时应注意高速铁路与其他交通方式的无缝对接（Shin，2005）。

（二）地理空间信息分析法

地理空间信息分析法主要是采用地理信息系统（geographic information system，GIS）绘制时空地图来分析高速铁路对区域经济空间布局的总体影响，比较有代表性的方法有逐步多维标度法和三角形插值法相结合的方法。Spiekermann 和Wegener（1994）介绍了三种在地图上反映时空联系的方法，并将时空地图法作为重点，介绍了多维标度法在绘制时空地图时存在的两个主要问题：一是多维标度法设置校准（calibration）节点仅仅是以旅行时间为基础，并未考虑地图中存在的地形因素，因此可能导致地图绘制过程中的地形扭曲；二是由插值方式所引起的问题，因为在插值过程中需要计算校准节点的加权临近抵消值，所以会导致地图转换过程中出现跳跃现象，这种跳跃可能导致在地图绘制中出现错误，由此带来节点之间存在过大时间距离的误解。为消除这种方法存在的两个缺陷，他们引入了逐步多维标度法和三角形插值法，分别将地形扭曲可能产生的影响最小化，以及避免在海岸线和国界线出现的跳跃。逐步多维标度法的逐步过程主要应用于校准网络的环形部分，以及用来固定每一个环形区域的校准节点，其优点是通过初始节点的选择决定地图哪部分是稳定的及扭曲发生的方向，由此得到一个更容易理解的时空地图绘制方法。三角形插值法基于在数字地形模型中采用的三角测量法，即在已知海拔的不规则空间点之间加入等高线，避免插入线中存在的跳跃现象。

（三）计量模型分析法

国外学者采用计量模型分析法主要研究高速铁路对区域经济发展的影响及机制。总体上，在分析高速铁路对区域经济发展的影响时，学者主要运用新经济地理学理论和投入产出方法来建模。新经济地理学模型的一个基本结论是，由于聚集经济的相互作用，以及规模经济和运输成本的存在，区域可达性的增大可以推动区域经济发展（Ahlfeldt and Feddersen，2010）。部分学者在模型分析过程中，采用倍差（difference in differences，DID）法研究可达性冲击对区域经济发展的影响（Redding and Sturm，2008；Ploeckl，2010；Ahlfeldt and Feddersen，2010）。Wang 和 Charles（2010）在分析现有研究方法的基础上，构建了一个包括交通系统模型和多区域投入产出模型的综合运输多区域投入产出模型（integrated transport multiregional input-output model）。在这个模型中，交通系统模型主要用来分析高速铁路建设所带来的可达性变化，多区域投入产出模型将澳大利亚分为四个经济区域，而且假定在商品和劳动力市场完全竞争条件下，每个区域采用规模报酬不变的方式生产一种代表性产品，以此来估算产出的影响。然后，分析高速铁路对区域经济发展的影响。在这些研究中，一般都要计算可达性，而且多采用网络可达性分析 GIS 工具箱。此外，还有学者构建了供给导向区域经济增长模型（Sasaki et al.，1997）。在估算高速铁路对劳动需求的影响时，Oosterhaven 和 Romp（2003）通过构建通勤区位选择模型、空间通勤一般均衡模型（spatial commuter general equilibrium model）和投入产出矩阵（input-output matrix）分别估算居住迁移行为、交通成本节约引致的就业与消费增加引致的就业。因为未充分考虑高速铁路高票价的影响，所以在利用通勤区位选择模型估计居住迁移行为时会出现高估现象；而利用空间通勤一般均衡模型估计交通成本节约引致的就业时，由于未充分考虑聚集经济的影响，则存在低估的可能。

四 、结 语

国外学者关于高速铁路与区域经济发展的研究取得了积极进展，呈现出以经济学为主体，融合地理学、环境科学和社会科学等相关学科的多学科综合研究特点。同时，关于高速铁路与区域经济发展的研究存在以下需要深入探讨的地方。

首先，高速铁路影响下的可达性研究需深化。可达性是分析高速铁路影响区域经济发展的重要工具，因为，可达性增大可带来两种效应：一是提高总福利水平，二是使得福利在各区域之间重新分配（Levinson，2010）。用单一、简单的可达性指标很难全面反映这两种效应。因此，在未来的研究中，有必要对可达性的测度方法进行深入研究，尤其是需要对可达性进行分解，以便深入分析各种可达性因素的作用。

其次，关于高速铁路影响区域经济发展的领域及机制研究需要进一步拓展。在研究领域方面，还需要重视高速铁路对区域产业转移及分工、区域经济合作、区域经济一体化发展、区域经济空间组织格局变化等的影响。在研究机制方面，国外现有研究主要是从高速铁路影响居民和厂商区位选择行为方面来进行的，忽略了高速铁路对于各类区域政府经济发展决策和管理行为的影响，也忽略了高速铁路对于国家区域经济发展战略调整和管理决策的影响。因此，全面、系统地分析高速铁路对于各类区域经济主体空间行为变化的影响，是科学揭示高速铁路对区域经济发展影响机制的关键。

中国自 2008 年建成第一条高速铁路以来，高速铁路无可争议地成为影响中国区域经济发展的一种重要的、新的运输方式。但是，中国高速铁路建设和发展也遭遇了很多的质疑甚至反对。从国外发达国家大力发展高速铁路的实践看，中国加快发展高速铁路的决策和方向是正确的。就高速铁路对区域经济发展的影响而言，笔者认为，需要积极围绕中国区域经济发展的重大问题，超越经验分析的局限，科学研究高速铁路发展对于中国区域经济增长、区域产业分工、区域空间开发与空间结构调整、区域经济一体化发展、区域发展不平衡等的影响，充分发挥高速铁路对区域经济协调发展的促进作用，并以区域经济协调发展为导向，对高速铁路建设规划进行必要的调整和完善，从而为相关决策提供科学依据。

第三节 本书主要研究问题及思路

一、本书主要研究问题

近年来，高速铁路对于区域经济发展的影响已经被许多学者所关注。大体上，已有文献关于高速铁路是否对区域经济增长产生了影响，高速铁路对区域经济空间格局的影响，高速铁路对要素流动、产业转移、区域分工的影响等问题做出了积极的探讨。本书拟在这些已有研究的基础上，重点研究以下几个问题。

（一）高速铁路对区域经济增长的影响

关于高速铁路对区域经济增长的影响，已有研究存在一定的分歧。有学者认为，高速铁路具有推动区域经济增长的作用（Kim，2000；Ahlfeldt and Feddersen，2010）。还有一些学者认为，高速铁路对区域经济增长的影响并不显著或者难以确定（Givoni，2006；Marie，2010；Chen et al.，2016）。与这些已有研究观点不同的是，笔者认为，高速铁路对区域经济增长的影响是一个复杂的现象。这个现象的复杂性主要有四个方面。其一，高速铁路建设及运营的个体差异。在中国，高速铁路有 250 公里/小时和 350 公里/小时两种设计速度、对应的高速铁路运行速度则分别是 200 公里/小时和 300 公里/小时。在山区部分复杂路段，高速铁路的运行速度甚至低于 200 公里/小时。在不同的高速铁路线路之间，以及同一条高速铁路的不同站点之间，还存在着运行频次上的差异。显然，对于不同的区域而言，其高速铁路的运行速度和频次都不完全相同。由此可见，对于不同区域的经济增长而言，高速铁路事实上是一个差异性较大的影响因素。其二，高速铁路与其他交通方式的匹配关系。在中国，高速铁路主要是运输旅客的，所以，又称为客运专线。在旅客运输方面，高速铁路对一个区域的旅客运输效率的影响还有赖于公路、航空等交通的配合，它们共同决定区域旅客的集散效率。此外，由高速铁路所引起的信息、资本、技术的流动，以及货物的运输，更需要其他交通方式的配合。所以，在交通条件发达和不发达的区域，高速铁路作为一个新的交通条件，其对区域经济增长所产生的影响很有可能是不一样的。其三，在本质上，高速铁路仅是影响区域经济增长的一个条件。其对某个或者某类区域经济增长产生的影响与该区域或者该类区域的其他经济增长因素密切相关，这也可能导致同样的高速铁路条件对不同区域所产生的经济增长影响却不尽相同。其四，高速铁路对区域经济增长的影响可能存在时间上的差异。即在有的情况下，受多种因素的影响，高速铁路对区域经济增长的影响在短期内没有显现出来。因此，如果观察的时间不够长，就不易发现高速铁路对区域经济增长的影响。相反，如果高速铁路对区域经济增长的影响存在随时间的衰减效应，那么，分析时段不同，所获得的观察结果就有可能各异。从现有文献来看，高速铁路对于区域经济增长影响的这种复杂性并没有得到很好的体现。当然，从数据获取、研究的难度考虑，我们必须承认，这种复杂性无疑难以在相关研究中给予充分的反映。但这并不能阻碍我们在这方面进行探索。正是基于这样的考虑，本书拟在前人研究的基础上，继续深入地探讨高速铁路对区域经济增长的影响，试图揭示出其中的差异性，以证明高速铁路对区域经济增长的影响不是简单的有或者无的问题。

在修建高速铁路的决策中，寄希望于高速铁路带动欠发达区域的经济增长、改变区域发展不平衡的格局是有关国家所考虑的一个重要因素（高柏等，2012）。中国的《中长期铁路网规划（2008 年调整）》中提到"促进区域协调均衡发展"是所坚持的规划原则之一。该规划中的"四纵四横"网络规划及建设也遵循了这个原则。若从区域经济增长的角度来理解建设高速铁路的动机或者原则，会引出这样一个问题，即高速铁路是否具有促进区域经济增长趋同的作用。从已有研究文献看，交通条件的改善是有利于区域经济增长发生趋同的（刘生龙和胡鞍钢，2010）。就铁路交通而言，同样能够产生促进区域经济增长趋同的作用（张光南等，2011；王会宗，2011）。以此类推，高速铁路也应该具有促进区域经济增长趋同的作用。因此，本书在分析高速铁路对区域经济增长的影响时，将专门考察高速铁路发展是否能够促进沿线城市的经济增长发生趋同。

（二）高速铁路对区域经济一体化的影响

相关研究文献对高速铁路产生的时空压缩效应[①]有高度的认同，并常常用来说明高速铁路对经济社会活动所产生的广泛影响。高速铁路最直接的作用是加快了旅客的运输速度、扩大了客流范围及规模，间接地对区域之间的人流、信息流、资金流、货流等产生积极的影响。由此不难推论，高速铁路发展是影响区域经济一体化的一个不可忽视的因素。在 Puga（2002）、Ortega 等（2012）的研究中，均提到了高速铁路有促进区域经济一体化的作用。在中国，部分学者的研究也有类似的结论（吴昊，2009；张学良和聂清凯，2010）。但是，这些并不是专门研究高速铁路对区域经济一体化影响的文献，因此，没有就中国的大规模高速铁路建设对区域经济一体化所产生的影响做系统的分析，也没有深入地探讨其中的影响机制。本书拟专门探讨高速铁路发展对区域经济一体化的影响及机制，以弥补现有研究在这方面的不足。

另外，我们注意到，根据《中长期铁路网规划（2008 年调整）》，中国要在城市群内部规划建设高速铁路网络，具体为"在环渤海、长江三角洲、珠江三角洲、长株潭、成渝以及中原城市群、武汉城市圈、关中城镇群、海峡西岸城镇群等经济发达和人口稠密地区建设城际客运系统"。由此可以预见，高速铁路将对城市群一体化发展产生深刻的影响。而已有研究文献尚未对这个问题给予足够的重视。因此，本书在讨论高速铁路对区域经济一体化影响的基础上，进一步探讨城际轨道交通对城市群一体化发展的影响。

（三）高速铁路对沿线经济活动分布及经济带发展的影响

高速铁路是一种线状的基础设施。根据区域经济空间组织的相关理论，高速铁路对区域经济空间组织所产生的影响将会以"空间线"的形式呈现。Sasaki 等（1997）认为，日本新干线会引起沿线城市的区位条件变化，从而影响企业选址，并进一步引起经济活动分布的变化，因此，预计经济活动将向新干线沿线区域集聚。Ollivier-Trigalo 和 Barone（2011）认为，法国 TGV 的建设有利于促进法国六大区域之间的联系，引导经济活动的空间分布。中国高速铁路的线路长度、分布的广度都是前所未有的。从空间组织的一般原理推论，高速铁路可以提高沿线区域的可达性，从而增强其对经济活动的区位引力，促进经济活动向沿线区域集聚。

---

① 严格地讲，交通时间的缩短可以理解为时间被"压缩"，但是，空间无论如何是不变的，故空间"压缩"并不成立。由此可见，时空压缩效应的说法并不科学。

进一步，我们不难预测，随着中国高速铁路的大规模建设及投入运营，高速铁路必将成为影响中国区域经济空间集聚的一个活跃而重要的因素。

高速铁路对经济活动空间分布所产生的上述影响为经济带发展提供了有利条件。Blum 等（1997）认为，高速铁路可以形成新的经济走廊。这种经济走廊实质上就是区域经济学或者经济地理学意义上的经济带。杨维凤（2010a）认为，京沪高速铁路将促进沿线区域形成一条经济带。刘晶（2011）则主张依托高速铁路建设高速铁路城市带。在实践中，随着南广高速铁路、贵广高速铁路的开通运营，广东、广西、贵州三省区积极谋划共建高速铁路经济带。这项工作持续至今，南广高速铁路经济带、贵广高速铁路经济带的建设已经取得了明显的成效。此外，京沪高速铁路经济带、京广高速铁路经济带也是沿线区域在积极推动建设的经济带。但其效果暂不如南广高速铁路经济带和贵广高速铁路经济带。鉴于经济带是区域经济空间组织的一种重要形式，以及高速铁路对于经济带发展可能产生的影响，本书将分析高速铁路影响经济带发展的机制，并定量分析"四纵四横"高速铁路干线对沿线经济带发展产生的影响。

（四）高速铁路对区域经济格局的影响

区域经济格局的不平衡是一个经久不衰的研究问题。那么，作为一个对区域经济发展具有重要且广泛影响的交通条件，高速铁路发展将会对区域经济格局产生何种影响呢？从各国建设高速铁路的规划看，借助高速铁路建设改变区域经济发展不平衡状态是一个主要目的。如上所述，中国的《中长期铁路网规划（2008年调整）》强调了高速铁路的建设要遵循促进区域协调发展的原则。所以，从实践来看，有关国家的政府认为高速铁路是可以影响区域经济格局的，而且可以使区域经济格局朝着协调、均衡的方向发展。但是，在学术研究方面，关于高速铁路是否能够促进区域经济格局走向均衡却存在两种不同的认识。一种观点认为，高速铁路有利于改善区域经济格局的均衡性（Sasaki et al., 1997；Ortega et al., 2012）。另一种观点则认为，高速铁路将扩大核心与边缘的经济差异，从而不利于改善区域经济的均衡性（Vickerman, 1997；Givoni, 2006；Elhorst and Oosterhaven, 2008；Marie, 2010）。那么，这两种不同的观点是否成立？或者，在什么样的条件下成立？这是本书将要讨论的一个问题。

城市化是区域经济格局的一种表现形式。高速铁路所连接的站点都是城市，所经过的区域有些是城市化水平相对较高的城市区域，还有一些是城市化水平较低的区域，因此，高速铁路将如何影响城市化呢？对此，部分学者做了初步的探讨，认为高速铁路是影响城市化的一个积极因素（樊桦，2011），高速铁路发展有利于城市之间的同城化（王昊和龙慧，2009；尹冰等，2010）及城市群发展（苏文俊等，2009；彭宇拓，2010）。但是，这些研究偏重说理，而缺乏深入的实证分析。因此，本书在揭示高速铁路影响城市化机制的基础上，拟就高速铁路对中国城市化的影响做必要的定量分析。

从区域产业发展看，高速铁路是一个不可忽视的影响因素。尤其是对区位交通条件敏感的生产性服务业而言，高速铁路发展将会是引致其格局发生改变的重要力量之一。然而，已有研究对此却缺乏必要的关注。笔者认为，生产性服务业在中国的产业结构调整和升级中占据着重要的地位，必将对区域经济格局产生深刻的影响。因此，有必要分析高速铁路对生产性服务业的空间格局所产生的影响。这方面的研究将有助于进一步判断高速铁路对区域经济格局可能引起的变化。

（五）高速铁路对区域经济要素集聚的影响

经济要素在空间上的流动和集聚是区域经济运行的微观基础之一。交通条件是影响经济要素空间流动和集聚的一个重要因素。高速铁路作为一个新的交通方式，对于经济要素的空间流动和集聚必然产生直接或者间接的影响。这是高速铁路影响区域经济发展的途径之一。关于这个问题，已有部分学者做了积极的探讨。Sasaki 等（1997）认为，日本新干线将吸引经济要素向沿线城市集聚。王姣娥和焦敬娟（2014）认为，高速铁路发展将会对中国的经济要素流动产生重要的影响。吴晖（2014）则指出，高速铁路发展可以加速经济要素的流动，导致物力、人力及投资等向高速铁路沿线城市集聚。然而，这些研究工作并不专门讨论高速铁路对经济要素流动和集聚的影响，仅是在相关的研究中涉及了这方面的分析。因此，本书拟就高速铁路发展对区域经济要素集聚影响进行专门的研究。在具体的研究中，本书把 1997～2011 年中国铁路六次大提速也纳入分析框架之中。所以，将分析的主题定为铁路交通发展对沿线城市要素空间集聚的影响。

与大城市、特大城市不同，资本是中小城市必须以更大努力去吸引的经济要素。高速铁路对沿线大中小不同等级规模城市的区位条件改善程度存在明显的差异，那么，中小城市是否因高速铁路发展而增大了资本的集聚或者是出现了资本的流失？这是一个需要通过理论及实证研究予以回答的问题。需要说明的是，学术界对这个问题尚未给予关注。所以，本书将用一章内容来讨论高速铁路对中小城市资本集聚的影响。

二、本书总体研究思路

本书没有就高速铁路对区域经济发展的影响进行系统性分析，而是抓住高速铁路对中国区域经济影响的主要方面展开研究，同时，试图对已有文献所没有进行研究或研究结果分歧比较大的领域开展专门的研究。正是基于这样的出发点，本书选择了上述五个主要研究问题。这五个问题之间，以及本章的第一节和第二节之间存在着如图 1-3 所示的逻辑关系。

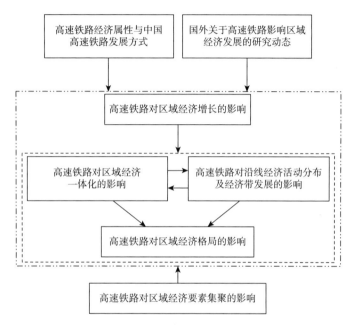

图 1-3　本书主要研究问题的逻辑关系

其中，本章第一节讨论高速铁路的经济属性，并以此为基础阐明中国高速铁路的发展方式，从而确立本书研究高速铁路对中国区域经济影响的基本前提，即高速铁路是复合公共物品。因此，不仅要由政府来主导高速铁路发展，而且必须把促进区域经济发展作为高速铁路规划和建设的一个重要决策变量。本章第二节重点介绍了国外关于高速铁路影响区域经济发展的研究动态。西方发达国家的高速铁路建设兴起于 20 世纪 60 年代，所以，关于高速铁路对区域经济发展影响的相关研究早于中国。这些研究工作为本书提供了重要的理论观点和方法参考。

区域经济增长是区域经济发展的重要体现，对区域经济其他方面的变化具有基础性的作用。因此，本书首先在第二章研究高速铁路对区域经济增长的影响，在第三章研究高速铁路发展对城市经济增长趋同的影响。以此为基础，第四章和第五章分别研究高速铁路发展对区域经济一体化的影响、城际轨道交通对城市群一体化发展的影响。第六章研究高速铁路发展对沿线城市经济活动分布的影响，第七章研究高速铁路建设对经济带发展的影响。这四章之间的逻辑是，高速铁路所推动的区域经济一体化发展与高速铁路影响下的沿线经济活动分布变化、高速铁路经济带的发展之间大体上是过程与结果的关系。在高速铁路的作用下，区域经济发展所发生的这些变化必然反映在区域经济格局的变化上，因此，本书在第八章、第九章、第十章分别从区域经济格局的均衡性变化、城市化格局演变、城市生产性服务业空间格局变迁三个方面分析了高速铁路发展对区域经济格局的影响。最后本书在第十一章和第十二章专门讨论高速铁路发展对沿线城市要素空间集聚和沿线中小城市资本集聚的影响，试图在已有研究的基础上，揭示在高速铁路影响下，经济要素将会出现的变化。这个研究工作为前面关于高速铁路对区域经济增长、区域经济格局等影响的分析提供进一步的支持。

在研究方法方面，本书主要采用文献分析和定量分析方法，辅之以 GIS 技术、实地考察、专家咨询等方法。其中，文献分析用于对国外和国内的相关研究文献进行梳理，明确本书在上述五个问题研究中所要解决的重点和难点问题。同时，对所收集的来自政府部门的有关规划和政策资料进行分析，获得必要的事实根据。在定量分析方面，主要是采用空间计量分析方法、网络分析方法和统计分析方法。高速铁路、区域经济发展方面的数据均包含空间关系信息，高速铁路对区域经济发展的影响同样有空间关系信息，因此，本书把空间计量分析方法作为一种主要的分析方法。为了与空间计量分析方法配合，本书在数据处理和结果呈现形式方面采用了 GIS 技术。运用定量分析方法，本书力图将定性分析与定量分析有机地结合起来，以获得确定性的研究结论。值得一提的是，考虑到中国的高速铁路是一个网络而不是单一的线路，本书引入了社会网络、复杂网络及交通网络等网络分析方法，试图更好地揭示高速铁路作为一个交通网络对区域经济发展的影响。这是本书与许多已有研究所不同的地方。此外，本书把研究过程中通过实地考察、专家咨询获得的资料及认识运用于相关问题的研究之中，以充实研究内容，提高研究结果的可靠性。

第四节 本书主要研究结论

本节对本书就高速铁路的经济属性及中国高速铁路建设方式、高速铁路对区域经济增长的影响、高速铁路对区域经济一体化的影响、高速铁路对沿线经济活动分布及经济带发展的影响、高速铁路对区域经济格局的影响，以及高速铁路对区域经济要素集聚的影响等所获得的研究结论做如下总结。有关的具体内容，请见本章第一节和后面各个章节。

（一）关于高速铁路的经济属性及中国高速铁路建设方式

本章第一节从经济学的角度，论证了高速铁路是一个复合公共物品。作为一种区域性快速交通方式，高速铁路由两个部分构成，一是路网，二是运营。其中，高速铁路的路网具有公共性，高速铁路的运营则具有准公共性。它们有机组合成高速铁路运输系统。因此，高速铁路在经济属性上是复合公共物品。

高速铁路的建设方式由其复合公共物品属性决定。一方面，高速铁路的路网具有公共性，因此，应采取政府主导的方式来建设；另一方面，高速铁路的运营具有准公共性，所以，其运营则可以采取以公司为主体的方式。

基于上述认识，本书认为，中国建设高速铁路需要突出其公共性，不能仅仅考虑其直接经济效益，而是要从促进区域经济增长，推动区域经济协调发展，保持全国经济持续增长，以及为全国和区域的经济结构转型升级创造条件等方面统筹规划和推进高速铁路网络建设。按照"网运分离"的思路，高速铁路路网建设需要由政府主导，但不排斥投资主体的多元化；高速铁路运营则可以公司为主体，适度引入市场竞争，以提高运营效率。

（二）关于高速铁路发展对区域经济增长的影响

本书第二章在非均质空间假定下，从经济主体与区位匹配的视角，构建了市场区演进模型，证明交通发展对区域经济增长的作用包括降低运输成本和促进市场区扩大；对于交通线路的沿线区域而言，交通发展所产生的降低运输成本的作用是无差异的，但是其所产生的市场区扩大效应却与区位的初始要素禀赋条件密切相关。由此可见，同一条高速铁路、不同的高速铁路线路对区域经济增长的影响必然是有差异的。第二章运用倍差法和倾向得分匹配倍差（propensity score matching-difference in differences，PSM-DID）法，分析高速铁路的区域经济增长效应。结果表明，总体上看，中国高速铁路建设对经济增长产生了积极影响，成为重塑中国经济空间组织的重要力量。但是，在不同的线路中引入高速铁路，其对区域经济增长所产生的影响存在差异。因此，有效发挥高速铁路促进区域经济增长的作用，一是要在调整区域发展战略和制定区域政策时，充分考虑如何利用高速铁路对区域经济增长的积极影响；二是要根据不同线路的特点，研究和编制高速铁路经济带规划；三是对于高速铁路沿线的区域而言，需要针对高速铁路这个新条件，积极改善本地的要素禀赋条件，使之与高速铁路有效匹配，以便及时有效地抓住高速铁路所带来的经济发展机遇。

本书第三章分析高速铁路发展对城市经济增长趋同的影响机制，认为高速铁路的发展改变了城市的可达性，使运输成本下降，从而影响要素流动及经济活动区位选择，引起经济活动空间分布发生相应的变化，对城市经济增长产生差异化影响。根据《中长期铁路网规划（2008 年调整）》，该章运用 β 趋同模型，预测 2011～2020 年高速铁路发展对沿线城市经济增长趋同的影响，并与 1997～2011 年铁路六次大提速对沿线城市经济增长趋同的影响进行对比。结果表明，高速铁路的发展对全国铁路沿线城市经济增长趋同的阻碍作用大于铁路六次大提速的影响，促使 β 趋同速度下降了 13.3%，而且，高速铁路发展初期交通条件对全国铁路沿线城市经济增长 β 趋同的阻碍作用等于高速铁路网建成之后。从东部、中部、西部、东北部四大区域看，高速铁路发展对东部铁路沿线城市经济增长趋同无影响。从不同等级城市看，与 1997～2011 年铁路六次大提速的影响比较，高速铁路发展对一线、二线城市经济增长趋同的阻碍作用有所增大，使 β 趋同速度下降了 6.7%；高速铁路发展对三线、四线城市及其他铁路沿线城市经济增长趋同的影响则不确定。从不同交通条件的城市看，高速铁路发展阻碍了其沿线城市经济增长趋同，使 β 趋同速度下降了 6.25%，对普通铁路沿线城市经济增长趋同的影响不确定。由此可知，高速铁路对沿线城市经济增长趋同的影响存在多种可能性，因时因地而变，而不是简单的有或者无的问题，也不是简单的有利或者不利的问题。

（三）关于高速铁路对区域经济一体化的影响

本书第四章探讨高速铁路对沿线区域经济一体化的影响。研究表明，总体上，高速铁路通过提升交通网络可达性而影响区域经济一体化发展。一方面，高速铁路降低沿线区域的旅行时间和成本，增大沿线区域交通客流量，并降低企业生产和交易成本，从而改变沿线区域的区位优势；另一方面，高速铁路促进区域交通网络的发展，加速要素流动和劳动力市场的优化、增大企业和产业的迁移空间，进而引起沿线区域经济格局的调整。从贸易发展、产业发展、经济合作、经济一体化四个主要方面看，高速铁路对沿线区际贸易具有增强作用，但这种作用表现出差异性；高速铁路增强了沿线区域产业集聚趋势，但是，在不同层级的沿线区域之间表现出一定的差异；高速铁路沿线区域旅游业合作成为区域经济合作先导。在此基础上，第四章用市场潜力作为描述高速铁路对区域经济一体化影响的代理变量，在工资方程的市场潜力模型中引入市场潜力的阻力系数，测算边界效应，以此来检验高速铁路对沿线区域经济一体化的影响程度。从"四纵四横"高速铁路干线来看，2020 年的边界效应均低于 1997 年，高速铁路沿线区域经济一体化程度上升。其中，京沪高速铁路沿线区域边界效应最低，徐兰高速铁路沿线区域边界效应最高。这些研究结论表明，高速铁路是影响沿线区域经济一体化的重要因素，高速铁路发展为沿线区域经济一体化发展带来了新的机遇。因此，国家和沿线区域需要从政策、规划等多个层面，重视和依托高速铁路，积极推动区域经济一体化进程。

城市群一体化发展是区域经济一体化的重要形式之一。而在中国的高速铁路系统中，城市群内部的城际轨道交通是一个重要的组成部分。因此，本书第五章重点分析城际轨道交通影响城市群一体化发展的机制，并运用日本东海道城市群和美国纽约城市群的经验对有关研究认识进行验证。进一步，使用修正的引力模型和网络分析方法，研究城际轨道交通对珠三角城市群一体化发展的影响。该章的研究结果主要有三个方面。其一，城际轨道交通影响城市群一体化发展的机制为：通过促进城市群内部的要素流动，引发城市之间发展的同城效应；推动城市群的空间结构演化，使之向着网络结构方向演进；增强城市群内的产业集聚作用与扩散作用，带动沿线城市的房地产业、高新技术产业和密集劳动型产业的发展，促进城市间产业分工和经济协调发展。其二，日本东海道城市群和美国纽约城市群的发展经验表明，城际轨道交通发展不仅是解决交通拥堵和经济过密的重要手段，更是促进城市群一体化发展的重要动力，在促进城市群一体化发展的过程中发挥重要的作用。其三，城际轨道交通是促进珠三角城市群一体化发展的重要因素。随着城际轨道交通发展，珠三角城市群的一体化发展水平不断提高。主要表现在，城际轨道交通增强珠三角城市群网络化发展趋势，加强城市群内部联系，引发城市群内部联系格局的调整，促进城市群分工发展。不过，城际轨道交通发展并没有改变珠三角城市群的核心-边缘结构，甚至有强化这种结构的可能。根据这些研究结论，我们认为，从推动中国城市群一体化发展的需求来看，应高度重视发挥城际轨道交通对城市群一体化的推动作用。立足于城市群一体化发展的全局，做好城际轨道交通系统规划，完善轨道交通系统，并注意避免城际轨道交通发展对城市群一体化可能产生的不利影响。

（四）关于高速铁路对城市经济集聚及经济带发展的影响

本书第六章主要分析高速铁路对铁路沿线城市经济集聚的影响。在方法上，该章设计一个综合的经济集聚指数来描述经济集聚状态，并建立包含可达性指标的经济集聚模型用于实证分析。结果显示，在高速铁路影响下，铁路沿线城市的经济集聚水平明显提升。具体是，铁路沿线城市可达性每提升1%，可引起这些城市经济集聚指数出现0.809的相应增加。但是，高速铁路发展也引起铁路沿线城市之间的经济集聚水平差异扩大，经济集聚格局趋向非均衡。其中，高速铁路沿线城市成为经济集聚的目的地，其经济集聚水平显著提升且内部差异缩小。这类城市的可达性每提升1%，可引起城市经济集聚指数发生0.874的相应增加。相反，非高速铁路沿线城市的经济集聚水平相对下降，成为经济要素和经济活动的流出地，而且，这类城市之间的经济集聚水平差异增大。

在实践中，许多高速铁路沿线区域或城市都积极谋划和推动高速铁路经济带建设。那么，高速铁路干线是否有利于沿线地区发展成为经济带？针对这个问题，本书第七章做了专门的探讨。在已有文献基础上，该章首先归纳交通基础设施对经济带的影响机制：一是交通基础设施的改善，通过提高城市的可达性，促进区域要素频繁流动，有助于加强城市空间经济联系，使交通线路沿线城市的市场区范围在空间上连续甚至重叠，从而增强沿线城市之间的经济联系，促进竞争、分工与合作；二是发达的交通网络将促进沿线城市的要素和经济集聚，引发产业结构变动。这两个方面的作用将推动沿线区域经济一体化进程，从而形成经济带。以此为理论依据，该章以"四纵四横"高速铁路客运干线为例，分析高速铁路建设对经济带形成和发展的影响路径。从可达性的变化分析入手，该章区分出总体、"四纵四横"各条高速铁路干线、枢纽城市三个层次，对高速铁路沿线城市空间经济联系、市场区范围及经济集聚的变化进行分析。结果表明，可达性与沿线城市空间经济联系表现出一定的正相关性，即高速铁路发展将增强沿线城市之间的经济联系，并促成沿线城市经济联系强度相对差异的缩小；高速铁路沿线城市的市场区范围迅速扩大，市场区范围的相对差异随可达性的提高而缩小，从而有利于沿线城市的经济增长，但不同区域沿线城市经济增长的空间集聚程度存在差异。其中，京广线、沪昆线、京哈线沿线城市经济增长的集聚程度较高，京沪线、青太线和杭福深线的集聚程度较低。从未来发展看，京沪线、沪汉蓉线和杭福深线沿线区域更有可能形成沿高速铁路干线发展的交通经济带，京广线其次，而京哈线、青太线沿线区域形成交通经济带的阻力较大。但需要注意的是，虽然高速铁路对于加速沿线区域经济一体化、促进经济带形成和发展有重要的作用，但对于沿线中小城市而言，既带来了新的发展机遇，也带来了诸多挑战。对此，中小城市应通过完善本地的交通基础设施，根据比较优势，调整产业结构，以便抓住高速铁路带来的发展机遇。国家也需采取相应的对策，有效利用高速铁路对经济带的积极影响，控制有可能出现的消极影响。

（五）关于高速铁路对区域经济格局的影响

本书第八章基于交通是区域经济格局均衡性的一个重要影响因素的认识，构建反映交通线路影响的区域经济格局演变模型，证明交通线路对不同区域经济增长的影响存在差异，从而引致区域经济格局均衡性发生相应的改变。对于中国的区域经济格局而言，高速铁路是影响其均衡性的一个新因素。高速铁路的发展可引起中心区域、沿线区域、非沿线区域等的可达性发生差异性变化，进而对这些区域的经济增长产生促进或抑制作用。因此，从长期来看，高速铁路发展有可能改变中国区域经济格局的均衡性。到2020年，高速铁路网建成之后，全国及东部、中部、西部地区的区域经济格局将向非均衡状态发展，大长三角和泛珠三角地区的区域经济格局均衡性将增强，东北部地区、环渤海地区的区域经济格局均衡性将保持不变。因此，建议国家从有利于提高区域经济格局的均衡性出发，对高速铁路网空间布局规划进行适当的调整，减小其对未来全国及东部、中部和西部地区的区域经济协调发展的不利影响，增强其对东北部地区、环渤海地区经济协调发展的积极作用。同时，规划建设以高速铁路为空间组织架构的经济区，在目前东部、中部、西部和东北部地区四大区域发展战略基础上，推动形成区域经济协调发展的新格局。

高速铁路发展必然会对中国城市化进程产生广泛而深刻的影响。本书第九章首先分析1997~2011年铁路六次大提速与城市人口增长的关系。具体地，使用包含城市可达性变化的城市人口增长模型，从不同铁路线路、区域及城市规模等层次，分析铁路提速影响下1997~2011年城市可达性改善与其人口增长的关系。结果表明，总体上，铁路提速引起城市可达性每提高1%，可引起城市人口增长0.665%。从不同铁路线路上看，铁路提速对于提速沿线城市人口增长具有显著的正向促进作用。这类城市的可达性每提高1%，可引起其人口出现1.373%的相应增长。而对于非提速铁路沿线城市，铁路提速对其人口增长的影响在统计上不显著。从不同区域来看，铁路提速对提速沿线城市人口增长影响存在明显的区域差异。在东部地区，铁路提速所导致的沿线城市的可达性每提高1%，可引起其人口出现2.087%的相应增长，而其他区域则没有通过显著性检验。其次，根据《中长期铁路网规划（2008年调整）》，该章测算2020年高速铁路网络建成后城市可达性的变化。进一步，使用所建立的可达性变化与城市人口增长的方程，从不同线路、区域、城市规模及城市群等层次，预测2020年城市人口增长及分布的变化。结果显示，到2020年，城市可达性的提升将会使城市人口增长率总体上提高45.8%。从线路差异、城市群、城市规模及区域分布来看，城市化格局将会呈现如下变化：城市人口将向高速铁路沿线城市集聚；城市等级-规模结构将呈橄榄形分布；城市人口增长将呈现出东部地区=中部地区>东北部地区>西部地区格局；城市群作为城市人口主要集聚区的趋势将进一步增强。据此，一方面，建议国家根据高速铁路建设规划，采取相应的对策来利用其对城市化格局变化将会产生的有利影响，并预防其可能产生的不利影响。另一方面，国家也可以对高速铁路网络建设规划进行必要的调整，以便更好地发挥高速铁路对未来城市化格局变化的积极作用，优化城市化格局。

生产性服务业对交通条件变化的敏感度高，对城市空间格局的影响大。因此，本书第十章专门分析高速铁路发展对城市生产性服务业空间格局变化的影响。采用核密度估计法分析发现，高速铁路网络通过"隧道效应"与"虹吸效应"使城市生产性服务业空间格局与之耦合。运用动态可变参数模型（variable parameters model，VPM），分析可达性对生产性服务业核心城市集聚与扩散的影响，结果表明，可达性越高，核心城市的生产性服务业向心集聚能力越强。高速铁路通过"磁化"高级网络节点城市使之成为空间格局的核心，吸引其他城市生产要素向心集聚，在短期扩大高速铁路沿线城市间生产性服务业集聚程度的差距。新增网络节点将会最先成为空间格局的中心城市，并以发挥向心集聚作用为主，与既有核心城市去中心化扩散并存。长期而言，在高速铁路影响下，城市生产性服务业空间格局将向多核心网络式结构转变，逐渐实现空间一体化。

（六）关于高速铁路对区域经济要素空间集聚的影响

要素空间集聚是影响区域经济增长及区域经济格局变化的重要过程。交通发展通过改变沿线城市的区位条件而导致经济要素空间集聚状态发生变化。本书第十一章选择对区域经济增长和空间结构有重要影响且对区位条件变化比较敏感的三种要素——外商直接投资（foreign direct investment，FDI）、劳动力和科技要素，运用空间计量方法，分析铁路交通发展对沿线城市三种要素空间集聚动态的影响。结果显示，在使用时间距离构造空间权重矩阵的条件下，这三种要素的空间分布均存在显著的正空间相关性，但是其溢出的方式和特点有别。在外商直接投资和劳动力的空间回归模型中，残差的空间滞后项系数在统计上均显著，说明对于一个城市而言，其周边城市的一些影响如外商直接投资、劳动力分布的不可测因素分别对该城市外商直接投资和劳动力增长状况存在显著的正空间溢出效应。然而，外商直接投资和劳动力的空间滞后项系数均未通过显著性检验，说明一个城市周边区域的外商直接投资和劳动力分布状况对该城市外商直接投资和劳动力增长的直接影响不确定。另外，某一城市周边区域的科技资源分布状况直接对该城市科技要素增长存在显著的正空间溢出效应。由此可见，铁路沿线城市可达性的提升增强了其交通区位优势，吸引要素沿铁路交通线集聚分布。然而，铁路交通发展对其沿线城市三种要素空间集聚水平的影响也不尽相同。在铁路交通发展影响下，劳动力和科技要素出现了向沿线城市显著集聚的趋势。

资本是一种流动性强且对区域经济增长影响大的要素。一般而言，由于规模小、资源禀赋差等原因，中小城市在与大城市的资本要素竞争中往往处于相对劣势。那么，高速铁路发展对中小城市的资本集聚会产生何种影响呢？本书第十二章通过构建倾向得分匹配倍差法的估计模型对此进行探讨。结果显示，高速铁路发展增加了沿线中小城市的资本集聚程度，而且，这种影响总体上在逐年增加。分区域来看，东部地区沿线中小城市所受到的这种影响大于西部地区的沿线中小城市所受到的影响。但是，高速铁路所引起的同城化效应对沿线中小城市的资本集聚产生负面影响。大城市周边的沿线中小城市在资本集聚方面仍显著受到大城市"虹吸效应"的影响。与高速铁路沿线的中小城市不同，非高速铁路沿线的中小城市将面临资本流出的影响。

第二章 高速铁路发展对区域经济增长的差异化影响——基于匹配效应的视角

　　高速铁路被誉为 20 世纪下半叶铁路客运技术最重要的突破性进展之一（Campos and de Rus，2009）。自 1964 年日本新干线投入运营以来，高速铁路发展已有 50 多年的历史，现在几乎每一个发达国家都有高速铁路在运营（Nakagawa and Hatoko，2007）。研究发现，高速铁路的运营会产生时空压缩效应，从而改变整个区域的经济空间布局，进而影响经济增长。Kim（2000）利用空间基尼系数、密度函数分析了汉城到釜山的高速铁路对韩国首都空间结构的影响，预测人口会进一步向汉城及周边地区集中，而工作机会和经济活动则会逐渐呈现扩散化态势，形成一个更加扩散的区域。Hall（2009）的研究则指出高速铁路连接了主要城市，在增大这些城市的可达性的同时会对高速铁路连接城市之间的区域产生不利的影响，可能会使之成为边缘地区。由此可见，高速铁路开通对区域经济增长会产生影响。这就促使我们思考，每一条高速铁路所通过的地区都能得到相同的经济增长机会吗？不同线路的经济增长效应是否存在差异？现有研究只是提出了类似的观点（Ureña et al.，2009；Ortega et al.，2012；Albalate and Bel，2012），未构建经济学模型并对这一观点做深入的理论分析。因此，本章试图从交通发展与市场区的视角，构建非均质空间下市场区演进模型，分析运输成本变化与市场区之间的关系，分析非均质空间条件下，高速铁路对经济增长产生差异化影响的理论依据。

　　中国自 2008 年京津城际高速铁路开通运营以来，高速铁路建设与发展已有十多年的时间，截至 2015 年底，中国高速铁路通车里程达到 1.9 万公里，位居世界第一位，占世界高速铁路通车总里程的 60% 以上。目前中国已经基本形成"四纵四横"的高速铁路网络，并规划 2030 年最终建成"八纵八横"的高速铁路网络。

　　但是，因为中国高速铁路开通时间较短，所以关于其对经济增长影响的研究尚处于起步阶段，最具代表性的是 Zheng 和 Kahn（2013）的研究。Zheng 和 Kahn（2013）从高速铁路建设提升市场可达性、扩大劳动力市场、强化空间集聚，从而通过城市化影响经济长期增长的视角研究中国高速铁路建设的影响。他们认为中国高速铁路开通的时间比较短，很难研究其对人口、就业空间分布的影响，因此他们选择房价作为代理变量进行了实证研究。其研究表明，中国高速铁路主要布局于经济发展较好的城市，在将城市整合成开放的城市体系中起着重要的作用，而且中国的制度优势是其高速铁路快速发展的主要推动力。同时，指出了建设高速铁路需要的三个条件：一是高人口密度；二是高速铁路沿线有大量相互联系的中等城市；三是其他交通方式已经出现拥挤效应，建设高速铁路可以有效地降低交通成本。从 Zheng 和 Kahn（2013）的研究可以看出，中国高速铁路建设已经成为重塑中国空间组织结构的重要力量，并且其直接影响城市的市场可达性，进而影响经济增长。他们的研究为本章认识高速铁路在经济增长中的作用提供了很好的基础，但是存在以下值得进一步研究的地方：一是他们的研究缺乏相应的理论分析；二是他们采用的是代理变量，没有直接对高速铁路的经济增长效应进行分析；三是虽然他们指出了高速铁路的影响会因沿线城市的不同而存在差异，但是在实证研究时主要做了总体分析，未涉及不同的高速铁路线路对沿线城市影响的差异分析。因此，笔者认为，从非均质空间的视角看，在研究高速铁路对中国经济的影响时，不能只关注其对中国经济的总体影响，还要对不同的线路进行更加细致的考察。主要基于以下两个基本判断：一是高速铁路线路开通的时间存在差异，不同的开通时间会使高速铁路对经济增长的影响存在差异；二是中国幅员辽阔，区位要素禀赋条件存在较大差异，每条高速铁路建设时，线路初始的要素禀赋条件不同，这也是高速铁路影响经济增长存在差异的重要原因。如果只做总体考察，就很难将高速铁路的差异化影响反映出来。

　　基于上述认识，我们认为，从经济主体的视角看，高速铁路作为一种新的交通方式，大幅度地降低了旅行时间，从而影响经济主体的区位选择，由此改变了经济主体的空间行为，带来区域空间结构重构，对经济增长产生影响。其主要的表现如下：对站点城市而言，高速铁路缩短了城市之间的旅行时间，使得高速铁路站点城市形成高速铁路经济带，高速铁路站点城市之间的联系更加紧密，要素流动速度更快，由此推动高速铁路站点城市的经济增长。而对非站点城市而言，直观上看，其从高速铁路开通中获得的收益小于站点城市，但是高速铁路具有一定的溢出效应，高速铁路开通也间接地缩短了它们与其他城市的旅行时间，会对其经济增长产生影响。由此可见，站点城市和非站点城市是高速铁路经济带构成的有机单元。这些城市在要素禀赋条件上存在差异，因此利用高速铁路这一条件的程度是存在差异的。我们认为存在以下可能，城市要素禀赋条件如果能与高速铁路很好地匹配,那么其就能获得高速铁路更多的正面影响。但是,城市要素禀赋条件如果未能与高速铁路实现匹配,那么其就很难获得高速铁路产生的积极影响,有的城市甚至会因高速铁路开通产生的消极影响,成为高速铁路沿线的边缘城市。这就是说,高速铁路开通时每条线路的初始条件是存在差异的,这一差异使得高速铁路开通对沿线城市经济增长产生差异化的影响。这促使我们思考,产生这一差异化影响的原因是什么?不同的线路是否真的存在差异化的影响?因此,首先,本章试图从交通发展、市场区演进的视角,构建非均质空间下市场区演进的理论模型,分析交通成本变化对市场区范围的影响机制,探索高速铁路开通对沿线城市经济增长产生差异化影响的原因;其次,将中国高速铁路作为一项准自然实验,采用倍差法和倾向得分匹配倍差法就中国高速铁路对经济增长的影响从总体、不同线路两个视角进行考察;最后,在理论分析和实证研究的基础上,提出相应的对策建议。

第一节　文　献　综　述

对于高速铁路影响区域经济增长的研究,现有文献主要集中在高速铁路是否会促进经济增长,高速铁路对区域经济增长不平衡的影响主要有两个方面。

第一,关于高速铁路能否促进区域经济增长,大致有两种观点。第一种观点认为,高速铁路对区域经济增长的作用尚不明晰。一方面原因是高速铁路对经济增长影响机制的复杂性,高速铁路的影响作用可能与土地利用模式有一定的关系,使得高速铁路对经济增长的作用方向不确定(Chen et al.,2016)。而且,即使有影响也是短期影响,从长期来看,高速铁路所连接的边缘区域的经济增长率还是会下降(Givoni,2006;Vickerman,1997;Marie,2010)。这主要是因为高速铁路对区域经济增长的影响程度取决于线路布局、建设成本和环境成本等各方面因素(Givoni,2006)。另一方面原因是高速铁路所带来的间接效益很难有效衡量,Elhorst 和 Oosterhaven(2008)在分析荷兰磁悬浮列车直接效益的基础上,进一步估算了五种间接效益:消费者效用的增加、减少拥堵带来的间接效益、劳动力市场空间重新分布的效益、劳动力市场的空间规模和匹配效益、国际劳动力市场效益。通过估算,磁悬浮列车所带来的间接效益规模是其直接效益规模的0~38%。第二种观点认为,高速铁路对区域经济增长具有推动作用。Kim(2000)考察了日本与欧洲的高速铁路情况后指出,高速铁路可以通过增大区域可达性,逐渐改变居民的居住区位选择和工作方式,进而刺激区域经济增长。Ahlfeldt 和 Feddersen(2010)的研究则指出,巨大的暂时冲击并不能给经济行为的区域布局带来永久性改变，因此，考察高速铁路建设的短期影响并无多大意义。为此，他们从新经济地理学的视角以德国科隆至法兰克福高速铁路为例研究了高速铁路对区域经济增长的影响。基于高速铁路通过促进经济主体更加紧密地联系和提高市场可达性，进而推动区域经济增长的假设，他们构建了反映市场可达性与区域经济增长因果关系的实证模型。研究发现，高速铁路对站点区域经济增长的影响最大，高速铁路建设后，霍恩林堡和蒙塔鲍尔的经济增长率提高了 2.7%，长期来看，市场可达性的经济增长弹性为 0.25，而且，这种影响是持续性的。他们进一步指出，在研究中只考虑了高速铁路对客运的直接影响，没有考虑其对货运的间接影响，因此，结论存在影响被低估的可能性（Ahlfeldt and Feddersen，2010）。另外，高速铁路的土地利用效应可以加快城镇化进程，促进制造业和服务业的发展。从短期来看，高速铁路建设刺激了经济增长，增加了建筑业和制造业的就业机会；从长期看，高速铁路体系的建设可以增加区域间的可达性，提高高速铁路的服务质量，降低服务成本，进一步引发新的需求，有效地促进经济增长（Chen and Haynes，2015）。

　　第二，高速铁路对区域经济增长不平衡的影响。部分学者认为高速铁路对核心区域和边缘区域经济增长会产生不同的影响。Spiekermann 和 Wegener（1994）运用逐步多维标度法，同时采用三角形插值法，分别绘制了欧洲、西欧、德国和法国高速铁路建设前后的时空地图，通过与原有地图进行比较，揭示高速铁路建设所带来的时空压缩效应对经济空间布局的影响。他们进一步指出，高速铁路仅连接了主要城市，而不是城市间的区域，时空压缩效应分析忽略了高速铁路连接城市之间的区域可能成为新边缘区域的事实，这些区域由于高速铁路的引入，其可达性会相对减小，甚至会因原有站点的取消而绝对减小。另外，在考察了法国的 TGV、德国的 ICE、西班牙的 AVE 和意大利的 Direttissima 之后，Vickerman（1997）指出，高速铁路发展会促进核心区域公司的扩张行为而牺牲边缘区域公司的利益，因而降低了边缘区域的经济增长率。Preston 和 Wall（2008）与 Hall（2009）的研究也表明，高速铁路连接的核心区域特别是中心城市发展会对边缘区域产生不利影响，甚至会产生极化效应。当高速铁路增大了所连接城市的可达性时，也使得这些城市之间的区域变得分离，进而产生"隧道效应"。因此，高速铁路并不能促进区域经济一体化，而是提升了区域的极化水平（Albalate and Bel，2012）。但是，也有学者持不同观点。Sasaki 等（1997）通过构建供给导向的区域经济增长模型，分析了日本新干线建设对日本区域经济发展不平衡的影响。他们首先分析了高速铁路影响区域经济发展的三种情形——没有时滞的影响、有时滞的影响、长期的模拟影响，然后分三个区域（核心区域、北部区域和南部区域）和五种情况就新干线建设对区域经济发展的影响进行了模拟。研究发现，新干线网的扩张在一定程度上促进了核心区域的经济扩散，但是却无法解释核心区域经济过度集中的问题，因为通过实证分析发现，经济扩散程度在一条新高速铁路线路运营前后并没有显著的提升，特别是将生产能力的长期影响考虑到模型中时。他们进一步的研究发现，产生这一结果的原因是现有新干线的存量效应对核心区域是有利的，在边缘区域新建高速铁路线路又进一步增大了核心区域的可达性。

部分学者还细分了高速铁路对不同类型区域经济增长的影响。Ortega 等（2012）将区域经济发展不平衡转变为可达性的差异，以西班牙加利西亚高速铁路为例，从国家、交通沿线、区域和溢出四个层面，以及不建高速铁路和建设高速铁路两种情形，分析了可达性和可达性变异系数的变化情况。研究发现，在国家、交通沿线和溢出三个层面，高速铁路可以在增大可达性的同时减小可达性变异系数，其中可达性的增大幅度分别为 2.86%、5.24%和 4.12%，而可达性变异系数减小幅度分别为 2.94%、12.83%和 10.30%。Ureña（2009）则分析了高速铁路的开通对不同规模城市的影响，分别从国家、区域和地方的视角，以西班牙和法国的共三个城市为例，得出高速铁路可提高国家层面的城市关联度，增强其集聚效应，对区域层面城市而言，高速铁路增加了其与距离较远的大城市和附近小城市的联系，可提高城市层次。而对于地方层面的城市，高速铁路可促使其建设新的经济中心，而且高速铁路的影响是多层次的，对不同规模的城市的影响是相互作用的，也是存在差异的。

综上，已有研究就高速铁路对经济增长的影响进行了深入研究，呈现经济学和地理学交叉研究的特点。从研究结论看，关于高速铁路对经济增长的影响，现有研究存在差异，但是也达成了两个基本共识。第一，高速铁路建设对经济增长的影响与线路布局密切相关（Givoni，2006）。第二，从经济地理学视角看，高速铁路是通过降低运输成本，进而影响站点城市的可达性，最终影响经济增长的。但是已有研究在影响机制的理论分析、运输成本作用方式等方面存在不足，可归纳为以下几点。

（1）已有的机制分析多以机制图的形式呈现，缺少相应的经济地理学模型分析。

（2）已有研究对运输成本影响经济增长机制的认识，主要是基于新经济地理学的"核心-边缘"模型。但是，在新经济地理学模型中，空间是均质的，那么运输成本对市场区辐射范围的影响是相同的，因此最终的结果是"核心-边缘"结构的进一步强化（Krugman，1991），这与现实经济现象存在较大偏差。

（3）新经济地理学模型结论与现实偏差的主要原因是其均质空间的假定。尽管新经济地理学假设经济要素在空间上是非均质的，但其实质是均质空间的分析。谢波德就指出几乎在新经济地理学所有理论中,空间都被当作一个均质体来看待。

（4）如何在新经济地理学模型基础上，引入非均质空间的假定，现有研究并未给出一个可行的路径。

第二节　非均质空间下的市场区演进模型

为了能将非均质空间纳入模型分析，本节借鉴路径依赖的思想，将研究视野界定到人类诞生之初，从经济主体与区位匹配的视角，对已有模型的假设条件进行完善，分析运输成本变化对市场区辐射范围的影响，为理解高速铁路影响经济增长的机制提供一个新的理论分析框架。

一、假设条件

为了将非均质空间纳入区位选择模型，本节借鉴非均质空间内生化（贾善铭，2014）的做法，从经济主体假设、区域假设、市场结构假设、运输成本假设四个方面提出研究的假设条件。

（一）经济主体假设

从集聚经济视角分为无空间维度集聚和有空间维度集聚，本节将经济主体界定为群体。其效用函数为

$$U_{(p)} = u(\varepsilon, \omega) \tag{2-1}$$

其中，$U_{(p)}$ 表示群体总的满足程度，称为满足函数；ε 和 ω 分别表示能力束和要素禀赋束。对每一个能力束和要素禀赋束，群体的满足函数 $U_{(p)}$ 都是严格递增的、二阶连续可微的，且是严格拟凹的。能力束的价格标准化为 1，某一区位要素禀赋束的价格为 $R_{(x)}$。

（二）区域假设

区域是 m 个区位构成的一维非均质空间 $X = (-\infty, +\infty)$，区位内部是均质的，但是区位之间的要素禀赋条件存在差异。位于区域 x 处的区位要素禀赋密度为 $\rho_{(x)}$，要素禀赋的所有者是缺席的（absentee）要素占有者。且满足 $\sum_{x=1}^{m} N_{(x)} = N$，即各个区位的群体总和等于整个区域的群体总数。

（三）市场结构假设

本章假定获得要素禀赋束的机会成本为 $R_{(x)}=f(\rho)$，即在区域 x 处的区位要素禀赋束的机会成本为 $R_{(x)}$，其为整个区位的要素禀赋密度的函数。并且，要素禀赋束的获得是在完全竞争条件下实现的。

（四）运输成本假设

从经济主体与区位匹配的视角看，群体能力是异质的，且区位与区位之间的要素禀赋条件存在差异，因此，存在群体与区位的匹配问题，而影响这一匹配过程的主要因素是经济主体达到区位的运输成本，其形式如下：

$$C_{(n,x)} = \int_{-a}^{a} c|x-y| n_{(y)} \frac{1}{\rho_{(y)}} \mathrm{d}y \qquad (2\text{-}2)$$

其中，$C_{(n,x)}$ 表示总的运输成本；c 表示单位运输成本；$n_{(y)}$ 表示群体密度；$\rho_{(y)}$ 表示区位的要素禀赋密度。由此可见，运输成本与单位运输成本、群体密度、要素禀赋密度密切相关。并且，当群体密度 $n_{(y)}$ 增大时，在区位匹配过程中，群体与群体之间的竞争也会增大，那么，运输成本会上升；当区位的要素禀赋密度 $\rho_{(y)}$ 大时，群体与区位的匹配难度下降，那么，运输成本会下降。为不失一般性，本节假定运输成本与目标区位的群体密度成正比，与目标区位的要素禀赋密度成反比。同时，群体与区位的匹配还会影响区域产出，群体与区位匹配程度越高，区域的产出越高，即

$$Y = Y^* - Cd \qquad (2\text{-}3)$$

其中，Y^* 表示完全匹配时，群体得到的最大收入，其值大于 0；C 表示总运输成本，其值大于 0；d 表示群体与最优匹配区位之间的"距离"。

二、均衡分析

在上述假设条件下，本节进一步研究群体的区位选择问题。群体的区位选择是在预算约束下，实现群体满足的最大化［式（2-4）］。

$$\max_{X,\varepsilon,\omega} U_{(p)}$$
$$\text{s.t. } \varepsilon + \omega R_{(x)} = Y - C_{(n,x)} \qquad (2\text{-}4)$$

其中，$Y - C_{(n,x)}$ 表示群体在 x 处的区位纯收益。

同时，本节借鉴藤田昌久和蒂斯（2016）的做法，将群体满足函数设定为

$$u(\varepsilon, \omega) = \varepsilon + \alpha \ln \omega \qquad （2-5）$$

通过方程求解，得到

$$d = \frac{\eta - \alpha \ln \dfrac{n_{(x)}}{\rho_{(x)}}}{C} - 1 \qquad （2-6）$$

由式（2-6），可以得到以下命题。

命题：市场区辐射范围与群体密度、区位的要素禀赋密度、运输成本有关。

在命题的基础上，还可以得到以下推论。

推论一：在其他因素保持不变的情况下，市场区辐射范围随着运输成本的下降不断扩大。

推论二：由于存在群体密度和要素禀赋的差异，随着运输成本的下降，市场区辐射范围扩大的程度存在差异。

因此，在命题、推论一、推论二的基础上，本节得到以下基本命题：随着运输成本的不断下降，某一区位的市场区辐射范围会不断扩大。但是，在非均质空间条件下，运输成本下降带来的市场区辐射范围扩大，会因为区域初始要素禀赋条件的不同存在差异。

三、高速铁路影响区域经济增长的机制比较分析

在基本命题的基础上，本节构建高速铁路影响经济增长的机制图，比较均质空间和非均质空间下，高速铁路建设引起运输成本变化所带来的不同效应，见图 2-1。高速铁路建设作用于运输成本，在均质空间下，所有的沿线城市受到的影响是相同的，所以所有沿线城市得到了相同的发展机会。但是，在非均质空间下，高速铁路建设引起的运输成本变化，对不同的站点城市的影响是不同的，高速铁路建设带来的集聚效应和溢出效应也是不同的，所以沿线城市得到的发展机会也是不同的。由此可见，在非均质空间下，在建设高速铁路时，不同线路初始的发展条件存在差异，因此高速铁路不同线路对经济增长的影响也是不同的。下面我们通过比较中国高速铁路建设对经济增长的总体效应及京广线和京沪线所带来的不同影响，来验证上述结论。

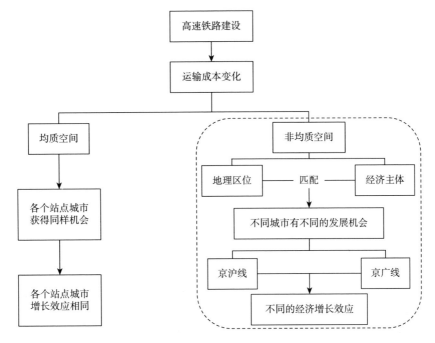

图 2-1　高速铁路的经济影响机制框架

第三节　计量模型与实证研究方案

上述理论分析表明，在非均质空间下，运输成本下降带来的市场区辐射范围扩大效应，会因为区域初始要素禀赋条件的不同而存在差异。因此，在区域初始要素禀赋条件存在差异的情况下，高速铁路的引入在不同的高速铁路线路会起到不同的效果。在这一认识基础上，本节选择中国高速铁路作为研究对象，分析其对区域经济增长的影响。

一、计量模型选择

为了有效衡量高速铁路建设对中国经济增长的影响，本节将其看作中国采取的一项经济政策，利用倍差法和倾向得分匹配倍差法对其效果进行评价，以此研究高速铁路建设对经济增长的作用。倍差法是评价某一项政策或某一事件影响的常用方法，可以研究一项政策的作用程度，对于政策评价可以提供一个更稳健的估计（Blundell and Dias，2005）。王垚和年猛（2014）利用倍差法分析了中国高速铁路的开通对经济的影响，发现高速铁路建设倾向选择经济发展水平较高的地区，而且高速铁路的发展在一定程度上抑制了经济的增长，但对城市规模的扩张有一定的积极作用。

本节以中国 336 个地级及以上城市（三沙市除外）为研究样本，将高速铁路站点城市作为处理组，将高速铁路非站点城市作为控制组。因此，所有的地级及以上城市被划分为 4 个不同的子样本，即高速铁路开通前的处理组、高速铁路开通后的处理组、高速铁路开通前的控制组、高速铁路开通后的控制组。du 表示城市是否开通高速铁路的虚拟变量。其中，du = 1 表示城市已开通高速铁路，du = 0 表示城市未开通高速铁路。dt 表示城市开通高速铁路年份的虚拟变量。高速铁路开通后则 dt = 1，高速铁路开通前则 dt = 0。根据上述的样本界定，本节将倍差法的基准回归模型设定如下：

$$Y_{it} = \beta_0 + \beta_1 du_{it} + \beta_2 dt_{it} + \beta_3 du_{it} dt_{it} + \beta_4 X_{it} + \varepsilon_{it} \qquad （2-7）$$

其中，下标 i 和 t 分别表示第 i 个城市和第 t 年；X 表示一系列的控制变量；ε 表示随机误差项，被解释变量度量了各个城市的经济增长，具体指标包括城市实际地区生产总值和城市实际人均地区生产总值的对数值。

倍差法各个参数的含义见表 2-1。由回归方程（2-7）可以发现，对于已开通高速铁路的站点城市（du = 1），高速铁路开通前后经济增长情况分别为 $\beta_0 + \beta_1$、$\beta_0 + \beta_1 + \beta_2 + \beta_3$，高速铁路开通前后经济增长的变化幅度为 $\Delta Y_t = \beta_2 + \beta_3$，这包括了高速铁路开通及其他政策的综合作用。同样地，对于未开通高速铁路的非站点城市（du = 0），高速铁路开通前后的经济增长情况分别为 β_0、$\beta_0 + \beta_2$。由此得到，未开通高速铁路的城市在高速铁路开通前后经济增长的变化幅度为 $\Delta Y_0 = \beta_2$，这没有包括高速铁路开通对经济增长的影响。因此，用处理组在高速铁路开通前后经济增长的差异 ΔY_t，减去控制组在高速铁路开通前后经济增长的差异 ΔY_0，就可以得到高速铁路开通对开通高速铁路城市经济增长的净作用 $\Delta\Delta Y_t = \beta_3$。根据倍差法的思想，如果高速铁路开通促进了站点城市的经济增长，那么，β_3 应该显著为正。

表 2-1 倍差法思想中各个参数的含义

对比项	高速铁路开通前（dt = 0）	高速铁路开通后（dt = 1）	差异
站点城市（处理组，du = 1）	$\beta_0 + \beta_1$	$\beta_0 + \beta_1 + \beta_2 + \beta_3$	$\Delta Y_t = \beta_2 + \beta_3$
非站点城市（控制组，du = 0）	β_0	$\beta_0 + \beta_2$	$\Delta Y_0 = \beta_2$
倍差法			$\Delta\Delta Y_t = \beta_3$

倍差法的重要前提是处理组和控制组必须满足共同趋势假设，也就是说，如果中国没有建设高速铁路，高速铁路站点城市与非站点城市经济增长的趋势随着

时间变化并不存在明显的系统性差异。但是，从高速铁路建设的顺序看，高速铁路首先通过的是省会城市和经济发展相对较好的城市，并且在这些城市停靠的频次明显高于其他城市，因此共同趋势这一假设在本节研究中很难满足。为了有效地避免不能满足上述假设条件而造成的估计偏差，本节使用倾向得分匹配倍差法来解决共同趋势无法满足的问题。

二、实证研究方案设计

中国高速铁路作为一种新的交通方式对中国的区域空间结构产生了很大影响。但是，现有研究都是从总体角度进行分析，尚未从总体与线路两个层面进行比较分析。因此，依据上述理论分析的结论，本节设计了以下实证研究方案。

第一步，从总体上分析中国高速铁路引入对区域经济增长的影响。分析分为两种形式：第一种是倍差法的分析；第二种结合理论分析和高速铁路的网络特征，高速铁路最直接的作用是影响运输成本，运输成本改变最终会影响站点城市的可达性，由此改变城市在网络中的地位，进而影响经济增长和空间布局。同时，高速铁路网络化会进一步影响站点城市的可达性。为了衡量高速铁路建设影响的可达性，进而分析影响经济增长的效应，本节在倍差法模型中引入可达性指标并进行实证检验，以此验证倍差法分析的稳健性。本节以站点城市的通勤频次作为其可达性的衡量指标，主要原因是，在 Chang 等（2000）的研究中，通勤频次不仅是有效衡量可达性的指标，也是一个城市经济地位的体现（Levinson，2012；Sánchez-Mateos and Givoni，2012）。同时，根据站点城市客流量调整高速铁路频次的措施表明，通勤频次可以在一定程度上反映区域人流的规模和方向，最终反映不同站点城市在整个高速铁路网络中的作用。

第二步，本节的理论分析已经表明，从非均质空间的角度看，不同的高速铁路线路对所通过区域的经济增长的影响应该是不同的。为进一步验证高速铁路对不同线路经济增长是否存在差异化影响，本节选择京广线和京沪线两条开通比较早且线路长的高速铁路作为研究对象进行分析，验证非均质空间下高速铁路开通带来的不同作用。选择京广线和京沪线作为研究对象的原因主要有三个：第一，京沪线主要经过中国东部沿海省区市，而京广线不但经过东部省区市，还经过中部的一些省区市，这两条线路的对比符合非均质空间的假定。第二，京广线和京沪线是中国开通和运营时间相对较长的两条高速铁路线。第三，虽然武广线是中国最早开通的超过 1000 公里的高速铁路，但考虑到京广线是作为一个整体进行规划的，规划会对经济主体产生预期效应，从而影响其在沿线城市的经济行为，因此本节将京广线作为一个整体来考察，以便全面反映一条高速铁路线对经济增长的影响。

三、变量说明

本节使用2000～2013年中国336个城市的面板数据评估高速铁路对经济增长的影响。数据来源于相应年份的《中国城市统计年鉴》、各省区市相应年份的统计年鉴。样本区间选择2000～2013年，主要基于以下原因：虽然中国首条高速铁路开通时间为2008年，但是，由于对高速铁路建设存在预期，企业会根据相关信息提前在站点城市布局，选择2000年为分析起点，有利于更好地把握高速铁路对中国经济的影响。

地区生产总值和人均地区生产总值可以从规模和效率两个方面较为全面地衡量一个城市的经济发展水平，因此本节选择城市实际地区生产总值和城市实际人均地区生产总值来衡量城市的经济增长水平，并将它们作为被解释变量，同时为了消除价格因素的影响，我们以2000年为基期对数据进行平减处理。解释变量是高速铁路，借用倍差法思想，开通高速铁路的城市赋值为1，反之为0；另外，为了研究高速铁路开通带来的可达性变化，以及对经济增长的影响，以通勤频次作为解释变量，引入倍差法模型，同时为了更好地体现高速铁路的引入对可达性的相对影响，本节对可达性进行了标准化处理。frequency=frequency_i/max（frequency_i），开通高速铁路的城市赋值为frequency，反之为0。

控制变量的选择以非均质空间的基本假定为基础，主要基于高速铁路投资的影响、中国经济发展模式的特殊性、产业结构的影响及已有基础设施的水平四大方面。

（1）已有研究表明，高速铁路对经济增长的影响还会通过投资直接作用于经济增长（Chen et al.，2016），为了更好地体现这个方面的影响，我们选择固定资产投资作为衡量指标。主要是因为在中国城市的固定资产投资中，基础设施投资是重要方面，而高速铁路投资是基础设施投资的重要组成部分，所以高速铁路投资变化的方向和变化程度可以通过固定资产投资的变化表现出来，计算公式为"城市固定资产投资额/城市实际地区生产总值"。

（2）由于中国经济发展模式的特殊性，政府在经济建设中起主要作用，而政府对经济的干预主要是通过财政支出表现出来的，本节以城市地方支出占城市实际地区生产总值的比重来衡量政府干预市场的程度，计算公式为"城市地方财政支出/城市实际地区生产总值"。

（3）产业结构是影响经济增长的主要因素，而工业化的快速提升是中国经济增长的重要原因，在工业化的过程中，第二产业占城市实际地区生产总值的比重会经历一个上升阶段，此时工业化的程度会加速发展，对经济增长产生影响。为反映这一影响，本节选择城市第二产业增加值占城市实际地区生产总值的比重来衡量产业结构，计算公式为"城市第二产业增加值/城市实际地区生产总值"。

（4）基础设施水平是经济增长的基础，从要素流动的视角看，交通基础设施又是最为重要的基础设施，交通的发展为人力资本和物质资本的流动提供了基础，流动性的提高又进一步加快了经济的增长。为了衡量这一影响，我们选择"城市公路里程/城市总面积"来衡量城市的基础设施水平（表2-2）。

表2-2 变量说明

变量名称	变量含义	计算方法
lnGDP	城市实际地区生产总值对数	对城市实际地区生产总值取对数
lnperGDP	城市实际人均地区生产总值对数	对城市实际人均地区生产总值取对数
HSR	高速铁路	虚拟变量（0，1）
frequency	高速铁路频次	frequency $=$ frequency$_i$/max（frequency$_i$）
invest	固定资产投资水平	城市固定资产投资额/城市实际地区生产总值
gov	政府干预度	城市地方财政支出/城市实际地区生产总值
secondary	产业结构	城市第二产业增加值/城市实际地区生产总值
road	基础设施水平	城市公路里程/城市总面积

第四节 结 果 分 析

一、高速铁路开通对经济增长影响的初步检验

如表2-3、表2-4所示，从总体上看，在未加入控制变量前，高速铁路会对城市实际人均地区生产总值产生不利影响，对城市实际地区生产总值的影响不能确定。加入控制变量后，高速铁路对城市实际地区生产总值和城市实际人均地区生产总值的影响都未通过显著性检验，可见，其影响是不确定的。同时，控制变量的结果显示，固定资产投资水平、产业结构、基础设施水平对城市实际地区生产总值和城市实际人均地区生产总值都有显著的正向作用，政府干预度则对城市实际地区生产总值和城市实际人均地区生产总值有显著的负向作用，与经济学研究的基本结论是一致的，这说明本节所选择的计量模型是合理的。以高速铁路频次为解释变量和是否开通高铁的倍差法实证结果基本一致。由此可见，本节所选择的倍差法是稳健的。因此，倍差法初步检验和以高速铁路频次为基础的倍差法检验表明，高速铁路对经济增长的总体影响是不明确的，但是存在不利影响的

趋势,这与部分学者的研究结论基本一致(Vickerman,1997;Givoni,2006;Marie,2010;Chen and Haynes,2015)。主要是因为中国幅员辽阔,区域经济发展水平差异较大,高速铁路的建设成本、线路布局及对环境造成的影响等各方面因素较为复杂。

表 2-3　高速铁路开通对城市实际地区生产总值的作用（倍差法）

项目	lnGDP	lnGDP	lnGDP	lnGDP
	不含控制变量	不含控制变量	含控制变量	含控制变量
dt	1.153*** (31.83)	1.142*** (36.50)	0.657*** (22.49)	0.739*** (27.53)
du	1.246*** (29.39)	4.071*** (35.36)	0.225*** (8.02)	1.570*** (20.43)
HSR	−0.065 (−1.00)		−0.039 (−0.99)	
frequency		−0.123 (−0.70)		−0.059 (−0.55)
lninvest			0.128*** (4.83)	0.140*** (5.62)
lngov			−0.255*** (−10.07)	−0.334*** (−13.98)
lnsecondary			−0.033 (−0.910)	0.073** (2.13)
lnroad			0.466*** (58.97)	0.397*** (49.73)
常数项	5.122*** (216.02)	5.212*** (254.53)	6.870*** (85.69)	6.482*** (83.22)
N	4704	4704.	4704	4685
R^2	0.379	0.441	0.616	0.794

注:括号内为 t 值
***、**分别表示 1%、5%的显著性水平

表 2-4　高速铁路开通对城市实际人均地区生产总值的作用（倍差法）

项目	lnperGDP	lnperGDP	lnperGDP	lnperGDP
	不含控制变量	不含控制变量	含控制变量	含控制变量
dt	1.114*** (46.09)	1.116*** (52.37)	0.725*** (28.58)	0.790*** (33.54)
du	0.603*** (21.30)	2.089*** (26.63)	0.190*** (7.79)	1.217*** (18.02)

续表

项目	lnperGDP	lnperGDP	lnperGDP	lnperGDP
	不含控制变量	不含控制变量	含控制变量	含控制变量
HSR	-0.081^{*} （-1.87）		-0.010 （-0.28）	
frequency		-0.373^{***} （-3.11）		-0.015 （-0.15）
lninvest			0.320^{***} （13.95）	0.333^{***} （15.14）
lngov			-0.153^{***} （-6.95）	-0.218^{***} （-10.40）
lnsecondary			0.679^{***} （21.75）	0.756^{***} （25.07）
lnroad			0.132^{***} （19.32）	0.081^{***} （11.55）
常数项	8.929^{***} （564.38）	8.964^{***} （642.57）	10.182^{***} （146.40）	9.883^{***} （144.46）
N	4703	4703	4684	4684
R^2	0.438	0.473	0.652	0.679

注：括号内为 t 值

***、*分别表示1%、10%的显著性水平

二、高速铁路对经济增长作用的进一步检验

倍差法的一个重要前提是实验组与控制组在经济增长变动方面不存在系统性差异，如果这一条件无法得到满足，估计结果就会出现偏误。为了降低估计偏误，本节进一步采用倾向得分匹配倍差法进行检验。运用倾向得分匹配倍差法时，本节通过高速铁路对控制变量进行 Logit 回归，获得倾向得分，回归结果显示 lninvest、lngov、lnsecondary、lnroad 都对被解释变量 HSR 有显著的作用。倾向得分匹配倍差法的结果显示，在消除了系统性差异后，高速铁路对城市实际地区生产总值存在显著的正向促进作用，同时，其对城市人均地区生产总值的作用虽然未通过显著性检验，但是其作用由原来的显著为负，向不确定的正向作用转变（表2-5）。这说明，从总体上看，高速铁路建设在一定程度上促进了要素禀赋基本相同的站点城市的经济增长。主要原因是，从经济主体与区位匹配的视角看，高速铁路引入降低了运输成本，运输成本的降低使得经济主体与区位有效匹配的

概率增大，从而扩大了高速铁路站点城市的市场区辐射范围，使得站点城市可以在更大范围内利用和配置资源，推动具有相近要素禀赋条件的高速铁路站点区域的经济增长。

表 2-5　倾向得分匹配倍差法结果

指标名	高速铁路开通前控制组	高速铁路开通前处理组	高速铁路开通前处理组与控制组差分	高速铁路开通后控制组	高速铁路开通后处理组	高速铁路开通前后处理组与控制组差分	双重差分结果
lnGDP	6.011	6.368	0.357***	6.999	7.456	0.457***	0.100*
lnperGDP	9.360	9.531	0.171***	10.341	10.564	0.223***	0.052

注：lnGDP 和 lnperGDP 两个指标下，参与匹配的样本数分别为 4670 个和 4681 个，其中处理组的样本数为 1470 个和 1470 个，控制组的样本数为 3200 个和 3211 个，R^2 分别为 0.28 和 0.36

***、*分别表示 1%、10%的显著性水平

三、京广线与京沪线的比较分析

为了进一步考察高速铁路对不同线路的影响，以验证理论分析的结论，本节以京广线和京沪线为例做实证研究。考虑到高速铁路建设带来的溢出效应，我们对京广线和京沪线的考察，以其经过的省市的所有地级及以上城市作为研究对象。同时，考虑高速铁路的网络效应，我们不仅考察这些省市中京广线通过的城市，还考虑已开通高速铁路，并连接到京广线和京沪线的城市。基本情况是：京广线经过北京、河北、河南、湖北、湖南和广东 6 个省市，共有 71 个地级及以上城市，其中开通高速铁路的地级及以上城市有 35 个，未开通高速铁路的地级及以上城市有 36 个。京沪线经过北京、天津、河北、山东、安徽、江苏和上海 7 个省市，共有 60 个地级及以上城市，其中开通高速铁路的地级及以上城市有 30 个，未开通高速铁路的地级及以上城市有 30 个。

（一）京广线与京沪线初步分析结果

倍差法的实证结果表明（表 2-6~表 2-9），京广线和京沪线建设对城市实际地区生产总值、城市实际人均地区生产总值的影响都未通过显著性检验，以高速铁路频次为虚拟变量的实证结果也是一致的，由此证明倍差法结果的稳健性。进一步分析京广线和京沪线的实证结果，我们发现在加入控制变量后，尽管两条高速铁路对城市实际地区生产总值和城市实际人均地区生产总值的影响都未通过显著性检验，但是其对经济增长影响的倾向是不同的，京广线为正，京沪线为负。以高速铁路频次为被解释变量的模型结论与倍差法结果一致，说明了倍差法估计

结果的稳健性。这一研究结论表明，高速铁路引入对京广线和京沪线产生了不同的影响，结合前文的理论分析，这是由于高速铁路引入时，京广线和京沪线初始的条件是不一样的。为进一步验证区域初始条件的重要性，我们对京广线和京沪线做更加深入的考察。

表 2-6　京广线开通对城市实际地区生产总值的作用（倍差法）

项目	lnGDP	lnGDP	lnGDP	lnGDP
	不含控制变量	不含控制变量	含控制变量	含控制变量
dt	1.048*** （14.73）	1.045*** （23.57）	0.376*** （6.13）	0.557*** （10.77）
du	0.627*** （9.82）	2.715*** （22.71）	0.145*** （3.17）	1.358*** （12.07）
HSR	−0.020 （0.21）		0.004 （0.06）	
frequency		0.110 （0.60）		0.127 （0.87）
lninvest			0.187*** （3.48）	0.168*** （3.44）
lngov			0.015 （0.28）	−0.092* （−1.87）
lnsecondary			−0.364*** （−5.24）	−0.058 （−0.86）
lnroad			0.588*** （34.02）	0.417*** （21.06）
常数项	5.727*** （122.98）	5.729*** （197.44）	7.734*** （48.55）	7.095*** （46.53）
N	1078	1078	1078	1078
R^2	0.374	0.611	0.717	0.762

注：括号内为 t 值
***、*分别表示 1%、10%的显著性水平

表 2-7　京广线开通对城市人均实际地区生产总值的作用（倍差法）

项目	lnperGDP	lnperGDP	lnperGDP	lnperGDP
	不含控制变量	不含控制变量	含控制变量	含控制变量
dt	1.060*** （19.99）	1.075*** （28.59）	0.368*** （8.81）	0.427*** （11.25）
du	0.481*** （10.11）	1.768*** （17.44）	0.070** （2.26）	0.411*** （4.97）

续表

项目	lnperGDP	lnperGDP	lnperGDP	lnperGDP
	不含控制变量	不含控制变量	含控制变量	含控制变量
HSR	−0.027 （−0.37）		0.009 （0.20）	
frequency		−0.237 （−1.53）		−0.043 （−0.40）
lninvest			0.230*** （6.30）	0.230*** （6.41）
lngov			0.153*** （4.17）	0.116*** （3.19）
lnsecondary			0.108** （2.30）	0.188*** （3.82）
lnroad			0.448*** （38.11）	0.406*** （27.92）
常数项	8.953*** （257.87）	8.994*** （365.49）	11.273*** （104.10）	11.108*** （99.26）
N	1078	1078	1078	1078
R^2	0.481	0.583	0.805	0.809

注：括号内为 t 值

***、**分别表示 1%、5%的显著性水平

表 2-8　京沪线开通对城市实际地区生产总值的作用（倍差法）

项目	lnGDP	lnGDP	lnGDP	lnGDP
	不含控制变量	不含控制变量	含控制变量	含控制变量
dt	1.128*** （13.56）	1.100*** （19.07）	0.379*** （5.34）	0.561*** （8.36）
du	0.933*** （12.11）	2.848*** （20.56）	0.316*** （5.82）	1.276*** （9.18）
HSR	−0.075 （−0.64）		−0.093 （−1.19）	
frequency		−0.061 （−0.29）		−0.144 （−0.85）
lninvest			0.135** （2.02）	0.151** （2.32）
lngov			−0.080 （−1.30）	−0.229*** （−3.79）

续表

项目	lnGDP	lnGDP	lnGDP	lnGDP
	不含控制变量	不含控制变量	含控制变量	含控制变量
lnsecondary			-0.707^{***} （-6.18）	-0.366^{***} （-3.04）
lnroad			0.736^{***} （31.98）	0.574^{***} （18.67）
常数项	5.903^{***} （108.41）	5.956^{***} （157.83）	7.543^{***} （38.03）	6.979^{***} （34.23）
N	840	840	840	840
R^2	0.409	0.593	0.745	0.760

注：括号内为 t 值

***、**分别表示 1%、5%的显著性水平

表 2-9　京沪线开通对城市实际人均地区生产总值的作用（倍差法）

项目	lnperGDP	lnperGDP	lnperGDP	lnperGDP
	不含控制变量	不含控制变量	含控制变量	含控制变量
dt	1.145^{***} （17.75）	1.153^{***} （23.49）	0.349^{***} （8.09）	0.417^{***} （10.01）
du	0.477^{***} （7.99）	1.673^{***} （14.18）	0.026 （0.79）	0.361^{***} （4.20）
HSR	-0.117 （-1.28）		-0.008 （-0.17）	
frequency		-0.460 （-0.64）		-0.067^{**} （-2.55）
lninvest			0.252^{***} （6.19）	0.263^{***} （6.52）
lngov			0.047 （1.25）	0.012 （0.31）
lnsecondary			0.652^{***} （9.39）	0.764^{***} （10.22）
lnroad			0.511^{***} （36.54）	0.455^{***} （23.87）
常数项	9.202^{***} （217.95）	9.198^{***} （286.26）	11.614^{***} （96.35）	11.431^{***} （90.49）
N	840	840	840	840
R^2	0.439	0.534	0.851	0.855

注：括号内为 t 值

***、**分别表示 1%、5%的显著性水平

（二）京广线与京沪线的进一步分析结果

为了降低估计偏误，本节对京广线和京沪线进一步用倾向得分匹配倍差法进行检验。实证结果表明（表 2-10），京广线和京沪线对城市实际地区生产总值的影响都未通过显著性检验，但是都存在正向促进作用的倾向。它们对城市实际人均地区生产总值的影响存在差异，京广线对城市实际人均地区生产总值有显著的正向促进作用，京沪线对城市实际人均地区生产总值则是负向抑制作用。这与倍差法分析结果具有一致性，也进一步说明高速铁路引入后区域初始条件对经济增长效应的影响是很大的。

表 2-10　京广线和京沪线进一步分析（倾向得分匹配倍差法）

对比线路	lnGDP	lnperGDP	城市实际人均地区生产总值的变异系数
京广线	0.075	0.133*	0.74
京沪线	0.031	−0.202**	0.69

**、*分别表示 5%、10%的显著性水平

从空间经济学视角看，区域经济增长效果是区域各类要素共同作用的结果。因此，区域经济增长的主要指标可以用来反映区域的要素禀赋状态。在这样的认识下，为了比较京沪线和京广线区域初始条件的差异，本节选择 2000 年京广线和京沪线城市实际人均地区生产总值变异系数来考察两条线路的经济要素空间分布状况，变异系数越大表明区域经济差距越大，也说明初始的要素禀赋分布差异较大。为此，我们进一步考察 2000 年京广线和京沪线城市实际人均地区生产总值的变异系数（表 2-10），结果显示，京广线为 0.74，京沪线为 0.69。由理论分析可知，在非均质空间下，高速铁路建设所带来的运输成本降低，会因区域要素禀赋的不同而产生不同的效果。结合实证分析结果，我们初步判断，京沪线与京广线相比，初始的城市实际人均地区生产总值差异更小，因此，高速铁路引入会对高速铁路沿线站点城市实际人均地区生产总值有显著的负向作用。因为倍差法验证的是处理组和控制组之间的关系，所以这一结果说明，京沪线开通使得非站点城市获得了比站点城市更好的发展机会，因此在要素禀赋条件差异较小的区域建设高速铁路，高速铁路的溢出效应会更强，高速铁路会提高整个区域的经济一体化水平。而京广线与京沪线相比，站点城市之间的区域差距会更大，高速铁路的引入则会进一步强化沿线城市与非沿线城市之间的差异，由此使得京广线经济发展差距进一步拉大。这表明，如果在要素禀赋条件差异较大的区域建设高速铁路，高速铁路的集聚效应会更强，高速铁路会进一步强化已有的区域空间结构，拉大区域经济差距，这与 Spiekermann 和 Wegener（1994）、Vickerman（1997）、Preston 和

Wall（2008）、Hall（2009）等的研究结论是基本一致的。

第五节　结论与讨论

　　本章从非均质空间的假定出发，通过构建市场区演进模型，分析了交通发展产生市场区扩大效应，进而影响经济增长的路径。在此基础上，本章以中国高速铁路建设为例做了实证研究，得到了以下结论和启示。

　　第一，交通发展可以产生市场区扩大效应。但是，在非均质空间条件下，市场区扩大效应与区位初始的要素禀赋条件密切相关。因此，在分析新的交通方式对经济增长的影响时，除了进行总体分析外，还需要对不同线路的影响进行详细考察。同时，为了更好地反映交通方式的总体影响，不宜将省会城市剔除在样本之外，因为省会城市是经济带的重要节点，也是影响初始区位条件的重要因素。更为重要的是，交通线路对经济增长的影响不仅在开通运行之后，而且包括规划和建设阶段，因为，在规划和建设阶段，就已经通过改变经济主体对沿线区域经济增长的预期而诱导其提前布局。因此，为了更好地反映交通线路建设的总体效应，需要将研究的时间起点进行适当的提前。

　　第二，本章采用倍差法和倾向得分匹配倍差法的实证研究结果表明，在总体上，中国高速铁路建设对经济增长的影响不明确，但是存在正向促进作用的倾向。这一结果表明，高速铁路建设会对经济增长产生积极影响，尤其是高速铁路会成为重塑中国经济空间组织的重要力量。因此，未来在调整区域发展战略和制定区域政策时，需要充分考虑高速铁路的影响，有效利用高速铁路对经济增长的积极影响。

　　第三，本章对京广线和京沪线的实证研究结果表明，在不同的线路引入高速铁路，其对经济增长所产生的影响存在差异。从城市实际地区生产总值的分析结果看，尽管两条线路都未通过显著性检验，但是两者都存在正向促进作用的倾向。从城市实际人均地区生产总值的分析结果看，京广线会对沿线站点城市实际人均地区生产总值产生正向促进作用。这将扩大京广线站点城市与非站点城市在实际人均地区生产总值上的差距，因此，在京广线沿线区域，必须注意高速铁路开通运行对区域经济协调发展造成的不利影响。在京沪线沿线区域，高速铁路则会对沿线站点城市实际人均地区生产总值产生负向抑制作用，即京沪线站点城市与非站点城市在城市实际人均地区生产总值上的差距会因高速铁路引入而减小，这有利于京沪线区域经济协调发展的推进。同时，这一研究结论与欧洲、日本与韩国高速铁路建设的相关研究结论（Spiekermann and Wegener，1994；Sasaki et al.,

1997；Kim，2000）是一致的。因此，各个国家或地区在高速铁路建设过程中，必须充分考虑到本国或本地区的要素禀赋条件，合理地规划高速铁路网络，以期更好地发挥高速铁路促进经济增长、优化区域空间结构的作用。

第四，本章理论分析的结果表明，在非均质空间下只有实现了区位本身要素与外来要素的有效匹配，才能实现区位的经济增长。因此，高速铁路的引入作为区位的外来要素，降低了运输成本，但是其作用的发挥主要取决于区位是否具备与其匹配的条件。为此，高速铁路站点城市和非站点城市，如果想利用高速铁路这个新条件，就需要调整和重新组合本地的要素禀赋条件，使之与高速铁路有效匹配。否则，高速铁路引入有可能给这些城市的经济增长造成不利影响，使之成为高速铁路经济带的边缘城市。

第三章 高速铁路发展与城市经济增长趋同

第一节 背景与思路

一、研究背景

自 1964 年世界上第一条高速铁路日本新干线建成并开始营运后，欧洲、大洋洲、北美洲等大洲的高速铁路线路也相继建起，国外学者将高速铁路的兴建普及誉为第四次交通革命。截止到 2014 年底，中国"四纵四横"的高速铁路骨架网已基本成形，运营里程超 1.6 万公里，位居世界第一。

伴随着《中长期铁路网规划（2008 年调整）》的全面铺开，高速铁路也开启了一个新的经济时代，即"高速铁路时代"（徐长乐和郁亚丽，2011）。基于高速铁路的营运特性，高速铁路一般建立在人口密集的较发达区域，因此，中国高速铁路将主要集中在东中部较发达地区。高速铁路分布的空间集中度将对中国区域经济增长、区域经济增长趋同，以及区域经济协调发展产生重要影响。因此，本章的主要研究问题如下。

（1）探讨高速铁路影响城市经济增长趋同的机制。

（2）分析铁路交通发展对城市经济增长趋同的影响。

（3）分析高速铁路发展对城市经济增长趋同的影响。

（4）提出高速铁路影响下城市经济协调发展的政策建议。

二、研究价值

（一）理论价值

区域经济增长趋同一直是经济增长理论的一个热点研究方向。根据新古典经济增长理论，在控制了人力资本条件、储蓄率、人口增长率等一系列影响经济增长的条件后，经济增长率表现出趋同。其中，交通条件作为一种影响经济发展的重要因素却甚少被纳入考虑范围当中。本章尝试将描述铁路交通发展的因素加入条件趋同模型中，探析交通条件改善影响城市经济增长趋同的理论与机制，以揭示高速铁路发展对城市经济增长趋同的影响。这将有助于丰富交通条件影响城市经济增长趋同的理论，同时，拓展城市经济增长条件趋同的研究视野。

（二）应用价值

历经多年的发展，铁路已成为中国最重要的长途运输公共交通工具。铁路交通发展优化了中国城市的交通条件，同时给城市的经济发展带来了机遇和挑战。事实上，铁路交通发展所带来的交通条件改善是有助于欠发达城市追赶发达城市、促进城市经济增长趋同，抑或强化了发达城市的集聚效应、扩大城市经济差距，这是一个值得深入探讨、反思的问题。

进一步研究《中长期铁路网规划（2008 年调整）》中的高速铁路规划，可以发现，高速铁路网络主要分布在发达区域和城市。这无疑会给发达城市和区域的经济发展带来利好，但对于欠发达城市和区域，这是否也意味着机遇呢？在未来，高速铁路的发展对城市经济增长趋同又将产生何种影响呢？

本章将从城市经济增长趋同与差异的角度，尝试解答这些问题，并从城市经济协调发展的角度，针对高速铁路对城市经济协调发展的影响提出政策建议。

本章采用的主要研究方法如下。

第一，采用文献分析法。归纳总结高速铁路发展、交通条件改善影响城市经济增长趋同的理论和机制。

第二，利用 Excel 及其函数综合计算、处理 173 个地级及以上城市的可达性、铁路密度等数据。

第三，基于 Barro 类型的条件 β 趋同模型，按不同的空间体系划分，分析铁路交通发展对城市经济增长趋同的影响，并预测高速铁路对未来城市经济增长趋同的影响。

三、本章结构

本章首先分析高速铁路发展、交通条件改善影响城市经济增长趋同的理论依据及影响机制。其次，将铁路提速的因素引入条件 β 趋同模型中，考察铁路交通发展对城市经济增长 β 趋同的影响，为下文对比分析高速铁路的影响做准备。最后，预测高速铁路发展对城市经济增长趋同的影响，并提出高速铁路影响城市经济协调发展的政策建议。

本章共分为六部分。

第一节为背景与思路。这部分介绍本章的研究背景，提出研究问题，简要介绍高速铁路发展与中国城市经济增长趋同基本情况，说明本章主要内容、研究方法及研究价值，最后简要介绍本章的框架结构。

第二节为文献综述。通过对已有研究进行评述，发现已有研究的不足，进而找到本章的研究重点。这部分主要分三个方向进行：第一，区域经济增长趋同理论，侧重探讨交通条件因素在趋同理论研究发展过程中的影响；第二，交通条件对城市经济增长趋同的影响；第三，高速铁路对城市经济增长及趋同的影响。

第三节为高速铁路影响城市经济增长趋同的机制探析。首先，我们放宽了新古典经济增长理论中要素自由流动的假设，考虑交通条件对要素流动的影响。其次，阐述交通条件影响城市经济增长趋同的理论依据。最后，以可达性为分析中介，探析高速铁路对城市经济增长趋同的影响机制。

第四节为铁路交通发展对城市经济增长趋同的影响分析。首先，简要介绍中国铁路六次大提速的概况。其次，在基准 β 趋同模型中，加入铁路交通发展的影响因素，以探究铁路提速对中国城市经济增长趋同的影响。最后，按两种空间体系的划分，讨论铁路提速对四大区域、不同等级及不同铁路交通条件的城市经济增长趋同的影响。

第五节为高速铁路发展对城市经济增长趋同的影响预测。首先，介绍中国高速铁路发展概况。其次，使用与第四节相同的研究方法，预测高速铁路对全国、四大区域、不同行政等级及不同铁路交通条件城市经济增长趋同的影响。

第六节为结论与讨论。首先，总结本章研究获得的主要结论，发现研究不足之处及可以深入讨论的问题。其次，基于城市经济协调发展的目标，尝试提出未来高速铁路发展的政策建议。

本章采用的技术路线见图 3-1。

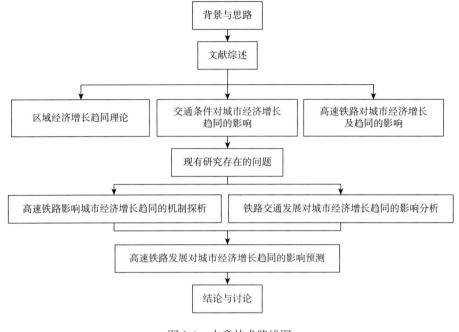

图 3-1　本章技术路线图

第二节　文　献　综　述

　　根据本章的研究主题,笔者先后就区域经济增长趋同理论、交通条件对城市经济增长趋同的影响、高速铁路对城市经济增长及趋同的影响三个方面,对现有文献进行评述。

一、区域经济增长趋同理论

　　20 世纪 50 年代,索洛等建立了新古典经济增长理论,该理论对基本经济现象具有较强的解释能力,因而受到广泛的重视。其中,"趋同定理"是新古典经济增长理论中的一个重要结论,该定理说明在长期内各区域经济增长速度将会出现趋同。

　　区域经济增长趋同研究可以分为以下两类:第一,人均收入水平上的趋同,简称 σ 趋同;第二,增长率上的趋同,简称 β 趋同。其中,β 趋同的具体含义是,期初人均产出水平较低的区域通常有更快的增长速度,即不同区域间的人均产出增长率水平与产出水平负相关。

　　一般 β 趋同模型仅能简单地描述区域经济增长的初始状态对趋同的影响,而不能深入分析趋同发生的内在机理(Martin and Sunley,1998),因此,条件 β 趋同模型成为探寻区域经济增长趋同内在机理的重要方法之一。在经典 β 趋同模型中加入结构变量或控制变量后,条件 β 趋同模型能够充分反映区域经济增长的初始条件或稳态,进而分析各自变量对趋同的作用机制。Barro(1991,1998)使用了全球多个国家的数据,用实证的方式证明了条件趋同现象的存在。在储蓄倾向、人力资本、政治稳定、人口增长率和民主化程度等条件一定时,不同国家之间的经济增长率会呈现出趋同的态势。蔡昉和都阳(2000)在一般模型中加入人力资本、投资率、开放程度等因素,以考察影响东中西部趋同的初始条件因素。王荣斌(2011)使用了地理环境、要素投入、增长过程、政策扰动四个稳态因子分析中国区域经济增长条件趋同。结果表明,1978～2008年中国区域经济增长没有发生绝对趋同。然而,在要素投入、增长过程这两个稳态因子的分别作用下,中国区域经济增长则发生了明显的条件趋同。而在地理环境、政策扰动因子的分别作用下,中国区域经济增长却没有发生条件趋同。在四个稳态因子的综合作用下,中国区域经济增长仍会发生条件趋同。

　　随着区域经济增长趋同研究的发展,交通条件的影响也逐渐被研究者所重视。肖灿夫等(2008)在研究欧盟一体化对经济趋同的影响时,提到欧盟为加入国提供的各项资金援助,对于改善加入国的国内基础设施,促进加入国向欧盟经济的趋同发挥了重要作用。在各项资金援助项目中,就包括入盟前援助结构政策工具(Instrument for Structural Policies for Pre-Accession,ISPA)。换言之,为落后国家提供交通条件的改善,是解决经济差距过大问题的方法之一。万三敏(2011)认为,由于在旅游资源禀赋、经济基础、交通条件及区位特性等方面存在差异,河南省各地级及以上城市旅游经济发展呈现出了不均衡情况。白雪梅和赵峰(2011)的研究发现,政策、地理、观念、交通条件、经济基础和对外开放等众多因素促使东部地区省区市经济发展水平明显优于中西部省区市。这些研究均从理论研究的角度出发,认为交通条件对促进区域经济发展平衡有一定的影响。

　　在实证研究方面,有学者把交通条件当作基础设施环境的衡量指标之一,并将其加入条件趋同的模型中。这些文章主要注重条件趋同的分析,把交通条件作为模型的控制变量或者影响经济增长的一个因素进行讨论,并没有对交通条件的影响进行详细分析。例如,吴玉鸣(2006a)把公路交通条件作为一个控制变量,并将其加入中国省域经济增长 β 趋同检验当中,实证结果表明,公路交通条件对中国各省区市的经济增长产生正面作用,改革开放之初的初始交通条件不同是中西部地区落后的重要原因。陶长琪和周伟贤(2010)使用空间自相关固定效应模型,分析1985～2006年中国省域经济增长趋同的影响因素,认为对经济增长起正面作用的因素主要有储蓄率、人力资本、外商直接投资、邮电通信、区域外溢性等，而普通劳动力、公路交通、工业化的影响要么为负，要么不显著，要么不稳定。

二、交通条件对城市经济增长趋同的影响

由于中国交通运输发展相对落后，直到 20 世纪 80 年代中期，交通运输网络初具规模时，交通与经济增长之间关系的研究才开始成为中国学术界的热点。现在，国内关于交通条件与经济增长之间关系的研究已有众多成果，包括交通运输的经济外部溢出效应研究（胡鞍钢和刘生龙，2009）、交通基础设施与经济增长的因果关系研究（唐建新，1998；刘秉镰等，2010；金江，2012）、交通经济带理论研究（杨荫凯和韩增林，1999；张文尝等，2002）、产业集聚效应研究（徐康宁，2006；董晓霞等，2006）等。而关于交通条件对城市经济增长趋同与差异影响的研究则相对较少。

有学者认为交通条件是影响中国城市、区域经济增长趋同的重要原因，改变欠发达城市交通条件将有利于中国区域经济增长趋同。Démurger（2001）通过普通最小二乘（ordinary least square，OLS）法和两阶段最小二乘（two stage least squares，2SLS）法模型对中国 1985～1998 年省级面板数据进行估计，认为地理位置和基础设施禀赋与省际差距显著相关，在基础设施中的交通和通信的解释力度最强。王会宗（2011）分别运用全国及三大区域 1995～2006 年的相关混合数据进行回归，发现铁路交通发展在短期和长期都会对全国的经济增长起到促进作用，各区域铁路网络建设的差异是东部、中部、西部地区经济增长差距不断拉大的重要原因，加大对西部地区铁路交通建设的投资力度是缓解区域间经济增长差异的一个重要手段。张光南等（2011）使用中国 1989～2008 年省级数据分析了交通条件对区域经济差距的影响，认为铁路交通条件的改善促进了区域经济增长并提高了趋同速度，减少了区域经济差距。刘生龙和胡鞍钢（2010）采用中国 1987～2007年 28 个省区市的数据，分析交通条件对中国区域经济增长趋同的影响，认为交通条件的改善能促进中国的经济增长趋同，并有利于促进西部地区的经济增长与向中东部地区趋同。张学良（2007a）分区域比较了交通条件对经济增长的影响，认为中国的交通条件与经济增长表现出很强的空间集聚特征，经济增长与交通建设主要集中在东部发达地区，并形成了由东往西逐步递减的态势。中部地区交通条件因素对经济增长的贡献最大，而西部地区交通条件最为滞后，对经济增长的贡献最小。刘清春和王铮（2009）利用实证分析，研究了三大要素（自然地理环境要素、交通和区域要素及人力资本和研发水平要素）对全国及三大地带经济分异的影响，其中交通便利性指数为可达性与代表运输规模的货流和客流的综合指标，

分析结论认为，交通便利性指数是影响经济差异最大的要素，交通条件和区位要素对西部地区的经济发展有突出的影响。然而，也有学者认为，交通条件对区域经济增长差异的影响难以确定。王家庭和赵亮（2009）认为，交通条件与经济增长之间并不存在双向因果关系，交通条件对东部地区经济增长的影响大于中西部地区。刘传明和曾菊新（2011）认为，交通条件与经济发展水平之间具有紧密的关系，他们使用综合交通可达性赋值测度法测算湖北省 79 个县域的综合交通可达性，分析其空间差异现象，实证结果认为"交通条件的改善是实现良好经济发展水平的充分而非必要条件"。

综上所述，关于交通条件对城市、区域经济增长趋同的影响方向与力度，学术界尚没有统一意见。笔者认为，由于选用的指标、研究区域和研究时期不同，结论往往各不相同，甚至有相悖的结论。仅上文提及的文献而言，研究者度量交通设施的指标有三类：第一，交通基础设施密度，或者人均交通基础设施密度（张光南等，2011；王会宗，2011；王家庭和赵亮，2009）；第二，交通基础设施投资（张学良，2007b；刘生龙和胡鞍钢，2010）；第三，交通可达性及相关指标（刘清春和王铮，2009；刘传明和曾菊新，2011）。交通条件对城市经济增长趋同、城市经济差距的影响具有不确定性，需要因时因地甚至因选取指标而异。

三、高速铁路对城市经济增长及趋同的影响

（一）高速铁路的概念

不同的国家和组织对高速铁路的概念有着不同的划分标准。根据 1985 年联合国欧洲经济委员会在日内瓦签署的国际铁路干线协议规定，新建客运列车专用型高速铁路时速为 350 公里以上，新建客货运列车混用型高速铁路时速为 250 公里。国际铁路联合会则定义高速铁路为通过改造原有线路（直线化、轨距标准化），使营运速率达到每小时 200 公里以上，或者专门修建新的"高速新线"，使营运速率达到每小时 250 公里以上的铁路系统。而我国 2014 年 1 月 1 日起施行的《铁路安全管理条例》明确定义高速铁路是指设计开行时速 250 公里以上（含预留），并且初期运营时速 200 公里以上的客运列车专线铁路。这个定义把通过改造达到高速铁路标准的既有铁路线剔除了，范围较窄。

为了便于学术研究并与国外高速铁路发展经验参考对比，我们采用国内外较为普遍接受的标准：高速铁路是最高时速达到 200 公里以上的铁路运输系统（朱永磊，2014），包含既有的提速后达到高速铁路标准线路，也包括新建的高速铁路。

（二）高速铁路对城市经济增长的影响

20 世纪 60 年代，高速铁路作为一种新交通运输方式应运而生，在欧洲和日本得到迅速发展（张曙光，2010）。因此，关于高速铁路对城市经济增长的影响研究也兴起于这些国家。Sands（1993）在研究日本、法国和德国的高速铁路影响后，认为高速铁路发展对城市的经济发展产生积极的影响。Sasaki 等（1997）研究了日本新干线对区域经济发展的影响，发现新干线与沿线区域经济发展之间存在正相关关系。他们 1997 年在 *The Annals of Regional Science* 杂志上发表了一组论文，从不同角度分析了高速铁路对城市经济发展的影响。Blum 等（1997）的研究表明，高速铁路把区域内多个城市和地区连接在了一起，提高了区域内城市和地区间的可达性，在一定程度上把连接在一起的城市带转变为一个扩张的功能区域或者是整体经济走廊。另外，随着高速铁路的投入使用，人们的出行频率显著增加，区域经济受到刺激，市场扩张，从而促进经济增长。Ellis（2010）以田纳西州铁路为例研究交通运输与经济发展的关系，运用交通需求模型预测修建高速铁路对田纳西州带来的时间效益和通达效益，认为高速铁路将推动田纳西州经济的发展。

伴随着"四纵四横"客运专线的建设，中国关于高速铁路对城市、区域经济增长影响的研究也全面铺开，成果不断涌现，不但有丰富的理论研究成果，也有不少优秀的实证研究成果。张楠楠和徐逸伦（2005）认为，高速铁路建设从需求的角度直接拉动了沿线区域的发展，同时，通过促进人员流动，加速和扩大信息、知识与技术传播的方式，带动城市经济发展。孙婷（2008）研究了高速铁路对沿线城市经济增长的影响，认为高速铁路带动了沿线城市的发展，在促进产业结构调整、构建核心城市经济圈，乃至改善环境等方面起到了良好的作用。徐长乐和郇亚丽（2011）的研究认为：高速铁路将加速和放大都市经济圈同城效应，改变人们的生产、生活方式，加强中心城市对区域经济的拉动作用，促进区域经济共赢，促进高速铁路沿线城市的产业升级改造，推进城市的规划布局。胡天军和申金升（1999）从京沪高速铁路发展影响沿线经济增长的角度进行分析，认为高速铁路在缓解紧张的铁路交通运输情况、节约铁路旅行时间、促进知识经济产业和第三产业的发展、提供更多就业机会等方面有良好的促进作用。

在实证研究方面，陈春阳等（2005）研究了高速铁路对区域经济增长的影响，指出高速铁路对提高线路的客货运输能力，降低交通运输总成本，节约旅行时间，促进高新产业、第三产业发展等方面有促进作用，其中以秦沈客运专线为例进行实证分析。林晓言等（2010）采用有无对比法就京津城际高速铁路对城市经济的影响进行了定量分析，认为京津城际高速铁路的开通对北京和天津这两个特大城市的发展起到了良好的促进作用，产生了一定的经济成效和社会影响。郭竹学（2012）从铁路旅行时间价值、可达性的测度及区域城市空间引力测度三方面研究高速铁路对区域经济增长的影响，认为沪昆高速铁路的开通将促进沿线区域交通经济带的形成，在整体上带动江西区域经济的快速发展。

在肯定高速铁路对城市、区域经济发展具有积极作用的同时，有部分学者提出了相反的意见。Givoni（2006）在梳理了有关高速铁路经济影响的文献之后，得出了具有启发性的结论。他指出，人们对高速铁路基础设施带来的广泛的经济、社会影响的程度尚无共识；所有的证据都是混合在一起的，在总体的影响（如果存在的话）究竟是积极的还是消极的问题上的结论也是具有争议性的。Vickerman和Ulied（2006）认为，高速铁路可以成为提高区域经济增长的一个因素，但是它并不能保证长期内对任何区域都全部产生积极的影响，也没有证据表明没有连接到高速铁路上的区域将承受明显的经济竞争劣势。这意味着，相比于将促进经济发展的期望寄托在高速铁路建设上，抓住高速铁路建设的契机采取相应的发展战略显得更为现实可行。

（三）高速铁路对城市经济增长趋同的影响

在已经拥有高速铁路的国家中，多数国家把建设高速铁路作为加强区际经济联系、改善区域发展不平衡格局的一项重要举措。欧洲发达国家在发展高速铁路的后期决策中，促进区域平衡发展是主要的目的之一（de Rus，2008）。西班牙把高速铁路作为实施区域平等政策的一个工具。西班牙建设第一条高速铁路 AVE（从马德里到塞维利亚）的主要目的是加快贫困区域发展，解决区域发展不平衡的问题（Albalate and Bel，2010）。韩国政府希望高速铁路有助于推动区域平衡发展，分散首都首尔过度集中的城市职能（Shin，2005）。

有学者认为，高速铁路建设有利于促进城市经济协调发展。周孝文（2010）认为，建设高速铁路，将极大提高区域间的运输能力，为区域经济协调发展和可持续发展创造有利条件，同时有利于生产要素的快速流动与产业转移，有利于优化资源配置和形成新的产业带，将为沿线区域经济发展带来新的变革，为沿线经济发展带来新的契机。张汉斌（2011）认为，高速铁路加速了要素、资源的流动，拓展了市场半径，区域经济更加一体化，为缩小区域经济差距构建了要素流通和配置机制。赵庆国（2013）分析了高速铁路缩小中国区域差异的作用机理，认为高速铁路在促进区域发展、缩小区域经济差距方面有突出作用。邱锦祥（1991）、连浩延（2006）从理论和实证方面进行分析，认为高速铁路进一步优化了台湾西部地区的交通条件，促进了人口、产业从台北分散，对区域发展起到均衡的作用，降低了台北的城市压力。覃成林和黄小雅（2014）认为，高速铁路的发展改善了沿线城市的可达性，促进了城市经济联系强度相对差异缩小，"四纵四横"高速铁路网络的构建促使沿线城市经济一体化水平提高。

就国外高速铁路的研究来看，已有研究文献多认为，高速铁路发展加剧了城市经济发展不平衡，而不是促进城市经济增长趋同。Sasaki 等（1997）认为，日本新干线网络的扩张在某种程度上导致了城市经济差异更明显，高速铁路的建设并不能缓解过度聚集的问题。事实上，在中长期，经济差异的问题并不会因铁路网络的日益完善而得到改善。这是因为铁路网本来就是基于发达城市或者区域而建的，而那些在偏远区域建起来的高速铁路线路同样提高了发达区域的可达性。Tang 等（2011）分析，为了追求更高的运行效率，高速铁路将会倾向拥有相对于普通列车更少的站点。高速铁路轨道相对于周围的环境是独立的，周边非沿线站点的城市无法享受到它的好处，这被称为"隧道效应"。相反地，高速铁路连接的两个终点站城市则能够享受到高频率的高速列车服务，从而得到有效的沟通。当这两个城市拥有一个更便捷的通勤和旅行方式时，两个城市之间原来的经济平衡就会被打破，在历经一个缓慢累积的过程后，较弱的城市将会越来越依赖较强的城市，两极分化现象强化，形成等级分明的大都市区。高速铁路的修建带来了区域交通条件的改善，对核心区域经济增长有良好的促进作用，但对边缘区域的影响却不明显，核心区域的进一步发展会对边缘区域产生不利影响，甚至产生极化效应（Preston and Wall，2008；Hall，2009）。而在中国，张学良和聂清凯（2010）也认为高速铁路建设促进城市经济一体化时会带来负溢出效应。高速铁路发展会改变其所在地区的可达性与吸引力，从而提升该区域的区位优势，进而改变企业和居民的区位选择模式，也将改变生产要素的流动方向。在交通一体化与经济一体化的过程中，一个区域的经济发展可能是以其他区域的经济衰退为代价的，特别是对于发达地区，由于其积累了多方面的先发优势，包括强大的科技力量、完备的基础设施、优越的协作条件、雄厚的资本、集中的消费市场，交通条件的便捷会加快落后地区的生产要素向发达地区的聚集，从而对落后地区的经济发展产生一定的消极影响，这便是高速铁路发展的负溢出效应。交通条件的改善，包括高速铁路的修建，提高了城市的可达性，但这是有利也有弊的，并不是城市经济增长的充分条件。

由上述研究文献可知，国内外学者关于高速铁路发展是否能够导致城市经济增长趋同的观点不尽相同。鉴于这种研究状况，本章拟采用实证分析方法，探讨高速铁路发展究竟会对中国城市经济增长趋同产生何种影响，以求获得确定性的认识，并从中获得有价值的政策启示。

四、现有研究存在的问题

从现有文献来看，铁路交通发展、交通条件的改善对城市经济增长及趋同的影响方向和力度都是不确定的。

在理论研究方面，国外关于高速铁路影响城市经济增长趋同的研究成果颇为丰富，而国内的研究则较少。这是因为高速铁路在中国开通的时间不长，国内仅有少量理论研究文献关注这一领域，缺少关于高速铁路对城市经济增长趋同影响的理论依据、影响机制等方面的深入研究。

在实证研究方面，针对高速铁路影响城市经济增长趋同的方向，国外的实证研究文献主要是就某一条铁路线进行分析。而国内则仅有关注高速铁路影响经济增长的实证研究，暂时缺少针对经济增长趋同方向的实证研究。由于中国幅员辽阔，高速铁路交错分布，影响机制相对复杂，国外的研究分析方法和结论不一定适用于国内。

本章将对高速铁路影响城市经济增长趋同机制做进一步探讨，并采用实证研究的方法，就中国高速铁路对城市经济增长趋同的影响进行研究。

第三节　高速铁路影响城市经济增长趋同的机制探析

一、新古典经济增长理论假定的放宽

经济增长趋同是索洛新古典经济增长理论的一个主要推论。作为主流宏观经济学的奠基性理论，索洛经济增长模型的默认假设之一便是要素的自由流动，假定经济活动均发生在同一个平面上。要素自由流动的假设忽视空间因素对经济活动的影响，事实上，在现实生活中，经济要素的流动受到众多地理和空间因素的影响，并且这些影响的作用和方向都是不确定的。

在特定的条件下，交通条件的改变甚至成为城市经济发展的决定性因素。铁路的建设引起了地缘经济关系的改变。近代和现代开封经济发展落后的最大原因及中原地区的经济中心从开封转向郑州的重要原因，便是京汉线及京广线的建成（徐康宁，2008）。南京关下地区因为南京长江大桥的建成和京沪铁路的贯通，失去了作为津浦铁路与沪宁铁路交接点的优势而走向衰落（冯伟和徐康宁，2013）。王荣斌（2011）认为，地理因素决定了城市的自然要素禀赋优势，影响其经济发展模式（如市场导向型、资源导向型等），同时决定了城市的经济区位，从而影响经济要素的流动。此外，交通条件还影响了某一城市、区域对主流市场的连接能力。

由此可见，交通条件对城市经济增长有着极其重要的影响。因此，我们使用条件趋同模型对一般 β 趋同模型中"要素自由流动"的假定进行放宽，考虑铁路交通的发展、交通条件的改变对生产要素流动的影响，从而分析交通条件对城市经济增长趋同的影响。

二、交通条件影响城市经济增长趋同的理论依据

交通条件改善的主要作用是降低了经济活动的运输成本。而运输成本则是经济活动区位选择过程中的关键因素。在古典区位理论中，杜能、韦伯、克里斯泰勒从不同的角度阐述了运输成本与交通条件对城市经济增长的影响。杜能在农业区位论中提到，运输成本决定了区位地租和经济地租，地租差异是决定土地利用方式的最重要因素。韦伯认为运输成本是工业区位选择的关键因素，低廉的运输成本作为区位优势可以吸引工业企业到该区域落户，对区域工业发展产生影响（陈振汉和厉以宁，1982）。在克里斯泰勒提出的中心地理论中，交通原则是支配中心地体系形成的三大原则之一。其中，经济聚落沿交通线分布，高级中心地的布局受到交通条件的影响较大。在文化水平高、工业人口多、人口密度高的区域，交通条件的影响大于市场的影响。

在新经济地理学中，克鲁格曼提出的核心-边缘理论进一步阐述了交通条件对经济活动的集聚与扩散的影响（Krugman，1991）。他认为，运输成本和规模经济之间的选择权衡是影响经济活动空间结构的关键因素。当运输成本降低到突破点时，聚集力将占据主导地位，所有企业向一个地区集中，区域原有核心-边缘结构的均衡被打破，劳动力和企业等经济活动以渐进方式进行重新布局（安虎森，2005）。交通条件的改善使运输成本降低，促进生产要素流动，对经济活动的集聚与扩散产生影响。不过尽管通过便利的交通条件，发达城市的生产要素能向周边欠发达城市扩散，并带动其经济增长，产生正溢出效应，但是，在相当长的一段时期内，发达城市无法实现对欠发达城市的经济带动，或者说，发达城市的扩散效应远远小于集聚与回流效应。因此，良好的交通条件也不能确保欠发达城市一定能吸收来自发达城市的经济活动扩散（张学良，2009）。据此，笔者认为，交通条件的改善是否会带来经济增长的趋同是一个值得深入研究的问题。

三、高速铁路影响城市经济增长趋同的机制——以可达性为中介

（一）可达性的概念

最早明确提出可达性概念的是 Hansen（1959），他认为，可达性是交通网络中各交通节点相互作用机会的大小。在实际研究中，可达性是一个较为灵活的概念与评价指标，根据不同的问题，可以有相应的定义和计算。由于李平华和陆玉麒（2005）、陈洁等（2007）、刘贤腾（2007）等国内学者已对可达性的定义进行了较为全面的总结，本节不再详细叙述。

一般而言，可达性的内涵主要包括以下三个方面：第一，交通成本，如交通费用、旅行时间、舒适程度等方面；第二，端点区位的吸引力，如起点、终点的人口、就业机会、生产总值等；第三，端点的选择，在一点与多点或一点与一点之间进行选择（李平华和陆玉麒，2005）。

（二）可达性的评价方法

可达性值本身并不具有解释力，需要在特定区域中对比各个点的可达性值才具有解释力，其反映的是地点在整个区域中所处的地位。可达性的评价方法众多，可以归类为以下五种模型：空间阻隔模型、累积机会模型、空间相互作用模型、效用模型及时空约束模型（王继峰，2008）。这里，本节简要介绍前三种常用的可达性评价方法。

1. 空间阻隔模型

空间阻隔模型是最简单的可达性模型，在该模型中可达性是克服空间阻隔的难易程度，仅考虑交通条件的影响，多用于地理学和交通方面的研究。空间阻隔程度越低，节点可达性越好。可达性的基本设定形式如下：

$$A_i = \frac{1}{n} \sum_{\substack{j=1 \\ j \neq i}}^{n} d_{ij} \tag{3-1}$$

其中，A_i 表示从 i 点出发的可达性；$d_{ij}(j=1,2,\cdots,n)$ 表示 i 点和 j 点之间的空间阻隔。

2. 累积机会模型

累积机会模型侧重研究城市接近发展机会的难易程度，在该模型中可达性是

居民在一定出行时间范围内获得的工作数量和工作机会。居民出行时间越长可以获得的发展机会越多，可达性越高。该模型多用于基础设施建设规划的研究中。累积机会模型下可达性的基本形式如下（王继峰，2008）：

$$A_i = \sum_j O_{jt} \qquad (3\text{-}2)$$

其中，A_i 表示 i 点的可达性；t 表示设定的阈值；O_{jt} 表示区域 j 中的机会；j 表示与 i 点的距离（或时间、费用等）小于 t 的区域。这个可达性公式表示从 i 点出发在阈值容许范围内的所有机会。

3. 空间相互作用模型

空间相互作用模型是应用最广泛的可达性计算方法，在该模型下可达性是到达活动目的地的难易程度，可达性不但受到空间阻隔（出行距离、出行耗时等成本）的负向影响，同时受到起点或终点的活动规模（一般以人口数、地区生产总值等代表发展机会的指标）的正向影响（刘贤腾，2007）。其经典模型为 Hansen 在 1959 年提出的潜能模型，空间相互作用模型的基本形式如下：

$$A_i = \sum_j \frac{D_j}{d_{ij}^{\alpha}} \qquad (3\text{-}3)$$

其中，A_i 表示 i 点的可达性；d_{ij} 表示 i 点与 j 点之间的空间阻隔（一般为距离、时间、费用等）；α 表示距离阻力的影响程度；D_j 表示 j 点的机会（一般以人口数、地区生产总值等指标表示）。

（三）高速铁路对城市经济增长趋同的影响

可达性是高速铁路影响城市经济增长的"中介"。理论上讲，高速铁路提高了沿线城市的可达性，改善了沿线区域的交通条件，降低了运输成本，影响企业和居民的区位选择，从而对沿线区域经济增长产生影响。高速铁路建设被誉为第四次交通革命，对城市经济增长的影响可能更甚于公路、普通铁路与民航。下面我们从要素流动和经济主体空间行为两个角度，分析高速铁路建设带来的可达性改变对城市经济增长趋同的影响。

1. 对要素流动的影响

高速铁路建设改变了城市可达性，促使区域内要素流动。对于某一个站点城市而言，高速铁路的建设将带来要素的流入和流出，对城市本身发展有利有弊。

对于发达的核心城市而言，高速铁路的建设极有可能促进大量生产要素的快速流入。尽管部分高速铁路连接了偏远的城市，但高速铁路网仍主要基于发达城市或区域而建设，因此，发达城市将获得更高的可达性（Sasaki et al.，1997）。受运输成本降低的影响，人才、资金、信息等生产要素沿着高速铁路线流入发达城市，进一步促进发达城市的发展。例如，日本新干线高速铁路的建成极大地提升了城市的可达性，但却使得东京和大阪两大都市人口更集中，大量产业、人才、资金借由高速铁路快速流动的特性而大量向发达的核心城市迁移，形成"强者恒强，弱者恒弱"的格局。同样，由于交通条件改善，地租升高，部分生产要素将跟随无法负荷高地租的企业外流。

对于相对落后的边缘城市，高速铁路的建设对其要素流动的影响则不能确定。尽管高速铁路网络的建设给相对落后的边缘城市带来了可达性的提高，但是边缘城市也不一定能够吸收发达城市带来的经济活动扩散（张学良，2009），甚至可能受到核心城市带来的"虹吸效应"影响，生产要素被核心城市所吸引，进而使区域间的经济差距扩大。然而，如果边缘城市能结合自身资源优势，制定适合自身的经济发展战略，也可能抓住高速铁路带来的机遇，利用可达性提高的优势，承接核心城市带来的要素、产业转移，促进经济发展。抓住高速铁路建设的契机，结合当地资源优势，采取相应的发展战略，才是永续发展的良药。

2. 对经济主体空间行为的影响

A. 对企业空间行为的影响

如上文分析，高速铁路改变了城市的可达性，改善了交通条件，降低了运输成本，同时影响了土地价格，企业的区位选择因而改变，引发企业集聚或扩散。首先，高速铁路建设降低了运输成本，企业区位选择改变，一旦企业集聚产生，区域的规模收益递增，则能够进一步吸引企业、人才的进入，产生循环累积的效应。高速铁路时速大约为 300 公里，因此，乘坐高速铁路的最佳旅途长度为 200～800 公里，换言之，旅行时间大约为 0.5～3 小时。另外，对比飞机，高速铁路还具有相对靠近市中心的优势。因此，受到高速铁路影响而可能改变选址的企业应具备以下特点：第一，非常看重时间；第二，由于外部性等原因而与其他相关企业有着较强的联系；第三，在城市中心办公。综合满足这三个特点的企业便是知识经济产业企业，如专业服务业、金融业、高科技产业的企业。其次，交通条件的改善也影响了土地价格，从而改变了土地的利用方式（骆玲和曹洪，2010）。高速铁路建设后，核心城市地租进一步上升，成本导向型等无法负荷高额地租的工业企业则可能往基础设施较好的边缘城市迁移。

B. 对居民空间行为的影响

居住地点的选择受到交通可达性、就业机会、房价等多种因素的影响。从城市的层面上看，高速铁路的开通对家庭选址产生两种不同方向的影响：一方面，居民倾向选择交通可达性高、就业机会多、消费选择多的核心城市居住；高速铁路开通后，核心城市的交通可达性大幅提高，在吸引企业集聚的同时吸引居民迁移。另一方面，由于核心城市的土地价格随交通条件改善而上升，居民倾向到高速铁路沿线房价较低的城市居住。王兴平和赵虎（2010）认为高速铁路的开通，会带来两种新职住模式。其一，在 1 小时都市圈内，形成一天来回的通勤模式。例如，由于昆山房价明显低于上海，上海与昆山之间的动车开通后，工作在上海、居住在昆山的职住模式可行性大大增加。其二，在 2 小时都市圈外，实现周期为 1 周的职住模式。在这种情况下，居民以周为单位在就业地和家庭所在地之间通勤，周末从就业城市返回家庭所在地，周一早晨从家庭所在地返回就业地，这将拓宽中心城市的辐射范围，容纳更多劳动者在中心城市工作。而对于卫星城市，则更有可能获得更多"新移民"。

　　最后，我们对上文的机制分析以图 3-2 进行总结。高速铁路的建设改变了城市的可达性，降低了运输成本，影响了土地的利用方式，对生产要素及经济主体的空间行为产生影响，从而影响经济的集聚和扩散，最终对城市经济增长产生影响。这种影响效果在不同时期、不同城市、不同区域是存在差异的。高速铁路的建设对中国城市经济增长趋同究竟产生何种影响，下文将以实证的方式进行探讨。

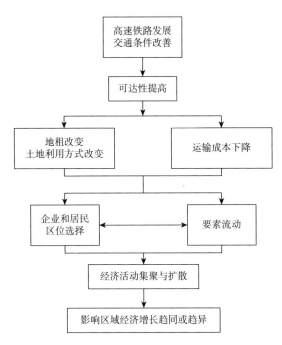

图 3-2　高速铁路发展影响城市经济增长趋同或趋异机制

第四节　铁路交通发展对城市经济增长趋同的影响分析

通过第三节的分析，我们知道高速铁路通过提高城市交通可达性而影响经济活动的空间分布及城市经济增长。然而，限于高速铁路开通时间有限，我们难以进行确定性的分析。同时，考虑到铁路交通发展是一个长期而连续的过程，中国铁路六次大提速提高了城市的可达性，对城市经济增长趋同也产生了一定的影响，这种影响与高速铁路发展影响有一定的相似性和共性。因此，我们就1997～2011年的铁路交通发展对中国城市经济增长趋同的影响进行实证分析，以期能为第五节中预测高速铁路发展带来的影响提供支撑和对比分析，并为未来高速铁路的发展提供一定的政策性建议。

一、铁路提速概况

在1997年铁路提速前，中国铁路的运输速度在低水平徘徊，远不能满足人们的出行要求。另外，受到民航业和公路运输业发展的冲击，中国铁路运输陷入了亏损状态。于是，在1997年，中国铁路开始了第一次大面积提速，提高铁路客运的竞争力，满足人们出行需求，保障铁路的经济效益。1997～2007年铁路六次大提速概况如表3-1所示。

表3-1　铁路六次大提速概况

提速	时间	线路与里程	速度
第一次	1997年4月1日	京广、京沪、京哈三大干线	全国铁路旅客列车平均时速由48公里提高到55公里。开通了最高时速140公里、平均旅行时速90公里的快速列车40对和夕发朝至列车64列
第二次	1998年10月1日	京广、京沪、京哈三大干线	全国铁路旅客列车平均时速达到55.16公里。三大干线最高时速达到140～160公里
第三次	2000年10月21日	重点线路为陇海线、兰新线、京九线和浙赣线。全国铁路提速线路延展里程接近1万公里，初步形成了覆盖全国主要地区的"四纵两横"提速网络	全国铁路旅客列车平均时速提高到60.3公里
第四次	2001年11月21日	重点区段为京九线、武昌—成都（汉丹、襄渝、达成）、京广线南段、浙赣线和哈大线。铁路提速延展里程达到13 000公里，覆盖全国大部分省区市	全国铁路旅客列车平均时速提高到61.6公里

提速	时间	线路与里程	速度
第五次	2004 年 4 月 18 日	主要范围是京沪、京哈等铁路干线。提速网络总里程 16 500 多公里	全国铁路旅客列车平均时速提高到 65.7 公里。时速达 160 公里及以上的提速线路达 7 700 公里，时速 200 公里的线路里程达到 1 960 公里。增开 19 对 Z 字头直达特快列车
第六次	2007 年 4 月 18 日	京哈线、京广线、京沪线、京九线、陇海线、浙赣线、兰新线、广深线、胶济线、武九线及宣杭线	全国铁路旅客列车平均时速提高到 70.2 公里。开通了 256 列时速达到 200 公里至 250 公里的"和谐号"高速列车

资料来源：维基百科——中国铁路大提速

经过了铁路六次大提速和高速铁路的开通，中国城市的可达性有了一定的提高，这对城市的经济发展和区域经济增长趋同产生了一定影响。同时，不同城市的可达性提升幅度存在差异，可达性的影响作用和力度也不一样，因此，铁路提速对城市经济增长趋同的影响也不尽相同。

二、研究方法

（一）研究思路

从第六次提速的介绍可知，铁路提速与高速铁路在概念上有一定的交叉，时速超过 200 公里的"和谐号"也是本节定义的高速铁路的一种。同时，为了更贴近实际铁路运行情况，我们把 2011 年以前开通运行的五条短途高速铁路专线也纳入本节的分析中。因此，在本节的研究中，铁路交通发展是指 1997～2011 年六次铁路大提速及 2011 年以前部分高速铁路的开通。

考虑到交通条件对区域经济增长作用并不一致（王家庭和赵亮，2009），我们以铁路沿线城市作为研究对象，从全国以及东部、中部、西部、东北部四大区域[①]，分析铁路交通发展对沿线城市经济增长趋同的影响。另外，为了考察铁路交通发展对不同等级城市的影响，我们把铁路沿线城市分为一线、二线、三线、四线、五线、六线城市，共四组城市。然后，我们把样本城市分为提速、非提速两组铁路沿线城市，以考察铁路交通发展对不同交通条件城市的影响。其中，提速沿线城市为铁路六次大提速中提速线路的沿线城市和 2011 年前已开通高速铁路的城市，而非提速沿线城市则为其他线路经过的城市。

---

① 这里的全国东部、中部、西部和东北部只是针对其铁路沿线城市。为表述方便，分析过程中省略了"铁路沿线城市"。

（二）可达性指标的选取

由于可达性直观地反映了城市交通条件的优劣，是衡量铁路交通发展对城市经济增长影响的中介指标，在本节中，我们将考察铁路沿线城市的可达性变化对其经济增长趋同的影响。

综合对比第三节介绍的三种可达性评价模型的适用范围，我们选取空间相互作用模型作为衡量区域可达性的模型。该模型综合了空间阻隔模型与累积机会模型的特点，认为可达性受到空间阻隔和活动规模的共同影响，适合用于度量交通条件对城市经济增长的影响。进一步，在空间相互作用模型下，我们选取了侧重于从地理角度反映可达性的加权平均旅行时间作为度量指标（López et al.，2008），以更好地反映铁路交通发展对沿线城市经济增长趋同的影响。

加权平均旅行时间的计算公式如下：

$$M_i = \frac{\sum_{j=1}^{n}(I_{ij} \times P_j)}{\sum_{j=1}^{n} P_j} \tag{3-4}$$

其中，M_i 表示 i 城市的加权平均旅行时间；I_{ij} 表示 i、j 两城市间最短铁路旅行时间；P_j 表示中心城市 j 的人口数。加权平均旅行时间 M_i 数值越小，i 城市可达性越好。

（三）趋同分析模型

本节采用 β 趋同模型检验铁路沿线城市是否发生经济增长趋同。具体的分析步骤和模型如下。

第一步，使用基准 β 趋同模型，考察没有铁路交通发展因素影响时，铁路沿线城市经济增长是否发生了趋同。在本节中，把基准 β 趋同模型记为模型 A。其形式如下：

$$\frac{1}{T}\ln\frac{y_{t+T}}{y_t} = \alpha + \beta \ln y_t + u_t \tag{3-5}$$

第二步，在模型 A 中引入初始可达性（M_{it}）和可达性比值（$\frac{M_{i(t+T)}}{M_{it}}$）变量，以考察综合铁路交通因素对沿线城市经济增长趋同的影响，记为模型 B。其形式如下：

$$\frac{1}{T}\ln\frac{y_{t+T}}{y_t} = \alpha + \beta \ln y_t + \gamma_1 \ln M_{it} + \gamma_2 \ln \frac{M_{i(t+T)}}{M_{it}} + u_t \tag{3-6}$$

第三步，进一步，分别考察铁路提速前的交通条件、铁路提速、高速铁路开通，对沿线城市经济增长趋同的不同影响。在基准模型 A 的基础上，单独引入初始可达性（ M_{it} ），以反映铁路提速前的交通条件对沿线城市经济增长 β 趋同的影响，记为模型 C。然后，分析铁路提速和高速铁路开通对沿线城市经济增长 β 趋同的影响，在基准模型 A 上加入可达性比值（ $\dfrac{M_{i(t+T)}}{M_{it}}$ ）变量，得到模型 D。这两个模型的形式如下。

模型 C：

$$\frac{1}{T}\ln\frac{y_{t+T}}{y_t} = \alpha + \beta\ln y_t + \gamma_1\ln M_{it} + u_t \tag{3-7}$$

模型 D：

$$\frac{1}{T}\ln\frac{y_{t+T}}{y_t} = \alpha + \beta\ln y_t + \gamma_2\ln\frac{M_{i(t+T)}}{M_{it}} + u_t \tag{3-8}$$

（四）数据来源及处理

本节中，1997 年和 2011 年的地区生产总值和人口数来自《中国城市统计年鉴 1998》和《中国城市统计年鉴 2012》，以地区生产总值除以人口数得到人均地区生产总值数据。其中，大多数地级及以上城市从 2000 年后才陆续开始统计常住人口数，因此 1997 年的人口数只能使用户籍人口数，而 2011 年的人口数则使用常住人口数。1997 年和 2011 年的最短铁路旅行时间则由《全国铁路旅客列车时刻表》中的原始铁路旅行时间数据计算获得[①]。由于数据可获得性的限制，1997 年和 2011 年的频次数据来源于《全国铁路旅客列车时刻表》。

我们共选取了 173 个铁路沿线的地级及以上城市作为分析对象，有部分沿线城市受限于数据来源而未列入研究中。

三、结果分析

（一）铁路交通发展对全国铁路沿线城市经济增长趋同的影响分析

如表 3-2 所示，在 1997～2011 年，伴随着铁路交通发展，中国铁路沿线城市可达性得到了良好的改善，沿线城市可达性年均增加了 22.57，年均增长率为 1.53%。

---

① 具体计算方法沿用了《区域性交通条件改善与沿线城市人口增长——基于铁路运输提速的分析》（覃成林和朱永磊，2013）中的最短铁路旅行时间的计算方法。

表 3-2　铁路交通发展对全国铁路沿线城市可达性的影响

区域	1997 年	2011 年	年均增长值	年均增长率
全国	1647	1331	22.57	1.53%

注：年均增长值=|（2011 年可达性–1997 年可达性）/14|；年均增长率=|($\sqrt[14]{}$2011年可达性/1997年可达性 –1) × 100%|；受加权平均旅行时间的计算公式影响，可达性值的减少代表可达性的提升，为了陈述的方便，本书的可达性年均增长值和年均增长率均取数值的绝对值

再观察表 3-3 中基准模型 A 的回归结果，在不考虑铁路交通因素的情况下，1997～2011 年全国铁路沿线城市经济增长 β 趋同速度为 2.3%[①]。考虑综合铁路交通因素影响后，β 趋同速度仍为 2.3%，这表明铁路交通发展对全国铁路沿线城市经济增长 β 趋同无影响。对比铁路提速前交通条件影响模型与铁路提速和高速铁路开通影响模型，发现铁路交通发展对全国沿线城市经济增长 β 趋同的影响一致。考虑铁路提速前交通条件的影响，β 趋同速度仍为 2.3%，对全国铁路沿线城市增长趋同无影响。而在铁路提速和高速铁路开通后，β 趋同速度仍为 2.3%，表明铁路提速和高速铁路开通对 β 趋同无阻碍作用。在 1997～2011 年，中国铁路沿线城市交通条件得到良好的改善，然而铁路交通条件的改善对经济活动向沿线发达城市集聚无影响。

表 3-3　铁路交通发展对全国铁路沿线城市经济增长趋同的影响

模型	系数	全国
A（基准模型）	β	−0.023** （−8.141）
B（综合铁路交通因素影响模型）	β	−0.023** （−7.720）
	γ_1	−0.004 （−0.617）
	γ_2	0.009 （0.419）
C（铁路提速前交通条件影响模型）	β	−0.023** （−8.138）
	γ_1	−0.004** （−0.607）
D（铁路提速和高速铁路开通影响模型）	β	−0.023** （−7.725）
	γ_2	0.008 （0.403）

注：括号内为 t 值
**表示 5%的显著性水平

---

① 书中的趋同速度均为年均趋同速度。

（二）铁路交通发展对四大区域铁路沿线城市经济增长趋同的影响分析

如表3-4所示，在1997～2011年，铁路交通发展对中国四大区域可达性的影响有显著的差异：从年均增长值绝对值角度看，西部可达性年均增长值提升幅度最大，为31，其次为东部，最后是中部和东北部。从年均增长率升幅角度看，东部升幅最大，达1.88%；中部、西部升幅较为接近，分别为1.58%、1.61%；东北部升幅最低，仅为0.75%。

表3-4　铁路交通发展对四大区域铁路沿线城市可达性的影响

区域	1997 年	2011 年	年均增长值	年均增长率
东部	1502	1151	25	1.88%
中部	1233	987	18	1.58%
西部	2115	1684	31	1.61%
东北部	1999	1798	14	0.75%

可达性提升的差异对铁路沿线城市经济增长β趋同的具体影响如下。

首先，表3-5中基准模型A的结果显示，1997～2011年东部铁路沿线城市经济增长β趋同速度为2.2%。在考虑综合铁路交通因素后，趋同速度下降了9.1%至2.0%，铁路交通发展对东部铁路沿线城市经济增长β趋同有明显的阻碍作用。考虑铁路提速前交通条件的影响后，东部铁路沿线城市经济增长β趋同速度仅为2.0%，大幅下降了9.1%，铁路提速前的交通条件对β趋同阻碍较大。在铁路提速和高速铁路开通后，β趋同速度下降了4.5%至2.1%，进一步阻碍了东部铁路沿线城市经济增长β趋同。回看表3-4，在1997～2011年，东部铁路沿线城市可达性年均增加1.88%，但可能受到铁路交通布局空间差异，或可达性提高带来的经济增长的"虹吸效应"的影响，铁路交通发展对东部铁路沿线城市经济增长趋同有阻碍作用。

表3-5　铁路交通发展对四大区域铁路沿线城市经济增长β趋同的影响

模型	系数	东部	中部	西部	东北部
A（基准模型）	β	-0.022^{**}（-5.672）	-0.004（-0.386）	-0.028^{**}（-0.386）	-0.016^{**}（-2.268）
B（综合铁路交通因素影响模型）	β	-0.020^{**}（-5.437）	-0.005（-0.494）	-0.027^{**}（-0.494）	-0.019^{**}（-2.637）
	γ_1	-0.038^{**}（-3.346）	0.012（0.466）	-0.022（0.466）	-0.035（-1.932）
	γ_2	-0.007（-0.186）	-0.044（-0.778）	-0.070（-0.778）	-0.001（-0.010）

续表

模型	系数	东部	中部	西部	东北部
C （铁路提速前交通条件影响模型）	β	-0.020^{**} （-5.554）	-0.004 （-0.399）	-0.028^{**} （-0.399）	-0.019^{**} （-2.732）
	γ_1	-0.037^{**} （-3.656）	0.013^{**} （0.541）	-0.007^{**} （0.541）	-0.035^{**} （-1.975）
D （铁路提速和高速铁路开通影响模型）	β	-0.021^{**} （-5.207）	-0.005 （-0.490）	-0.029^{**} （-0.490）	-0.017^{**} （-2.207）
	γ_2	0.047 （1.302）	-0.046 （-0.831）	-0.045 （-0.831）	-0.011 （-0.123）

注：括号内为 t 值

**表示5%的显著性水平

其次，根据表3-5的基准模型A的回归结果，中部铁路沿线城市经济增长 β 趋同趋势在统计上不显著。而在考虑综合铁路交通因素后，β 趋同的趋势也是不显著的，分别考察铁路提速前交通条件及铁路提速和高速铁路开通的影响，中部铁路沿线城市经济增长 β 趋同依然不显著。因此，铁路交通发展对中部铁路沿线城市经济增长 β 趋同不存在确定性的影响。

再次，如表3-5基准模型A结果所示，在1997～2011年西部铁路沿线城市经济 β 趋同速度为2.8%。在考虑综合铁路交通因素后，β 趋同速度为2.7%，下降了3.6%，这表明铁路交通条件对西部沿线城市经济增长 β 趋同有一定的阻碍作用。考虑铁路提速前交通条件的影响后，西部铁路沿线城市经济增长 β 趋同速度不变。而在铁路提速和高速铁路开通后，β 趋同速度则小幅上升至2.9%，这表明，铁路提速和高速铁路的开通促进了西部沿线城市经济增长趋同。在1997～2011年，西部铁路沿线城市可达性年均增长值为31（表3-4），为所有区域之最，促进了西部铁路沿线城市间的经济交流，缩减了城市间的经济差距。

最后，从表3-5基准模型A结果可知，1997～2011年东北部铁路沿线城市经济增长 β 趋同速度为1.6%。考虑综合铁路交通因素的影响后，β 趋同速度大幅提升了18.8%，达到1.9%，铁路交通发展有效地促进了东北部铁路沿线城市经济增长趋同。在考虑铁路提速前交通条件的影响后，β 趋同速度为1.9%，铁路提速前的交通条件对 β 趋同的促进作用较大。考虑铁路提速和高速铁路开通的影响，β 趋同速度则为1.7%，上升了6.3%，升幅较少。铁路提速和高速铁路开通对 β 趋同的促进作用较小，这可能是因为东北部铁路沿线城市可达性提高幅度较低，可达性年均增长率为0.75%（表3-4），铁路提速和高速铁路开通对其沿线城市经济增长影响有限。

（三）铁路交通发展对不同等级铁路沿线城市经济增长的影响分析

表 3-6 的结果显示，在 1997～2011 年，铁路交通发展对不同等级的城市可达性的影响并不一致。从可达性年均增长值绝对值来看：一线、二线城市与三线城市提升幅度相同，均为 24；四线城市和五线、六线城市提升幅度也接近，分别为 21 和 22。而从铁路沿线城市可达性年均增长率来看，则发现一线、二线城市>三线城市>四线城市>五线、六线城市，这表明可达性增长率与城市等级呈正相关关系，等级越高城市的可达性年均增长率越大。

表 3-6　铁路交通发展对不同等级铁路沿线城市可达性的影响

城市	1997 年	2011 年	年均增长值	年均增长率
一线、二线城市	1556	1217	24	1.74%
三线城市	1628	1287	24	1.66%
四线城市	1587	1290	21	1.47%
五线、六线城市	1822	1517	22	1.30%

具体而言，铁路交通条件改善带来的可达性提升对不同等级铁路沿线城市经济增长趋同的影响如下。

首先，根据表 3-7 基准模型 A 的结果，1997～2011 年全国 33 个一线、二线铁路沿线城市经济增长发生了 β 趋同，趋同速度为 4.1%。在考虑综合铁路交通因素的影响后，一线、二线铁路沿线城市经济增长 β 趋同速度下降了 2.4% 至 4.0%，表示铁路交通条件对一线、二线铁路沿线城市经济增长 β 趋同有阻碍作用。铁路提速前交通条件与铁路提速和高速铁路开通，对一线、二线铁路沿线城市经济增长 β 趋同的影响作用并不一致。考虑铁路提速前交通条件的影响后，β 趋同速度为 3.9%，降幅为 4.9%，而在铁路提速和高速铁路开通后，铁路交通发展促使 β 趋同速度上升了 4.9% 至 4.3%。观察表 3-6，在 1997～2011 年，一线、二线铁路沿线城市可达性年均增长率为 1.74%，可达性的提高促进了城市间的经济增长趋同，在一定程度上缓解了铁路提速前交通条件的差异对趋同带来的阻碍作用。

表 3-7　铁路交通发展对不同等级铁路沿线城市经济增长 β 趋同的影响

模型	系数	一线、二线城市	三线城市	四线城市	五线、六线城市
A（基准模型）	β	-0.041** (-7.618)	-0.011 (-1.427)	-0.029** (-1.427)	-0.019** (-2.181)
B（综合铁路交通因素影响模型）	β	-0.040** (-8.101)	-0.006 (-0.841)	-0.029** (-0.841)	-0.020** (-2.275)

续表

模型	系数	一线、二线城市	三线城市	四线城市	五线、六线城市
B （综合铁路交通因素影响模型）	γ_1	-0.039^{**} （-3.766）	-0.011 （-1.002）	0.014 （-1.002）	-0.004 （-0.285）
	γ_2	-0.021 （-0.643）	0.110^{**} （2.667）	0.016 （2.667）	-0.040 （-0.891）
C （铁路提速前交通条件影响模型）	β	-0.039^{**} （-8.598）	-0.008 （-1.038）	-0.029^{**} （-1.038）	-0.019^{**} （-2.183）
	γ_1	-0.039^{**} （-3.885）	-0.014^{**} （-1.189）	0.014^{**} （-1.189）	-0.006^{**} （-0.468）
D （铁路提速和高速铁路开通影响模型）	β	-0.043^{**} （-7.343）	-0.008 （-1.153）	-0.029^{**} （-1.153）	-0.020^{**} （-2.295）
	γ_2	-0.032 （-0.848）	0.114^{**} （2.791）	0.013 （2.791）	-0.042 （-0.976）

注：括号内为 t 值

**表示 5%的显著性水平

其次，根据表 3-7 的基准模型 A 回归结果，35 个三线城市经济增长也发生了 β 趋同，但是这种趋势在统计上不显著。无论是考虑综合铁路交通因素，还是分别考察铁路提速前交通条件及铁路提速和高速铁路开通的影响，β 趋同依然不显著。因此，铁路交通发展对三线铁路沿线城市经济增长 β 趋同不存在确定性的影响。

再次，表 3-7 中基准模型 A 的回归结果显示，63 个四线城市经济增长发生了 β 趋同，趋同速度为 2.9%。在考虑综合铁路交通因素的影响后，四线城市经济增长 β 趋同速度仍为 2.9%，表示铁路交通条件对四线铁路沿线城市经济增长 β 趋同无影响。在分别考虑铁路提速前交通条件的影响，以及铁路提速和高速铁路开通的影响后，四线铁路沿线城市经济增长趋同的速度仍为 2.9%。观察表 3-6，在 1997～2011 年，四线城市可达性年均增长率为 1.47%，可达性的提高促进了城市间的交流，在一定程度上促进了四线城市的经济增长趋同。

最后，表 3-7 中基准模型 A 的回归结果显示，42 个五线、六线铁路沿线城市经济增长发生了 β 趋同，趋同速度为 1.9%。在考虑综合铁路交通因素的影响后，五线、六线城市经济增长 β 趋同速度大幅上升了 5.3%至 2.0%，表示铁路交通条件对五线、六线城市经济增长 β 趋同有良好的促进作用。铁路提速前交通条件使 β 趋同速度仍为 1.9%，而铁路提速和高速铁路开通对五线、六线城市经济增长 β 趋同有更好的促进作用，促使 β 趋同速度上升 5.3%至 2.0%。观察表 3-6，在 1997～2011 年，五线、六线城市可达性年均增长率仅为 1.30%，提升幅度并不高，但 1997 年的可达性较差，因此可达性年均增长值相对较高，为 22，可达性的提高改变了五线、六线城市相对落后的交通条件，促进了城市经济增长趋同。

（四）铁路交通发展对不同交通条件铁路沿线城市的经济增长趋同的影响分析

如表 3-8 所示，在 1997~2011 年，铁路交通发展对不同交通条件的铁路沿线城市可达性产生了差异性的影响：从可达性年均增长值的绝对值差异看，提速城市年均增长 21，非提速城市年均增长 24，非提速沿线城市增长幅度较大；但从可达性均值变化幅度来看，提速城市年均增长率达 1.71%，而非提速城市的年均增长率则为 1.42%，提速沿线城市年均增长率较大。

表 3-8　铁路交通发展对不同交通条件铁路沿线城市可达性的影响

城市	1997 年	2011 年	年均增长值	年均增长率
提速城市	1383	1091	21	1.71%
非提速城市	1884	1547	24	1.42%

注：为了陈述的方便，本节的可达性年均增长值和年均增长率均取数值的绝对值

而可达性改变对不同交通条件铁路沿线城市经济增长 β 趋同的影响如下。

根据表 3-9 基准模型 A 的结果，1997~2011 年全国 82 个提速城市经济增长发生 β 趋同，趋同速度为 2.0%。综合铁路交通因素促进了 β 趋同速度大幅上升10%至 2.2%。对比铁路提速前交通条件的影响，铁路提速和高速铁路开通对提速铁路沿线城市的促进作用更为明显，铁路提速前交通条件促使 β 趋同速度小幅提升 5%，而铁路提速和高速铁路开通则促使 β 趋同速度提升了 10%。在 1997~2011年，得益于铁路提速和高速铁路开通，提速城市可达性得到进一步改善，同时促进了其经济增长趋同。

表 3-9　铁路交通发展对不同交通条件铁路沿线城市经济增长 β 趋同的影响

模型	系数	提速城市	非提速城市
A（基准模型）	β	-0.020^{**}	-0.026^{**}
		（-5.951）	（-5.601）
B（综合铁路交通因素影响模型）	β	-0.022^{**}	-0.027^{**}
		（-5.536）	（-5.633）
	γ_1	0.000	-0.014
		（0.017）	（-1.273）
	γ_2	-0.025	0.030
		（-0.772）	（1.069）

续表

模型	系数	提速城市	非提速城市
C （铁路提速前交通条件影响模型）	β	-0.021^{**} (-5.683)	-0.027^{**} (-5.745)
	γ_1	0.001^{**} (0.112)	-0.014^{**} (-1.279)
D （铁路提速和高速铁路开通影响模型）	β	-0.022^{**} (-5.714)	-0.026^{**} (-5.489)
	γ_2	-0.025 (-0.784)	0.030 (1.073)

注：括号内为 t 值

**表示 5%的显著性水平

表 3-9 中基准模型 A 的回归结果显示，91 个非提速城市经济增长发生了 β 趋同，趋同速度为 2.6%。考虑综合铁路交通因素后，β 趋同速度上升 3.8%至 2.7%，铁路交通条件对非提速城市经济增长 β 趋同有促进作用，但力度较弱。另外，铁路提速前交通条件促进非提速城市经济增长 β 趋同速度上升 3.8%至 2.7%，而铁路提速和高速铁路的开通则没有对 β 趋同产生影响，β 趋同速度不变。在 1997～2011 年，可能受到铁路提速和高速铁路开通的影响，城市可达性的空间分布差异扩大，减缓了非提速城市的经济增长 β 趋同的速度。

四、小结

可达性的提升并不一定能促进城市间经济差距的缩小，交通条件的改善对不同区域、不同类型城市的经济增长趋同作用并不一致。具体结论如下。

第一，从全国层面看，铁路交通发展对中国铁路沿线城市经济增长 β 趋同无影响。

第二，从四大区域看，铁路交通发展对东部、中部、西部和东北部四大区域经济增长趋同的影响存在差异。考虑综合铁路交通因素的影响，东北部铁路沿线城市经济增长 β 趋同速度提升了 18.8%，而东部、西部铁路沿线城市经济增长 β 趋同速度则分别下降 9.1%和 3.6%。其中，对于东北部而言，铁路提速前的交通条件对铁路沿线城市经济增长的 β 趋同有良好的促进作用，但由于在 1997～2011 年可达性提升幅度较小，铁路提速和高速铁路开通对 β 趋同的促进作用较小。对于东部而言，铁路提速前交通条件的阻碍作用甚于铁路提速和高速铁开通的影响。而对于西部而言，铁路提速前交通条件与铁路提速和高速铁路开通的作用有差异，铁路提速前交通条件对西部铁路沿线城市经济增长无影响，而铁路提速和高速铁路开通则表现出促进作用。对于中部而言，不论是否考虑铁路交通条件的影响，铁路沿线城市经济增长均没有发生 β 趋同，铁路交通发展对其经济增长趋同的影响不确定。

第三，从不同等级城市看，铁路交通发展对一线、二线，三线，四线，五线、六线四个层级的铁路沿线城市经济增长 β 趋同有差异性的影响。在考虑综合铁路交通因素后，五线、六线城市经济增长 β 趋同提升了 5.3%，一线、二线城市经济增长 β 趋同速度则下降了 2.4%；四线城市经济增长 β 趋同速度不变。其中，对四线城市而言，无论是考虑铁路提速前交通条件，还是铁路提速和高速铁路开通的影响，铁路交通发展对其经济增长趋同均无影响。而对五线、六线城市而言，铁路提速和高速铁路开通改善了城市落后的交通条件，提高了可达性，并促进 β 趋同速度大幅提升 5.3%。对于一线、二线铁路沿线城市而言，铁路提速和高速铁路开通使其 β 趋同上升了 4.9%，缓解了铁路提速前交通条件对 β 趋同的阻碍作用。对于三线铁路沿线城市而言，铁路交通发展对其经济增长趋同的影响不确定。

第四，从不同交通条件城市看，铁路交通发展对提速城市经济增长趋同的促进作用较为明显。在考虑综合铁路交通因素后，提速城市、非提速城市经济增长 β 趋同速度分别上升 10%和 3.8%。其中，对于提速城市而言，铁路提速前的交通条件对 β 趋同促进作用较弱，铁路提速和高速铁路开通的促进作用较大，使得 β 趋同速度上升 10%。对于非提速铁路沿线城市而言，铁路提速前交通条件促进 β 趋同速度上升 3.8%，而铁路提速和高速铁路开通则没有对 β 趋同速度产生影响。

第五节　高速铁路发展对城市经济增长趋同的影响预测

一、高速铁路发展概况

中国的高速铁路建设起步晚，在 2008 年 8 月，中国第一条高速铁路专用线路——京津城际铁路才正式运行。然而，中国高速铁路建设的速度快、规模大。截止到 2011 年底，成灌城际铁路、昌九城际铁路、长吉城际铁路、海南东环铁路、广珠城际铁路五条高速铁路专线建成并运营。同年，中国高速铁路通车与在建里程已居世界首位，达 16 403 公里（表 3-10）。虽然截止到 2011 年底，中国高速铁路的建设已取得了一定的成果，但这只是开端。中国的高速铁路密度仍处于较低水平，仅为 17 公里/万公里^2。而在同期，高速铁路发展较为成熟的日本，其高速铁路密度已高达 80 公里/万公里^2（表 3-10）。

表 3-10　部分国家高速铁路里程排名（截止到 2011 年底）

国家	通车与在建里程/公里	国土面积/万公里^2	高速铁路密度/（公里/万公里^2）
日本	3 043	38	80
德国	2 023	36	56
意大利	1 671	30	56
西班牙	2 304	51	45
法国	2 322	55	42
中国	16 403	960	17

资料来源：2011 年国际铁路联盟统计

在中国《中长期铁路网规划（2008 年调整）》中，铁路网络进一步扩大，明确以"四纵四横"及三个城际快速客运系统为主体的高速铁路建设规划。我国高速铁路网络至少包括以下三个类型：第一，"四纵四横"客运专线，即连接直辖市、省会城市及大中城市的四条纵贯南北和四条横贯东西的长途高速铁路，其中，"四纵"为京沪线、京广线、京哈线、杭福深线（东南沿海客运专线），"四横"为徐兰线、沪昆线、青太线、沪汉蓉线；第二，城际客运系统，指建设于各都市圈内部，尤其是人口稠密地区的短途高速铁路，线路长度一般在 500 公里以下，如长三角城际快速客运专线、珠三角城际快速客运专线等；第三，跨区际高速铁路，指以完善中国东中部铁路网和扩大中国西部铁路网为主，以适应区域经济发展而规划建设，时速 200 公里以上且未包含于"四纵四横"客运专线网和城际客运系统的高速铁路，如贵广客运专线、江西至福建客运专线等。

根据《中长期铁路网规划（2008 年调整）》的详细线路规划，推算出 2020 年高速铁路网络建成后的高速铁路里程与高速铁路密度，我们预测，2020 年全国高速铁路密度将大幅提升到 35 公里/万公里^2。然而，高速铁路的分布并不均匀，主要集中在东部和中部。东部高速铁路密度最高达 125 公里/万公里^2，中部次之为 97 公里/万公里^2，二者的高速铁路密度均高于 2011 年高速铁路密度最高的国家——日本。东北部高速铁路密度为 47 公里/万公里^2，接近 2011 年欧洲国家的高速铁路密度水平。而西部由于占地面积大，高速铁路线路少，铁路密度仅为 13 公里/万公里^2（表 3-11）。

表 3-11　2020 年全国及其四大区域高速铁路密度表

区域	高速铁路里程/公里	面积/万公里^2	高速铁路密度/（公里/万公里^2）
全国	33 810	960	35
东北部	3 712	79	47
东部	11 543	92	125
中部	9 966	103	97
西部	8 589	686	13

注：根据《中长期铁路网规划（2008 年调整）》估算

随着高速铁路网的发展，各区域线路分布密度的差异必将带来城市交通条件的差异，从而影响不同区域、不同等级、不同交通条件的城市经济增长，也可能会对城市经济增长趋同产生一定的影响。

二、研究方法

（一）研究思路

考虑到中国已经建成的高速铁路运行时间比较短，其对区域经济增长趋同的影响还没有完全显现出来，本节选择 2011 年为起点，以国家《中长期铁路网规划（2008 年调整）》所确定的高速铁路网全部建成的 2020 年为分析的终点，预测 2011～2020 年高速铁路发展对区域经济增长趋同将产生何种影响。延续第四节的思路，本节依然选择全国，东部、中部、西部、东北部四大区域，不同等级，不同交通条件的铁路沿线城市共四个空间层次，分析高速铁路发展对经济增长趋同的影响。其中，对于不同交通条件铁路沿线城市的划分与第四节有区别，为了体现高速铁路发展的影响，本节把铁路沿线城市划分为高速铁路沿线城市和普通铁路沿线城市两类进行对比分析。

可达性是一个相对的概念，为了更好地展现高速铁路发展对沿线城市经济增长趋同的影响，我们在分析过程中加入第四节中 1997～2011 年铁路交通发展影响经济增长趋同分析中的部分结论，以进行对比。

（二）趋同分析模型

趋同分析模型沿用第四节的模型 A、模型 B、模型 C 和模型 D，对 2011～2020 年高速铁路发展对沿线城市经济增长趋同的影响进行预测。

（三）数据说明

本节中 2011 年人均地区生产总值数据来自《中国城市统计年鉴 2012》，2020 年人均地区生产总值则通过地区生产总值除以常住人口获得。其中，2020 年地区生产总值的数值用 2011 年地区生产总值与 2006～2011 年的人均地区生产总值年均增长率来预测，2020 年常住人口则用 2011 年常住人口与 2000～2010 年常住人口年均增长率来预测。其中，2011 年常住人口数据主要来自《中国区域经济统计年鉴 2012》，对于少量缺失的数据，本节用 2010 年第六次全国人口普查的常住人口数与 2000～2010 年常住人口年均增长率进行推算。2000～2010 年常住人口年均增长率均来自各地级及以上城市的第六次全国人口普查主要数据公报。另外，本节使用的最短铁路旅行时间数据计算方法与第四节相同。本节沿用了第四节的城市样本，同为 173 个铁路沿线地级及以上城市。

三、结果分析

本节先计算出 173 个样本城市 2011 年的加权平均旅行时间，再根据国家《中长期铁路网规划（2008 年调整）》，预测出高速铁路网建成后 2020 年 173 个样本城市的加权平均旅行时间。然后我们将这两组数据，以及 2011 年的人均地区生产总值数据和 2020 年人均地区生产总值预测数据，按照四个空间层次的划分，分别代入模型 A、模型 B、模型 C 和模型 D，进行最小二乘法截面数据回归，并得到相应的分析结果。对这些结果进行分析，发现高速铁路发展对铁路沿线城市的经济增长趋同产生了如下影响。

（一）高速铁路发展对全国铁路沿线城市经济增长趋同的影响

表 3-12 描述性分析显示，在 2020 年高速铁路全面投入使用后，全国沿线城市可达性的提升幅度较大，年均增长值为 103，年均增长率高达 14.26%。无论是年均增长值，还是年均增长率，增长幅度均高于 1997～2011 年铁路交通发展带来的可达性增长幅度，高速铁路发展对城市可达性有极大的提升。

表 3-12 高速铁路发展对全国铁路沿线城市可达性的影响

区域	1997 年	2011 年	2020 年	年均增长值		年均增长率	
				1997～2011 年	2011～2020 年	1997～2011 年	2011～2020 年
全国	1647	1331	401	23	103	1.53%	14.26%

注：2011～2020 年年均增长值=|（2020 年可达性−2011 年可达性）/9|；2011～2020 年年均增长率= |（$\sqrt[9]{2020年可达性/2011年可达性}$ −1）×100%|；1997～2011 年的年均增长值与年均增长率计算方法见表 3-2

　　表 3-13 中基准模型 A 的回归结果显示，2011～2020 年全国铁路沿线城市经济增长将会发生 β 趋同，趋同速度为 1.5%。考虑综合高速铁路交通因素的影响后，沿线城市经济增长 β 趋同速度大幅下降至 1.3%。这表明，高速铁路发展对全国高速铁路沿线城市经济增长 β 趋同有明显的阻碍作用，促使 β 趋同速度下降了 13.3%。再对比高速铁路发展初期交通条件与高速铁路网建成后的两个影响模型，高速铁路在发展初期对于全国沿线城市经济增长 β 趋同的阻碍作用等于高速铁路网建成后。在发展初期，高速铁路的建设使 β 趋同的速度下降了 6.7% 至 1.4%，而在高速铁路网建成之后，β 趋同速度也下降了 6.7% 至 1.4%。

表 3-13　高速铁路发展对全国铁路沿线城市经济增长趋同的影响

模型	系数	全国
A（基准模型）	β	-0.015^{**}（-3.303）
B（综合高速铁路交通因素影响模型）	β	-0.013^{**}（-2.982）
	γ_1	0.018^{**}（2.452）
	γ_2	-0.019（-1.594）
C（高速铁路发展初期交通条件影响模型）	β	-0.014^{**}（-3.093）
	γ_1	0.018^{**}（2.422）
D（高速铁路网建成后影响模型）	β	-0.014^{**}（-3.196）
	γ_2	-0.019（-1.542）

注：括号内为 t 值
**表示 5% 的显著性水平

　　再看表 3-14，对比两个时段铁路交通发展对全国铁路沿线城市经济增长 β 趋同的影响。从综合高速铁路交通因素影响的角度来看，2011～2020 年的综合高速铁路交通因素对全国沿线城市经济增长趋同的阻碍作用甚于综合铁路交通因素对 1997～2011 年铁路交通发展的影响，阻碍的力度从 1.30% 上升到 10.81%（见表 3-14 中模型 B 的变化值）。从初期交通条件的角度来看，1997 年铁路提速前交通条件对 β 趋同有微弱的促进作用，而 2011 年高速铁路发展初期交通条件则改变为阻碍作用。从铁路交通条件改善的角度看，高速铁路网建成后对全国沿线城市经济增长 β 趋同的阻碍更大。因此，可以预测，高速铁路的发展将进一步阻碍全国铁路沿线城市经济增长趋同，这种阻碍作用将大于此前铁路交通发展的影响。

表 3-14　铁路交通发展与高速铁路发展对全国铁路沿线城市经济增长趋同的影响对比

对比项	1997～2011 年	2011～2020 年
A （基准模型）	−2.30%	−1.48%
B （综合铁路交通因素/综合高速铁路交通因素影响模型）	−2.27%	−1.32%
变化	−1.30%	−10.81%
C （铁路提速前交通条件/高速铁路发展初期交通条件影响模型）	−2.31%	−1.37%
变化	0.43%	−7.43%
D （铁路提速和高速铁路开通/高速铁路网建成后影响模型）	−2.27%	−1.43%
变化	−1.30%	−3.38%

注：β 值均在 5% 水平上显著；表中的"变化"是指模型 B、模型 C、模型 D 分别与模型 A 的 β 值比较

（二）高速铁路发展对四大区域铁路沿线城市经济增长趋同的影响

根据表 3-15 的结果，在 2011～2020 年，高速铁路的发展将对中国四大区域可达性的改善有显著的作用。从年均增长值的角度看，东北部>西部>东部>中部，这与 1997～2011 年的可达性年均增长值排名并不一致，其中，东北部的变化最为明显，它从年均增长值最小的区域一跃成为年均增长值最大的区域；从年均增长率的角度看，东部>东北部>中部>西部，四个区域的增长率相差不大，均明显大于 1997～2011 年的年均增长率。

表 3-15　高速铁路发展对四大区域铁路沿线城市可达性的影响

区域	1997 年	2011 年	2020 年	年均增长值		年均增长率	
				1997～2011 年	2011～2020 年	1997～2011 年	2011～2020 年
东部	1502	1151	330	25	91	1.88%	14.89%
中部	1233	987	292	18	77	1.58%	14.49%
西部	2115	1684	554	31	126	1.61%	13.15%
东北部	1999	1798	523	14	142	0.75%	14.71%

表 3-16 中基准模型 A 的结果显示，2011～2020 年东部铁路沿线城市经济增

长将会发生 β 趋同，趋同的速度为 1.3%。在考虑综合高速铁路交通因素的影响后，趋同速度不变，仍为 1.3%。这说明，高速铁路发展对东部铁路沿线城市经济增长 β 趋同无阻碍作用。再考虑高速铁路发展初期交通条件，其 β 趋同速度仍然不变，而在高速铁路网建成后，其 β 趋同速度依然不变为 1.3%。

表 3-16　高速铁路发展对四大区域铁路沿线城市经济增长趋同的影响

模型	系数	东部	中部	西部	东北部
A （基准模型）	β	-0.013^{**} （-2.90）	-0.004 （-0.729）	-0.014 （-0.918）	-0.012 （-1.169）
B （综合高速铁路发展因素影响模型）	β	-0.013^{**} （-2.830）	-0.002 （-0.419）	-0.003 （-0.167）	-0.015 （-1.313）
	γ_1	-0.003 （-0.208）	-0.005 （-0.287）	-0.030 （-0.673）	-0.018 （-0.672）
	γ_2	-0.020 （-0.827）	0.022 （1.109）	-0.036 （-1.160）	0.000 （-0.001）
C （高速铁路发展初期交通条件影响模型）	β	-0.013^{**} （-2.825）	-0.004 （-0.723）	-0.013 （-0.848）	-0.015 （-1.348）
	γ_1	0.002^{**} （0.162）	-0.007^{**} （-0.419）	-0.022^{**} （-0.503）	-0.018^{**} （-0.724）
D （高速铁路网建成后影响模型）	β	-0.013^{**} （-2.851）	-0.002 （-0.414）	-0.005 （-0.286）	-0.013 （-1.170）
	γ_2	-0.018 （-0.824）	0.022 （1.163）	-0.033 （-1.081）	-0.006 （-0.230）

注：括号内为 t 值
**表示 5%的显著性水平

再看表 3-17，对比两个时段铁路交通发展对东部铁路沿线城市经济增长 β 趋同的影响。2011～2020 年，东部铁路沿线城市经济增长趋同相对放缓，β 趋同速度从 2.22%下降到了 1.33%。从综合铁路交通因素影响的角度来看，2011～2020 年的综合高速铁路交通因素对东部铁路沿线城市经济增长趋同的阻碍作用较弱，β 趋同的下降幅度从 9.01%减弱至 0.75%（见表 3-17 模型 B 的变化值）。从初期交通条件的角度来看，2011 年高速铁路发展初期交通条件的阻碍作用同样小于 1997 年铁路提速前的影响。从铁路交通条件改善的角度看，高速铁路网建成后对全国沿线城市经济增长 β 趋同的阻碍也是相对较弱的。总之，高速铁路的发展对东部铁路沿线城市经济增长 β 趋同的阻碍作用有所减弱。

表 3-17 铁路交通发展与高速铁路发展对东部铁路沿线城市经济增长趋同的影响对比

模型	1997～2011 年	2011～2020 年
A（基准模型）	−2.22%	−1.33%
B（综合铁路交通因素/综合高速铁路交通因素影响模型）	−2.02%	−1.32%
变化	−9.01%	−0.75%
C（铁路提速前交通条件/高速铁路发展初期交通条件影响模型）	−2.01%	−1.32%
变化	−9.46%	−0.75%
D（铁路提速和高速铁路开通/高速铁路网建成后影响模型）	−2.09%	−1.31%
变化	−5.86%	−1.50%

注：β 值均在 5%水平上显著；表中的"变化"是指模型 B、模型 C、模型 D 分别与模型 A 的 β 值比较

回看表 3-16，依据基准模型 A 回归结果显示，中部、西部和东北部铁路沿线城市发生经济增长 β 趋同的趋势在统计上不显著。在考虑综合高速铁路发展因素后，β 系数在统计上仍然不显著。因此，高速铁路发展对中部、西部和东北部铁路沿线城市经济增长 β 趋同不存在确定性的影响。

（三）高速铁路发展对不同等级铁路沿线城市经济增长趋同的差异化影响

表 3-18 描述性分析显示，在 2011～2020 年，高速铁路发展大幅度促进了不同等级城市可达性的提高，但影响的力度存在差异：从年均增长值角度看，五线、六线城市>四线城市>三线城市>一线、二线城市，这与 1997～2011 年的排名差异较大，等级较低城市的交通条件获得了良好的提升；从年均增长率角度看，一线、二线城市>四线城市>三线城市>五线、六线城市，这与 1997～2011 年的排名差异较小，等级高的城市可达性年均增长率较高。

表 3-18 高速铁路发展对不同等级铁路沿线城市可达性的影响

城市	1997 年	2011 年	2020 年	年均增长值		年均增长率	
				1997～2011 年	2011～2020 年	1997～2011 年	2011～2020 年
一线、二线城市	1556	1217	333	24	98	1.74%	15.47%
三线城市	1628	1287	394	24	99	1.66%	14.06%
四线城市	1587	1290	378	21	101	1.47%	14.61%
五线、六线城市	1822	1517	493	22	114	1.30%	13.30%

可达性提升的差异对不同等级沿线城市经济增长 β 趋同的具体影响如下。

根据表 3-19 基准模型 A 的结果，2011～2020 年全国 33 个一线、二线城市经济增长将发生 β 趋同，趋同速度为 3.0%。在考虑综合高速铁路发展因素的影响后，趋同速度下降了 6.7% 至 2.8%。这说明，高速铁路发展对一线、二线城市经济增长 β 趋同产生了阻碍作用。在考虑高速铁路发展初期交通条件后，β 趋同速度仍为 2.8%。而在高速铁路网建成后，β 趋同速度则仍为 2.8%。高速铁路的发展使得一线、二线城市可达性得到进一步的提升，可达性年均增长率为所有等级城市中之最（表 3-18），然而，可达性的提高可能加速了经济要素向核心城市的集聚，阻碍了一线、二线城市经济增长趋同。

表 3-19 高速铁路发展对不同等级铁路沿线城市经济增长趋同的影响

模型	系数	一线、二线城市	三线城市	四线城市	五线、六线城市
A（基准模型）	β	-0.030^{**}	-0.003	0.001	-0.005
		(-2.744)	(-0.347)	(0.170)	(-0.314)
B（综合高速铁路发展因素影响模型）	β	-0.028^{**}	-0.005	-0.002	0.009
		(-2.261)	(-0.594)	(-0.371)	(0.557)
	γ_1	0.005	-0.003	0.032^{**}	0.033
		(0.234)	(-0.222)	(3.657)	(1.512)
	γ_2	-0.003	0.019	0.001	-0.090^{**}
		(-0.060)	(1.010)	(0.087)	(-2.610)
C（高速铁路发展初期交通条件影响模型）	β	-0.028^{**}	-0.002	-0.002	-0.004
		(-2.304)	(-0.299)	(-0.376)	(-0.217)
	γ_1	0.006^{**}	-0.003^{**}	0.032^{**}	0.015^{**}
		(0.412)	(-0.253)	(3.720)	(0.661)
D（高速铁路网建成后影响模型）	β	-0.028^{**}	-0.005	0.001	0.003
		(-2.433)	(-0.646)	(0.151)	(0.220)
	γ_2	-0.011	0.020	-0.007	-0.073^{*}
		(-0.342)	(1.032)	(-0.450)	(-2.206)

注：括号内为 t 值

**、*分别表示 5%、10% 的显著性水平

如表 3-20 所示，对比两个时段铁路交通发展对一线、二线城市经济增长趋同的影响。在 1997～2011 年和 2011～2020 年两个时段中，一线、二线城市经济增长均发生了 β 趋同，且趋同速度明显放缓，β 趋同速度从 4.11% 下降到 2.98%。从综合铁路交通因素影响的角度来看，2011～2020 年的高速铁路发展对一线、二线城市经济增长趋同的阻碍作用大于前一阶段，β 趋同的下降幅度从 2.68% 上升至 7.05%（见表 3-20 模型 B 的变化值）。从初期交通条件的角度来看，2011 年高

速铁路发展初期交通条件的阻碍作用也较大。而从铁路交通条件改善的角度看，前后两个阶段的作用方向则不相同。1997~2011 年的铁路提速和高速铁路开通对 β 趋同有良好的促进作用，而 2011~2020 年的高速铁路网建成后则对 β 趋同有阻碍作用。通过对比发现，高速铁路的发展进一步加剧了铁路交通对一线、二线城市经济增长趋同的阻碍作用。

表 3-20　铁路交通发展与高速铁路发展对一线、二线铁路沿线城市经济增长趋同的影响对比

对比项	1997~2011 年	2011~2020 年
A（基准模型）	-4.11%	-2.98%
B（综合铁路交通因素/综合高速铁路交通因素影响模型）	-4.00%	-2.77%
变化	-2.68%	-7.05%
C（铁路提速前交通条件/高速铁路发展初期交通条件影响模型）	-3.88%	-2.77%
变化	-5.60%	-7.05%
D（铁路提速和高速铁路开通/高速铁路网建成后影响模型）	-4.30%	-2.84%
变化	4.62%	-4.70%

注：β 值均在 5%水平上显著；表中的“变化”是指模型 B、模型 C、模型 D 分别与模型 A 的 β 值比较

根据表 3-19 的回归结果，我们可以得到以下几点结论。

第一，2011~2020 年，35 个三线城市经济增长也将发生 β 趋同，但是这种趋势在统计上不显著。在考虑综合高速铁路发展因素后，β 系数在统计上仍然不显著。因此，高速铁路发展对三线铁路沿线城市经济增长趋同不存在确定性的影响。

第二，在 2011~2020 年，63 个四线城市经济增长将趋异，但这种趋异在统计上并不显著。在考虑综合高速铁路发展因素后，四线铁路沿线城市经济增长则有 β 趋同的趋势，但 β 系数依然不显著。再分别单独考虑高速铁路发展初期交通条件影响和高速铁路网建成后的影响，β 系数仍不显著。因此，高速铁路发展对四线城市经济增长趋同的影响不确定。

第三，在 2011~2020 年，42 个五线、六线城市经济增长将发生趋同，但这种趋同在统计上并不显著。在考虑综合高速铁路发展因素后，β 系数的符号方向改变，表示五线、六线城市经济增长将趋异，但 β 系数不显著。再分别单独考虑高速铁路发展初期交通条件的影响和高速铁路网建成后的影响，五线、六线铁路沿线城市经济增长将分别 β 趋同或趋异，但 β 系数仍不显著。因此，高速铁路发展对五线、六线铁路沿线城市经济增长趋同的影响不确定。

（四）高速铁路发展对不同交通条件铁路沿线城市的经济增长趋同的影响

如表 3-21 所示，在 2011～2020 年，高速铁路发展对不同交通条件的铁路沿线城市（提速城市和非提速城市）可达性产生了差异性的影响：从可达性年均增长值的角度看，高速铁路沿线提速城市增长 83，非提速城市增长 105，非提速城市增长幅度较大；但从可达性年均增长率的角度看，提速城市年均增长率达12.12%，而非提速城市的年均增长率仅为 9.96%。

表 3-21　高速铁路发展对不同交通条件铁路沿线城市可达性的影响

城市	2011 年	2020 年	年均增长值	年均增长率
提速城市	1091	342	83	12.12%
非提速城市	1547	602	105	9.96%

可达性改变对不同交通条件铁路沿线城市（高速铁路沿线和普通铁路沿线）经济增长 β 趋同的影响如下。

表 3-22 基准模型 A 的结果显示，2011～2020 年 102 个高速铁路沿线城市经济增长将会发生 β 趋同，趋同的速度为 1.6%。在考虑综合高速铁路发展因素的影响后，β 趋同速度下降 6.25% 至 1.5%。这说明，高速铁路发展对其沿线城市经济增长 β 趋同产生了阻碍作用。考虑高速铁路发展初期交通条件，β 趋同速度不变，仍为 1.6%，而高速铁路网建成后，β 趋同速度则下降了 6.25%，仅为 1.5%。

表 3-22　高速铁路发展对不同交通条件铁路沿线城市经济增长趋同的影响

模型	变量	高速铁路沿线	普通铁路沿线
A（基准模型）	β	-0.016^{**} （-4.514）	-0.009 （-0.610）
B（综合高速铁路发展因素影响模型）	β	-0.015^{**} （-4.330）	-0.004 （-0.234）
	γ_1	0.004 （0.519）	0.014 （0.517）
	γ_2	-0.044^{**} （-2.725）	-0.065 （-1.759）
C（高速铁路发展初期交通条件影响模型）	β	-0.016^{**} （-4.373）	-0.008 （-0.531）

续表

模型	变量	高速铁路沿线	普通铁路沿线
C （高速铁路发展初期交通条件影响模型）	γ_1	0.012** （1.865）	0.019** （0.665）
D （高速铁路网建成后影响模型）	β	−0.015** （−4.378）	−0.004 （−0.284）
	γ_2	−0.047** （−3.297）	−0.067 （−1.834）

注：括号内为 t 值

**表示 5%的显著性水平

另外，从表 3-22 基准模型 A 回归结果，我们还可以看到，71 个普通铁路沿线城市经济增长也将发生 β 趋同，但是这种趋势在统计上不显著。在考虑综合高速铁路发展因素后，β 系数在统计上仍然不显著。因此，高速铁路发展对普通铁路沿线城市经济增长是否发生 β 趋同不存在确定性的影响。

四、小结

高速铁路的大规模修建从根本上改变了既有的铁路运输市场格局。高速铁路发展改变了城市的可达性，从而对城市经济增长趋同产生影响。研究结果表明，高速铁路对铁路沿线城市经济增长 β 趋同的影响存在明显的差异。具体表现在以下几个方面。

第一，高速铁路发展对全国铁路沿线城市的经济增长趋同有阻碍作用。在考虑综合高速铁路交通因素影响之后，β 趋同速度下降了 13.3%。高速铁路发展初期交通条件对全国铁路沿线城市经济增长 β 趋同的阻碍作用等于高速铁路网建成后。而对比 1997~2011 年铁路交通发展的影响，高速铁路发展对 β 趋同的阻碍作用更大。

第二，高速铁路发展对东部、中部、西部和东北部四大区域铁路沿线城市经济增长趋同的影响存在明显的差异。在没有考虑高速铁路影响的情况下，2011~2020 年东部铁路沿线城市经济增长将发生 β 趋同。在考虑高考虑综合铁路交通因素后，东部铁路沿线城市经济增长的 β 趋同速度不变，表明高速铁路发展对其 β 趋同无阻碍作用。对比 2011~2020 年和 1997~2011 年铁路交通发展的影响，2011~2020 年高速铁路发展对 β 趋同的阻碍作用有所减弱。而对于中部、西部和东北部的铁路沿线城市而言，不论是否考虑高速铁路发展的影响，2011~2020 年其经济增长均没有发生 β 趋同。这说明，高速铁路对这三个区域的铁路沿线城市经济增长 β 趋同的影响不确定。

第三，高速铁路发展对不同等级城市的经济增长趋同影响存在明显的差异。2011～2020 年，一线、二线铁路沿线城市经济增长都将发生 β 趋同。考虑综合高速铁路发展因素后，一线、二线铁路沿线城市经济增长 β 趋同速度下降了 6.7%，其中，高速铁路发展初期交通条件的阻碍作用等于高速铁路网建成后的影响。对比 1997～2011 年铁路交通发展的影响，高速铁路对 β 趋同的阻碍作用有所加强。然而，高速铁路发展对三线城市，四线城市，以及五线、六线城市经济增长趋同的影响则不确定。

第四，高速铁路发展对高速铁路沿线、普通铁路沿线城市经济增长趋同有着差异性的影响。在没有考虑高速铁路发展影响的情况下，高速铁路沿线城市经济增长发生了 β 趋同，β 趋同速度为 1.6%。考虑综合高速铁路发展因素后，β 趋同速度下降了 6.25%，其中，高速铁路网建成后的阻碍作用强于高速铁路发展初期交通条件。而对于普通铁路沿线城市，高速铁路发展对城市经济增长趋同的影响不确定。

第六节　结论与讨论

一、主要结论

首先，本章以可达性作为评价铁路交通条件的中介指标，从理论的角度分析，认为高速铁路发展改变了沿线城市的交通条件，降低了运输成本，影响了要素流动和经济主体的区位选择，从而影响城市经济增长趋同。其次，限于高速铁路开通时间有限，本章先使用可达性指标，分析 1997～2011 年铁路交通发展对沿线城市经济增长趋同的影响，以求得确定性的认识，为下文的分析提供支撑。最后，根据《中长期铁路网规划（2008 年调整）》预测了 2020 年高速铁路网建成后的城市可达性，并以此预测 2011～2020 年高速铁路发展对沿线城市经济增长趋同的影响。主要结论包括以下三方面。

第一，从影响机制的角度看，依据新经济地理学的核心-边缘理论，高速铁路发展改变了城市的可达性，使运输成本下降，对生产要素的流动和经济主体的空间活动产生影响，进而影响经济活动的空间分布，促进经济的集聚和扩散，最终对城市经济增长趋同产生影响。可达性是衡量高速铁路影响城市经济增长趋同的"中介指标"。

第二，1997～2011 年，铁路交通发展虽然提高了沿线城市的可达性，但对不同区域、不同类型城市经济增长趋同的影响并不一致。在 1997～2011 年，铁路交通发展对全国铁路沿线城市经济增长趋同无作用。从四大区域看，铁路交通发展对东部和西部铁路沿线城市经济增长 β 趋同有阻碍作用，对中部铁路沿线城市经济增长 β 趋同的影响不确定，对东北部铁路沿线城市经济增长 β 趋同有促进作用。从不同等级城市看，铁路交通发展对五线、六线铁路沿线城市经济增长趋同有促进作用，对一线、二线铁路沿线城市经济增长 β 趋同有阻碍作用，对三线铁路沿线城市经济增长 β 趋同的影响不确定，对四线铁路沿线城市经济增长 β 趋同速度无影响，对五线、六线铁路沿线城市经济增长 β 趋同有促进作用。从不同交通条件城市看，铁路交通发展对提速、非提速沿线城市经济增长 β 趋同均有促进作用，其中对提速城市的促进幅度更大。

第三，预测在 2011～2020 年，伴随着高速铁路的建设，沿线城市的可达性大幅增加，远超此前铁路交通发展带来的增幅，这对沿线城市经济增长趋同的影响也起了相应的变化。高速铁路的发展，进一步加剧了铁路交通条件对全国铁路沿线城市经济增长趋同的阻碍作用，促使 β 趋同速度下降了 13.3%，高速铁路网建成后对全国铁路沿线城市经济增长 β 趋同有阻碍作用。从四大区域看，高速铁路发展对东部沿线城市经济增长趋同无影响。高速铁路发展对中部、西部、东北部沿线城市经济增长 β 趋同的影响不确定。从不同等级城市看，对比 1997～2011 年铁路交通发展的影响，高速铁路发展对一线、二线城市经济增长趋同有阻碍作用，使 β 趋同速度下降了 6.7%。然而，高速铁路发展对三线铁路沿线城市，四线铁路沿线城市，以及五线、六线铁路沿线城市经济增长趋同的影响则不确定。从不同交通条件看，高速铁路发展阻碍了高速铁路沿线城市经济增长趋同，使 β 趋同速度下降了 6.25%。高速铁路发展对普通铁路沿线城市经济增长趋同的影响不确定。

二、政策启示

第一，优化高速铁路网规划，促进区域经济协调发展。

建设高速铁路的发展目标之一便是借助其快速运输的特性，使人口、产业、经济活动不再过度集中，促进区域经济协调发展。目前，中国高速铁路主要服务于人口多的发达城市和区域，因而其可达性提升幅度较大，可能会引起经济活动进一步集中于发达城市与区域。因此，在今后发展中，高速铁路网规划也应增加对欠发达城市和区域的覆盖。特别地，对于欠发达的西部地区，应注意增加西部高速铁路密度，以促进西部经济发展。另外，在高速铁路网中，重要站点城市列车班次较多，它们拥有巨大的可达性优势。因此，政府也应当对普通站点城市给予一定的政策性照顾，提高它们与重要站点城市之间的列车频次，以保障普通站点城市的可达性[①]。同时，对非高速铁路沿线城市，应辅以其他交通工具，促进其与高速铁路沿线城市的交流，缓解高速铁路建设带来的"隧道效应"。

第二，结合高速铁路发展规划，完善配套措施促进欠发达城市发展。

高速铁路的修建并不能直接拉动欠发达城市的发展，欠发达城市也不一定能够接受来自发达城市的产业转移。虽然高速铁路的发展提高了欠发达城市的可达性，但它们在公共基础设施、产业配套方面仍有一定的劣势，阻碍了经济活动的转移。这就需要政府以人口、产业等配套开发政策改善经济环境，并结合其要素禀赋优势，以吸引经济要素从发达城市转移过来。其中，东部沿线城市铁路网络密集，公共基础设施、经济基础均较好，预测未来在高速铁路发展的过程中，东部沿线城市人口和产业将得到进一步优化配置，铁路交通发展对东部铁路沿线城市经济增长趋同的阻碍作用有所缓解。

第三，促进人口与产业沿高速铁路向外扩散，坚持新型城镇化战略，推动大中小城市协调发展。

新型城镇化战略是以城市群为主体形态的城镇化，根据资源环境承载能力，构建科学合理的城镇化布局，促进大中小城市和小城镇合理分工、功能互补、协同发展。高速铁路凭借快速流动的特性，将促进生产要素和经济活动沿高速铁路快速流动，对邻近城市之间的交流有极大的促进作用，对城市群发展大有裨益。同时，以"城市群"为主体形态进行经济总体规划，也能缓解核心城市的人口、经济压力，避免高速铁路建设带来的"虹吸效应"和"极化效应"。

三、创新之处

第一，本章根据区域经济学的区位理论、集聚原理，整理分析相关理论文献，归纳并完善内容观点，解释高速铁路影响城市经济增长趋同的作用机理。

第二，本章以可达性为中介，解析铁路交通发展对城市经济增长趋同的影响，在一定程度上拓展了铁路交通影响区域经济增长趋同的研究视野。国外的相关研究大多针对某一条高速铁路线路进行分析，本章尝试了从国家层面，从交通可达性的角度出发，综合分析铁路网络对区域的综合影响。

第三，在数据处理方面，本章基于《全国铁路旅客列车时刻表》来计算城市间铁路旅行时间，这样能更准确地获取基础数据，科学地反映铁路提速和高速铁路发展对城市经济增长趋同的影响。

---

① 参考覃成林等（2015）的《中国铁路交通发展对沿线城市经济增长趋同的影响》中的结论。

四、本章研究不足

本章从实证的角度，对高速铁路影响城市经济增长趋同进行了比较分析与检验，为未来的研究提供了参考。由于笔者的学术水平、数据获得性等限制，本章存在以下不足。

第一，受到数据可获得性的限制，本章仅对 173 个铁路沿线城市进行分析。1997 年铁路交通数据缺乏，因此在 1997～2011 年铁路交通发展阶段，我们仅选用了 173 个样本城市进行分析。为了比较 1997～2011 年铁路交通发展和 2011～2020 年高速铁路发展两个阶段的回归结果，我们需要保证两个时段的数据一致性，因此在 2011～2020 年这一阶段，我们仍使用 173 个样本城市进行分析。

第二，在部分区域和城市组的回归结果中，β 系数并未通过显著性检验，因此，高速铁路对这些区域和城市组的经济增长趋同影响不能确定。受限于本章的研究方法，对于未显示出显著趋同的区域和城市组，如中部、西部、东北部及三线、四线和五线、六线城市等，我们并没有度量铁路交通条件变化对其带来的影响，因而也没有预测高速铁路发展产生的影响。

第三，受限于篇幅，本章并未就实证结果对高速铁路影响铁路沿线城市经济增长趋同的原因进行深入发掘和分析。高速铁路发展对于铁路沿线城市经济增长 β 趋同的影响存在不确定性，有可能产生阻碍作用，也有可能产生促进作用。其中的原因可能与高速铁路线路或网络的布局有关，也有可能与区域所处的经济增长阶段有关，或二者兼而有之，对于这一点有待继续研究。

第四章　高速铁路发展与沿线区域经济一体化

第一节　背景与思路

一、本章问题的提出

交通运输是影响区域经济发展的一个重要条件（徐长乐和郐亚丽，2011；张学良，2012）。高速铁路作为一种新的运输方式，其建成和运营将产生时空压缩效应，加速沿线区域及其他相关区域的人流、信息流和物流，进而对全国范围内的人口流动与分布、企业区位选择和经济活动空间分布、区域和城市的发展机遇、城市之间和区域之间的经济联系与合作、全国区域经济空间组织、区域管理体制机制等产生系统性、战略性影响。

我国正处于高速铁路快速建设时期。高速铁路的建设和运营已经成为诱导全国区域经济格局发生深刻变化的一个重要因素。2008 年 8 月 1 日，我国第一条高速铁路——京津城际高速铁路建成运行，全程时间为 30 分钟，真正使北京、天津这两个大都市进入同城化发展时代。2009 年 12 月 26 日，武广高速铁路建成运营，使武汉到广州的时间由 11 小时缩短到 3 个多小时，长沙到广州直达仅需 2 小时，使我国南部沿海最发达的珠三角地区与中部地区的武汉城市圈、长株潭城市群连为一体，武广高速铁路经济带真正进入了加速发展时期。2010 年 2 月 6 日，郑西高速铁路通车，全程 2 小时 25 分钟，把中部地区的中原城市群与西部地区的关中城市群紧密联系在一起，将加速陇海开发轴线的形成。2010 年 7 月 1 日沪宁城际高速铁路开通运营，2010 年 10 月 26 日沪杭高速铁路通车，长三角区域经济一体化发展进入了新时代。2011 年 1 月 7 日，广珠城际铁路开通，标志着珠三角地区一体化发展迈出了关键的一步。2011 年 6 月 30 日，京沪高速铁路建成运营，使北京和上海之间的往来时间缩短到 5 小时以内，把长三角地区、环渤海地区这两个我国重要的区域经济增长极更加紧密地联系在一起，加快了这两个国家级增长极和沿线地区的发展。2012 年 12 月 26 日，京广高速铁路全线贯通，北京到广州的运行时间从现在的 20 多个小时缩短到 8 小时左右。京广高速铁路把环渤海经济圈、中原城市群、武汉城市圈、长株潭城市群、珠三角经济圈等区域紧密联系在一起，不仅推动了邻近区域的"同城化"，还加快了沿线区域的城镇化、工业化、信息化进程，对促进区域经济一体化发展产生前所未有的推动作用。

关于高速铁路对区域经济一体化的影响，国内外学者进行了初步研究。Blum 等（1997）认为高速铁路创造了新的经济走廊，他们从短期、中期和长期三个阶段分析了高速铁路如何促进沿线区域经济一体化。从短期来看，高速铁路不仅能够促进商品和服务市场的融合，而且能够促进劳动力市场、购物市场及私人、休闲服务的一体化；从中期来看，高速铁路开通促进家庭和企业向高速铁路沿线附近迁移；从长期来看，高速铁路通过带动客流，促进商品和服务的运输与贸易，促进沿线区域生产专业化。Puga（2002）指出，高速铁路能够促进商务人员的自由流动和企业总部在高速铁路沿线区域集聚，区域间劳动力自由流动可以促进区域经济一体化和产业集聚的同步发展。Ortega 等（2012）利用可达性方法，分析高速铁路对区域经济集聚的影响，指出新的交通设施规划有利于提高沿线区域经济一体化水平，促进沿线区域之间的经济合作。我国学者吴昊（2009）、张学良和聂清凯（2010）也认为，高速铁路建设有利于区域经济一体化的发展。与国外研究相比，虽然我国有些学者认识到高速铁路对区域经济一体化有重要作用，但是对高速铁路与区域经济一体化的专门研究较少，尤其缺乏系统分析。鉴于我国高速铁路网的大规模建设和运营对沿线区域经济一体化的发展正在产生广泛影响，有必要就高速铁路对沿线区域经济一体化发展的影响做出系统、深入的研究。本章拟重点探明以下两个问题——高速铁路对沿线区域经济一体化的影响机制是什么？高速铁路如何影响沿线区域经济一体化的发展？

二、本章研究价值

本章试图运用区域经济增长理论、区域经济合作理论、增长极理论、点-轴系统理论等，借助 GIS 平台（ArcGIS）和 Stata 与 Matlab 软件，采用动态面板广义矩估计（generalized method of moments，GMM）模型及空间计量分析方法，揭示高速铁路对沿线区域经济一体化发展的影响及机制。其研究价值有以下两个方面。

（1）通过对相关研究文献的分析，结合区域经济学和交通地理学的相关理论，采用归纳法，揭示高速铁路对沿线区域经济一体化发展影响机理。

（2）国内外十分缺乏有关交通基础设施对区域经济一体化影响的实证研究，且采用的计量分析多以时间维度和单要素分析为主，忽略了空间要素。本章尝试利用新经济地理学模型，引入空间因素，分析高速铁路开通前后对于区域间经济联系和关联格局的影响，获得高速铁路对于沿线区域经济一体化影响的确定性结论。这方面的研究结论可以为揭示高速铁路对沿线区域经济一体化发展的影响机制提供事实根据。

三、本章主要研究思路

本章以市场潜力作为描述高速铁路运输的指标，使用新经济地理学的工资与劳动力需求均衡方程，求出衡量区域经济一体化程度的边界效应指标，以此验证高速铁路对我国区域经济一体化的影响。本章主要研究问题如下。

（1）围绕国内区域经济一体化的内涵与特征，区域经济一体化的判断和机制，交通发展与区域经济一体化，以及高速铁路与区域经济发展等问题，对已有研究成果进行分析，发现已有研究工作的不足，找准研究重点。

（2）从高速铁路影响区域经济发展的方式入手，重点从高速铁路与沿线区域贸易发展、高速铁路与沿线区域的产业发展、高速铁路与沿线区域经济合作三个方面，深入分析高速铁路对沿线区域经济一体化的影响机制。

（3）在新经济地理学理论的基础上，用市场潜力作为高速铁路影响的替代变量，在工资方程的市场潜力模型中引入市场潜力的阻力系数，求出边界效应，揭示高速铁路对沿线省区市区域经济一体化的影响。

根据研究的主要问题，本章借鉴 Huber 等（2006）的做法，把市场潜力因素引入新经济地理学空间模型，模拟际相关经济活动变化。具体而言，当我们考虑地区之间工资水平的差异时，市场潜力模型被作为劳动力需求方程，通过引入阻力参数来反映区域间的边界效应，从而间接计算边界效应的效果。

市场潜力是测度高速铁路可达性的一个指标，它是对区域市场需求的综合反映，是考虑了运输成本、贸易壁垒等因素后，企业面对的目标市场规模的体现。通过市场潜力的变化，可以观察高速铁路对于区域间联系紧密度的影响，从而间接反映其对沿线区域经济一体化的影响程度。通过引入市场潜力指标，我们不仅能够将区域间经济一体化程度与区域间的空间相关性有效关联起来进行考察，而且能将高速铁路因素引入并进行分析。

四、本章结构

本章共有以下八部分。

第一节为背景与思路。主要介绍选题依据、研究价值、研究思路与方法，以及结构安排。

第二节为文献综述。分别从区域经济一体化的内涵和特征、区域经济一体化的判断与机制、交通与区域经济一体化、高速铁路与区域经济发展等方面，对相关文献进行评述，找出当前研究的不足之处。

第三节为高速铁路影响区域经济发展的基本方式。根据高速铁路运输的技术经济特征，分析其所产生的时间成本节约价值。从高速铁路对可达性的影响入手，分析高速铁路的空间压缩效应，并阐明高速铁路对区域经济影响的空间差异性。在此基础上，总结出高速铁路影响区域经济发展的机制。

第四节为高速铁路与沿线区域贸易发展。首先，分析高速铁路对市场潜力释放及新市场需求创造的影响。其次，分析 2011 年和 2020 年高速铁路网络建成前后我国 268 个地级及以上城市的市场潜力变化，揭示高速铁路网络通过影响沿线区域之间的经济联系距离而促进沿线区域贸易融合。

第五节为高速铁路与沿线区域产业发展。以空间交易成本变化为工具，分析高速铁路影响沿线区域产业集聚及转移的机制。

第六节为高速铁路与沿线区域经济合作。首先，考察距离对区域经济联系的影响。通过经验和理论分析，指出距离与区域经济合作强度呈负相关。其次，分析高速铁路通过缩短沿线区域之间经济联系距离，进而激发沿线区域合作的积极性。最后，以旅游合作为案例，就高速铁路对沿线区域经济合作的机制进行具体分析。

第七节为高速铁路与沿线区域经济一体化的经验检验。在总结前人测度区域经济一体化的方法基础上，提出本章所使用的模型及指标。根据模型分析结果，考察高速铁路对沿线区域经济一体化的影响。

第八节为结论与讨论。对本章的研究结论进行总结，对有关政策含义及研究不足进行讨论。

本章的技术路线如图 4-1 所示。

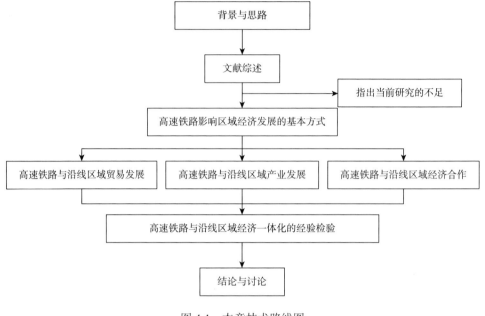

图 4-1　本章技术路线图

第二节　文　献　综　述

根据本章的主题，笔者将分别就区域经济一体化的内涵和特征、区域经济一体化的判断与机制、交通与区域经济一体化，以及高速铁路与区域经济发展等研究文献进行综述，并指出当前研究的不足。

一、区域经济一体化的内涵和特征

（一）区域经济一体化的内涵

区域经济一体化（regional economic integration）是当前全球经济的主要表现形式之一，而且是当今世界经济发展的大趋势。但是，目前世界范围内对区域经济一体化没有统一的定义。我国学者对于区域经济一体化的内涵研究主要有以下几种观点。

罗明义（1995）认为，区域经济一体化是通过统一的区域市场及基础设施建设，实现区域间的分工与协作，增强区域内要素和产品的自由流动，有利于充分发挥各地区资源优势，实现资源的最优配置。孟庆民（2001）认为，区域经济一体化是不同区域空间经济主体为了获取生产、消费等利益而形成的市场一体化过程，包括从产品市场一体化到要素市场一体化，进而实现区域间经济政策的一体化的演变。孙大斌（2003）对我国区域经济一体化的定义为，在一国范围内，具有地缘关系的省区市之间、省区市内部的地区和城市之间，为谋求共同发展，在生产、销售等领域实行不同程度的合作，实现不受区域地理限制的产品、劳动力及资本要素自由流动的一体化市场动态过程。张兆安（2007）指出，国内区域经济一体化是跨行政区域的一体化，依靠生产要素的区域之间循环，形成区域之间分工与合作的发展格局。陈建军（2009）认为，区域经济一体化的内涵从以往相邻地区政府主导的利益合作机制，变为以市场经济主体为主导的市场调节机制，各级政府部门应消除妨碍商品和要素自由流动的行政壁垒，提供有利于区域协调的公共产品，促进区域经济进一步紧密化。

综上所述，区域经济一体化的定义和内涵是不断发展和完善的。但是，从本质上看，这些定义是相同的，即区域经济一体化的实质是生产要素的自由流动，企业投资、贸易的自由化，并最终实现资源的最优配置（覃成林等，2005）。

（二）区域经济一体化的特征

相关文献对区域经济一体化的特征做了多方面的探讨，归纳起来有以下六点。

第一，要素市场和产品市场一体化是区域经济一体化的前提和基础。屈子力（2003）指出，区域经济一体化过程是产品市场、要素市场到经济政策统一的逐步演化，区域之间经济主体倡导降低交易成本，实现产品、生产要素的自由流动，当交易成本为零时，经济一体化就能够实现。张兆安（2007）认为，要素市场和产品市场的一体化直接影响区域经济一体化的进程和结果。

第二，产业结构和产业布局一体化是实现资源最优配置的形式和最终结果。范剑勇（2004a）认为市场一体化[①]引致地区专业化和产业集聚，如果市场一体化达到完全经济一体化，那么各地区根据各自的要素禀赋差异选择生产，从而实现真正完全的专业化分工。张兆安（2007）指出，在一个经济区域内，如果产业结构和产业布局是科学合理的，就说明社会经济资源得到了最优配置。吴三忙和李善同（2010）强调，市场一体化和产业地理集聚与地区专业分工相互影响，在经济一体化的不同水平和阶段，不同区域的产业集聚水平、专业化分工水平有所差异；同时，产业地理集聚与地区专业分工水平的提高，促进生产要素流动性增强，促进市场一体化水平提高。

---

① 国内学者通常用市场一体化表示区域经济一体化，本书所说的市场一体化也表示区域经济一体化。

第三，基础设施是区域经济一体化发展的关键、重要纽带和桥梁。区域经济一体化依赖于区域内比较完善的基础设施体系，特别是交通网络的完善，能够使得区域内人员、资金、物流、技术和信息迅速流动。王学定（2011）指出，发达的交通网络和现代通信网络，是形成区域经济一体化的重要条件和必要基础。交通基础设施是促进区域经济一体化的纽带，其促进发达地区和欠发达地区的贸易往来，是实现区域经济一体化的有效手段（张学良，2012；刘生龙和胡鞍钢，2011）。

第四，城市体系和城市布局一体化是实现区域经济一体化的依托和重要载体。城市是区域经济发展的先导力量和重要阵地（林森，2010）。张兆安（2007）指出，大城市经济的集聚和辐射功能、城市群或大都市圈形成的关联及扩散效应，影响区域经济一体化的进程。从这个意义上讲，大都市圈的形成过程也是区域经济一体化的实现过程；而区域经济一体化的进程，也需要大都市圈作重要依托。程工（2008）也认为，城市群是区域经济一体化的主要载体，国际大城市群发展的经验表明，地区发展从相对孤立的城市经济走向相对开放的城市群经济，实现了从封闭经济向开放型区域经济的转变，进而实现区域经济一体化。

第五，经济运行和市场管理体制一体化是区域经济一体化的发展模式与制度基础。刘志彪（2002）指出，市场经济主体的逐利性可能使利益主体无序竞争，其造成的市场失灵，导致资源配置及使用成本较高。因此，各地区应在中央政府的统一指导下，协调相关区域的竞争规则，推进区域经济一体化进程。唐勇（2006）认为，区域经济一体化是与市场制度一体化相符合的经济运行模式。安虎森和李瑞林（2007）指出，要保证各种生产要素的市场自由流动，就必须有发育完善的市场体系和统一市场作基础。张成华和欧阳娜（2012）指出，统一协调的竞争规则和市场交易规则能阻止市场内部有损于经济一体化的行为，营造良好的市场交易秩序，这有利于推动区域经济一体化。

第六，制度架构与政策措施一体化是区域经济一体化的制度规范和法律保障。王洪庆和朱荣林（2004）阐述了制度创新是区域经济一体化的前提和保障，制度创新的目的是加速经济的市场化进程，实现资源的合理配置。刘书明（2013）也指出，在我国现实经济活动中，存在行政区划等诸多阻碍区域经济一体化的因素，因此，推进区域经济一体化需要加强区域内地方政府间的合作以消除区域内阻碍要素自由流动的壁垒因素，提高经济运行的质量和效益。

二、区域经济一体化的判断与机制

近年来，从我国国内来看，长三角地区、珠三角地区和环渤海地区的区域经济一体化程度不断加深。针对我国区域经济一体化的研究日益丰富，大量文献还重点关注了我国各大都市圈或城市群的一体化发展，这些研究工作涉及我国区域经济一体化程度的判断及机制等问题。

（一）区域经济一体化程度的判断

我国学者对区域经济一体化的现有研究大多针对地区经济一体化程度，现有研究主要有以下两种观点：一种观点认为市场分割比较严重，区域经济一体化趋势减弱；另一种观点认为区域经济一体化程度加深。综合目前的研究来看，大部分研究从以下四个方面展开对我国区域经济一体化程度的判断。

第一，从地区间存在的贸易壁垒和运输成本方面分析。Naughton（1999）利用贸易流量分析法，发现省际地区性贸易占地区生产总值或贸易总额的比重显著降低，从而说明区域经济一体化程度降低。Poncet（2003）利用边界效应测度了我国区域之间的贸易壁垒，发现我国省际贸易量逐渐减少，区域经济一体化水平呈下降趋势。黄赜琳和王敬云（2006）运用国际上测量综合贸易壁垒的边界效应方法分地区、分行业进行实证分析，结果表明我国第一、第三产业保护较重，第二产业保护相对较轻。行伟波和李善同（2010）在引力模型的框架下分析了中国地区间贸易的结构及省际边界效应，他指出较大的边界效应反映了地区间贸易存在较大的本地偏好。刘生龙和胡鞍钢（2011）利用引力模型引入边界效应分析交通基础设施降低了我国省际贸易壁垒，促进区域经济一体化。

第二，省际产品价格水平是否有收敛的趋势。喻闻和黄季焜（1998）、李杰和孙燕群（2004）利用省区市之间的产品价格差异程度来分析我国市场一体化程度，得出大米、啤酒等行业的市场分割较为普遍，但已呈现整合趋势。部分学者（桂琦寒等，2006；范爱军等，2007）利用各地商品价格指数考察中国商品市场的整合程度及变化趋势，得出商品市场一体化程度总体上呈现上升趋势的结论。赵奇伟和熊性美（2009）利用相对价格法测算消费品市场、资本品市场和劳动力市场的市场分割指数，发现中国各区域三类市场分割程度呈现稳定的收敛趋势，中国市场一体化程度加深。柯善咨和郭素梅（2010）利用相对价格方差法度量中国市场一体化程度，发现各地商品市场的省际贸易壁垒下降，贸易量上升。

第三，各省区市的产业结构是否趋同。Young（2000）指出，中国各区域之间的地区生产总值结构和制造业的产出结构趋同，说明我国的资源配置扭曲，统一的商品市场还未形成。范剑勇（2004b）利用两位数的制造业数据进行分析，发现我国现阶段处于"产业高集聚，地区低专业化"的状况，地区间的市场分割阻碍我国区域经济一体化水平从中级水平向高级水平转化。白重恩等（2004）发现，20世纪80年代中期我国产业的地区专业化水平在少许下降后上升，2000年以来产业地区专业化水平显著提高，他们得出我国地方保护程度下降的结论。黄赜琳和王敬云（2007）认为，区域间贸易壁垒和产业本身有较为紧密的联系。

第四，财政分权制度导致严重的地方保护主义，限制区域经济一体化的发展。我国普遍存在行政区域经济现象，区域之间的行政边界壁垒对于区域经济一体化影响相当显著。Young（2000）指出，地方保护主义的加强导致各地区的产业结构趋同，市场分割更加严重。刘培林（2005）指出，地方保护主义带来的市场分割效应限制生产要素和产品的自由流动，对社会经济资源配置效率产生负面影响。行伟波和李善同（2012）、张超和王春阳（2013）认为，地方保护主义是阻碍区域间贸易自由化和我国区域经济一体化的关键所在。

（二）区域经济一体化的机制

在经济全球化的大背景下，城市群和大都市圈成为区域经济一体化的发展模式。大都市圈或城市群的形成过程，也就是区域经济一体化的过程；而区域经济一体化的过程，也需要大都市群为重要依托（张兆安，2007）。

改革开放以来，以长三角、珠三角、环渤海地区为代表的区域经济一体化迅速发展（李贻宾，2005；周涛，2011），以郑州、武汉、长株潭等为中心的中部地区城市群也正在崛起（张艳等，2010；秦尊文，2011），其内部城市间联系密切，地理位置优越，集中了一定规模的高新技术产业，使这些区域迅速实现一体化。西部地区的成渝经济区和西咸新区等也在迅速发展，表明我国的区域经济格局正在改变。以大城市为中心，以资源和要素整合为重点，以工业化和城市化为方向的区域经济一体化进程明显加快。

近年来"同城化"成为学者研究的热点问题。同城化作为城市群（带）、都市圈发展过程中一种特殊的情形出现，对我国区域经济一体化有着新的贡献。"同城化"是区域经济一体化的核心内容，实质是相邻城市之间的经济联系紧密，资源优势互补，实现区域共同发展（彭震伟和屈牛，2011）。例如，郑汴一体化（王旭升，2007）、广佛同城（杨海华和胡刚，2010）等目的都是发挥各自的优势，促进共同发展。目前，我国城市群一体化比较典型的有长株潭一体化、郑汴一体化、武汉的"8+1"城市一体化、西咸一体化、乌昌一体化、延龙图一体化、宁合昌一体化（王学定，2011）。

从上述分析中，我们可以看出区域经济一体化的实质内容是生产要素的自由流动，从而实现产业的合理布局，资源的优化配置。其重要前提是政府和市场的共同努力，打破行政壁垒，最终使得区域经济联系越来越密切。

三、交通与区域经济一体化

根据区域经济一体化的特征，可以看出交通是影响区域经济一体化的一个重要因素。其原因是交通网络的不断完善，一是可以降低区域之间要素流动的障碍和产业转移与选址的运输障碍，降低经济的空间交易成本，从而促进区域间要素的自由流动和产业的合理布局，实现资源的最优配置；二是在交通运输降低交易成本的前提下拓展市场空间和居民的活动空间，使企业和居民能够更加自由地选择合适区位，从而使区域之间的联系更加紧密；三是有利于经济集聚和市场扩张，从而为规模经济的提高提供空间，促进区域经济空间联系（刘秉镰等，2010）。

（一）交通发展与要素和产品流动

吴意云和朱希伟（2012）指出，交通基础设施通过降低运输成本促进各省区市商品交易市场的发展，进而促进国内市场商品和要素的流动。Behrens 等（2014）论证了一个国家的基础设施对其国际经济一体化及区域经济差距的影响。他的研究表明，国际贸易量主要取决于交通成本的降低，那些拥有更好的交通基础设施的国家因为能够取得更高的国际贸易流量而更容易取得区域经济的均衡发展。刘生龙和胡鞍钢（2011）在引力方程的基础上引入交通变量，来验证交通基础设施对于中国区域经济一体化的影响。结果显示，交通基础设施的改善降低了区域之间的贸易壁垒，对区域经济一体化有促进作用。

（二）交通发展与产业集聚和扩散

空间经济学家认为产业集聚和扩散是经济一体化的主要效应，他们将产业集聚归结为三个原因：规模经济，较低运输成本，消费品、中间产品和人才的多样性。这三个原因导致了企业和消费者向某一地点集聚。但是也并不是所有的活动都持续不断地向某一地点集聚，当到达一定阶段时，就会产生"拥挤"效应，地价和工资就会上升。因此，当运输费用较低时，一些中间产品和服务就会向地价和劳动力成本较低的地区转移，或者为了进一步靠近市场，而在较大的市场周边建立新的规模企业，等等，这使得产业和生产活动呈雁形形态，从核心地区向周边地区顺次移动，从而使产业合理布局（陈建军，2009）。何雄浪和李国平（2007）扩展了贸易成本的概念，指出贸易成本包含运输成本和要素流动成本，而贸易成本的降低促进了区域经济一体化，进而促使产业集聚并实现区域之间产业专业化分工。交通基础设施的完善提升沿线区域的可达性，降低运输成本和要素的流动成本，进而促进区域经济一体化。张学良（2009）认为，交通基础设施投资的增加会提高区域的可达性，加快各种生产要素在地区间的流动，缩短地理空间距离，改变家庭与企业的区位决策，从而促进区际贸易、分工和专业化的发展，并形成聚集经济。范剑勇和谢强强（2010）指出，地区的产业结构与地区间的贸易及制成品跨区域流动时发生的运输成本有关，这两个因素使得厂商寻找最小成本和产品需求最大的市场区位，使具有初始优势的地区通过累计循环机制逐步将优势扩大，进而使产业集聚在优势区域。

（三）交通发展与区域经济空间联系

区域空间的可达性是影响区域空间相互作用的关键因素。覃成林（1996）认为，交通运输网络的可达性能够改善区域空间可达性，促进要素的跨区域流动，加强区域间的沟通与合作，实现区域经济的协调发展。张文尝等（2002）指出，交通基础设施体系的网络效应，改善了其沿线地区的可达性和区位条件，强化了其区位优势，为空间集聚和扩散提供了必要条件。交通网络的不断完善，一方面，不仅促进了中心城市的形成和发展，而且刺激了沿线地区经济在新的水平上快速发展，使得人口和主要经济活动向沿线地区集聚；另一方面，交通发展增强了大都市的扩散能力，促使其带动周围地区的经济发展。孔令斌（2004）等认为，交通经济走廊促使部门之间与区域之间相互辐射。交通网络的改善，能够强化和协调区域内外各城市经济联系与互动合作，引导和促进区域经济一体化发展。姚影和欧国立（2009）指出，交通作为人口流、物质流、资金流、技术流等的空间载体，是影响区域经济联系纽带和城市群空间结构的重要载体，更是城市群空间有序发展和合理组合的关键，而城市群又是区域经济一体化的重要载体。

综上所述，加强交通基础设施的建设有利于降低区域间的交通成本，促进区际生产要素的自由流动，扩大市场规模效应，促进专业分工。因此，改善交通基础设施是促进区域经济一体化的重要手段。

四、高速铁路与区域经济发展

近年来，随着高速铁路建设的全面展开和部分高速铁路线路的建成运行，我国经济和社会发展已经进入了高速铁路时代。因此，大量学者围绕高速铁路对区域经济发展的影响开展了积极的研究，取得了有价值的研究成果。从所研究的问题看，主要集中在高速铁路对区域经济发展的影响、高速铁路对城市群发展和城市化的影响、高速铁路对区域经济一体化的影响等方面。

（一）高速铁路对区域经济发展的影响

徐长乐和郇亚丽（2011）认为，高速铁路的建成缩小了区域之间的时空距离，实现了区域内人流、资金流、信息流等在都市圈之间的自由流动，降低了区域之间的壁垒，扩大了都市圈内部的同城化效应；高速铁路主要连接中心城市和经济发达的城市，能够使经济活动向中心城市集聚，扩大中心城市对周围地区的辐射力和影响力，促使核心城市与其腹地重新定位，促进区域之间的合理分工。乔洁等（2012）指出，高速铁路对区域的可达性、城镇体系构建、社会资源流动、产业结构调整等方面产生了不同的效应，实现了区域内资源重新分配。张安琳等（2013）通过对比有无京津城际高速铁路对京津区域经济发展的直接和间接影响，发现 2010 年在有京津城际高速铁路情况下该区域铁路客运及货运密度比无京津城际高速铁路情况下分别提高 3.9%及 2.9%，2011 年在有京津城际高速铁路情况下，该区域铁路客运及货运密度比无京津城际高速铁路情况下分别提升 3.5%及3.2%，表明京津城际高速铁路对拉动客运市场，缓解客运压力，有着积极的作用。他们通过测度三大产业增加值、就业人数、城市化率等在有无京津城际高速铁路时的对比数据，发现京津城际高速铁路对经济发展有促进作用。张楠楠和徐逸伦（2005）基于国内外学者的研究，从现代交通系统、区域经济和城市空间发展的影响三个方面分析了高速铁路对区域发展的作用，指出高速铁路系统改变了客运市场的交通方式，通过实现客货分线，提高既有线路运输能力，为沿线区域创造出区位优势，交通经济带的作用凸显。刘晶（2011）认为，高速铁路的发展拉近了城市空间距离，有利于中等城市与核心城市形成紧密联系，加快要素流动，对综合城市带的形成有促进作用。

（二）高速铁路对城市群发展和城市化的影响

梁成柱（2008）指出，高速铁路促进了京津冀经济圈劳动力、资本、技术和信息等要素的流动，加速区域物流系统的形成，促进京津冀经济圈的共同繁荣。蒋秀兰等（2008）认为，高速铁路网的形成缩短了京津冀城市群和长三角、珠三角城市群的经济距离，能够增强与发达城市群的人才、信息、技术等高端要素的交流，促进城市群之间的经济融合，有利于提升京津冀城市群的竞争力。陶希东（2010）认为高速铁路是大都市圈经济发展的引擎，其促进了都市圈内公共服务"同城化"、区域文化交流与融合，推进了区域政治改革，并且他提出了高速铁路时代大都市圈发展的新思路和新战略。杨维凤（2010a）从宏观、中观、微观三个层次分析京沪高速铁路对我国经济空间结构的影响，指出京沪高速铁路对沿线区域群及城市群内部的经济融合有较大影响，使京津冀和长三角城市群的腹地范围与产业结构发生较大调整。赵丹和张京祥（2012）强调高速铁路将全面提升长三角区域可达性水平，提升长三角城市群的对外辐射能力，加快扬州—泰州—南通、沪杭甬等高速铁路经济带的发展，推动多中心空间结构的形成。

高速铁路对城市化也有不可忽视的影响。樊桦（2011）认为，高速铁路是我国城市化进程的重要支撑，促进了城市群的发展及中小城市之间的协同作用。王姣娥和丁金学（2011）利用可达性的方法研究了中国高速铁路网络布局规划及其对中国城市化的影响，他们认为高速铁路的时空压缩效应会引起人口和产业集聚现象。

（三）高速铁路对区域经济一体化的影响

张学良和聂清凯（2010）指出，一方面，高速铁路网的完善促进城市群内部的区域经济一体化，实现通勤就业、产业布局的同城化，为了促进城市群一体化，各地区政府在管理层面要加大合作力度；另一方面，高速铁路网的建成促进全国交通一体化的形成，加快生产要素在区域之间的自由流动，实现资源的最优配置，最终实现区域经济一体化。吴昊（2009）以京津城际高速铁路为研究对象，指出京津城际高速铁路加速了北京和天津经济的发展，推进了北京和天津同城化与一体化进程。

五、现有研究的不足

虽然国内许多学者对我国区域经济一体化进行了研究，但是研究主要集中在对区域经济一体化内涵、特征及机制的经验分析，实证研究专注于对我国区域经济一体化的程度进行判断。就目前笔者所收集到的文献来看，尽管有关高速铁路对区域经济发展影响的研究很多，但是，专门探讨高速铁路对区域经济一体化发展影响的研究较少。而且，从研究的科学性和深度看，已有研究成果多偏于一般的说理性、经验性分析，鲜有运用区域经济学、交通运输地理学、系统科学等相关学科的理论和方法开展系统、深入研究的成果。另外，尽管从理论上可以论证高速铁路对于区域经济一体化有促进作用，但是国内外有关高速铁路对区域经济一体化影响的实证研究非常少。因此，本章拟探讨高速铁路对区域经济一体化的影响机制，进一步从实证角度验证高速铁路对我国区域经济一体化的影响。

第三节　高速铁路影响区域经济发展的基本方式

近年来，随着高速铁路建设的全面展开和部分高速铁路线路的建成运行，我国经济和社会发展已经进入了高速铁路时代。高速铁路时代的来临，改变了区域经济发展的格局，交通区位优势将会带来沿线区域经济发展优势。大多数学者认为，高速铁路带来了可达性的提高，促进了人流、物流、信息流等的快速流动，通过劳动力流动带来了资本、信息和区域创新空间的扩散，改变了产业布局，加强了区域之间的合作，促进了资源的有效配置。同时，高速铁路运输扩大了市场范围，加强了区域间的经济联系，改变了区域空间结构。

一、高速铁路运输的特点与优势

高速铁路在速度快、公交化、运能大、正点率高等方面有很大的优势。与普通铁路相比，高速铁路弥补了其站点易延误、速度慢的缺点，并提高了旅行的舒适度。与航空相比，高速铁路在检票、托运和提取行李及等候方面所需的时间相对较短。在 1000 公里以内乘坐高速铁路，比乘坐飞机所用的时间少，票价低。且高速铁路有高密度、高运量的特点，竞争力更强。据中国行业研究网调查，2013 年高速铁路客运量已将近国家航空的两倍。在短途运输中（<200 公里），高速公路以其灵活性的特点，更具有优势。但与高速铁路相比，高速公路存在交通拥挤现象，且社会污染成本高。在安全性方面，高速铁路有更明显的优势。表 4-1 列出了高速铁路、高速公路、航空的特点。

表 4-1　高速铁路、高速公路、航空特点比较

对比项	高速铁路	高速公路	航空
经济运距/公里	200～1000	<500	>800
运价率/（元/公里）	0.25	0.19	0.76
运量	公交化、定员比例较高	班次频率较高，定员低，平均40～50人	班次固定，运能较小
安全性	基本不受恶劣天气影响	易受恶劣天气、交通拥挤等影响	受天气影响较大

高速铁路具有节约能源的优势，且对环境污染相对较轻，有较高的社会效益、较低的外部成本。Campos 和 de Rus（2009）对两个欧洲走廊的外部边际成本（事

故、噪声、空气污染、气候变化和城市的影响等）进行对比，发现巴黎到布鲁塞尔的高速铁路低于汽车和航空的外部成本（表 4-2），而在更长距离的巴黎到维也纳的铁路沿线，飞机相对来讲在起飞和降落方面环境效益有所提高，但整体来看，高速铁路的外部成本较低。另外，高速铁路建设加快了城市间人流、物流、信息流的快速流动，促进了生产要素的最优配置，推动了区域经济发展，因此，高速铁路具有较高的社会效益。

表 4-2　高速公路、高速铁路和航空的外部成本 [单位：欧元/（1000 旅客·公里）]

交通方式	巴黎—维也纳	巴黎—布鲁塞尔
高速公路	40.2	43.6
高速铁路	11.7	10.4
航空	28.7	47.5

资料来源：Campos 和 de Rus（2009）

高速铁路多建设在经济发达、人口密集的地区，这些地区人们支付能力强，时间成本高，高速铁路利用率较高，刺激了人们的交通需求。瑞典的斯韦阿兰线于 1997 年开通后，索德塔尔杰和埃斯基尔斯蒂纳两城市间高速铁路出行的人群比传统铁路出行增长了 7 倍，其市场份额从原来的 6% 上升到 30%（Fröidh，2005）。日本新干线和法国 TGV 新创造客运增长率分别为 6% 和 50%，吸引了航空和公路交通系统 10%～30% 的客运量（Albalate and Bel，2012）。

二、高速铁路与时间成本节约

（一）高速铁路对旅行时间价值的直接影响

影子价格理论认为，消耗的时间若用于生产活动中，就可以创造商品价值，即该段时间作为一种生产要素投入生产中便可以体现其价值。因此，时间作为一种稀缺资源，其本身是有价值的。旅客出行消耗时间，会造成该部分时间无法用于生产或休息，会降低企业利润或消费者效用，这必将造成经济效率的损失。如果损失部分用于生产或休闲，那么，其就能提升社会效益和满足个人发展。从这个层面讲，旅行时间是具有一定价值的。旅行时间的价值，并不是旅行时间本身的价值，而是乘客通过减少旅行时间来增加其他活动的时间而间接获得的价值。

高速铁路服务作为一种商品，其最大的影响是旅行时间的节约。从服务的角度讲，节约的旅行时间就是一种商品。并且，节约的旅行时间价值对于不同消费者而言具有差异性。一般情况下，商务旅客的旅行时间价值高于非商务旅客，经济发展水平较高的地区大于欠发达地区。经济发达的城市，人们的时间观念较强，故其单位旅行时间价值也较高，另外，高速铁路站点一般修建在人口多、客流量大的发达城市，高速铁路利用率高，故而节约的总时间也较多，旅行时间价值也较高。

（二）高速铁路时间成本节约的经济效应

高速铁路影响区域经济发展最直接的方式是消费者旅行时间的节约。旅行时间分为两种情况：一种是工作时间，如运输工具的驾驶员、服务员的在途工作、一般公务旅行和通勤时间；另一种是非工作时间，如旅游、社交、求学、购物等。

事实上，高速铁路的经济效益，多以节约的时间价值表现出来。法国第一条高速铁路 TGV 的开通使巴黎到里昂的旅行时间由原来的 4.5 小时缩短到 2 小时，其旅行时间的节省等带来的社会收益率为 30%。日本东京到大阪在开通新干线后旅行时间由 7 小时减少到 4 小时，而新型高速铁路通车后只需 2.5 小时，高速铁路每年因旅行时间的减少而产生的经济价值约为 3797.31 亿日元。由既有铁路改乘高速铁路每年节省的时间价值，相当于修建东海道新干线所需的全部费用。京沪高速铁路建成和运营后，京沪高速铁路直达客流旅行时间节省的价值为 2.352 亿元。

三、高速铁路与区域经济活动空间变化

（一）高速铁路与区位可达性

可达性（accessibility）这个概念由 Hansen（1959）首次提出，其含义是交通网络中各节点相互作用的机会大小。可达性的高低不仅反映出行城市和目的地间的交通便利程度，也反映出行区域和其他区域进行经济和技术交流的机会与潜力。高速铁路从两个方面影响区域可达性：一是交通网络中节点的数量保持不变，交通线路数量增加，各区域向心度和连接度都将提高，整个交通网络可达性就会大幅度提高；二是高速铁路提高旅行的安全性、舒适性，降低旅行风险及出行成本，提升人们的出行欲望。

高速铁路带来可达性的提升，对于经济有两方面的影响。一是增加总的财富。对于可达性较好的地区，其经济活动集聚，经济集聚能够使新的基础设施带来更大总产出。二是财富的再分配。站点城市增加的可达性，带来财富大幅度增加，而可达性低于平均可达性的地区将会丧失经济发展的机会，无法享受可达性带来

的经济收益，导致财富的重新分配。可以说，可达性是产生区域经济发展空间差异，使区域经济空间格局中角色重新调整和组织的重要原因。

（二）高速铁路对可达性改善影响的差异

可达性是交通影响区域空间变化最根本的原因，有必要对可达性影响的区域差异进行分析。本节将从全国范围、"四纵四横"高速铁路干线沿线区域和"四纵四横"高速铁路干线沿线不同等级城市三个层次来分析我国 2011 年和 2020 年高速铁路"四纵四横"干线的可达性变化均值。

从全国范围来看，2020 年高速铁路网络建成后，与 2011 年比，2020 年沿线城市可达性的均值由 1087 变为 305[①]，总体提升 71.9%，高速铁路网络的完善带来总体可达性大幅度提高。

从"四纵四横"高速铁路干线沿线区域来看（表 4-3），2020 年比 2011 年可达性显著提高，与全国平均值对比，京广线、京沪线、徐兰线、青太线、沪汉蓉线的可达性均高于全国平均值。尽管 2020 年京哈线、杭福深线、沪昆线的可达性依然低于全国平均值，但相比 2011 年，沪昆线、京哈线可达性提升 73%以上，分别居第一位和第二位。京沪线可达性提升最低为 67.1%，低于整体平均值，可能的原因是 2011 年京沪线已全线贯通，相比其他线而言，2020 年该线路可达性提升空间较小。

表 4-3　高速铁路对"四纵四横"高速铁路干线沿线区域可达性影响

时间	"四纵"可达性				"四横"可达性			
	京广线	京哈线	京沪线	杭福深线	徐兰线	青太线	沪昆线	沪汉蓉线
2011 年	932.77	1329.81	811.01	1219.50	1085.19	954.99	1239.95	964.85
2020 年	274.31	352.80	266.92	346.62	293.41	288.99	320.27	301.76
2011～2020 年增长率	70.6%	73.5%	67.1%	71.6%	73.0%	69.7%	74.2%	68.7%

从"四纵四横"高速铁路干线沿线不同等级城市来看（表 4-4），与 2011 年相比，2020 年一线城市可达性增长率最小，为 68.8%。原因是一线城市在 2011 年交通网络比较完善，可达性较高。从 2011 年可达性来看，表现出四线城市>一线城市>三线城市>二线中等发达城市>二线发达城市>二线较弱城市>六线城市。2020年可达性变为四线城市>三线城市>二线较弱城市>六线城市>二线中等发达城市>

---

① 可达性计算公式：$\mathrm{acc}_i = \dfrac{\sum \left(\mathrm{GDP}_j \times T_{ij} \right)}{\sum \mathrm{GDP}_j}$，$T_{ij}$ 是城市 i 和城市 j 之间最短铁路旅行时间（分钟）。acc_i 值越大，可达性越小；反之，acc_i 值越小，则可达性越大。

一线城市>二线发达城市。对比发现，2020年"四纵四横"高速铁路干线建成后，沿线区域不同等级城市可达性发生了明显变化。

表4-4　高速铁路对"四纵四横"高速铁路干线沿线不同等级城市可达性影响

城市等级	可达性		2011~2020年增长率
	2011年	2020年	
一线城市	1030.6	321.3	68.8%
二线发达城市	1159.3	334.2	71.2%
二线中等发达城市	1156.4	320.9	72.3%
二线较弱城市	1171.6	305.4	73.9%
三线城市	1041.1	299.6	71.2%
四线城市	1014.8	285.3	71.9%
五线城市	——	——	
六线城市	1204.9	318.6	73.6%

注：城市等级划分标准参照《2014 年中国城市等级正式出炉大理被排名五线》(https://m.fang.com/newsinfo/dali/12453240.html)

　　综上所述，从全国范围、"四纵四横"高速铁路干线沿线区域高速铁路廊道和"四纵四横"高速铁路干线沿线不同等级城市三个层次来看，"四纵四横"高速铁路干线沿线区域可达性均大幅度提高，但不同线路、不同等级城市的可达性变化略有差异。可达性分布的差异必然会对沿线各节点区域经济发展产生差异化影响。

（三）高速铁路影响下的时空压缩效应

　　高速铁路的运营可以使沿线区域可达性整体大幅度提高，改善中心城市可达性空间格局，扩展人们的活动范围，特别是扩大北京、上海、广州等中心城市的腹地，增强其区域辐射能力，使区域经济系统联系更加紧密。

　　区域经济系统不是独立存在的，区域之间存在多种形式的联系，其中生产要素流动与产品的区际贸易是最重要的区域相互作用模式。此外，产业或公司的迁移也是区域相互作用的一种途径。区域之间经济联系的强弱，由生产要素流动性、区域贸易量及产业空间转移量来体现。省际经济联系强度主要受空间相邻度、交通运输发达程度、文化传统、自然资源条件及产业结构互补性等因素的影响。除文化传统和自然资源条件主要与自身发展有关外，其他三个因素都与发达的交通基础设施条件有着紧密的联系，交通便利的区域即使空间不相邻，也可有着紧密的经济联系，便于劳动力、资本、信息等要素的流动，甚至促进产业转移，促进相关区域的产业结构调整。因此，高速铁路通过提升沿线区域可达性压缩区域间的空间经济距离，其带来的时空压缩效应从以下三个方面影响区域空间格局。

（1）从促进生产要素流动角度来看，一方面，高速铁路速度快、运量大、公交化的特点，降低了居民和企业商务人员出行的时间成本，通过劳动力的流动，带动信息、技术等要素在区域间流动；另一方面，高速铁路改变沿线区域的可达性与吸引力，提升该区域的区位优势，进而扩大区域联系范围，加快生产要素在不同区域间流动，并且提升本区域外市场进入的可能性，促进区际分工与贸易，加强本区域经济与外部经济的合作强度。

（2）从促进区际贸易角度来看，一方面，高速铁路开通促进市场需求增长，扩大市场需求范围，释放市场潜力、创造新的市场需求；另一方面，高速铁路可以拓展城市市场区。高速铁路作为交通基础设施具有"网络效应"，可达性的提高使整个网络的空间压缩，将中心城市和郊区连为一体，扩大企业经济活动的市场范围，降低企业的进出口运输成本，扩展企业出口范围。

（3）从企业或产业转移角度讲，高速铁路的开通可以改变企业选址方式。一方面，高速铁路完善交通运输网络，降低企业生产和交易成本，当运输成本较低时，企业生产成本占主要地位，企业倾向选择离上下游企业较近的地区，充分利用集聚经济带来的收益，能够为企业提供舒适的生产环境；另一方面，高速铁路开通使"双城"生活成为现实，吸引劳动力到远距离地区工作，为企业提供较为丰富的人力资源。在这两方面的共同影响下，企业网络和产业链开始从大城市向中小城市延伸，扩大企业市场区范围，促进区域之间的合理分工，区域经济体之间的合作日益紧密。

（四）高速铁路经济影响的空间差异

高速铁路带来可达性的改变导致其对沿线区域经济影响存在空间差异。有些学者认为，高速铁路网络的完善，提升了全国城市间的可达性，从这个层面看，区域之间经济联系将更加紧密。但也有学者认为，其中可达性相对较低的城市和中心城市之间的距离相对较远，经济利益将受到损害，带来空间极化的风险，对于空间压缩效应有负面影响。Ortega 等（2012）对《西班牙 2005—2020 年基础设施和运输战略计划》带来的空间压缩效应从区域、交通走廊和国家三个层次进行评估，发现在国家和交通走廊层面，高速铁路增强区域之间经济合作，增强凝聚力。在区域层面，因为可达性分布的差异性，非站点城市和中心城市的差距越来越大，错失高速铁路网络带来的发展机遇。高速铁路的开通对站点城市产生极化效应，进一步加强中心城市的优势。一方面，高速铁路站点可达性的进一步提升，吸引周围地区生产要素和经济活动向该区域转移，使中心城市的地位得到强化；另一方面，高速铁路站点多为经济发达的城市，城市中心的公共交通连接较为便利，强化了城市既有的可达性。但根据高速铁路站点的分布和连接城市的规模不同，影响有所差异。

根据交通设施站点周围地区发展理论模型，如表 4-5 所示，将高速铁路站点周围地区分为三个发展区域：枢纽核心区，距离站点 5～10 分钟步行距离；扩散影响区，距离站点 10～15 分钟步行距离；外围影响区，距离站点大于 15 分钟步行距离。其中，枢纽核心区主要发展高等级、高密度的商务办公；扩散影响区主要发展商务办公及配套居住，其建筑密度和高度均低于枢纽核心区；外围影响区主要发展对外服务。不同的产业布局导致城市空间结构变化。

表 4-5　高速铁路站点附近不同发展区域

对比项	枢纽核心区	扩散影响区	外围影响区
离站点距离	距离站点 5～10 分钟步行距离	距离站点 10～15 分钟步行距离	距离站点大于 15 分钟步行距离
功能	高等级、高密度的商务办公	商务办公及配套居住	对外服务
建筑密度	非常高	高	依赖于特别位置
发展力度	非常大	大	中等

另外，高速铁路站点的效益受到现有物质和经济条件的制约，城市中心的高速铁路站点比其他区位的站点更有潜力为城市发展提供动力。相比之下，设备完善、环境优越、基础设施较好的城市具有较大的吸引力，此时资源将会由周围城市流入，其城市中心形成"虹吸效应"，将充分利用资源优势发展自身经济。但是，我国的高速铁路站点多建在城市的边缘或外围，这不利于充分发挥高速铁路站点的带动作用。

四、小结

根据上述分析，本节对高速铁路影响沿线区域经济一体化的机制进行总结。图 4-2 为高速铁路对沿线区域经济一体化的影响机制。首先，高速铁路作为一种新型运输方式，具有速度快、公交化、运量大的特点，高速铁路建设投资可以改变运输市场网络结构，使交通网络可达性提升，降低运输成本。其次，以高速铁路为重要支撑的交通网络可达性提升，一方面逐渐降低了人们出行的旅行时间和交通成本，增加了全国铁路交通的旅客容量。另一方面依靠便利的高铁网络，原材料与商品运输时间的缩短降低了高速铁路沿线企业的生产成本和交易成本，逐渐扩大了经济活动的范围。这一状况使高速铁路沿线的区位优势凸显、吸引力增强，伴随而来的则是与之相关的土地租金上升和相关价格提升。如此来看，高速铁路迅速发展带来的交通网络可达性提升，将逐渐改变人们的出行状况和企业选址、迁移方向，一定程度上提升了社会福利水平。最后，交通网络可达性提升，特别是高速铁路建设推动了家庭和企业或者产业分布的调整，逐渐改变了经济活动的整体布局。随着家庭、企业或者产业选址的变动，与其密切相关的经济活动的外部效应逐渐显现，如企业或者产业区位变动带来的环境改善、家庭搬迁对劳动力市场的影响、要素流动带来的交通网络经济发展，以及经济集聚给企业带来的投入成本降低、相关产业迁移等，这些变化将直接作用于高速铁路沿线区域的空间形式和空间结构，不断推动沿线区域经济一体化发展进程。

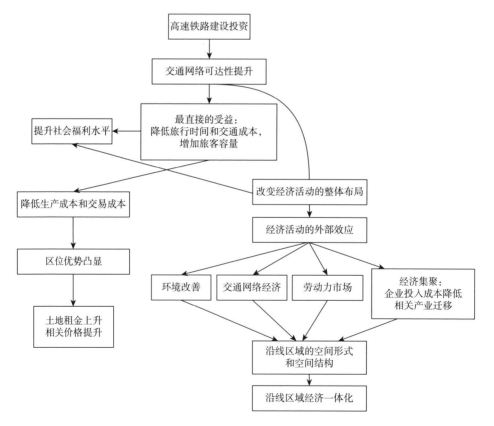

图 4-2　高速铁路对沿线区域经济一体化的影响机制

第四节　高速铁路与沿线区域贸易发展

一、高速铁路与市场需求增长

高速铁路建设不仅改变到达沿线区域的旅行时间，而且改变一个区域的经济结构。随着京沪、京广、郑西等高速铁路的开通，长三角、珠三角、武汉城市圈、中部城市群等区域经济发展方式转变，高速铁路拉近沿线城市群之间的距离，促进沿线区域经济的互相融合，"同城效应"明显，给沿线区域市场需求带来以下两个方面的改变。

第一，高速铁路经济效应促进第三产业市场需求大幅度增长，为商务、旅游、餐饮、房地产、物流业等发展带来新的契机。

（1）高速铁路影响沿线区域的旅游业，各地争相利用高速铁路带来的客流打造"高速铁路旅游生态圈"。2012 年 3 月，中国铁道出版社在北京举办首届高铁旅游生态圈合作大会，讨论如何适应高速铁路给旅游市场格局带来的变化。据有关报道，2014 年清明假期，厦深高速铁路沿线区域旅行社报名人数与 2013 年相比，增加了近 10 倍；京沪高速铁路沿线上海站共发送旅客 122.98 万人次，相比上年同期增加 20.35 万人次，增幅达 19.8%；武广高速铁路旅游人数比上年增长 1 倍。高速铁路为旅游业发展带来了新的机遇。

（2）高速铁路促进了沿线区域的商业、房地产业、服务业，甚至创意产业的交流，通过区域之间人员的频繁交流，加强区域之间的合作。京广高速铁路的开通，大幅度拉近环渤海经济圈、中原经济区、武汉城市圈、长株潭城市圈、珠三角经济圈的经济距离，珠三角经济圈的市场经济理念北上向长株潭城市圈和武汉城市圈扩散，提升了当地商品经济的层次；而湖南、湖北的人才优势、资源优势也可以得到充分发挥，中原经济区和其他四大经济圈联系更加紧密，五大区域的发展速度协调加快，发展的质量提高，为形成高速铁路经济带奠定坚实基础，为区域经济一体化创造条件。

（3）高速铁路对物流业也有一定的带动作用。高速铁路吸引普速火车一部分客流，释放了火车货运能力，大量的工业、制造业、商业和物流业也将在高速铁路站点集聚。例如，武广高速铁路开通后，京广线货运能力提升 10.9%，京广高速铁路全线贯通后，京广线货运量从原来的 4000 多万吨，提升至 1.2 万亿～1.5 万亿吨，推动了物流业快速发展。厦深高速铁路开通后，广东省汕头市潮阳区打造潮阳谷饶高铁物流经济区，大力发展现代物流业，目前在火车站周边规划 1200

亩^①地作为物流业的配套，并在东南面规划了 450 亩地作为商贸中心。2014 年 4 月
1 日，中铁快运股份有限公司利用高速铁路安全、高效、准时等优势推出高速铁
路快递业务，开启高速铁路物流发展新篇章。

　　第二，高速铁路建设创造相关产业的市场需求。高速铁路作为交通基础设施
建设，首先，促进钢铁、水泥等行业发展，京沪高速铁路建设每天投资高达 1.9
亿元，平均每天消耗 1 万吨钢筋、3.5 万吨水泥、11 万立方米混凝土；其次，高
速铁路产品设备的制造业带动液晶、环保、材料等相关产业发展；最后，高速铁
路高度信息化、自动化运行，需要电子、信息产业的支持，促进了高新技术产业
的发展。

二、高速铁路与沿线区域市场区拓展

（一）高速铁路与市场潜力

　　Gutiérrez（2001）认为，某区域内产品和服务的潜在需求取决于消费者对该
区域的接近程度，距离越近，可达性越强，市场需求越大，市场潜力越大。市场
潜力表示接近市场需求的难易程度。从某种程度上讲，具有较高市场潜力的城市
能够吸引经济活动集聚。原因在于，一方面，市场潜力越大意味着产品市场和要
素市场越大，能够吸引越多的消费者进行消费，越能够降低企业生产成本，使企
业和人口在该区域内集聚，扩大城市的市场区范围；另一方面，由经济集聚带来
的本地市场效应，将会形成累积因果循环效应，促使经济活动进一步集聚。从这
种程度上讲，市场潜力可以扩展区域市场区的范围。

　　以高速铁路为主轴的交通网络空间布局改变了沿线区域可达性，尤其是时间
距离的缩短和时空距离的延长，为区域间的交流与合作提供便利、快速的通道，
提高沿线区域的市场潜力。但是，由于高速铁路网络主要分布在经济发达、市场
潜力高、人口较为密集的区域，这类区域居民的收入水平高，支付能力强，时间
价值较高，因此，高速铁路利用率高，能够吸引较多的企业或消费者。而欠发
达地区建设高速铁路所花费的成本较高，且高速铁路利用率不足，有可能导致
沿线区域资源的流失。从这个角度看，高速铁路网络空间分布的差异使沿线区
域市场潜力发生改变的程度不同，导致高速铁路对沿线区域市场区分布影响存
在差异。

---

① 1 亩≈666.7 平方米。

（二）高速铁路与沿线区域市场区分布格局

本节从市场潜力入手，分析高速铁路对沿线区域市场区分布的影响。市场潜力的公式为

$$\mathrm{MP}_i = \sum_j Y_j \cdot f(d_{ij}) = \sum_j Y_j \, \mathrm{e}^{-\alpha d_{ij}} \qquad （4\text{-}1）$$

其中，MP_i 表示 i 区域的市场潜力；d_{ij} 表示起点和终点之间的空间距离或旅行时间，本节使用两区域间的铁路旅行时间；Y_j 表示人口数、地区生产总值、就业人口数、制造业产出或者中间产品的投入等，本节使用全市生产总值；α 表示距离的阻力函数[①]；$f(d_{ij})$ 表示空间距离或旅行时间的减函数，两区域之间的时间成本下降时，城市的市场区范围就会扩大。

运用式（4-1）计算中国地级及以上城市[②]2011 年和 2020 年铁路沿线区域市场潜力，结果显示，从总体上看，2011 年和 2020 年市场潜力均值分别为 95.34 和 1182.75，说明 2020 年高速铁路网络建成后，市场潜力需求有大幅度提高。下面对"四纵四横"线路和不同区域城市的市场潜力进行分析。

从"四纵四横"高速铁路干线来看（表 4-6），沿线区域的市场潜力显著增强。与 2011 年相比，2020 年市场潜力增长率在 500% 以上，徐兰线增长率最高为 1459.6%，最低是京沪线 505.3%，说明高速铁路对于市场潜力增长有明显的促进作用，但是不同干线有所差异，特别是京沪线。因为京沪线在 2011 年已经开通高速铁路，并且连接了环渤海城市圈和长三角经济区两大经济圈，经济权重较高，所以 2011 年和 2020 年该线路沿线区域的市场潜力都是最大值。通过观察 2011 年和 2020 年的变异系数，我们发现干线内部的市场潜力绝对差距有扩大趋势，特别是京沪线内部。这表明，尽管高速铁路开通时沿线市场潜力增强，但要谨防高速铁路带来区域间差距的扩大。

表 4-6　高速铁路对"四纵四横"沿线区域市场潜力的影响

年份	测度指标	"四纵"				"四横"			
		京广线	京哈线	京沪线	杭福深线	徐兰线	青太线	沪昆线	沪汉蓉线
2011	均值	165.3	105.1	416.7	174.3	114.5	221.3	124.5	304.7
	变异系数	3.5	1.4	7.1	1.2	1.0	1.7	0.9	1.6
2020	均值	2061.6	1390.7	2522.3	1564.5	1785.7	1981.6	1636.6	2075.1
	变异系数	6.1	3.4	10.4	3.2	2.2	4.0	2.9	3.1
2011~2020 年增长率		1147.2%	1223.2%	505.3%	797.6%	1459.6%	795.4%	1214.5%	581.0%

[①]　$\alpha=0.01$，借鉴 Huber 等（2006）。
[②]　研究对象为 2011 年铁路覆盖的 266 个地级及以上城市。

从我国东部、西部、中部、东北部四大区域来看（表 4-7），2020 年相对于 2011 年市场潜力大幅度提升，市场潜力的排序未发生改变，表现为东部>中部>东北部>西部。从市场潜力增长率来看，西部>中部>东北部>东部。这是因为西部地区交通网络和地区经济不发达，2020 年交通网络完善后，西部地区与发达城市联系更加紧密，市场潜力变化率较高，但市场潜力值仍然较低。从相对差异来看，2020 年东部比中部的市场潜力只高 1.2%，这一差距相对于 2011 年大幅度缩小，主要原因是高速铁路网络主要集中于中部和东部地区，它们扩展相互的市场需求，差距有所降低，市场一体化程度加深。

表 4-7　高速铁路对沿线四大区域市场潜力的影响

区域	市场潜力		2011~2020 年市场潜力增长率	其他区域与东部相对差异	
	2011 年	2020 年		2011 年	2020 年
东部	172.34	1591.42	823.4%	—	—
中部	98.11	1571.79	1502.1%	75.6%	1.2%
西部	24.29	464.88	1813.9%	609.5%	242.3%
东北部	47.74	737.19	1444.2%	261.0%	115.9%

综上所述，高速铁路网络的完善，大幅度提高了沿线地区的市场潜力，带来经济的集聚，即本地市场效应，具体表现为两个方面：一是大量的生产要素将向高速铁路沿线市场规模大的区域集聚；二是随着经济集聚，交易成本的降低，该区域的市场潜力进一步增加。市场潜力带来的经济集聚效应降低贸易成本以及要素的自由流动，促进区域之间贸易发展。

三、高速铁路与沿线区域贸易融合

（一）高速铁路影响区域贸易的方式

张学良（2009）认为，对于出口的产品而言，区域之间的价格差和交通运输成本差决定区域之间的贸易额。他采用了如下区际贸易模型：

$$T_{ijg} = \frac{K_{ij} \cdot e^{[-\beta_i(p_{ij} + v_{ijg})]}}{\sum_q K_{iq} \cdot e^{[-\beta_i(p_{iq} + v_{ijg})]}} \tag{4-2}$$

其中，q、j、g 分别表示三个区域；i 表示出口产品部门；K_{ij} 和 p_{ij} 分别表示区域 j 的 i 部门的资本水平和价格水平；v_{ijg} 表示区域 j 和区域 g 之间的 i 部门每单位产品的运输成本（通常用区域之间的空间距离和时间距离表示）；T_{ijg} 表示 i 部门产

品由 j 区域运至 g 区域的份额。$\beta_i > 0$，T_{ijg} 与 g 区域和 j 区域之间的运输成本成反比。其实，如果将 K_{ij} 看作 j 区域的购买力，分子 $K_{ij} \cdot e^{[-\beta_i(p_{ij}+v_{ijg})]}$ 就相当于 g 区域的市场潜力。由此可见，j 区域对 g 区域的市场份额和 g 区域的市场潜力正相关。

本节利用上述简单的区际贸易模型分析交通网络改善对区域贸易份额的影响。

假设图 4-3（a）是一个简单的区际贸易模型，q 区域、j 区域、g 区域由交通线路连接，在产品生产成本一定的情况下，j 区域对 g 区域的出口份额取决于 j 区域到 g 区域的运输成本和所有区域到 j 区域总运输成本的相对大小，并且两者呈负相关。在其他条件不变的情况下，j 区域和 g 区域之间交通条件的改善对 q 区域的贸易份额有负的影响，但是对 j 区域与 g 区域之间的贸易额的影响不确定，因为这取决于另一市场贸易份额的增加可以多大程度上弥补本地市场的损失，但可以确定的是没有高速铁路线路的 q 区域肯定受到损失。

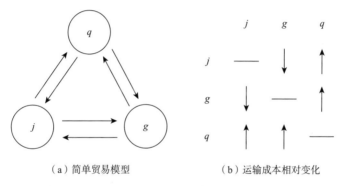

（a）简单贸易模型　　　　　　　（b）运输成本相对变化

图 4-3　交通网络改善对区域贸易份额的影响
↓和↑分别代表运输成本的降低和增加

当 2020 年的高速铁路网络建成后，区域内交通运输资金成本和时间成本大幅度下降时，j、g、q 三区域的贸易份额会发生改变，使三区域之间贸易联系更加紧密，贸易量也会发生变化。但是，具体贸易份额如何变化，还比较复杂，需要考虑规模经济递增和其他外部条件。高速铁路带来的交通网络的改善，不仅能够带来贸易份额的分配效应，而且可能使贸易流量重新分配，产生更大的贸易额。新经济地理学理论认为某区域的出口和地区的市场潜力相关，市场潜力越大，出口总额就越大，从这个层面上讲，高速铁路可以促进沿线区域贸易出口的扩大。

（二）高速铁路与区域贸易融合

高速铁路网络的形成有利于消除地理上的时间和空间距离对区域贸易模型的

约束。另外，高速铁路能够释放传统交通运输方式的压力，增强区域运输能力、降低商品运输费用、节省运输时间，并且减少以市场信息搜寻成本为主的交易费用。根据上述引入了空间距离的区际贸易模型可知，区际贸易量增加，有利于扩展中心节点城市生产性服务业的市场范围、促进区域市场整合、形成一体化区域商品市场和覆盖全区域的服务市场，并在沿线节点城市之间形成自上而下的市场体系，并为区域经济一体化和同城化打下市场基础。

区域贸易融合必然要突破区际贸易的地域及行政区划的限制，借助高速铁路连接区域外部市场，降低区际贸易壁垒，发挥区域本身的比较优势，扩大生产，实现区域生产、消费等市场融合。以已开通的高速铁路为例，厦深高速铁路开通后，深圳与厦门形成"小时经济圈"，以往阻碍两地紧密合作的空间壁垒进一步打破，区域间经济协作进一步加强，增强了深圳与周边城市的交流和物流贸易。厦深高速铁路的快速货运降低了闽南地区往来深圳的物流成本，有利于两地贸易融合。哈大高速铁路还将与现有哈大铁路实现客货分运，有效释放既有线路运能，每年将增加 5000 万～6000 万吨的货运能力。与此同时，"高速铁路走廊经济"的活力也将被激发，沿线经济带的房地产、旅游、餐饮、服务业、加工业等行业的潜力将被进一步挖掘。高速铁路网络的建成，使中心城市的时间距离缩短，降低城市之间往来的贸易成本，形成整个空间的贸易网络融合。

第五节　高速铁路与沿线区域产业发展

一、高速铁路与空间交易成本变化

空间交易成本包括两个方面：一是自然成本，即通常所说的有形运输成本。空间距离越远，交通越不便利，有形运输成本就越高。二是制度成本，即无形的成本，主要表现为区际产品、资本及人员流动的限制。因此，空间交易成本包括运输空间交易费用和劳动力、产品等要素的流动成本，也就是通常所说的广义运输成本。空间交易成本越高，区际自由化程度越低；反之，交易成本越低，自由化程度越高。

从经济中的运输空间交易费用构成来讲（图4-4），经济中的运输空间交易费用主要包括两个方面：一是运输服务消耗的资源，即服务于运输营运过程中资源消耗产生的费用，包括运输营运的资本消耗和运输营运的时间消耗两部分费用。高速铁路的建设，能够缩短运输时间，降低运输途中发生的资本消耗，进而减少运输服务消耗的资源。二是运输基础设施消耗的资源，即建设运输基础设施过程中消耗资源产生的费用，主要涉及运输基础设施规划、建设、投资等的资源消耗所产生的费用。高速铁路运输能力的增强，能够优化居民出行和企业运输方式，降低信息搜寻成本，利于降低运输基础设施建设过程中进行规划、投资的资源消耗，减少交易费用。

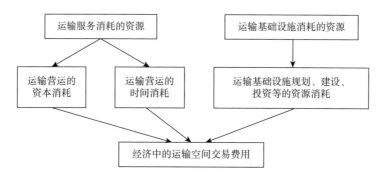

图 4-4　经济中的运输空间交易费用构成

从生产要素的流动成本而言，高速铁路的速度优势缩短了沿线的空间距离，突破了时空的限制，提高了沿线区域生产要素的流动性。高速铁路影响的主要是客运，因此其对第三产业的要素和产品流动影响最大，加速了知识、信息和技术的流动与传播，降低了流动成本，提升了资源的配置效率。另外，如果能够和普通铁路实现客货分流，那么货运铁路的速度、运输能力和安全性将进一步提升，货物运输量大幅度增加、运输时间和成本降低，为沿线区域经济发展提供资源保障。

综上所述，高速铁路降低了空间交易成本，促进了家庭、企业和政府的跨区域行为，抑制了区际要素流动的壁垒，提升了沿线地区的区位优势，增大了产业在高速铁路沿线区域布局的可能性。

二、高速铁路与沿线区域产业集聚

（一）高速铁路影响沿线区域产业集聚的机制

空间经济学家认为，影响产业集聚的因素有三个：一是商品和服务生产的规模经济；二是产品的运输成本；三是消费品、中间产品和人才的多样性。三个因素相互作用形成了产业集聚。高速铁路网络带来交通网络的完善，带来沿线市场潜力的增加，可以增强集聚趋势。高速铁路影响沿线区域产业集聚的机制包括以下几项：①高速铁路促进劳动力市场的更加多样性，促进劳动力在沿线区域集聚；②沿线区域空间距离缩短，扩大市场需求，增加产品的多样性，减少外部成本；③促进沿线区域企业之间的供应链前后向联系。

（二）高速铁路对沿线区域产业集聚的影响

高速铁路对于产业布局的影响主要通过"客流"带动，这将带来产业布局空间范围扩大。通过扩大"客流"的"通勤圈"范围来间接带动高端产业流、信息流的发展，促进经济活动的集聚。通过分析发现，高速铁路降低沿线区域的空间交易成本，促进高端人才在沿线地区流动，使企业在市场潜力较大区域集聚，但劳动力流出的市场规模进一步缩小，这将给不同区域带来不同影响。

一是对沿线中心城市的影响。以京沪高速铁路为例，将北京、上海、天津三个核心城市联系在一起，促进高端服务业在区域之间（尤其是北京、上海之间）流通，能够加强中心城市现代高新技术产业和信息产业等现代服务业的分工与协作，促进高端服务业和总部经济的集聚。

二是对二级站点城市的影响。高速铁路促进现代服务业在中心城市集聚，而中心城市的劣势产业需要向二线城市转移，二线城市的总部经济向中心城市靠拢。中心城市在产业转移过程中有不同市场潜力的站点城市可供选择，加剧了二线城市之间的产业竞争。因此，为了更好地与大城市对接，各站点城市必须突出自己的优势资源，形成自身特色，吸引和本区域优势相符合的产业，从而形成中心城市和二线城市的合理分工。

三是对沿线三级城市的影响。此类城市一般属于资源型城市，一方面，高速铁路的便利可能使本地的人力资源、资金等要素转移到发达地区，带来"隧道效应"；另一方面，三线城市应提升自身的地位，积极开展与二线城市的分工与合作，谨防高速铁路带来的"虹吸效应"。

综上所述，高速铁路站点不同规模城市定位应较为明确，才能够带来有序合作，降低无序竞争。京沪高速铁路的开通，进一步提升上海的金融、贸易中心地位，上海拥有较多的信息资源，北京占据政治、经济的重要地位，拥有较多的政策资源，京沪高速铁路带来的合作便利进一步提高两大中心城市地位。另外，这将给江苏、浙江、河北、安徽的经济发展带来有利条件，可将企业总部向上海和北京转移，将上海与长三角紧密联系在一起、北京与河北紧密联系在一起，安徽可以依靠其地缘优势，利用上海、江苏和浙江的发达经济，加强区域经济合作。

三、高速铁路对沿线区域产业转移的影响

随着运输成本的下降，经济集聚程度的提高，沿线集聚地区地价会持续上升，引起房价、房租价格上升，以及工资成本上升。当由集聚产生的离心力超过向心

力时，产品和服务差别优势较小的企业、运输费用较低的产品与服务的生产活动，就会向周边地区转移。如果运输成本足够低，那么产业和服务的生产活动就会从核心地区向周边地区顺次转移，而原制造业中心可能形成产业空心化，但也可能加快其产业结构调整，成为贸易、金融、服务等第三产业中心，实现产业升级。

图 4-5 中，TC_1、TC_2 分别表示某区域修建高速铁路前的劳动力和企业迁移的时间成本和交通成本、某区域修建高速铁路后的劳动力和企业迁移的时间成本与交通成本；D 表示交通需求曲线；P_1 和 P_2 分别表示修建高速铁路前某区域交通的需求人数和修建高速铁路后某区域交通的需求人数。显然，$P_2 > P_1$，说明修建高速铁路后，有更多的人员有交通需求，也说明高速铁路区域能够吸引更多的劳动力和企业集聚，如日本新干线开通 10 年后，站点城市的人口增长率比非站点城市高 22%，站点城市批发零售业、建筑业、工业增长率比非站点城市高约 34%。

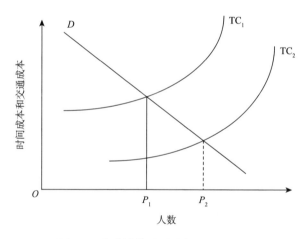

图 4-5　高速铁路开通对客流量的影响

居民和企业在该区域集聚，促使该区域的生活成本上升，土地价格上涨。一旦达到某种程度，当市场潜力（可达性）改善带来的收益被该区域的生活成本（土地价格、房价）等抵消时，劳动力和企业就会拒绝向该区域迁移。当周围区域的可达性都提高了，劳动力和运输成本占次要地位的制造业等产业就有更大的迁移空间，从而向欠发达区域转移，使区域分工更加合理化。

图 4-6 中 L 表示远离中心城市的单位距离交通和生活成本；MC_1 和 MC_2 分别表示高速铁路建设前的边际时间成本和高速铁路建设后的边际时间成本。对于企业来讲，离中心城市越近，面临的市场需求越大，运输成本越低，但是土地成本越高；远离中心城市则意味着交通成本提高，土地租金降低。对居民来讲，离中

心城市越近，房价越高，交通成本越低；反之，房价越低，交通成本越高。另外，高速铁路的开通使"双城生活"成为现实，同时扩展消费者的消费范围。

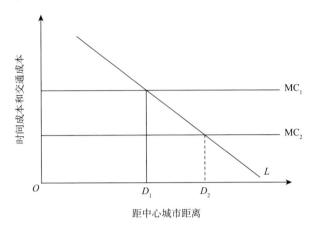

图 4-6　高速铁路开通对家庭和企业选址的影响

　　企业和居民都追求收益最大化，高速铁路开通后，区域之间的通勤成本降低，一方面，加强了区域之间的劳动力流动，扩展了企业的市场空间；另一方面，居民将会远离中心城市去享受更大居住空间。相对于城市内，尽管远离中心城市通勤成本高，但是较高的通勤成本被较低的土地租金和房价所抵消。因此，企业会向周边区域迁移，直到远离中心城市带来的节约成本等于边际交通成本，使居民和企业的均衡位置从 D_1 迁移到 D_2。可见，高速铁路开通扩展了企业和劳动力迁移的范围。

　　以京广高速铁路为例，武广高速铁路开通后，加深了湘鄂两省作为珠三角地区产业转移腹地的作用，扩大了珠三角地区的产业链。粤港地区优先重点发展现代服务业和先进制造业，依托高速铁路"布局"这条产业链合理布局，促进粤湘鄂三省的产业分工与合作。珠三角地区从传统的劳动密集产业向高速铁路线路梯度转移，形成"泛珠三角"区域之间的产业结构互补，加速粤湘鄂与周围地区的经济合作。

第六节　高速铁路与沿线区域经济合作

　　区域经济系统不是独立存在的，若想实现区域间共同发展，必须进行经济合作。影响区域经济合作的因素主要有以下几点：①区位因素。经济地理区位条件是位置、交通、信息条件三位一体的组合。区域所处的地理位置，区域内、外部的交通便利程度，以及信息传递的速度是影响区域经济合作的重要因素。②区域之间要素禀赋的差异。区域之间要素禀赋的差异是区域经济合作的自然物质基础和产业分工基础。③政府推动。地方政府在区域合作中的作用是区域经济合作成败的关键因素之一。④市场经济。经济发展必须遵循一定的市场准则，区域经济合作的主体是企业，因此，市场经济发展是促进区域经济合作的客观背景。⑤区域经济政策。国家对区域经济合作发展的宏观调控是促进合作的有效手段。

一、距离与区域经济合作

区域经济联系是区域经济合作的重要基础。根据地理学第一法则，区域之间的相互作用随距离的增加而递减，从城市中心向周围地区出发，随着距离的增加，人口密度、经济密度、地租和工资水平将逐步下降；中心城市工作人员的通勤范围、消费者购物行为、旅游者目的地选择、企业的配套厂家和供应链确定，以及两个地区之间的人员、货物、技术和信息交流量等，通常随着距离的增加而减少，只是递减幅度不同。这主要取决于经济活动的具体特点及经济联系的方式和环境条件。这里的距离除空间距离外，还包括时间距离和心理距离（魏后凯和朱焕焕，2015）。

通过对北京与京广高速铁路沿线中心城市经济联系强度进行测算（图4-7），可以发现，随着高速铁路网络的不断完善和地区经济的发展，中心城市的联系强度大幅度增加，但是联系强度随距离递减的趋势并未改变。以北京为例，2011年和2020年北京与其他六个京广高速铁路沿线中心城市联系强度排名分别为石家庄、郑州、武汉、长沙、广州、深圳，北京与石家庄的联系强度远远超过其他城市，其他城市联系强度也存在距离递减规律，虽然高速铁路网络的不断完善降低了距离因素在经济联系中的作用，但距离仍是影响区域经济合作的一个重要因素。

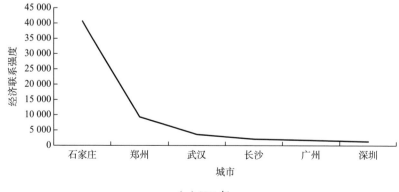

（a）2011年

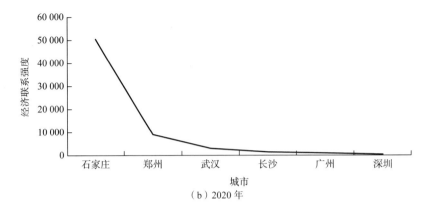

图 4-7　2011 年和 2020 年北京与京广高速铁路沿线中心城市经济联系强度

二、高速铁路对区域经济合作意识的激发

（一）高速铁路与区域经济合作的客观条件

　　高速铁路网络和城际轨道交通网络的不断完善，提升了区域内外部的交通便利程度，降低了旅行的时间距离和空间距离，促进人流、物流、信息流跨区域的快速流动，改变了沿线区域的区位优势，构成区域经济合作的客观条件和基本保障。

　　高速铁路已经成为影响经济合作成败的关键因素。武广高速铁路开通后，湖南省政府积极加强与广东省的合作，为产业转移企业提供水电、通信等配套条件，并提供土地政策和税收优惠，吸引企业到湖南驻扎，并对各地区承接产业进行指导，长株潭地区重点承接高端制造业和现代服务业；衡阳、永州、郴州加快制造业、纺织服装等劳动、资源密集型产业升级；环洞庭湖地区对接长三角、珠三角地区，大力承接先进制造、纺织服装、石油化工等产业；大湘西地区要发挥资源优势，大力承接农林产业加工、绿色食品、生物医药、旅游等产业①。

　　高速铁路扩展企业合作的范围，京广高速铁路全线贯通后，粤港澳企业并不局限于向湖南、湖北转移，而开始向河南省扩展（如富士康在河南建厂），使产业合作范围不再局限于相邻地区。另外，在郑西高速铁路沿线，郑州市旅游局与西安市旅游局签署协议，达成深度合作关系，建立长期合作机制；三门峡、渭南、临汾、运城等城市多次召开联席会议，并提出"黄河金三角经济区"的概念，在

---

① 《京广高铁重构地方政府招商黄金带》，http://business.sohu.com/20130131/n365162131.shtml[2019-07-10]。

旅游、招商、投资等多方面开展合作①，企业之间的积极合作构成了合作最重要的主体。

总之，高速铁路缩短了地区之间的时间距离，拓展了政府、企业、劳动力之间跨区域合作的广度与深度，提供了区域经济合作的客观基础。

（二）高速铁路与区域经济合作的可能性

2020 年高速铁路网络建成后，全国沿线省会城市能够构建"8 小时经济圈"，而城市群内部形成"1 小时经济圈"，增强中心城市与沿线及周边区域的相互作用及空间联系。高速铁路带来城市间距离的大大缩短，通过提升沿线区域的市场潜力、改善沿线区域的区位优势，促进中心城市的集聚与扩散效应，增加区域间的城市联系强度，为区域经济合作提供基础与客观保障。

以京沪高速铁路为例。京沪高速铁路 2011 年 6 月 30 日开通，大大缩短了京津冀城市群和长三角城市群之间的经济距离。如表 4-8 所示，和 2011 年相比，2020 年城市群内部的经济联系强度明显增加，2011 年京津冀城市群内部的经济联系强度大于长三角城市群，但是长三角城市群内部经济联系强度大幅度增加，与 2011 年相比增长率高达 740%，长三角与京津冀城市群之间的经济联系强度增长 621%，远大于京沪沿线区域均值。但相比 2011 年，2020 年京沪沿线区域经济联系强度增长率高达 585%，远大于京津冀城市群内部经济联系强度的增长率。从某种程度上讲，京沪高速铁路开通后，其沿线区域合作强度上升。京沪高速铁路的开通，改善沿线区域内外交通便利程度，通过客流，使市场信息在城市之间迅速传递，为开展区域经济合作提供客观条件和保障因素。

表 4-8　京沪沿线京津冀城市群和长三角城市群经济联系强度

城市群	经济联系强度		2011～2020 年增长率
	2011 年	2020 年	
京津冀城市群	112.07	551.30	392%
长三角城市群	91.13	765.94	740%
长三角城市群与京津冀城市群之间	46.01	331.86	621%
京沪沿线区域均值	18.15	124.28	585%

另外，高速铁路沿线区域之间要素禀赋差异构成了区域经济合作的物质基础

---

① 《郑西高铁激活黄河中游经济区 将形成新的产业经济带》，http://news.sina.com.cn/c/2010-01-30/092417018975s.shtml[2019-07-10]。

和产业分工基础。长三角城市群、珠三角城市群和京津冀城市群这三大城市群是我国经济发展最活跃的区域，城市群内部基础设施完善，一体化程度较高，形成良好的分工与合作机制。京沪高速铁路和京广高速铁路的贯通，使这三大城市群联系起来，城市群之间的合作成为现实。长三角城市群是高端产业集聚区和现代生产服务产业大都市圈区域，是我国新型加工制造业基地和高科技信息产业的研发创新中心。京津冀城市群是我国政治和金融中心，文化创意和科技交流方面在全球各国发挥重大作用。珠三角城市群的国际加工型城市较多，是全球最大的轻型制造业基地。三大城市群根据其要素禀赋差异，借助高速铁路产生的"网络经济"效应，进行区域合作，形成发展合力，形成向中西部地区经济辐射的重要基地。

对城市群内部而言，高速铁路使时间距离缩短，实现了城市群功能再造，加强了区域间经济合作。例如，上海、北京、广州、深圳等核心城市对外应加大承接国际高端产业的力度，对内应向周边地区转移低端产业，利用产业转移提高自身的研发和创新能力，核心城市形成研发、管理、创新和服务中心，周围地区应充分发挥自身的资源优势，参与地区间的分工与合作，有选择地承接核心城市的产业转移，形成发展融合功能互补的有机结合体，充分发挥大城市的辐射作用。

三、高速铁路沿线区域经济合作的先导——旅游合作

高速铁路开通最先受益的行业是旅游业。高速铁路提高了旅游目的地的可达性，节约了旅游的交通成本，极大地缩短了区域之间的旅行时间。对于游客来讲，实现居住地和旅游地的"一日往返"，给旅游资源较为丰富的地区带来发展机遇。对旅游企业来说，将向发达区域集聚，并挖掘客源。高速铁路催生旅游市场的繁荣，给沿线区域旅游业带来机遇的同时，其面临的挑战也非常严峻，旅游业发展进入区域竞争阶段，各地区旅游相关部门抱团发展，达成旅游合作共识。2013 年1 月北京、上海、重庆等18 家高速铁路城市媒体在武汉成立中国高速铁路旅游媒体联盟[①]，共同推进高速铁路旅游黄金通道。

武广高速铁路开通后，截止到2013 年10 月，广东、湖南、湖北三省签署各类旅游合作协议共 9 个（表 4-9）。从行为主体看，包括旅游行政主管部门、旅游企业、旅游业协会和新闻媒体；从区域看，不仅包括广东、湖南、湖北三省及

---

① 中国高速铁路旅游媒体联盟合作的主题为美丽中国新快线，其将依托京广深高速铁路、京沪高速铁路和沪汉蓉客运专线的交通优势，以及 18 家主流媒体的宣传优势，大力推进沿线地区旅游资源的合作和旅游市场的推广，共同打造国内一流、国际知名的旅游黄金通道。

武广高速铁路沿线区域，还包括江西、深圳、上海和香港等地。这表明，在武广高速铁路的影响下，区域旅游合作成为各有关行为主体和区域、城市的共识。在合作内容上，从共同开发旅游市场到联合促销，从旅游信息共享到旅游市场共同监管，从双边、多边合作到共同谋划建设旅游产业带，在武广高速铁路的影响下，广东、湖南、湖北区域旅游合作不断深入。从旅游产品开发看，沿线区域不仅开发出了新的高速铁路旅游产品，还依托高速铁路把旅游线路延伸到省内其他地区，旅游合作的区域范围也随之扩大。例如，广州推出了长沙-岳阳-赤壁-武汉三日游、岳阳-荆州-宜昌-三峡大坝-武汉三日游等武广高速铁路快线旅游产品，东莞开发出了"百年辛亥、精彩武汉"高速铁路往返红色之旅两日游等。以高速铁路为特色的旅游产品不断被开发出来，丰富了旅游市场，开发了旅游需求潜力。

表 4-9　武广高速铁路沿线及相关区域签署的旅游合作协议

时间	区域旅游合作协议	倡议者或参与者
2010 年 3 月	广东、湖南、湖北在"湖广游，一家亲"旅游推介会上，签署《粤湘鄂旅游黄金通道合作协议》	广东、湖南、湖北三省旅游局
2010 年 7 月	广东、湖南、湖北共同签署《湘鄂粤三省红色旅游联盟》，共同打造红色旅游品牌	广东、湖南、湖北三省旅游局
2011 年 5 月	湖北、香港签署合作协议，建立定期沟通渠道和日常联络机制，在旅游服务、咨询、项目等方面展开合作，以增加两地之间旅客流量，共同开发高速铁路旅游市场	湖北省旅游局、香港旅游发展局
2011 年 8 月	《武广高铁及广佛肇、长株潭、武汉城市圈旅游服务质量与安全互动监管合作协议》，表明广东、湖南、湖北合作认识不断深入，共同监管旅游市场	广东、湖南、湖北有关城市的旅游局和旅游企业
2012 年 2 月	在湖南、湖北、江西签署的《长江中游城市集群旅游业合作协议》中提出积极建设武广速铁路旅游协作区	湖南、湖北、江西三省旅游局
2012 年 4 月	湖北与广东两省签署了《旅游合作框架协议》，双方承诺建立两省旅游合作机制，开展互为目的地、客源地的旅游促销	广东、湖北两省旅游部门
2012 年 7 月	在"2012 粤湘鄂（城际高铁）旅游商洽会"上，株洲等 10 个高速铁路沿线区域签订了合作备忘录，建设武广高速铁路"旅游观光大道"	武广高速铁路沿线区域旅游主管部门、媒体、旅游企业
2013 年 1 月	在清远签订《广（州）清（远）韶（关）旅游联盟合作框架协议》，以京广高速铁路为媒，在旅游市场开发、形象宣传、行业管理、旅游培训等多方面进行深层次合作	广州、清远、韶关三市旅游局
2013 年 10 月	13 省市的相关代表及咸宁市人民政府代表，签署了《高铁休闲旅游战略合作框架协议》《高铁休闲旅游旅行社合作意向书》，并共同发表《高铁休闲旅游战略联盟合作宣言》	北京、上海、广东（深圳）、湖北、陕西等 13 个省市的旅游协会、百强旅行社代表、咸宁市人民政府

资料来源：根据各省旅游局网站信息及媒体信息统计整理

　　通过表 4-10 京沪高速铁路沿线及相关区域签署的旅游合作协议可以看出，从 2011 年 6 月至 2014 年 3 月，京沪高速铁路沿线及相关区域签订的旅游合作协议只有 4 个。从行为主体来看，协议的推动者主要是旅游行政主管部门、政府部门，没有充分发挥旅游企业的主体地位；从区域来看，只涉及京沪高速铁路沿线区域，并且是省市内部及相邻城市协议，没有达成高速铁路沿线旅游合作的共识。但从 2011～2014 年来看，京沪高速铁路沿线省市旅游合作有加快趋势。

表 4-10　京沪高速铁路沿线及相关区域签署的旅游合作协议

时间	区域旅游合作协议	倡议者或参与者
2011 年 6 月	京沪沿线北京、上海、天津、济南、南京、沧州和蚌埠七城市发起"京沪高铁城市旅游联盟"，签订《泉城宣言》	北京市旅游发展委员会及其他城市旅游局
2013 年 5 月	济南、淄博、济宁、泰安、莱芜、德州、聊城、滨州八城市成立"山东省会城市群旅游联盟"，签订《济南宣言》	济南等八个城市人民政府
2014 年 2 月	在"京沪高铁沿线旅行社合作化会"上，京沪高速铁路沿线的北京、上海、天津、江苏、山东、浙江、河北四省三直辖市通过《2014 京沪高铁沿线旅行社合作备忘录》	旅行社代表
2014 年 3 月	构建"京津旅游联合体"达成 10 项旅游合作共识	北京市旅游局、天津市旅游局

从深化区域旅游合作发展的角度看，沿线区域的旅游合作还存在一些值得注意的问题。首先，虽然京沪和武广高速铁路沿线区域等在旅游合作认识上有了明显提高，签署了一些区域旅游合作协议，但还缺乏具体和可持续的合作行动方案。区域旅游合作的稳定性和持续性尚有待观察。其次，在现有旅游合作的良好基础上，以高速铁路为联系纽带，通过制订区域旅游合作总体规划，创新旅游业跨区域发展组织形式，改革旅游行政管理模式等，积极推动区域旅游一体化发展，形成高速铁路旅游经济带，逐步消除沿线区域及相关区域之间旅游发展的不平衡，在提升整体发展水平的同时，促进各参与区域、城市、企业及游客共享旅游经济带发展成果，也是一个需要研究的重大战略问题。在某种程度上，解决这个问题还需要国家旅游主管部门的积极推动。

四、高速铁路沿线区域经济合作的对策

高速铁路在我国开通运营的时间较短，沿线区域在如何利用带来的发展机遇、促进本地经济持续快速发展，以及开展多种形式的区域经济合作上，需要进行科学研究和积极探索。

第一，高速铁路既可以给沿线区域经济发展带来机遇，也可能给其带来"隧道效应"，从而增加外部竞争压力。因此，高速铁路沿线区域特别是中小城市需要根据高速铁路快捷、高密度、公交化的运输特点，整合既有资源，打造差异化和具有新吸引力的产品，营造良好的投资环境，吸引来自大城市的产业转移，才能

够有效释放市场潜在需求，扩大市场，保障本地经济持续快速增长。

第二，高速铁路的开通改变了各城市、各区域之间的时间距离，既有可能使它们获得市场共享的机会，又有可能加剧他们之间的竞争。因此，高速铁路沿线区域需要根据高速铁路对不同城市、区域可达性改善的程度差异，结合本地的产业结构，找准定位，确定和增强产业发展特色，促进专业化分工，消除无序竞争。

第三，有关部门建立区域利益协调机制，重视创新合作方式和利益分配机制，以高速铁路沿线区域为主干，拓展和深化跨区域及城际经济合作，拓展区域经济合作的区域范围，形成多层次、多样化的区域经济合作体系。

第四，高速铁路沿线区域经济合作需要在政府部门主导和推动的基础上，积极发挥企业及行业协会、有关研究咨询机构，以及相关社会组织的作用，形成多元共治的区域经济协调发展机制。

第五，国家需要对相关区域经济合作进行必要的指导，特别是从区域经济发展规划指引和政策支持的角度，推动高速铁路沿线区域经济合作建设。

第七节　高速铁路与沿线区域经济一体化的经验检验

一、研究方法

（一）区域经济一体化的测度指标

归纳已有的文献，我国区域经济一体化的测度方法主要有三种：一是利用区域之间的贸易量进行测度，用边界效应①反映区域之间的贸易壁垒，进而衡量区域经济一体化程度（Poncet，2003；黄赜琳和王敬云，2007；行伟波和李善同，2010；刘生龙和胡鞍钢，2011）；二是利用省际产品价格水平是否收敛来测度（范爱军等，2007；赵奇伟和熊性美，2009；柯善咨和郭素梅，2010）；三是根据地区是否实现产业专业化进行衡量（范剑勇，2004a；白重恩等，2004；黄赜琳和王敬云，2007）。以上三种方法在测度区域经济一体化水平时各有利弊。区域之间的贸易流量能够反映区域联系密切程度，因此，我们认为用贸易流衡量区域经济一体化程度是合适的。大部分学者通过引力模型利用省际贸易来测度边界效应。但是，鉴于省际贸易数据的难获得性，本节借鉴 Huber 等（2006）的方法，在新经济地理学模型

---

① 边界效应反映了区域内部的贸易量与区域之间贸易量的一个倍数关系。边界效应数值越大，说明区域之间的贸易量就越小，贸易壁垒越严重，区域经济一体化程度越低；反之，边界效应值越小，区域经济一体化程度越高。

中引入市场潜力来反映经济活动的变化，选取工资方程与市场潜力的均衡方程来获取贸易流。当考虑地区之间工资水平的差异时，市场潜力模型被作为劳动力需求方程，通过引入阻力参数反映区域间的边界效应，间接估算区域经济一体化的边界效应。

市场潜力是测度高速铁路可达性的一个指标，它是对区域市场需求的综合反映，它是考虑了运输成本、贸易壁垒等因素后，企业面对的目标市场规模的体现。Hanson（2005）认为，市场潜力模型之所以能够反映区域经济一体化，原因有两个：一是某地区的市场潜力大意味着该地区与有大量市场需求的区域相邻，该区域的企业能够以较小的运输成本将产品出口到市场需求较大的区域；二是交通和自然条件不同，导致运输成本的空间分布产生差异，为了节约成本，家庭和企业的选址会接近产品需求的目标市场，进一步扩大目标区域的市场潜力。

（二）分析思路

高速铁路网络的完善带来运输成本的下降，为劳动力需求（工资）带来两种相反的效应。一方面，运输成本的下降增加该区域产品的家庭需求，由于劳动力缺乏弹性，需求增加将会推高当地工资水平；另一方面，运输成本的降低会降低该区域企业享受的保护措施，提高区域经济一体化水平，这将提升该地区企业的竞争。考虑到与其他区域的贸易联系，运输成本的下降不仅仅涉及两个地区，而是通过市场潜力的溢出效应扩展到更为广泛的区域。市场潜力的扩大将会增加区域之间的竞争，降低区域之间的壁垒效应，促进区域经济一体化。

本节的实证安排思路如下：以市场潜力为纽带（我们只考虑国内分层次市场潜力），利用市场潜力函数线性模型估计我国的区际边界效应。首先，用 1997 年中国铁路网时间数据作为基准矩阵，将 2020 年高速铁路网络建成后各沿线区域的时间距离作为空间距离权重，分析全国总体市场潜力及分层次变化，求出 1997 年和 2020 年时间数据的边界效应值。其次，通过计算各省区市的边界效应，揭示省区市之间的区域经济一体化变化。

（三）计量模型

假设有三个区域，每个区域包含两个部门（制造业部门 M 与农业部门 A）和一种生产要素（劳动力），制造业部门在规模报酬递增的条件下，以劳动力作为其单一的投入品并生产差异化产品，每种制造业产品可以在不同地区之间进行贸易，但存在运输成本，且农业部门生产的产品是同质的。根据新经济地理学模型，消费者效用函数以常数替代弹性（constant elasticity of substitution，CES）效用为基

础,其形式为

$$U = (C_M)^\mu (C_A)^{1-\mu}, \quad 0 < \mu < 1 \tag{4-3}$$

其中,C_M 表示制造业产品消费;C_A 表示农产品消费;μ 表示二者的替代弹性。假定制造业生产产品有 N 种。差异化产品存在随着距离增加而递增的运输成本,同质化的农产品无运输成本。为了推导方便,将农产品的价格标准化为 1,其所在区域 i 总的价格指数为 T_i^μ,则 T_i^μ 可由式(4-4)和式(4-5)给出:

$$\frac{w_i}{T_i^\mu} = \frac{w_j}{T_j^\mu} = \frac{\overline{w}}{\overline{T}^\mu} = \overline{w}, \quad i \neq j \Rightarrow T_j = \left(\frac{w_j}{\overline{w}}\right) \tag{4-4}$$

$$w_i = \left[\sum_{j=1}^{N} y_j f(d_{ij})^{\sigma-1} T_j^{\sigma-1}\right]^{\frac{1}{\sigma}} \tag{4-5}$$

其中,i 和 j 表示两个区域;y_j 表示 j 区域的产出水平;σ 表示不同制造业产品之间的替代弹性,$\sigma > 1$。式(4-4)表示所有地区实际工资相同,根据新经济地理学理论,所有区域的劳动力没有迁移的动力。现实中,由于边界壁垒的存在,各区域之间实际工资存在区域差异,劳动力倾向从低工资区域流向高工资区域。在劳动力流动的基础上,制造业部门前后向联系促使工人和企业空间集聚。因此,区域 i 的工资率均衡方程可以由市场潜力方程即式(4-5)决定。在该方程中,j 的空间距离权重依赖于它与 i 的距离 d_{ij}。根据地理衰减原理,距离衰减函数为 $f(d_{ij}) < 1$,$f'(d_{ij}) < 0$。对式(4-5)两端取对数得到式(4-6):

$$\ln w_i = \frac{1}{\sigma} \ln \left[\sum_{j=1}^{N} y_j f(d_{ij})^{\sigma-1} T_j^{\sigma-1}\right] \tag{4-6}$$

参考 Hanson(2005)的做法,首先消除式(4-5)中不可观察的价格指数 T_j,将式(4-4)代入式(4-6)得式(4-7):

$$\ln w_i = \frac{1}{\sigma} \ln \left[\sum_{j=1}^{N} y_j f(d_{ij})^{\sigma-1} \left(\frac{w_j}{\overline{w}}\right)^{\frac{\sigma-1}{\mu}}\right] = \frac{1-\sigma}{\sigma\mu} \ln(\overline{w}) + \frac{1}{\sigma} \ln \left[y_i w_i^{\frac{\sigma-1}{\mu}} + \sum_{j \neq i}^{N} y_j w_j^{\frac{\sigma-1}{\mu}} f(d_{ij})^{\sigma-1}\right]$$

$$\tag{4-7}$$

在此,可以通过参数 $f(d_{ij})$ 引入区域的边界效应。定义两个区域对 (i,j) 的集合如下:若 i 区域和 j 区域属于同一个省区市,则 i 区域和 j 区域属于 F_0,这是求边界效应的基础;若 i 区域和 j 区域属于不同省区市,则 i 区域和 j 区域属于 F_1。以上述两个配对集为基础,按照跨边界程度不同,可将距离衰减函数设定为式(4-8)的分段函数:

$$f(d_{ij})^{1-\sigma} = \begin{cases} (\rho_0 + \rho_1) \mathrm{e}^{-\alpha d_{ij}}, & i, j \in F_0 \\ \rho_0 \mathrm{e}^{-\alpha d_{ij}}, & i, j \in F_1 \end{cases} \qquad (4\text{-}8)$$

其中，ρ_0、ρ_1 表示相应的阻力系数和边界效应，具体而言，ρ_0 表示基本交易成本系数，ρ_1 表示省际边界壁垒系数。由于省际存在边界壁垒，由区域经济理论可知 $\rho_1 < 0$，式（4-8）则显示了空间权重随着距离的增加而递减，即市场潜力随着空间距离的增加而递减。根据经济地理学理论，考虑省际边界差异的市场潜力更能反映实际情形。因此，距离衰减函数为

$$\sum_{j=1, j \neq i}^{N} f(d_{ij})^{\sigma - 1} = \rho_0 \sum_{j \neq i, i, j \in F_0} \mathrm{e}^{-\alpha d_{ij}} + \rho_1 \sum_{j \neq i, i, j \in F_1} \mathrm{e}^{-\alpha d_{ij}} \qquad (4\text{-}9)$$

对式（4-7）两边线性展开，鉴于展开式较为复杂，在此不做详述，展开结果如下：

$$\tilde{w}_i = K + \beta_1 \sum_{j \neq i, i, j \in F_0} \theta_{ij}^0 \tilde{w}_j + \beta_2 \sum_{j \neq i, i, j \in F_1} \theta_{ij}^1 \tilde{w}_j + \beta_3 \tilde{y}_i + \beta_4 \sum_{j \neq i, i, j \in F_0} \theta_{ij}^0 \tilde{y}_j + \beta_5 \sum_{j \neq i, i, j \in F_1} \theta_{ij}^1 \tilde{y}_j$$

$$(4\text{-}10)$$

其中，$\theta_{ij}^0 = \mathrm{e}^{-\alpha d_{ij}}$，$i, j \in F_0$；$\theta_{ij}^1 = \mathrm{e}^{-\alpha d_{ij}}$，$i, j \in F_1$；$K$ 表示常数项。待估计参数：

$$\beta_1 = \frac{\rho_0 (\sigma - 1)}{1 + \sigma[\mu(1 + \rho) - 1]}, \quad \beta_2 = \frac{\rho_1 (\sigma - 1)}{1 + \sigma[\mu(1 + \rho) - 1]}, \quad \beta_3 = \frac{\mu}{1 + \sigma[\mu(1 + \rho) - 1]} \qquad (4\text{-}11)$$

$$\beta_4 = \frac{\rho_0 \mu}{1 + \sigma[\mu(1 + \rho) - 1]}, \quad \beta_5 = \frac{\rho_1 \mu}{1 + \sigma[\mu(1 + \rho) - 1]} \qquad (4\text{-}12)$$

通过向量的经验假设，我们可以把式（4-10）模型写为

$$\tilde{w} = \beta_1 W^0 \tilde{w} + \beta_2 W^1 \tilde{w} + \beta_3 \tilde{Y} + \beta_4 W^0 \tilde{Y} + \beta_5 W^1 \tilde{Y} + \gamma Z + \mu \qquad (4\text{-}13)$$

其中，Z 作为控制变量进入回归方程；W^0、W^1 表示空间距离权重；μ 表示误差向量。式（4-13）为下文即将估计的距离矩阵。其中，$W^0 \tilde{Y}$、$W^1 \tilde{Y}$ 的计算模式和传统的市场潜力计算模式相同。

（四）研究区域与时段、变量的选择

本节选取高速铁路沿线180个城市[①]。从研究时间范围看，本节选取2000～2011年共 12 年作为考察时间，利用人均工资、地区生产总值、当年实际使用外资额、农业和制造业就业人口数、全部就业人口数、总人口数、高等学校在校人口数等数据，考察工资与劳动力需求方程。本节选取的控制变量为区域产业结构，即制造业与农业就业人口数比例；人力资本，即当年高等学校在校人口数；实际使用外资总

[①] 2020 年共有 280 个高速铁路沿线城市，但 1997 年有些城市无站点，无法获得数据，将去除此类城市。

额占地区生产总值的比重；就业率，全部就业人口数占总人口数的比重，为了便于方程的估计，我们选取名义值替代实际增加值。本节关于高速铁路沿线区域的市场潜力的研究，选取 1997 年和 2020 年全国铁路最短旅行时间作为城市间的最短距离，选取这两年数据的原因是，1997 年我国铁路第一次提速与 2000 年的铁路最短旅行时间差别不大，对于结果的影响不明显。并且，1997 年全国铁路第一次提速，2020年高速铁路网络全面建成，本节选取 1997 年和 2020 年的铁路网络时间作为空间距离权重来计算市场潜力，使得回归结果能够充分揭示在铁路第一次提速和高速铁路网络全面建成这两种不同情况下，铁路最短旅行时间变动对沿线区域经济一体化带来的差异性影响。

（五）数据来源及处理

本节使用的地区生产总值、人力资本、人均工资等数据来源于 2001～2012 年《中国城市统计年鉴》。城市间的铁路旅行时间数据来源于 1997 年《全国铁路旅客列车时刻表》。2020 年高速铁路旅行时间数据的测算借鉴覃成林和朱永磊（2013）的处理方法。对于北京、天津、上海直辖市内旅行时间，参照 Head 和 Mayer（2004）的处理方法，假设城市为圆形，企业所在地为圆心，消费者平均分布在圆盘上。城市的内部距离等于城市半径的 2/3，因此，时间距离等于城市半径的 2/3 除以铁路速度。2000 年和 2011 年定西市、衡水市、酒泉市、来宾市、张掖市、武威市的人均工资及地区生产总值数据缺失和其他城市人力资本数据缺失，我们利用 Matlab random 函数补充，可能存在一定误差，但由于数据缺失样本不大，对于总体样本结果影响不大。

需要指出的是，本节选择的人均工资、地区生产总值等及城市铁路旅行时间虽然从《中国城市统计年鉴》和《全国铁路旅客列车时刻表》获得，具有一定的权威性，但是，我们通过计算分层次市场潜力来替代贸易流，并非地区间确切的贸易值，而计算市场潜力的数据也来源于二手数据，统计过程中难免会出现遗漏或失误，这对结果产生一定影响。

二、结果分析

（一）市场潜力值分析

表 4-11 为 1997 年和 2020 年不同时间距离分层次的市场潜力，省区市内市场潜力表示区域 i 和区域 j 属于同一省区市，省区市际市场潜力表示区域 i 和区域 j 属于不同省区市，1997 年和 2020 年数据购买力权重相同，但时间距离有所差别。

表 4-11   1997 年和 2020 年高速铁路沿线区域分层次市场潜力

省区市	分层次市场潜力（1997 年）			分层次市场潜力（2020 年）		
	总体	省区市际市场	省区市内市场	总体	省区市际市场	省区市内市场
东部						
北京	4.37	0.18	4.19	49.34	1.57	47.77
天津	2.35	0.30	2.05	32.30	1.71	30.59
辽宁	1.92	0.01	1.91	7.06	0.82	6.24
河北	0.94	0.14	0.80	5.36	1.43	3.93
上海	6.40	0.17	6.23	67.19	1.70	65.49
江苏	1.97	0.10	1.87	7.45	1.47	5.98
浙江	2.89	0.08	2.81	11.37	1.29	10.08
山东	0.76	0.08	0.68	4.96	1.30	3.66
福建	0.48	0	0.48	5.13	0.93	4.20
广东	2.06	0	2.06	7.76	0.64	7.12
平均值	2.41	0.11	2.31	19.79	1.29	18.51
中部						
山西	0.41	0.04	0.37	2.84	0.96	1.88
吉林	2.18	0.09	2.09	6.18	0.90	5.28
黑龙江	2.66	0.01	2.65	5.81	0.40	5.41
安徽	0.84	0.11	0.73	5.04	1.66	3.38
江西	2.06	0.06	2.00	7.35	1.21	6.14
河南	1.27	0.05	1.22	5.72	1.43	4.29
湖南	2.03	0.03	2.00	7.09	1.19	5.90
湖北	0.60	0.06	0.54	7.27	1.40	5.87
广西	1.62	0	1.62	4.94	0.47	4.47
平均值	1.52	0.05	1.47	5.80	1.07	4.47
西部						
贵州	1.14	0	1.14	5.60	0.80	4.80
甘肃	0.54	0	0.54	3.76	0.31	3.45
四川	1.58	0	1.58	4.84	0.51	4.33
云南	1.68	0	1.68	7.05	0.60	6.45
平均值	1.24	0	1.24	5.31	0.56	4.76

首先，分区域来看，1997 年和 2020 年国内市场潜力存在明显的区域性。东部市场潜力较大，西部地区市场潜力较小。从 2020 年总体市场潜力平均值看，东部比中部和西部分别高 241%、273%，1997 年东部仅比中部和西部分别高 59%、94%。这说明，随着高速铁路网络的完善，全国市场潜力明显增加，但东部与中部、西部市场潜力差距呈扩大趋势。中部和西部市场潜力趋于一致，这可能与城市选择有关，西部选择城市多为省会城市。

其次，分省区市来看，经济发达区域市场潜力较高。2020 年，总体市场潜力排在前六位的省市依次是上海、北京、天津、浙江、广东和江苏，1997 年则依次是上海、北京、浙江、黑龙江、天津、吉林。2020 年市场潜力较大的为三个直辖市和三个经济较为发达的省份，但根据 1997 年总体市场潜力数据，黑龙江、吉林两省进入前六位。在购买力权重相同的情况下，排除经济规模的影响，广东和江苏在 2020 年进入前六位的原因可能源于高速铁路网络的发展和交通条件的改善。

最后，分层次看，高速铁路的发展可能推进了省区市际层面的区域经济一体化进程。根据省区市际层面的市场潜力，2020 年，东部省区市际的市场潜力高于中部和西部分别为 21% 和 130%，而东部省区市内市场潜力高于中部和西部分别为 314% 和 289%。1997 年东部省区市际市场潜力高出中部 120%，省区市内市场潜力高出中部和西部分别为 57% 和 86%。可见，高速铁路网络拉近了省区市际距离，尤其对西部省区市而言，省区市际市场潜力的大幅度提升，将会使得东部、中部、西部省区市际经济联系更加紧密。但相对 1997 年，2020 年省区市内市场潜力变动很大（表 4-12），尤其是东部省区市城际高速铁路较为发达，原因为省区市内城市高速铁路全线贯通后，内部联系更加紧密。而中部、西部省区市内交通有待进一步加强。故分层次看，高速铁路的发展将极大地推进省区市际层面的区域经济一体化，对于省区市内城市的分工与合作也具有一定的影响。

表 4-12　1997～2020 年高速铁路沿线区域分层次市场潜力变动相对百分比

省区市	分层次市场潜力相对百分比		
	总体	省区市际	省区市内
东部			
北京	1029%	772%	1040%
天津	1274%	470%	1392%
辽宁	268%	8100%	227%
河北	470%	921%	391%
上海	950%	900%	951%

续表

省区市	分层次市场潜力相对百分比		
	总体	省区市际	省区市内
东部			
江苏	278%	1370%	220%
浙江	293%	1513%	259%
山东	553%	1525%	438%
福建	969%	—	775%
广东	277%	—	246%
平均值	721%	1073%	701%
中部			
山西	593%	2300%	408%
吉林	183%	900%	153%
黑龙江	118%	3900%	104%
安徽	500%	1409%	363%
江西	257%	1917%	207%
河南	350%	2760%	252%
湖南	249%	3867%	195%
湖北	1112%	2233%	987%
广西	205%	—	176%
平均值	282%	2040%	204%
西部			
贵州	391%	—	321%
甘肃	596%	—	539%
四川	206%	—	174%
云南	320%	—	284%
平均值	328%	—	284%

　　从以上分析可以看出，短期内高速铁路网络建成后必定提升我国省区市内和省区市际不同市场的消费潜力。长期而言，省区市际时间距离的缩短，将会刺激各省区市之间产业合作和刺激市场释放有效需求。同时，不同区域市场潜力增长幅度的差别，将会带来中国经济格局的变化。

（二）模型估计

市场潜力模型可能出现内生性问题，原因有两个。首先，模型中的区域是开放的而不是封闭的，所以可能存在模型忽略地区收入变量所带来的内生性问题。其次，$W^0\tilde{w}$ 和 $W^1\tilde{w}$ 作为工资率的内生矢量变量出现在模型右侧，加上收入与工资的相互作用，有可能引起自变量的内生性问题。

为了解决上述变量的内生性问题，需要采用空间 GMM 统计方法，利用三个步骤解决变量的内生性问题。为了得到模型的稳健估计量，需分三个步骤对原模型进行估计。第一个步骤，将区域收入假定为外生变量，在忽略空间加权工资率即没有空间自相关的情况下对模型进行估计，即模型 1。第二个步骤，在无任何限制条件的情况下对原模型进行估计，即模型 2。第三个步骤，在原模型受到非线性方程约束的条件下对原模型进行估计，即模型 3。具体而言，在第一个步骤中假定各区域的空间自相关系数为 0，使用两阶段最小二乘法对方程进行初始回归并估计其参数和残差。第二个步骤采用 Kelejian 和 Prucha 的方法在无限制条件下估计方程的空间自相关系数。第三个步骤对所有变量进行 Cochcane-Orcutt 转换后运用 GMM 得到最终结果。由于原模型受非线性约束，在约束条件下用 Matlab 非线性拟合方法，取得系数，结果见表 4-13。通过分析，与 GMM 回归系数结果相似，因此，拟合结果可信。

表 4-13　总体回归结果分析

变量	两阶段最小二乘法（模型 1）		GMM（模型 2）		Matlab 拟合（模型 3）	
	1997 年	2020 年	1997 年	2020 年	1997 年	2020 年
$W^0\tilde{w}$			0.235*** （5.74）	0.260*** （2.61）	0.041	0.044
$W^1\tilde{w}$			−0.474* （−6.41）	0.417*** （1.82）	−0.331	−0.313
$\tilde{Y}$	0.312*** （3.11）	0.288*** （2.46）	0.161*** （4.51）	0.114** （1.28）	0.101	0.236
$W^0\tilde{Y}$	0.278** （5.21）	0.213*** （1.62）	0.116*** （3.12）	0.193* （1.33）	0.042	0.076
$W^1\tilde{Y}$	−0.140*** （−3.93）	−0.162* （−1.30）	−0.538** （1.96）	−0.290*** （−8.42）	−0.337	−0.536
控制变量	有	有	有	有	有	有
Sargan 检验	—	—	0.53	0.45	—	—
边界效应	—	—	28.26	12.70	28.20	9.68

注：括号内为 t 值

***、**、*分别表示 1%、5% 和 10% 的显著性水平

（三）模型估计结果分析

通过对模型 1 进行回归可知，当不考虑地区工资的差异时，模型 1 估计结果是显著的，本区域的名义地区生产总值 $\tilde{Y}$ 对被解释变量工资有着显著的正效应，即一个区域的经济规模越大，工资越高。省区市内市场潜力对于工资同样具有较为显著的正效应。而省区市际市场潜力 $W^1\tilde{Y}$ 的回归系数符号为负，说明省区市际市场潜力对工资有着负向影响，即省区市际不同区域存在着边界效应。

通过对模型 2 进行回归可知，省区市内市场潜力和省区市际市场潜力对工资均有影响。根据 GMM 估计结果，$W^0\tilde{Y}$ 符号为正、$W^1\tilde{Y}$ 符号为负，且显著不为 0，即省区市际的边界空间阻力非常显著。根据回归结果，我国以省区市为单位的区域之间壁垒效应比较明显，省区市际市场潜力对工资具有负的效应，可能的原因是以省区市为单位的区域之间的壁垒阻碍了劳动力、信息、资本等要素和商品的流动，不利于以省区市为单位的区域之间贸易的发展，最终导致区域外的需求越大，工资的差距越大。对 2000～2011 年所选取的 180 个城市的样本进行估计，结果显示样本期间我国 1997 年区域的平均边界效应为 24.07，2020 年我国区域的平均边界效应为 9.86（这一边界效应接近于发达国家的区域边界效应值）。另外，在考虑不同区域间存在工资差异时，2020 年回归结果显示 $W^0\tilde{w}$ 和 $W^1\tilde{w}$ 的符号为正，这与我们的预期有所不同，而以省区市为单位的区域外工资对于区域内工资的影响则更大，这不是我们所关心的变量。由以上分析可知，随着高速铁路的发展，高速铁路沿线区域，省区市内市场潜力和省区市际市场潜力水平的提高会降低以省区市为单位的区域边界效应，从全国范围看，不同区域之间的区域经济一体化水平不断提高。

为了测度高速铁路沿线区域的区域经济一体化水平，可以省区市为单位对总体进行回归，考虑到以省区市为单位的区域样本数量偏少可能对回归结果产生偏误，采用 Matlab 拟合以省区市为单位的区域曲线并获得各区域的边界效应值，结果见表 4-14。

表 4-14　高速铁路沿线省区市 1997 年和 2020 年不同市场潜力条件下省区市际边界效应值

省区市	边界效应			省区市	边界效应		
	1997 年	2020 年	变化率		1997 年	2020 年	变化率
北京	4.69	1.15	-75%	吉林	10.41	5.24	-50%
天津	2.597	2.01	-23%	黑龙江	13.67	7.28	-47%
辽宁	7.22	3.22	-55%	安徽	32.23	—	—
河北	13.38	7.37	-45%	江西	19.25	8.73	-55%

续表

省区市	边界效应			省区市	边界效应		
	1997年	2020年	变化率		1997年	2020年	变化率
上海	1.15	0.22	−81%	河南	18.66	7.33	−61%
江苏	2.97	1.23	−59%	湖南	24.93	8.39	−66%
浙江	4.58	3.21	−30%	湖北	15.30	6.04	−61%
山东	10.33	6.01	−42%	四川	41.60	22.34	−46%
福建	17.97	10.61	−41%	甘肃	149.23	38.36	−74%
广东	8.25	0.63	−92%	贵州	91.37	42.13	−54%
广西	17.43	12.81	−27%	云南	47.09	18.33	−61%
山西	7.43	4.32	−42%	平均值	24.07	9.86	−59%

如表 4-14 所示，在经济条件不变、时间距离变化的情况下，1997 年和 2020 年（除安徽外）的全国高速铁路沿线省区市的不同市场潜力条件下省区市际边界效应平均值分别为 24.07 和 9.86，平均变化率为-59%。由此可见，高速铁路的发展对整个区域的经济一体化促进作用较为明显。但高速铁路发展并没有使高速铁路沿线省区市边界效应呈倍数变化，可能的原因是高速铁路发展对促进区域经济一体化具有滞后的作用，沿线区域的经济效益和区域的边界效应作用并没有充分显示。

从以省区市为单位的区域看，东部地区的广东、上海、北京和西部地区的甘肃、云南及中部地区的湖南、河南、湖北的边界效应变动幅度均高于全国边界效应变动幅度。可能的原因是北京、上海、广东等省区市经济较为发达，区域经济一体化水平较高，使得区域经济一体化水平的小幅变动也会形成区域经济一体化水平的较大提高。另外，2020 年高速铁路的发展使得交通网络更加完善，在从南到北形成"8 小时经济圈"后，北京、上海、广东等发达省区市之间及与中部省区市的京广高速铁路沿线区域经济的联系更加紧密，相互之间可以更加充分地利用自身的经济优势加强区域经济合作，进而促进整体的区域经济一体化水平的提高。对西部地区而言，随着高速铁路的发展，其区域经济一体化水平迅速提升，可能的原因是与 2020 年相比，西部地区的市场潜力有较大提升，其快速发展和完善的交通网络能够加速吸引中部地区与东部地区的产业转移，从而改善自身的产业结构，加强其与发达地区之间的区域经济联系，减少不同区域间的边界壁垒，从而使得其区域经济一体化水平迅速提升。

从"四纵四横"沿线区域来看（表 4-15），2020 年比 1997 年边界效应显著下降，其中京广线、杭福深线、徐兰线、沪昆线、沪汉蓉线下降幅度超过 50%。

变化率居于首位的徐兰线，尽管 1997 年和 2020 年边界效应值均高于全国平均值，但高速铁路带来沿线区域壁垒的降低幅度最大，表明其区域经济一体化程度加深。

表 4-15　高速铁路对"四纵四横"沿线区域边界效应

时间	测度指标	"四纵"干线				"四横"干线			
		京广线	京哈线	京沪线	杭福深线	徐兰线	青太线	沪昆线	沪汉蓉线
1997 年	边界效应	10.48	8.66	5.67	7.99	56.95	10.38	32.69	15.26
2020 年	边界效应	4.70	4.37	3.02	3.67	15.64	5.90	14.52	7.46
1997~2020 年增长率		−55.15%	−49.54%	−46.74%	−54.07%	−72.54%	−43.16%	−55.58%	−51.11%

三、小结

综上所述，本节通过将 1997 年和 2020 年的铁路数据和高速铁路数据作为时间距离测度高速铁路沿线区域的市场潜力，进而用市场潜力模型间接测度高速铁路沿线区域的边界效应。结果表明以下几点。

第一，在其他经济因素不变的条件下，随着高速铁路网的建成，沿线省区市总体边界效应由 24.07 降低到 9.86，说明高速铁路对沿线区域贸易有积极的正向影响，促进了沿线区域经济一体化。

第二，对"四纵四横"高速铁路干线而言，京广线、京哈线、京沪线、杭福深线、青太线、沪汉蓉线沿线区域边界效应绝对值低于全国平均值，说明高速铁路沿线区域经济联系强度更大，贸易联系更加紧密，一体化程度高于全国。但就边界效应下降幅度而言，京广线、杭福深线、徐兰线、沪昆线、沪汉蓉线下降幅度超过 50%。

第三，我国高速铁路开通时间相对较短，很难考察其对诸如企业、家庭选址及其他经济体的影响，因此，高速铁路发展的长期经济效应有待进一步考察。

第八节　结论与讨论

一、主要结论

本章从分析高速铁路技术经济特征入手，从高速铁路对沿线区际贸易、产业发展、区域经济合作的影响三个方面，系统分析了高速铁路影响区域经济一体化的作用机制与影响路径。同时，本章借助 ArcGIS 平台，运用面板数据，采用动态面板 GMM 模型及空间计量分析方法，使用 Stata 和 Matlab 软件，对高速铁路与分层次市场潜力的空间格局、高速铁路对沿线省区市区域经济一体化的影响进行分析，获得了如下结论。

第一，高速铁路作为一种新型运输方式，具有速度快、公交化、运量大的特点，通过提升交通网络的可达性影响区域经济发展。高速铁路带来交通网络可达性的提高，从两个方面影响区域经济发展。一方面，高速铁路带来的直接收益，即高速铁路降低旅行时间和旅行成本，提升沿线区域交通客流量，进而降低企业生产和交易成本，改变沿线区域的区位优势。另一方面，高速铁路带来的间接收益，即高速铁路通过改善交通网络可达性，使沿线区域经济活动重新布局，促进交通网络经济的发展、劳动力市场的完善、企业和产业的迁移，从而引起沿线区域经济格局的调整。

第二，高速铁路通过改善沿线区域的可达性，促进贸易的融合和产业布局的合理化，加强沿线区域经济合作，进而促进沿线区域经济一体化。一方面，高速铁路的开通促进沿线区域市场需求增长，扩展沿线区域的市场区范围，借助高速铁路将区域内外市场联系在一起，突破区际贸易的地域及行政壁垒，有利于实现区域之间的贸易融合；另一方面，高速铁路降低沿线区域间交易成本，抑制区域间要素流动壁垒，促进了家庭、企业和政府的跨区域行为，增大产业向高速铁路沿线区域集聚的可能性，扩展各经济主体的合作范围，实现沿线区域产业合理布局、资源优化配置。但由于高速铁路对沿线区域市场潜力影响存在差异，对沿线不同区域影响必然有所差别。一是高速铁路对沿线区际贸易影响的差异性。新经济地理学理论认为某区域的出口总额和地区的市场潜力相关，市场潜力越大，出口总额就越大，市场潜力的增大将促进沿线区域贸易融合。高速铁路在建设前后对沿线区域市场潜力影响存在明显的差异性，从而导致贸易流量的重新分配，这对沿线区域贸易融合产生了积极影响。二是高速铁路对沿线区域产业发展影响的差异性。高速铁路能够显著地降低空间交易成本，削弱区际要素流动的壁垒，提升沿线区域的区位优势，促进产业布局，特别是高新技术产业、现代服务业向高速铁路沿线区域集聚。而且，这种集聚趋势在不同层级的沿线区域之间表现出一定的差异。因此，这些城市需要充分利用高速铁路带来的优势，做好产业分工与合作。对北京、上海、广州、深圳等中心城市而言，对外承接国际产业链高端产业，对内向周边地区转移低端产业，利用产业转移提高自身的研发和创新能力，形成研发、管理、创新和服务中心。中部地区的郑州、武汉、长沙等省会城市，需要突出自己的优势资源，形成自身特色，吸引和本区域优势相符合的产业，从而形成与上述沿海中心城市之间的合理分工。对中部和西部地区的其他沿线区域而言，应提升自身的地位，积极开展与二线城市的分工与合作，谨防高速铁路带来的"虹吸效应"。三是高速铁路给沿线区域带来发展机遇，促进各地开展多种形式的区域经济合作。随着高速铁路的开通运营，沿线区域之间积极开展了多种形式的区域合作，区域合作主体趋于多元化，合作范围趋于广泛化，合作内容趋于深度化，由单中心城市空间发展向多中心转变。其中，区域旅游业合作走在了前列。

第三，高速铁路网络建成后，高速铁路沿线区域贸易需求大幅增加。从影响程度来看，高速铁路对省区市际贸易影响最大，原因是高速铁路沿线区域多为省会城市和经济较为发达的城市，省区市际交通条件的改善，降低了省区市际要素的流动壁垒，使省区市际高端要素（人才、信息、技术）流动更为自由，从而促进沿线区域贸易自由化和产业的迁移，进而实现区域经济一体化。

第四，高速铁路网络的建设有利于降低我国省区市际边界效应，推动沿线区域经济一体化。

从"四纵四横"高速铁路干线来看，京沪高速铁路沿线区域边界效应最低，区域经济一体化程度最高。原因是京沪高速铁路沿线多为经济较为发达的城市，其本身区域经济一体化程度较高，加之高速铁路网络的完善，拉近了沿线区域间的经济联系，贸易往来增加。徐兰线边界效应最高，区域经济一体化程度最低，但是，2020 年其边界效应下降率最高，为 72.54%，说明高速铁路对沿线区域，特别是欠发达区域经济一体化的促进作用明显。

二、政策启示

基于上述研究结论，本章获得了以下几方面的政策启示。

第一，从促进区域经济一体化来看，完善全国高速铁路网络十分必要，但东部地区、中部地区、西部地区需要实施不同交通基础设施发展政策。基于上述分析，2020 年高速铁路网络建成提高沿线区域经济一体化水平，但是区域之间差别明显。东部地区交通网络发达，有着良好的基础设施条件，因此，边界效应值较低，区域经济一体化程度高。而西部地区，尽管 2020 年贸易边界效应下降幅度较大，但是高速铁路经过的城市较少，因此，政府需要加强西部地区内部基础设施的完善，促进东部地区和中部地区的产业对接。

第二，加快中部地区内部交通基础设施建设，提高中部地区的交通可达性，促进中部地区经济中心的发展。高速铁路网络的完善，可降低西部地区和沿海地区的要素流动成本，提高西部地区的市场接进性。但通过分析，我们发现 2020 年和 1997 年相比，中部地区与东部地区市场潜力差距变大，与西部地区差距变小。这说明，中部地区没有发挥好桥梁作用，因此，需要加快中部地区交通网络的完善。总体来看，中部地区发展潜力大，资源比较丰富，中部地区省区市内可达性及市场潜力的提高必将促进中部地区经济发展，从而有利于发挥其"承东启西"的作用。

第三，建立区域之间政府联动机制。高速铁路促使城市空间结构从"非均衡单中心"向"均衡化多中心"转变，促使城市之间的政策资源形成联动。另外，高速铁路起点和终点城市一般都为省会城市，政治地位较高，要素的快速流动将会为沿线城市政府带来挑战和改革压力，促使区域合作政策出台。因此，要注意推动区域之间的管理从"地方行政管理"向"跨界联合治理"转变。这是因为，高速铁路带来人流、物流、信息流的跨区域快速流动，只有跨界管理才能够满足"同城化"的社会需求，促进区域之间经济的深度合作。此外，高速铁路给沿线区域经济带来机遇的同时，可能加剧相互之间的竞争，各地区可能会发生"产业争夺"从而忽略自身发展优势，这将不利于资源的合理配置。因此，需要从国家层面进行规划指引和政策引导。

三、本章研究不足

本章就高速铁路对沿线区域经济一体化影响进行了系统的研究，初步从实证角度验证了高速铁路对沿线区域经济一体化的影响程度，为未来研究奠定基础。但是受笔者学术水平、数据资料及现实条件的限制，本章存在以下不足。

第一，本章主要考察高速铁路对沿线区域经济一体化影响，在影响区域经济一体化的众多变量中，高速铁路网络只是其中一种重要的物质条件，其他诸如地方保护政策、市场经济等也发挥了不同作用。限于数据的可获得性，本章并未将这些因素考虑在内。

第二，由于省区市际贸易数据的难获得性，本章利用市场潜力来反映高速铁路对贸易需求的影响，存在不可避免的误差与遗漏，无法精确反映实际的区域经济一体化程度。同时，限于城市数据的可获得性，本章选择180个城市进行研究，并未包含全部高速铁路沿线区域，并且180个城市中未获得的数据利用Matlab random函数补充，可能与现实数据存在一定差别。

第三，高速铁路在我国的发展时间相对较短，处于发展的初期，研究的现实基础不足。本章主要基于高速铁路发展初期的基本数据就高速铁路对区域经济的影响进行了分析，可能不能充分反映高速铁路对区域经济一体化的长期影响。

第五章 城际轨道交通与城市群一体化发展

第一节 背景与思路

一、研究背景

目前，我国已经进入城市化发展的关键时期，城市群在经济社会发展中具有核心与支配地位。很长一段时间以来，对于城市群发展的研究是相关学术界共同关注的热点，相关学术界多从经济、空间整合、社会、生态等角度切入，进行理论探讨，也对一些具有发展活力或者经济发达的城市群进行实证分析。其中，交通对城市群发展的影响日益得到关注。但是在大多数研究当中，都只是将交通作为城市群发展的影响因素之一，并未将交通因素与城市群发展很好地结合起来放置到一定的地域背景中，来深入研究交通与城市群一体化的相互关系。其中，涉及交通与城市群发展关系的研究主要侧重于交通和城市个体的形态演变与交通及城市土地利用关系的研究，缺乏对两者联动协调进程中的"瓶颈"制约，以及区域协调机制和城市群一体化进程中的深层矛盾问题的研究。

特别值得注意的是，在我国正进入高速铁路时代的大背景下，城际轨道交通作为城市之间新的交通联系方式，对城市群发展的影响越来越大。在我国的城市群发展规划和建设中，普遍把城际轨道交通作为改善城市之间联系，增强城市群整体性的一个重要工具。交通导向下的城市群一体化发展日益明显。那么，城际轨道交通究竟对城市群一体化发展有何作用？城际轨道交通又是如何影响城市群一体化发展的？对于这些问题，学术界虽有所涉及，但是并没有进行系统、深入的研究。

基于以上认识，本章主要研究城际轨道交通对城市群一体化发展的影响。本章主要研究目的如下。

（1）借鉴交通与城市群发展关系的已有研究成果，以及发达国家城际轨道交通促进城市群一体化发展的经验，分析城际轨道交通对城市群一体化的影响机制。

（2）以珠三角城市群为案例，研究城际交通建设对城市群一体化发展所产生的影响，以及存在的问题。

（3）获得相应的政策启示，使城际轨道交通更好地促进城市群一体化发展。

二、研究意义

1. 理论意义

城际轨道交通是城市群一体化发展的重要影响因素之一。本章试图探明城际轨道交通对城市群一体化发展所产生的影响，揭示其所产生的影响作用是促进还是抑制，进而揭示这种作用发生的内在机理。本章研究将是该领域的一个有价值的拓展，本章获得的研究结论将会证实城际轨道交通对于城市群一体化发展是否起着举足轻重的积极或消极作用，以及其内在的作用机制。

2. 实践意义

目前，中国各城市群正在大力建设城际轨道交通。那么，各城市群的这种不约而同的行动是否有利于其一体化发展呢？本章通过分析城际轨道交通建设前后，珠三角城市群一体化发展所发生的变化，论证是否可以把城际轨道交通作为促进城市群一体化发展的一个有效政策工具。由此所获得的研究结论可以为其他城市群建设轨道交通，发挥其促进城市群一体化的作用，提出相关的规划和政策建议。

三、主要研究内容

本章将重点研究以下三个问题。

（1）依据城市群一体化发展的内涵，分析城际轨道交通具体从哪些方面促进城市群一体化的发展，揭示其中的影响机制。特别是，城际轨道交通完善后，城市群内的可达性格局有何变化，这种变化又是如何影响城市群一体化发展的。

（2）城市群一体化发展的国外经验。

（3）定量地研究城市间经济联系程度的变化，分析珠三角城市群网络的基本形式、结构属性和网络微观特征，考察其城市群一体化程度。

四、本章结构

根据上述研究问题，本章分为六节。

第一节，背景与思路。说明本章的研究背景、研究意义、主要研究内容、研究方法（包括研究思路、总体框架和主要研究方法）。

第二节，理论基础及文献述评。首先，讨论城市群发展的基础理论，包括城市群的形成与演变、城市群的特征；其次，对城市群一体化发展、交通与城市群发展的研究动态进行评述。

第三节，城际轨道交通促进城市群一体化发展的机制。首先，简述城际轨道交通目前的发展概况及趋势；其次，对城际轨道交通对城市群一体化产生的效应进行分析，分别对要素市场一体化、空间结构网络化、产业发展一体化三个方面进行分析，揭示城际轨道交通对城市群一体化发展的影响路径。

第四节，经验验证——来自部分国家城市群的证据。主要用日本、美国两个国家典型的城市群发展经验，考察城市群发展过程中城际轨道交通的作用，以得到经验支撑，证明第三节的观点，并获得有关的经验启示。

第五节，案例分析——珠三角城际轨道交通与城市群一体化发展。选取中国的珠三角城市群为对象，定量研究珠三角城市群一体化程度，分析在城际轨道交通影响下，珠三角城市群内部城市之间的经济关联性及空间网络结构等将会发生的相应变化。

第六节，结论与讨论。总结本章的主要研究结论，从中获得有关政策启示，并讨论本章研究的不足及研究展望。

本章的技术路线图如图 5-1 所示。

五、研究方法

本章在测度城市群一体化程度时，主要分析空间一体化、空间网络化、市场一体化及产业集聚扩散效应。首先，区域空间结构发展过程可以看成是空间经济联系强度增大的过程。空间经济联系强度可以反映一个城市与其他城市之间的经济活动往来的频繁性，说明其对周边城市的辐射强度和接受能力，空间经济联系强度可以反映城市群整体空间一体化水平。因此，本章拟采用引力模型测算城市群内各城市的经济联系程度，并利用 Excel 软件进行数据处理，同时可以粗略考察出城市群的可达性空间格局。其次，以引力模型测算出的时间矩阵为指标，结合网络分析方法，分析城市群的网络结构特征，包括网络密度、网络中心度、网络凝聚子群。这部分通过 Ucinet 软件分析，但如何将交通因素融入模型中是一个难点。

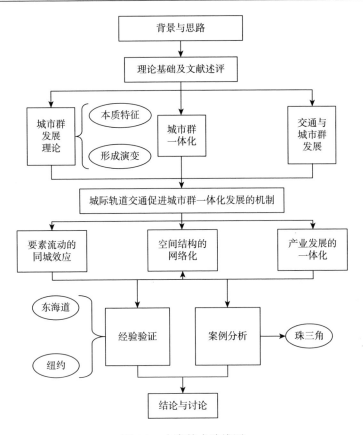

图 5-1　本章技术路线图

　　为了说明城际轨道交通对城市群一体化的影响，本章采取测算城市群城际轨道交通变革重要时点来反映城市群一体化程度的变化，并探讨城际轨道交通的改善是否有利于加强城市之间的经济联系强度及促进城市群一体化发展。在研究时段的选择上，拟选取城际轨道交通改善前的 2010 年、2012 年，以及城际轨道交通规划实现后的 2020 年进行分析。

六、本章创新之处

　　本章的创新之处主要有两个方面。第一，已有研究往往只涉及城际轨道交通对城市群一体化发展的重要性，并没有系统地研究其中的机制，本章从要素市场、空间结构、产业集聚及扩散三个方面分析城际轨道交通对城市群一体化的影响机制，可以弥补现有研究在这方面的不足。第二，本章将城际轨道交通这个因素加入拟采用的引力模型和网络分析模型中，对城际轨道交通条件的改善所产生的城市群一体化发展作用做出定量的解释。

第二节　理论基础及文献述评

一、城市群发展理论

（一）城市群的概念与特征

西方学者曾对城市群提出了许多概念，较著名的有 1950 年的"城市化地区"（urbanized area，UA）和"都市圈"、1960 年的"大都市圈"（metropolitan region）、1970 年的"标准都市统计区"（standard metropolitan statistic area，SMSA），以及意大利的"城市化区域"（urbanized region）等。

1957 年，法国地理学家戈特曼在文章 Megalopolis：or the urbanization of the northeastern seaboard 中首次提到现代意义的"城市群"概念。他认为，"大都市带"是一种若干大都市区紧密联系的空间聚合形态，是城镇群体发展达到的最高级阶段。1987 年，加拿大地理学家麦吉用"Desa-Kota"来描述人口与经济活动由原乡村地区慢慢向城乡混合区的转化过程，城市化过程中会受到特定的地域背景影响，如户籍制度的制约、地区政府的干预，这恰恰与中国国情有相似之处。

在国内，学者对城市群的研究始于 20 世纪 80 年代初，起步较晚，至今仍未达成统一意见。1983 年，实质为戈特曼思想的"巨大都市带"的译名首次引入国内。随后，周一星（1995）提出了都市连绵区（metropolitan interlocking region，MIR）的概念，即"以若干城市为核心，沿一条或多条运输走廊分布，核心城市与周围地区保持强烈交互作用和密切社会联系的巨型城乡一体区域"。国内学者根据研究领域的出发点不同，还使用"大都会区"等其他一些概念来表述城市群现象。

不同的研究者曾分别对城市群作了不同的定义。顾朝林和赵晓斌（1995）认为，城市群是在基础设施的基础上，以独立个性的若干个城市作为核心并发挥特有的城市功能，从而形成一个集聚经济、社会、技术一体化的有机网络。姚士谋等（2001）在《中国城市群》中给出的定义是，城市群是当不同类型、性质和等级规模的城市达到一定数量后，在特定的地域范围内依托一定的自然环境条件，以一个或两个超大或特大城市为区域经济的核心，借助现代化的交通工具和综合运输网的通达性，以及高度发达的信息网络，使城市个体之间产生内在联系，共同构成的一个完整的城市"集合体"。戴宾（2004）认为，城市群是区域经济活动的空间组织形式，具有地理和经济的双重属性，即一个或数个中心城市和若干个城镇节点、经济腹地、交通干道组成的地域单元。方创琳（2010）认为，城市群是指在特定地域范围内，依托发达的交通、通信等基础设施网络，以一个特大城市为核心，以至少三个都市圈或大城市为基本单元，所形成的空间组织紧凑、经济联系密切，并最终实现城市群的同城化和高度一体化。

不难看出，虽然概念的表述方式不同，但实质上都是从不同的角度描述了一种新的城市现象和城市群落形态。国内学者普遍接受的观点是城市群是区域内城市集聚的现象，其发展是一个具有动态特性的空间演进过程，并划分为不同的发展阶段和结构形态。对相似的概念进行辨析，都市连绵区是城市群发展的高级阶段；大都市带的发展级别最高；都市区是构成城市群的基本地域单位；城镇密集区和城市群是同一层次的概念，前者强调区域内城乡关系，后者重视区域内城市之间的联系。

综上所述，不同的城市群在不同的发展背景下呈现多样性，但城镇密集、经济发展迅速、空间结构复杂、相互作用强烈是各类城市群的共同特征（唐路等，2003）。具体特征可归纳为以下几点：①多个城市形成的空间组合（顾朝林，2011）；②中心性，具有一个或多个大中城市核心，发挥着集聚中心和扩散源的作用（戴宾，2004）；③具有网络空间组织特性（吴良镛，2002）；④城市群内的城市具有相互吸引和扩散辐射功能（杨荫凯等，1999）；⑤联系性，不同规模、不同等级的城市自发形成经济联系，并且联系紧密，并逐步向一体化方向发展（戴宾，2004）；⑥媒介性，城市群的联系与发展必定要有一定的载体支撑，如交通网络、信息网络。

（二）城市群的形成与演变

国内外对城市群形成与演变的动力机制的研究主要有以下三种路径。

第一，在产业组织理论的基础上，强调产业联系和产品差异化。Duranton 和 Puga（2002）通过结合企业区位选择与产品周期两个模型，解释了专业化城市与多样化城市的共存。Anas 和 Xiong（2003）认为，贸易成本与城市区位成本的相互作用导致城市的多样化和专业化。

第二，依据新经济地理学理论，强调外部性与集聚效应在空间结构形成中的作用。新经济地理学认为产业集聚的范围是由规模经济和运输成本决定的，Krugman 将产业集聚机制归结为市场接近效应、生活成本效应、市场竞争效应。Krugman（1991）等用模型论证了城市体系的形成和演变实际上是企业、居民或消费者追求自身利益或者效用最大化的均衡结果。

第三，依据内生增长理论，强调人力资本和知识溢出在城市经济增长中的作用。Alonso-Villar（2002）对一般均衡模型进行延伸，说明城市集中除了与规模报酬递增和城市间的运输成本有关外，人力资本外部性也成为经济活动集聚及城市增长的要素。Berlian 等（2006）则建立空间集聚与城市发展动态相互作用的一般均衡模型，揭示了区位的知识外溢是城市体系形成的驱动机制。

国内学者对不同区域城市群形成发展机制的研究分别从内生机制及外生机制两个角度进行。

从内生机制的角度出发，主要包括两方面：一是工业化和市场机制。许学强和周春山（1994）认为，工业化、市场建设、农业商品化与企业发展等是珠三角城市群和长三角城市群的形成机制与发展动力。宁越敏（1998）认为，市场、投资机制等是长三角都市连绵区和中国城市群形成的重要机制。二是聚集、扩散与协调机制。苏雪串（2004）认为，城市群的形成是必然的，它是产业结构演进和梯度转移的结果，以及聚集机制的结果。

从外生机制的角度出发，主要包括三方面：一是全球化和跨国公司的作用机制。徐永健等（2000）认为，跨国公司的生产国际化是其发展的直接影响力量。二是体制和政策机制。许学强和周春山（1994）认为，户籍政策、权力下放和行政区划是珠三角城市群形成的重要机制。刘荣增（2003）也强调了体制和政策在中国城镇密集区形成过程中发挥着重大作用。三是区位、交通等地理机制。阎小培等（1997）认为，有利的国际、地区环境等条件促进穗港澳都市连绵区的形成。苏雪串（2004）认为城市群形成需要具有区位、交通、科技和产业革命三个条件的推动。

由此可见，城市群形成后，城市群不断强化各城市之间的分工和联系，提高城市群内、城市群间的一体化程度。这一作用的形式主要有以下两种：第一，发展跨市域的区域性交通基础设施，逐步实现城市群交通一体化；第二，强化专业化生产和劳动地域分工，使城市群内的各个城市百花齐放、百鸟争鸣。因此，城市之间通过合理的产业和功能定位，实现城市群这一有机整体的高效运作。

二、城市群一体化发展

关于城市群一体化发展，已有研究集中在以下几个方面。

（一）城市群一体化的内涵界定

孟庆民（2001）认为，"一体化"的经济学内涵是不同的空间经济主体为了生产、消费、贸易等利益的获取而产生的市场一体化过程，包括从产品市场、生产要素（劳动力、资本、技术、信息等）市场到经济政策的逐步演化过程。方创琳

（2010）认为，城市群高度一体化是城市群发展的战略选择，是城市群发展到成熟阶段的重要标志。在内容上，城市群的高度一体化是指通过城市群建设实现区域性产业发展布局一体化、基础设施建设一体化、区域性市场建设一体化、城乡统筹与城乡建设一体化、环境保护与生态建设一体化、社会发展与社会保障体系建设一体化这六大一体化。林森（2010）将区域经济一体化和城市群结合起来，综合研究在区域经济一体化下城市群内部的协调发展和城市群之间的合作，并揭示辽宁城市群一体化的路径。他指出城市群实现一体化的标志是资源的优化配置，共同利益机制是城市群一体化运行的内在动力机制。城市群一体化包括要素市场和产品市场一体化、产业结构和产业布局一体化、基础设施和环境保护一体化、城市体系和城市格局一体化、经济运行和管理机制一体化、制度框架和政策措施一体化。

（二）城市群一体化的成因研究

易开刚（2005）分析了城市群经济一体化发展的成因。他认为，成因主要是区域商贸经济流通的内在需求、区位交通优势的外在推动、现代信息技术的广泛应用及城市商贸的辐射与集聚作用。从世界城市群的发展来看，区域交通优势是城市群发展的必要条件。张学良和聂清凯（2010）研究了高速铁路对城市群的影响，在加快城市群内部通勤就业、产业布局的同城化趋势的同时，促进各大城市群之间的经济联系，一体化趋势将更加明显。蒋嵘等（2010）认为区域经济一体化产生四种经济效应：规模经济效应、竞争效应、交易成本效应和资源配置效应。他借鉴了波士顿-华盛顿城市群的发展经验，说明其城市群产业空间结构由点轴扩展到联网辐射，沿海主要交通干线将中心城市连接起来，城市群沿着海岸方向扩展融合，并且在干线两侧集聚人口和各种经济要素，形成新的聚落中心。在此基础上，整个区域建立起具有密切联系的功能性网络，形成了区域发展的一体化。

（三）定量化研究

冯茜华（2004）通过建立城市群一体化指标体系和一体化进程监测模型，定量考察一体化指数，从而得出城市群一体化进程的动态特征。覃成林等（2005）用主成分分析法测度城市群地区的经济市场化水平，根据所得结果分析城市群一体化过程中存在的问题，进而探讨城市群经济一体化的路径。刘生龙和胡鞍钢（2011）在引力模型和边界效应模型的基础上加入交通变量以验证交通基础设施对中国区域经济一体化的促进作用。许吉辰和李佩瑶（2012）对长株潭城市群系统地从空间一体化、市场一体化、产业一体化三方面对长株潭城市群做出实证研究，分别采用引力模型、相对价格方差模型、行业区位熵构建城市群一体化衡量指标，并和长三角城市群进行对比，计算出长株潭城市群的一体化程度。刘勇（2009）对长三角进行实证研究，用大都市均匀度指数来测算城市群的集聚与扩散，再用专业化熵指数来度量地区专业化程度，得出的结论与长三角包括交通在内的一体化进程相符，并指出交通改善后有力地促进了地区一体化的发展。

三、交通与城市群发展

交通是联系地理空间经济社会活动的纽带，是实现社会化分工的根本保证。交通贯穿城市群孕育、发展、演化的全过程，是城市群发展过程中最活跃、最积极的因素。公路、铁路、水运、航空等交通基础设施和公共运输设施等组成了城市与区域的生命线，交通延伸的尺度和组合建设水平决定了城市群成长的规模与速度。

古典区位论早就已经意识到交通在城市及区域发展中起着不可或缺的作用。最早在杜能的农业区位论中，交通费用是规划生产布局的考虑要素之一，随着工业结构的变化，区位决定要素中的交通成本始终是不可忽视的一方面。同时，如果存在交通方式的选择，同心圆式的作物带可能会因为交通运输的发展而发生改变。

在定量研究方面，国内外学者也分别尝试利用首位度系数（潘鑫和宁越敏，2008）、分形理论（那伟和刘继生，2007）、多变量逻辑回归模型（侯敏和朱荣付，2007）、重力模型（顾朝林和庞海峰，2008）、GIS技术（刘耀彬，2008），以及网络分析（麻清源等，2006）进行研究。

在定性研究方面，纵观国内外研究成果，交通主要从以下几方面来影响城市群发展。

第一，交通对城市间的可达性格局的影响。城市间相互作用通过一定的交通系统支撑，交通便利直接改变了城市之间的可达性。可达性是反映交通成本的基本指标，Hansen（1959）将可达性定义为交通网络中各节点相互作用机会的大小，并利用重力模型研究可达性与城市土地利用之间的关系。这方面的研究主要集中在四个方面：如何定义、定量评估可达性，如何运用可达性分析空间形态，如何运用可达性分析新的交通与通信技术，可达性如何影响未来城市空间形态的形成。交通运输与信息网络技术的快速发展，在区域人口、组织、中心地等相互作用可能性方面发挥着重要作用，Li 和 Shum（2001）分析了高速公路项目对地区通达性影响的时间与空间差异，认为其对内陆城市通达性影响比沿海城市显著。近年来，在高速铁路这一交通条件下，国内外学者引入可达性的计算方法，就高速铁路对区域空间格局的影响进行一系列研究。Gutiérrez 等（1996）采用多项定量指标，对跨欧洲高速铁路网引起的欧洲各城市可达性的变化进行研究，其后，他就马德里-巴塞罗那-法国跨国铁路线对区域可达性的影响进行了评价（Gutiérrez，2001）。日本学者 Murayama（1994）系统地探讨了 1868~1990 年日本高速铁路的发展对日本城市体系可达性的影响，认为两者是相互融合的关系。魏立华和丛艳国（2004）分析了城际快速列车对大都市区可达性空间格局的影响机制。蒋海兵等（2010）以京沪高速铁路沿线区域为例探讨了高速铁路对中心城市可达性的影响。

第二，交通对城市间经济联系的影响。这方面的研究多是从微观层面探讨交通如何影响城市内部不同部门间的各种要素流动及产业集聚-扩散效应。Kobayashi 和 Okumura（1997）构建了高速铁路经济各要素动态运动示意模型，描述了资本贸易和知识积累、工资和土地租金各要素之间的相互依赖关系，以及如何对城市系统的动态发展产生影响。金凤君（2004）指出，基础设施空间网络化促进区域经济活动的聚集与扩散，主要体现在促进中心城市的形成和发展，刺激新的经济增长点，增强大都市的扩散能力。朱其雄（2011）认为，轨道交通有利于实现城市群的一体化和同城化，并通过对北京和沈阳轨道交通建设运营的发展情况进行实地调研，提出对珠三角轨道交通有益的启示。

第三，交通对城市群空间结构的影响。陆大道（1995）指出，交通运输的发展是时空成本不断下降的过程，交通联系密切性是城市群空间整体性不断加强的基础，产业的集聚与扩散往往沿着阻力最小的轴线展开。所以，交通方式的每一次变革都带来区域、城市空间形态的显著变化。王成新等（2004）通过纵向和横向比较，分析了南京都市圈各城市在水运、陆路、综合高速交通时期的空间布局形式，同时提出了交通模式对城市空间布局的作用机制。有些学者根据当代所出现的某种先进交通技术或工具及区域交通设施的建设，研究其对城市空间的影响（潘海啸和粟亚娟，2000；潘海啸，2001）。另外，也有学者从土地利用角度来研究交通对城市空间形态的影响。

四、小结

通过对上述研究文献的综述，笔者得出以下几点结论。

第一，国内外学者普遍认为城市群发展适宜采取一体化的模式。但是，城市群一体化最优目标模式是什么尚待研究。同时，对国外特别是发达国家城市群一体化发展的研究较少，尤其缺少对其经验、内在机理和模式的分析。

第二，在既有的关于城市群的理论研究中，鲜有将城市群作为个体来探索其一体化发展概况的研究。大多数研究一般都分别针对城市群与区域经济一体化而展开，对影响城市群一体化发展的因素与城市群一体化发展之间联动机制的研究更少。且对于城市群一体化的研究多是基于区域经济一体化的视角，通常只将交通因素作为一个附属论据来研究其对城市群发展的影响，并未深入地将交通与城市群一体化的发展置于一定的地域背景来进行更深层次的分析。

第三，城际轨道交通无疑是综合交通系统中最适于城市群联系的交通方式，但鲜见专门探讨城际轨道交通与城市群一体化发展影响的研究。

第三节 城际轨道交通促进城市群一体化发展的机制

一、城际轨道交通发展趋势

（一）城际轨道交通及其特点

城际轨道交通是区域轨道交通系统的一种，是区域经济发展到一定水平，城市化发展到一定阶段的必然结果，也是满足城际日益增长的乘客交流需求而建设的便捷、快速的客运轨道交通。目前，中国对城际轨道交通的普遍定义为城际轨道交通作为一种新型的交通运输方式，在人口稠密、经济发达的地区城市间，以中短途客运为主，采用公交式运行的便捷、快速、舒适、大运量的轨道旅客列车，与公路、水运、航运共同组成城际交通骨架，促进地区资源共享、要素调配和产业结构调整升级。可见，在一定的地理区域内，为了推进城市群的网络化联系，以一个或多个中心城市为核心，以一种或若干种交通运输方式为支撑的"城际"综合交通运输体系中最重要的交通运输方式之一便是城际轨道交通，主要负责特定经济区域内特别是大都市区内不同等级职能城市之间的"居民通勤与旅客运送"，集中体现为居民在城市之间大量而频繁的"钟摆式"空间位移。

城际轨道交通不仅提高了交通运输率，改善了城市交通条件，而且有效地分解了客流，加快了要素流动，增强了城市之间的经济联系。随着区域经济的快速发展，城际轨道交通长期来看可调整城市群的布局，发挥中心城市的区位优势，带动周边城市发展。而城际轨道交通的主要特点有以下几点。

第一，分散客流。在综合交通系统中，普通铁路主要承担省区市间客货运任务，公路相对于铁路耗能大，占地多，污染严重，伴随着城市的交通拥堵，人们耗费在公路上的时间将大大增加，汽车出行将会受到限制。因此，若无城际轨道交通，将无法满足城市群中旅客的出行需求，适应不了城际客流的日益增大，以及高峰时段的出行需要。城际轨道交通往往与城市交通无缝对接可直达目的地，有效地提高出行效率。城际轨道交通服务对象一般为中心城镇、城市群沿线城市等的客流，各城市组团及次中心城镇较为集中的客流也会兼顾，其中绝大部分是通勤、公务、商务、旅游、探亲等。

第二，快捷舒适。虽然现在连接城市的交通方式不断改革，但随着经济发展到一定程度，人们对出行的要求与愿望越来越强烈。城际轨道交通旅行速度一般要求 120～160 公里/小时，不超过 200 公里/小时比较适宜。与城市交通系统无缝对接，连接中心城市，容量大、速度快、安全舒适等优点使得城际轨道交通逐渐成为人们出行的首要选择。

第三，公交化运作。城际轨道交通能够最大限度地满足人们的出行需要，发车间隔时间短，采用公交式的周期化定点运行方式，极大地方便人们出行。

（二）中国城际轨道交通的规划与发展

2005 年 3 月，国务院审议并原则通过《环渤海京津冀地区、长江三角洲地区、珠江三角洲地区城际轨道交通网规划》，标志着中国城际轨道交通的建设正式启动。此后，《珠江三角洲地区城际轨道交通网规划（2009 年修订）》《中原城市群城际轨道交通网规划（2009—2020）》《武汉城市圈城际轨道交通网规划（2009—2020 年）》《长株潭城市群城际轨道交通网规划（2009—2020）》《环渤海地区山东半岛城市群城际轨道交通网规划（2011—2020）》《江苏省沿江城市群城际轨道交通网规划（2012—2020 年）》等被批准，为中国城市群城际轨道交通的发展绘制了美好蓝图。中国第一条具有国际一流水平的城际高速铁路于 2008 年 8 月 1 日问世，即京津城际高速铁路。其全长 120 公里，连接北京、天津两大直辖市，全程运行时间在 30 分钟内，公交化的运行模式使最小行车间隔为 3 分钟。该城际轨道交通增强了两个城市间的相互作用，形成"同城化效应"，有利于促进京津冀地区的一体化发展。除此之外，中国已经开通九江—南昌、上海—南京、广州—珠海、桂林—南宁等城际铁路（表 5-1）。

表 5-1　中国规划的城际轨道交通线路

序号	项目名称	建设规模/公里	计划投资/万元	备注
1	北京—天津—塘沽	160	145	
2	北京机场引入线	19	18	
3	天津机场引入线	13	36	京津冀地区
4	北京—秦皇岛	287	140	
5	北京—石家庄	263	278	

续表

序号	项目名称	建设规模/公里	计划投资/万元	备注
6	上海—南京	256	224	长三角地区
7	常州—江阴—常熟—苏州	125	75	
8	苏州—嘉兴	76	47	
9	杭州—宁波	—	—	
10	南京—安庆	250	147	
11	南京—杭州	250	160	
12	广州—珠海	131	170	珠三角地区
13	广州—佛山	—	22	
14	小榄—虎门	70	21	
15	江门—小榄	30	21	
16	东莞—惠州	89	59	
17	广州—深圳	98	122	
18	青岛—威海	250	100	环渤海地区
19	天津—保定	148	100	
20	九江—南昌	97	50	中部地区
21	海南东环	308	176.2	
22	长沙—株洲—湘潭	150	304	
23	洛阳—郑州—开封	200	100	
24	桂林—南宁	363	130	西部地区
25	绵阳—成都—乐山	320	150	
26	成都—重庆	294	150	
27	重庆—万县	260	180	
28	昆明—新机场	30	30	
29	昆明—石林	60	50	
30	长春—吉林	110	60	东北部地区
31	哈尔滨—齐齐哈尔	307	150	
32	铁岭—沈阳—鞍山	140	70	
33	福州—泉州—厦门—漳州	350	250	海峡西岸

资料来源：根据有关城市的交通规划整理

二、城际轨道交通与城市群要素流动的同城效应

（一）城市群空间相互作用

空间相互作用是指一定区域之间的要素流沿着交通干道传递、聚集和扩散所产生的相互作用，包括物流、人流、资金流、信息流、技术流等各种要素流。在这个过程中，合理空间传输定会引起经济增值，区域差异减小，空间结构形态优化。空间相互作用的对象为要素流，互补性、中介性和运输性是三大紧密结合、不可或缺的条件。其中，互补性是前提条件和基础，城市间存在互补性才有物流、人流、资金流、信息流等在不同城市间流动，从而产生空间相互作用。运输性是实现途径，城市间需要借助一定的运输和通信载体。如果城市间缺乏联系通道，那么，各个城市就是独立存在的，不能形成城市群。因此，交通作为要素流的直接运输媒介，其技术与手段条件的改革将直接对运输时间及运输费率等产生影响，从而拉近原城市间的空间距离，加大城市间空间相互作用的广度和深度。

另外，空间相互作用遵循距离衰减规律。城市群空间相互作用的各种要素流的强度，与空间距离、运输时间、运输费率成反比。城际空间距离拉大，会导致运输时间加长，运输费率也将随之增高，则城际各种要素流的可运输流量也就减小；反之亦然。戴特奇等（2005）通过对 20 世纪 90 年代中国 200 多个地级及以上城市间铁路客流的经验性研究发现，城际铁路的客流存在明显的距离衰减规律。

（二）城际轨道交通加强城市间的空间相互作用

毋庸置疑，城际轨道交通必然会增强交通线的端点城市及沿线城市之间的空间相互作用。一方面，城际轨道交通修建运营后，沿线城市之间联系将更强，能够诱发新的市场需求。这样的需求可以导致资源重新配置，引发城市群内部结构发生重组，让最初的单中心城市进化成多中心城市，尤其对沿线的中小城市发展机会和促进作用更大。另一方面，在规模效应、乘数效应和集聚效应的综合作用下，城市群内中心城市的竞争力得到提升，加上核心-边缘结构的不断强化，中心城市对沿线周边城市的吸引力不断增大。那么，与中心城市毗邻的周边城市或区域通过城际轨道交通接收到中心城市的辐射效应，开始重新定位和分工合作，这有利于促进其经济增长和城市群的协调发展。

（三）城际轨道交通与城市群要素市场的同城化

同城效应实质上是一种空间外部经济，多个相邻城市在区域内共享成熟的交通、市政基础设施，引致时空距离缩短，人口、生产、就业甚至高级要素（如管理要素）等实现共同、全面配置，使得不同城市内的市民弱化属地意识，形成"无差别"的社会生活体验。

便捷发达的交通网络与信息化网络缩短了城市间的物理距离，使得城际日常出行如同在一座城市内一样方便，不同的城市间自然而然就会形成同城效应。随着城际轨道交通及城市交通在内的综合交通的发展，异地就业、异地居住由城市内延伸至城市群，城际客流的出行目的将会逐渐增多，城市间的可达性提高和要素的自由流动加快，不同城市间的空间距离、时间距离和社会距离逐渐缩短甚至消失，最终呈现城市群间协作规划、协同运行、协调发展的一体化发展模式。也正因如此，同城化建设中的交通基础设施才显得尤为重要，便捷发达的交通网是城市群一体化发展的前提与保障。城市间的主要运输通道越便捷，城市要素流动越频繁，城市间的交流机会与合作力度也就越大，城市群的一体化发展就越容易形成。

对比不同的交通运输工具，交通工具对同城化效应的作用效果大小不一。航空运输成本太大，且便捷程度不高，其在城市群同城化中的作用较小；水运受制于速度，难以满足现代社会对要素快速流动的要求；公路运输速度较慢，承载客运量小，同城效应作用体现不明显。只有城际轨道交通及贯穿沿线城市的高速铁路具有方便快捷的优势，弥补其他交通工具的速度、客运容量等劣势，其空间转移效率改变了原有空间系统的分工和生产组合方式，能够真正实现城市间的无缝衔接，实现同城效应。因此，城际轨道交通相比于其他交通工具，发车间隔短、速度快、安全性高，在一定程度上对区域间的要素流动效果更加明显，形成同城效应。

城市群的同城化要求形成统一的市场，且不允许条块分割。但众所周知，在城市群一体化过程中最难的就是打破行政条块阻隔，充分发挥市场的作用。在此过程中，政府发挥的协调权力不能过大，更不能人为以行政权力去干涉经济事务，应该消除行政壁垒，鼓励要素流动，互补协作。而城际轨道交通恰好是冲破城市间行政壁垒的最佳利器，它能够迫使各城市更加开放，起到逐步瓦解行政壁垒的作用。虽然克服地方保护主义需要制度创新，但是城际轨道交通建设成为政府适当放权的外来"冲击"，迫使地方政府考虑如何完善地方发展政策，学会全局化与区域化思维。

具体而言，城际轨道交通对要素流动的影响体现在以下几个方面：第一，人口流动。城际轨道交通自修建至运营可以激发人员迁移意识，促进人口的高度流动。城际轨道交通建成后，可节约大量旅行时间，跨城市通勤成为一种常态，劳动力将会在更大的区域市场内进行资源配置。第二，信息、知识、资金和技术流动。人口流动加速将扩大信息、知识、资金和技术的传播，特别是人才的快速流动将会加快技术、资金等要素流动的速度，从而为市场要素在更广阔的范围内寻找资源配置提供客观基础，提高资源配置效率。

三、城际轨道交通与城市群空间结构的网络化

（一）城市群空间结构的基本形态

随着市场经济的建立，城市群迅速发展，中国大都市增长的空间演变过程主要体现在城市蔓延、郊区城市化和卫星城建设。顾朝林（2011）曾提出，空间扩展有轴向拓展和外向扩展两种形式，而空间增长的形态则有圈层式、飞地式、轴向填充式、带型拓展式四种。石忆邵（1999）反思了中国卫星城发展模式，提出中国特大城市地区的理想模式是构建多中心城市。张京祥（2000a）将都市区的空间组合形态归纳为以下五种——同心圆圈层组合式、定向多轴线引导式、平行切线组合式、放射长廊组合式和反磁力中心组合式，而且他预言长三角地区未来将会出现松散型都市圈、中心型都市圈和网络型都市圈三种空间组合方式。从更细致的方面来看，对于城市群的主要模式——多中心格局而言，其形成有三种典型的城市群空间组织模式：一是单核裂变型，这种结构最初是城市郊区化引致新兴城市和边缘城市运动，从而形成强核心的多中心结构；二是多核共生型，这种结构是多个城市共同发展和空间扩散，由于地缘关系的相互接触，最后形成多核并进的多中心结构；三是网络开放型，主要指城市群间的联系，特别是城市群中国家级别的大城市或区域性大城市的联系，推动城市群在更大地域范围上实现要素流动，促进都市连绵区的形成。

顾朝林和赵晓斌（1995）提出，城市经济是空间经济的主体，其发展过程大致依循四个阶段：绝对封闭型经济—相对封闭型经济—相对开放型经济—开放型经济区域系统。区域城市体系的空间结构组织过程也分为四个不同阶段：①孤立体系阶段，这一阶段地方中心相对都比较独立，每个城市都是某个小区域的中心，城市等级体系只是雏形，处于平衡的静止状态，城市体系为均衡态的空间结构。②区域体系阶段，这一阶段为典型的核心-边缘结构,由于区域发展早期缺乏资金，开发重点只能倾向那些少数自然资源丰富、人口密集、市场广阔或交通便利、接近国外市场等具有区位优势的城市，正因如此，相继出现了中心城市。边缘地区

的资本和劳动力逐渐向中心城市转移并在周围发展新开发地区。③区际体系阶段。当边缘地区开发趋向成熟时，会先出现副中心或次级核心地区，等到副中心地区数量增加的时候，多核心结构会逐渐显形，最终将分解成几个不同的核心-边缘结构。④大区体系阶段，当一个地区的极化和涓流效应均衡时，全区的经济、社会系统融为一体，区位因素充分发挥作用，区域具有强大的增长潜力，从而形成功能型相互依存性城市体系空间结构，这类城市体系进一步演化为大都市连绵区乃至世界都市带。

（二）城市群空间结构演化中的交通因素

交通模式的差异化会导致城市发展出不同的空间形态模式，城市群与现代交通运输技术的发展相伴而生，互相作用。城市群空间结构演化主要基于城际轨道交通运输网络的速度。伴随城市群半径的不断扩大，群内城市联系的不断加深，城市群空间联系也会不断深化。城际轨道交通无疑是城市群空间成长最重要的因素之一。

依托现代化的交通网络组织，各城市之间既可以借助发达的交通运输网络，实现要素的快速流动和资源共享，增强城市空间相互作用，又可以沿着相应的交通轴线进行产业布局和城镇布局，还可以展开分工合作，促进区域产业—城镇的相互联系与互动发展，建立区域分工体系，最终形成城市群。可见，城市规模的扩大和城市群的形成与便捷高效的交通运输网络是密不可分的。早期落后的交通基础设施制约了城市间的联系，也限制了城市群的产生，现代交通运输方式的出现促使真正意义上的城市群的形成。在空间相互作用理论中，城市群区域的产业通过功能联系和空间联系形成具有经济联系的空间，城市群经济空间的支撑条件正是发达的交通运输和信息通信网络。

另外，人们多样性的出行目的引导的区域交通改变区域城镇空间发展。因此，区域交通系统需要根据空间引导原则并针对居民的出行目的进行构建。一方面，避免泛化区域内的通勤交通，有效控制区域内的出行距离；另一方面，交通规划应将主要的交通目的作为规划核心，通过交通目的定位交通基础设施的功能，对不同交通目的的出行距离、分布、总量进行激励和限制，并且在城市和区域的空间与功能布局规划中得以体现，进而达到引导空间的目标。

（三）城际轨道交通驱动城市群空间结构向网络化演进

在不同的交通条件下，要素流动的方向和强度也会因此不同。随着现代交通网络的发展，要素的流动日趋复杂化、网络化。城市群之间即使距离再远的城市，由于拥有强大的载体而增大了交流的机会，其与其他城市联系越来越紧密。根据城市群空间结构的演变可知，最完美的城市群空间结构是网络化城市群。网络化指的是在多中心格局中，多个核心城市都是独立的个体，拥有相对完整的城市功能和各自的辐射影响范围，它们以网状组织方式联系，共同构成城市群网络化形态。在这种网络结构中，核心城市因其数量不同、核心城市之间的联系方式和紧密程度不同而表现出不同的网络形态。

城际轨道交通与城市群空间结构演变之间的关系是交织复杂的、多维度的，要素流之间相互激励和互动，共同对城市群网络化空间发展产生作用。刘天东（2007）指出，城际轨道交通的发展，促进了城市对各种生产要素的产生、交流、释放和传递的有序化、高效化，加快了城市群空间运动的速度。在城际轨道交通的推动下，商业区、居住区、办公区和科技园区相互混合并互为补充，城市群布局更趋向于多中心的网络状结构。一方面，城市的不断扩展，使其边缘区相互渗透乃至融合，形成区域中的一个个城市组合体；另一方面，在交通和通信网络的支持下，城市不再单单为所处区域服务，可借助网络将其功能分布到区域内的其他节点上，城市之间的联系更加广泛和密切，区域城市群体呈现网络化趋势。城市群内的城市呈均质状分布，城市群间以较明显的城市特色分割，并以快速交通作为联系通道，成为紧密联系的有机整体。

四、城际轨道交通与城市群产业发展的一体化

（一）运输成本与城市群产业的集聚与扩散

城市群产业的发展可表现为产业的集聚与扩散，在城市群发展的每个阶段，产业的集聚作用与扩散作用同时存在，而且，在不同阶段，产业集聚与扩散的作用力不同。城市群最初形成时，运输成本的降低引起大部分产业在中心地区集聚。当城市群进入发展阶段，产业扩散的作用逐渐显现，产业集聚的作用相应减弱；进入成熟期，运输成本慢慢降低，厂商会降低对区位的重视程度，这时产业集聚作用与扩散作用同时发挥，但扩散作用强于集聚作用。在城市群一体化的过程中，大多数产业都会经历先集聚后扩散的过程，运输因素无时无刻不在影响着产业集聚作用与扩散作用，具体表现如下。

1. 运输成本与产业集聚

运输成本直接影响企业成本，从而影响到产业集聚。相对于轨道线没有经过的城市或地区，轨道沿线城市得到的产业发展机会更大。同时，在城市群内部，

沿线城市产业的集聚程度将会得到提升，产业链将会得到延伸。但是，这种产业状态并不是一片向好，某些节点的产业增长伴随着某些节点的产业衰退。

基于成本节约的角度，最早杜能在农业区位论中提出，运费成本、生产成本和市场价格决定了利润，可见运输成本对农业产业布局产生了影响。随后，韦伯的工业区位论认为，企业选址时纳入运输成本作为考虑因素，企业偏向于将地址定在运输成本最低的地方，关联企业则为了使运费和交易成本最小化而做出向重要关联企业区位集聚的选择。

基于规模经济的角度，马歇尔认为，企业追求外部规模经济而将企业集聚在某个特定的地理空间，并且这种集聚行为会产生外部性，促进企业效率的提高，反过来又进一步促进企业集聚。规模经济理论认为，交通引起的时空压缩现象使得各个城市的影响范围有更多重叠，而本身具有竞争力的大城市在集聚效应、规模效应和乘数效应的综合作用之下，占有更多的市场份额，从而形成更大的市场规模。

基于规模报酬递增的角度，克鲁格曼认为，一个区域为达到规模经济而将运输成本最小化，从而使得制造业企业倾向选择市场需求大的地方，而市场需求又取决于制造业的分布，两者相互促进。

2. 运输成本与产业扩散

王桂新等（2006）提出，扩散效应指中心增长极的经济发展逐步向边缘地区或关联产业辐射、扩散，从而带动周围地区或关联产业共同发展，使两者的发展差异缩小，趋向收敛。产业集聚与扩散的对抗度是基于区域向心力和离心力之间的对比而表现出来的。从区域发展的角度来看，扩散是产业集聚到一定程度后产生负面作用，带来拥挤效应，进而导致扩散。运输因素对产业扩散的影响主要体现在以下两方面：一方面，要素的自由流动使原来的中心城市的洼地效应或"虹吸效应"更加明显，造成沿线区域内尤其是中小城市的要素外流并向中心城市集聚，进而产业过度集聚所带来的拥堵会引起产业扩散效应；另一方面，快速城际交通带来的比价效应也将使得一些产业从中心城市向外扩散，为沿线中小城市产业转移提供机遇。

（二）城际轨道交通与城市群产业关联

城际轨道交通修建完成后，便捷的交通促进要素的快速流动，在产业集聚的同时又对各产业的地理集中趋势进行分化，不同的要素流动对不同产业的影响也存在着差异。城际轨道交通带动城市群内部各个城市的生活需求（包括旅游、餐饮、购物等相关服务业）及住房需求的增长，如今在一个城市工作、另一个城市居住的工作-居住异地化已不再是奢望。城际轨道交通就像区域经济发展进程中的"发动机"，在降低运输成本、节约运输时间、减少拥挤的基础上，对其他产业产生关联效应，带动其发展。表现在空间变化上，一方面，拉近了城市群内独立城市经济社会往来的距离，促进交通沿线的综合开发，形成点线布局、大中小城镇相结合的经济带；另一方面，在沿线适宜的地方开发商业网点和大型开发项目，如大型房地产社区、大型娱乐园、大型比赛场馆、大型综合超市等。城际轨道交通主要影响以下四种产业。

1. 房地产业

从产业的关联效应来看，房地产作为最终产品，直接销售给消费者，产业创造的前向联系效应和其他产业对其施加的后向联系效应都较弱，房地产业对中心城市的依赖主要在于火爆的市场需求。但是，中心城市的土地成本很高，一旦城际轨道交通建成，中心城市的房产需求可向城际轨道交通所连接城市分散，有了便捷的交通，周边城市利用较低的房价优势来降低房地产业对中心城市的依赖性，使得房地产业有更大的动力向周边地区特别是宜居城市扩散。例如，珠三角城际轨道开通之后，城市间的距离缩短，广州居民可以选择在佛山甚至珠海买房，依然可以享受白天上班晚上回家的快捷生活。

2. 旅游业

旅游业情况与房地产业类似。从旅游业的要素投入来看，旅游资源是不可以流动的，但是旅游资源开发所需的技术、资金、人才都可以流动；从产业的关联效应来看，旅游也是最终产品，可直接销售给消费者。城际轨道开通后，中心城市与周边城市的短途旅游资源可相互带动，中心城市完善的旅游基础设施会吸引周边城市居民到中心城市旅游，中心城市潜在的巨大旅游群体更易于沿交通干线扩散，给旅游景点的消费提供资本与市场支撑，从而带动周边城市旅游业的发展。例如，成绵乐城际客运专线以中国首批最佳旅游城市、三国文化富集的成都市为中心，其沿线有世界遗产、5A景区，诸多旅游景区串联在一起，方便游客选择出游，甚至当天可以游玩整条线路途经景点。这直接带动沿线旅游资源富集的中小城市的社会经济发展。

3. 高新技术产业

高新技术产业研发生产过程中的技术含量较高，不需要使用大量普通劳动力，其产业发展主要依赖中心城市高质量的高级要素如人才供给，以及鼓励技术创新的文化氛围、服务体系与制度环境，而这二者在经济欠发达的周边地区均难以获得。技术密集度越高，技术外部性所导致的聚集租金也越高，企业对抗拥挤成本上升的能力也越强，向外转移的步伐也会越慢，企业表现出越强的地区黏性。城际轨道交通的开通使沿线中小城市高新技术产业要素向中心城市的集聚趋势越加明显。

4. 劳动密集型产业

劳动密集型产业对劳动力成本的变化十分敏感，薪酬福利水平的上升对企业利润的影响较大。这些行业的生产技术通常已经标准化了，或者已被绝大多数市场参与者所熟悉。企业竞争的优势主要建立在降低要素投入成本上，技术外部性带来的集聚租金有限，企业集聚在一起的主要动机是为了共享本地专业化要素市场及地方基础设施等公共产品。因此，当集聚的拥挤效应上升时，这些产业就会最先向外扩散，以降低要素投入成本（赵祥和郭惠武，2009）。同时，对于转移到周边城市的企业基地来说，部分高管仍可采取朝出夕归的作息方式。沿城际轨道的产业转移，既可以降低劳动力、土地等要素成本，又能保证与中心城市的管理要素有机结合，实施同城化管理，实现各种要素的最佳配置。

（三）城际轨道交通与城市间产业分工

城际轨道交通的开通，从某种意义上说可以形成一种"大市场"效应，从而使各城市产业分工更加合理。便捷、发达的城际交通系统是城市群内产业更好分工合作的硬件配置。一个城市或地区利用便捷的城际轨道交通网络，通过加强中心城市的带动作用，以自身的优势产业为立足点，呈带状或环状扩散和转移，实现城市群内部或城市群内外的优势互补，促进城市之间的职能分工，深化城市之间的合作，推动城市群经济一体化发展。城际轨道交通的建设使产业要素根据产业层次从高到低的梯度进行转移。例如，高新技术产业等优势产业或高增值行业在城市群内依托优势资源发展更多优势产业。城市群内的外圈层则负责承接产业转移，通过发展先进制造业成为城市群传统产业的二次创新基地。覃成林等（2005）认为，在宏观层面上，一体化通过更加畅通的市场调节和其组织的内部协调，能够促进区域之间更有效地开展区域专业化分工，减少相互之间的无效竞争。

城际轨道交通的修建与运营降低了企业的交通费用与信息交换成本，大幅度降低产品成本，企业更容易向欠发达城市导入城市要素流，完善城市功能。对于中心城市和中小城市的产业分工而言，中心城市具备市场、资金、人才等优势，在人口、财政收入、地区生产总值等总量上与次中心城市间存在能极差，在产业方面，中心城市应主要发展金融、咨询、贸易、旅游、高新技术等产业，中心城市的主导产业应是第三产业。中小城市的初级生产要素数量充裕，但质量不高，缺少资本、技术和管理等优势高级生产要素，可以将制造、加工等第二产业和第一产业分流给中小城市。这样，城际轨道交通正好可以将中心城市的优势要素和周边城市的短缺要素相互配置，有效结合，"前店后厂"不失为一种有效的产业转移模式。

另外，专业化分工理论认为，具有特色产业的中小城市发展机遇大于挑战，沿途各市区根据区域内产业体系的分工和自身的经济特点，发展极具竞争力的特色市场。例如，巴黎—里昂的高速铁路建设诱增了新的商务和旅游市场，以旅游为例，由于城际轨道交通使得当天往返成为可能，从长远来看，沿线有特色的旅游度假设施迎来大幅度的增长。

城际轨道网络把城市群之间分散的城市连成一个有机整体，强化了城市群内各城市之间的联系与分工，节约了成本，增强了城市群的配套能力，提高了经济质量，有利于产业群向中心城市集结，从而促进整个区域的产业升级和优化。城市群内各城市不应强调在自身行政区划内培育和形成主导产业、支柱产业，要避免重复建设和产业同构现象，充分发挥自身优势，在城市群内的主导产业、支柱产业定位中找准自己的位置，因地制宜地配合区域性主导产业、支柱产业的形成与发展。城市群内产业分工乃至结构调整，要坚持发挥优势和共同发展的原则，打破行政区划界限，统筹规划，实现优势互补。

（四）城际轨道交通与城市群产业协调发展

城市群居民出行链是从城市轨道交通到城际轨道交通再到城市轨道交通的连续过程（图 5-2）。在城市群交通系统中，城际轨道交通是对城市轨道交通的补充和完善，不仅能有效地实现中心城市人口向周围地区分流，而且可带动区域内产业的升级与一体化发展。一个多元化、多层次，以及相互协调的、高效的城际轨道交通网络，可以扩大城市群内人流、物流、信息流的快速移动空间，引导劳动力、人才、资本、技术等在整个城市群的优化配置，进而推动城市群经济一体化的形成。

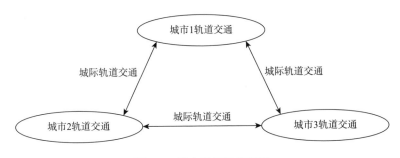

图 5-2　城市群居民出行链

此外，人流、物流、资金流的畅通，会促进区域产业升级并呈现一体化发展趋势。区域产业在轨道交通沿线腹地扩大，相邻城市间的分工模式将随着快速轨道交通的时空压缩而发生改变，随之呈现整体协同发展的趋势。周围城市人口、产业转移会因时空压缩而获得更多的发展空间。同时，由于大客运量交通的支撑，两个城市可以轻易建立起居住、商业、就业等方面的广泛合作伙伴关系，从而使两地市场一体化，形成同城化功能区。

五、小结

第一，城际轨道交通具备得天独厚的优势，快捷、舒适、公交化运作，对城市群一体化发展的影响机制主要表现在三方面：一是加快要素流动；二是调整产业分工；三是促进产业集聚与扩散。这三种效应通过人流、物流、信息流、技术流及资金流的形式影响城市空间经济联系，并表现在对企业、市场及区域的影响，最终对城市群一体化格局产生影响。具体影响机制如图 5-3 所示。

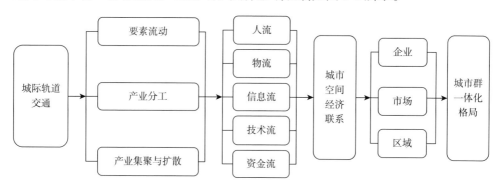

图 5-3　城际轨道交通对城市群一体化的影响机制

第二，根据空间相互作用理论，城际轨道交通促进人口流动与资源共享，导致城市化格局发生改变。城市群内的居民流动频繁，归属地意识逐渐减弱，产生同城化现象。

第三，城市群自形成发展至今，空间结构不断发生变化，由最初的单中心向多中心转变。城市群空间结构伴随着城际轨道交通网络化的发展向网络状转变。在中国，较为成熟的城市群初现网络化城市群结构。

第四，城际轨道交通对城市群一体化发展的重要影响机制之一是产业集聚与扩散，两者同时起作用。城际轨道交通加快生产要素的流动，促进产业分工与合作，带动关联产业的发展，加快沿线产业带的形成。

第四节　经验验证——来自部分国家城市群的证据

一、国外城市群的轨道交通概况

轨道交通发展在国外已有 100 多年历史，泛指铁路、轻轨、高架单轨、地铁及有轨电车。1863 年，英国伦敦修建了世界上第一条地下铁路，开创了大都市客运快速轨道交通发展的先河。在以后的 100 多年中，世界各大城市纷纷兴建轨道交通。东京、纽约、伦敦、莫斯科等城市轨道交通发达，基本上形成发达的交通网络，对城市群的繁荣发展发挥了重要作用。

从国外发展轨道交通的经验来看，随着时代的发展与进步，城际轨道交通俨然已成为解决客运交通的主要方式。自从汽车问世以来，短途出行主要以汽车代步，但是汽车引起大量气体污染、交通堵塞、用地紧张等问题，人们开始寻求环保、快速、舒适的交通方式。轨道交通应运而生。轨道交通占地少、节约环保、速度快，因此其得到了飞速的发展和普及。部分国家发展经验显示，越是汽车数量多的地方，其轨道交通系统越是发达。例如，日本首都东京拥有 700多万辆汽车，但是轨道交通系统甚是成熟。人们出行、通勤绝大部分乘坐轨道交通，并非汽车。可见，轨道交通逐渐在城市及城市群的综合交通系统中占据主要地位。

另外，轨道交通由于具备技术、经济的双重优势而逐渐得到重视。在区域经济布局形成与发展的过程中，交通是最基本、最活跃的因素。例如，美国的波士顿-华盛顿城市群、日本的东京城市群、英国的伦敦城市群、法国的巴黎城市群都积极修建轨道交通，并与城市地铁、市郊铁路有效衔接，将市中心与市郊生活区、就业区及周边的卫星城紧密地联系在一起，用轨道交通系统引导区域经济合理布局，有效推动了大都市圈的形成与发展。在这些城市群的发展过程中，由于人口众多，客流量巨大，过量集聚产生的城市病在一定程度上削弱原有的城市功能，并减弱城市群间的联系，依靠减少汽车出行解决城市问题已不再可行，需要另辟蹊径。城际轨道交通技术上安全快捷，经济上节约成本，因此符合当代城市对交通的需求。

世界上部分著名城市群的轨道交通概况如表 5-2 所示。

表 5-2　国外部分著名城市群的轨道交通概况

城市群	城市数量/个	城市群总面积/万公里^2	总人口/万人	轨道交通里程/公里	客运分流比例
美国东北部海岸城市群	30 多	6.8	约 2700	1527	72%
东京城市群	20 多	3.7	4130	2070	56%
伦敦城市群	近 40	2.7	约 2300	3404	74%
巴黎城市群	20 多	3.8	1200	1239	53%
首尔城市群	25	1.17	2097	—	—

二、城际轨道交通与东海道城市群一体化发展

（一）东海道城市群的城际轨道交通概况

东海道城市群一般指从千叶向西，经过东京、静冈、横滨、名古屋到京都、大阪、神户的范围，大中小城市达 310 个。东海道城市群总面积达 13 497 平方公里，占全国总面积的 31.7%；人口超 7000 万，占全国总人口的 64% 以上。该城市群主要分成三大块，即东京地区、大阪地区与中京地区。其中，东京地区是东海道城市群的核心。东京是综合型城市，集聚金融、管理、工业、商业、政治、教育、交通等中枢职能，历史悠久，是日本经济和文化中心，也是日本的第一大城市。大阪地区包括大阪、京都和神户，是西日本的经济中枢。大阪是日本第二大城市，商业资本雄厚。京都有"西京"之称，曾为一代古都。神户是大阪地区的交通门户，大阪的外港，以大阪和神户为核心构成的阪神工业区形成日本第二大工业带。中京地区则位于东西日本的交接处，汽车工业是其主导产业，同时其有日本第四大港。东海道城市群的城市各有千秋，在第二次世界大战后经济高速发展的过程中，各城市在保持原有特色的基础上，扬长避短，强化地域职能分工与合作。

日本铁路除一部分是干线外，大部分是区域性铁路网，主要依靠这两者来进行区域内和对外交通运输。在东海道城市群内，上班族居住在周围的小城市，每天利用轨道交通通勤，通勤距离达 50 公里，日客运量超过 6500 万人次。东京地区作为日本的交通核心，海陆空三大交通系统有机组织形成一个紧密联系的快速交通系统，并且通向世界各地。其中关键的一环便是区域内的轨道交通网络，这是世界上轨道交通最密集的区域，共有 2300 多公里的轨道交通线路，居世界第一。有调查显示，每天用轨道交通方式出行的人次占总人次的 86%，在早高峰时段更是达到总人次的 91%。在东京基本上很难看到堵车现象，就连上下班高峰期也是道路畅通，其中有九成以上的人选择乘坐轨道交通工具，行人都能轻松快捷地找

到公共交通设施。

东海道城市群是由铁路网络引导城市扩散而形成的。东京的铁路系统由明治初期两条分叉的铁路线路演变至中期的环状线路，并延伸出两条其他线路。之后，在此基础上，又向周围区域辐射了几条交叉的线路。随着交通网络的渐进式发展，日本私营铁路的建设进一步促使城市不断地向外扩展。随着铁路交通网络日趋完善，东京大都市经济圈逐渐发展起来。当前，该城市群内的44条轨道交通线路纵横交错，网络日趋完善，支撑起了东海道城市群的"一核七心"的分布结构。正是这个全世界密集度最大的轨道交通网将东海道城市群连为一体。

（二）城际轨道交通促进东海道城市群一体化发展

东海道城市群城市化程度较高，城市群内的交通问题主要依赖发达的快速轨道交通系统解决。东海道城市群的轨道交通方式及其他交通方式之间合理衔接，互相配合，线网密度和通达密度堪称世界一流。东海道城市群的交通与城市群经济的发展相互影响，交通网络系统起到重要的作用。随着交通网络的成熟化，东海道城市群逐渐升级成世界级城市群。同时，东海道城市群利用其港口优势和公路、铁路网的建设不断扩张。

东海道城市群的一体化归功于发达的城际轨道交通系统的建设。

一方面，东海道城市群的交通之所以能够飞速发展，主要是通过需求效应和竞争效应的共同作用实现的。为了从根本上解决东京城市内部集聚过度的问题，日本政府对东海道城市群的整个交通体系进行了整治，建设网络式的高速交通体系。随着城市化进程和交通发展的交叉影响，居民和物流的交通运输需求相应增大，各类经济活动的增加也需要有更多的交通运输供给来支撑。一旦拥有强大的交通运输，将促进城市群经济更好发展。当前，东海道城市群内居民的通勤出行主要依赖轨道交通工具，包括新干线、轻轨，以及城市电轨等。城市群内已形成一种以轨道交通为主导的交通发展模式，有效降低了内部交通拥挤程度。由此可见，轨道交通是解决城市群内部交通问题的有利选择。

另一方面，交通的通达与便利性能促进东海道城市群经济的增长。倘若东海道城市群交通存在着障碍，那么该地区与其他城市群竞争时将会出现较大的劣势，长期来看，城市群经济将会受到影响。东海道城市群能成为当今五大世界级城市群之一的主要原因与其发达的交通网络系统有很大关系，即海、陆、空一体化的交通网络系统。尤其是东海道城市群成熟的轨道交通网络系统的构建，对城市群经济的发展起到举足轻重的作用。

图 5-4 反映了城际轨道交通对东海道城市群一体化产生的主要影响。第一，

节约成本，提高生产效率。通过对东海道城市群公共交通的投资，不仅可以节省时间和成本，还可以提高生产效率，进而加快经济增长。第二，促进消费。政府对东海道城市群的公共交通设施投入了大量资金，发达的交通网络系统为圈内带来更多的工作机会和收益。第三，扩大工业区位空间。提高生产和运输规划的合理性，促进工业带的集聚和扩散。第四，分化城市功能和人口。扩大市场范围，使流通过程更加快捷、流畅。第五，提高资源利用价值。调动闲置资源，并使沿线土地更具使用价值。与此同时，在其他方面东海道城市群交通网络的建设也发挥了重要作用。

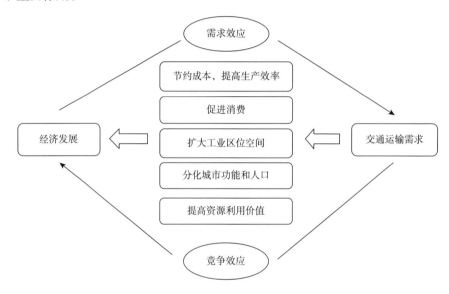

图 5-4　城际轨道交通对东海道城市群一体化的作用影响

三、城际轨道交通与纽约城市群一体化发展

（一）纽约城市群的城际轨道交通体系概况

纽约城市群作为世界五大城市群之首，以纽约为核心，经济带、交通带、城市带融为一体，成了多核心的城市群体系。整个城市群沿着海岸方向的主要交通干道将各中心城市连接起来，并且在干道两侧聚集人口、资本等各种经济要素，区域内产业布局调整合理，增大了城市间的互补性，增强了整个城市群的经济稳定性。因此，整个城市群建立起具有密切联系的功能性网络，促进了区域发展的一体化。

纽约城市群发达的交通系统闻名于世，引领了城市群空间结构的改变，促进了群内产业结构分工调整，加快了纽约城市群一体化的发展。它和东海道城市群内均有发达的区域铁路系统，但比起东海道城市群，纽约城市群还是有很大的差距，具体如表 5-3 所示。纽约的区域铁路系统主要是指地铁、通勤铁路、城际铁路等轨道交通系统。其中，自配汽车与通勤铁路是城市群交通的主要工具。截止到 2010 年，纽约城市群地铁共有 468 个站点，正在运营的轨道长约 1056 公里。纽约都市圈的地铁和铁路占整个公共交通体系的比重为 51.57%，是市民出行的首选交通工具。

表 5-3　纽约城市群与东海道城市群的轨道交通对比

对比项	纽约城市群	东海道城市群
各类轨道线路长度/公里	1056	3128
各类轨道线路密度/（公里/公里^2）	0.06	0.24
轨道方式在高峰期内的出行比	76%	91%

资料来源：张晓春等（2012）

纽约城市群的轨道交通运输系统历史悠久。自从 1870 年起，纽约就开始建设高架铁路，十几年内高架铁路遍布曼哈顿。高架铁路运输效率高，但是缺点也非常明显、噪声太大、污染严重、影响市容，已被逐渐拆除。纽约地铁自 1904 年开通以来已有 100 多年的历史。第一条南北铁路干线从百老汇的市政府站出发，途经大中央车站、时报广场，之后回到百老汇大道，最终以 145 街车站为终点站。今天纽约的铁路就是从这条干线延伸出来的。1904 年，公共地下铁路系统正式通车，全长 14.64 公里，途经 28 个车站。美国国家铁路客运公司为纽约、华盛顿特区、波士顿提供城际铁路交通，其主要车站宾州车站建在曼哈顿中城 34 街上，是美国最繁忙的车站，其乘客运载量是第二繁忙的费城 34 街车站乘客运载量的两倍以上。

（二）城际轨道交通促进纽约城市群一体化发展

城际轨道交通网络系统是纽约城市群重要的基础设施之一，它所提供的服务关系城市群内居民的生活品质，进而影响城市群经济的发展。从历史事实来看，交通技术的变革与纽约城市群的形成及发展密切相关，这使得在交通技术发展的不同阶段，该城市群内城市间经济联系、城市职能、产业的集聚与扩散运动状态及城市体系都呈现明显的差异特征。城际轨道交通对纽约城市群发展的影响主要体现在以下三个方面。

第一，优化城市群内部城市结构。根据城市结构的功能，纽约城市群轨道交通的作用主要体现在：①增加交通流量，减少占地面积；②减少市容破坏，通过在地下铺设轨道减少对现有马路的影响和施工过程中对市容的影响；③修建地下轨道交通的同时，利用地下空间修建大型商场和娱乐设施等，增加繁华路段土地的使用空间；④引导城市结构发展，在轨道交通的主要站点建设辅助的娱乐中心，分散了市中心的客流压力，同时为市民提供生活便利。

第二，强化城市群中心增长极。纽约城市群的经济增长通过管理、技术、信息等不同渠道扩散，使城市群内中心城市经济领先于周边区域，然后经过适当的引导，使城市群中心城市和周边区域在资源、产业和技术上得到优势互补，从而带动整个城市群经济的发展。

第三，加快城市群空间集聚经济。纽约城市群交通系统在一定程度上促进了交通站点附近的写字楼、商场、娱乐设施等场所的繁荣。这些人群聚集的活动场所可以通过降低人力成本和增强连贯性来增加各项服务业的联系，同时这些聚集活动使企业能够更广泛地接触各类资源，带来更快的经济增长和更高的生产效率。诸多学者的研究表明，纽约城市群的集聚经济促进了公共交通服务和业务密度之间的关系，更进一步地促进了人才组织机构、劳动力培训机构和政府机构三者之间的协调关系。基于纽约城市群的发展经验可以看出，聚集的经济活动通过充分利用基础设施，有助于发展模式的整合，进而加快经济的发展。城市群公共交通等基础设施的改善，不仅吸引了企业和就业者，促进了城市群进一步发展，而且给城市群经济带来了更高的生产率，也产生了成本效应、间接效应和引致效应。

四、小结

国外城际轨道交通发展的经验显示，当城市群发展到一定阶段，原有的以公路为交通导向的交通系统发展模式开始导致交通供给能力不足，成为继续发展的阻碍，这就促使城市群大力兴建城际轨道交通。尤其是东京城市群和纽约城市群，它们的城市群城际轨道交通网络系统不仅带动了城市的不断变化，而且促进了区域经济网络的形成，带动了城市群经济社会的发展。本节得出的启示如下。

第一，要保持城市群的良性持续发展，就要注重城际轨道交通建设。城际轨道交通的跨度适中，具有网络化、公交化等特点。这种交通工具成为国外城市群内合理、有效的交通方式。发达的城际交通网络不仅保证了人口、资金、信息、物质的交换与汇流，也保证了城市群与外部的社会经济文化联系。

第二，两大城市群主要通过人口、产业等经济渠道来加快城市群一体化发展。

日本、美国城市群的人口流动、迁徙多是自发行为，政府无法干预，当城市交通与城际交通基本完备后，跨城市的通勤出行和日常居住成为可能，而且大型教育文化设施、科技体育设施和商业设施基本上实现郊区化，因此，城市群一般都主要沿着交通干线方向发展。

第三，要实现城市交通与城际交通的无缝连接，完善整个城市群的轨道交通，增强城际轨道交通的吸引力，这样才能最大限度地发挥城际轨道交通对经济发展的功效。

第五节　案例分析——珠三角城际轨道交通与城市群一体化发展

一、研究背景

（一）问题的提出

根据以上各节的分析，城际轨道交通是城市群内主要的交通体系，对城市群一体化发展产生正向作用。一个城市群要成为具有竞争力的世界级城市群，就要形成一体化的发展格局，这就需要城际轨道交通系统的强有力支撑。城际轨道交通作为综合交通系统中的一种交通方式，有着其他交通工具无法比拟的优势，如网络化、公交化、舒适快捷、节能环保等。城际轨道交通在节约旅行时间、压缩交通成本的基础上，加速要素流动，调整产业结构，改善城市体系。在中国，具有发展潜力的城市群开始纷纷大力兴建城际轨道交通，效果也慢慢显现。为了验证城际轨道交通对城市群一体化的影响机制，本节选取珠三角城市群作为例子，运用引力模型和网络分析方法，考察在城际轨道交通发展的过程中，珠三角城市群经济如何发展，以及城市群内各城市之间的联系与动态变化。

（二）珠三角城市群城际轨道交通发展概况

珠三角城市群的发育水平较高，是中国经济发展最活跃和最具发展潜力的城市群之一。总体上，珠三角城市群的城际轨道交通网是以广州为核心，以广州—深圳、广州—珠海为主轴线和以中山小榄—虎门联络线为骨架，形成放射与环状相结合的网络。目前，广珠城际轻轨、京广深高速铁路、深圳—厦门高速铁路已经建成运行，广州—贵州、广州—南宁高速铁路于 2014 年开通，广州—佛山、佛山—肇庆城际铁路于 2016 年开通运营，广州—清远城际轨道正在建设之中。到 2020 年，珠三角城市群城际轨道交通营运里程约达 1480 公里，真正打造"1 小时生活圈"。

二、研究方法

（一）引力模型的修正

城市群形成与发展的内在机制是其空间经济联系的不断加强，城市之间经济联系趋强是城市群一体化发展的重要表现。经济联系反映了城市之间的空间相互作用，而且，反映了城市之间依托交通基础设施发生经济联系的空间状态，因此，我们可以用经济联系来描述在城际轨道交通影响下珠三角城市群一体化的发展。国内学者广泛采用引力模型对城市经济联系进行定量分析，其计算公式如下：

$$R_{ij} = \frac{\sqrt{P_i G_i}\sqrt{P_j G_j}}{D_{ij}^2} \tag{5-1}$$

其中，R_{ij} 表示城市 i 与城市 j 之间的经济联系强度；P_i 和 P_j 分别表示城市 i 与城市 j 的人口规模；G_i 和 G_j 分别表示城市 i 与城市 j 的经济规模；D_{ij} 表示城市 i 与城市 j 之间的空间距离。

鉴于本节重点为突出交通因素的作用，我们对上述引力模型作以下三个方面的修正。

1. k 的修正

城市间经济联系具有单向性，在经济规模、人口规模与空间距离都相等的情况下，两个城市之间的引力贡献存在差异，因此，需要根据具体研究情况引入参数对城市间经济联系引力模型进行修正，以区别这种差异。考虑到这种差异与城市群经济结构密切相关，我们借鉴侯赟慧等（2009）的研究成果，引入表征经济结构的参数 k，对引力模型进行修正。这里，k_{ij} 是城市 i 的地区生产总值与城市 i 和城市 j 的地区生产总值之和的比值。

2. 人口变量 P 的修正

考虑珠三角城市之间人口的流动情况，我们采用常住人口而非户籍人口作为城市人口规模的指标。

3. 距离变量 D 的确定

由于时间因素在城市之间的经济联系中日益重要，空间距离已经无法真实体现城市间的引力关系，同时，城际轨道交通对城市群经济联系的影响主要通过缩短时间距离而发生作用，因此，我们选择用时间距离替代空间距离，时间距离用最短旅行时间来衡量。

经过上述修正后，使用的引力模型表达式为

$$R_{ij} = k_{ij} \frac{\sqrt{P_i G_i} \sqrt{P_j G_j}}{D_{ij}^2} \qquad (5\text{-}2)$$

其中，$k_{ij} = \dfrac{G_i}{G_i + G_j}$。模型中各变量的含义见表 5-4。

表 5-4　模型中的变量定义

变量	含义
R_{ij}	城市 i 与城市 j 的经济联系强度
k_{ij}	城市 i 对 R_{ij} 的贡献率
P_i，P_j	城市 i、城市 j 的常住人口
G_i，G_j	城市 i、城市 j 的地区生产总值
D_{ij}	城市 i 与城市 j 之间的最短旅行时间

（二）网络分析方法

网络分析方法是社会科学研究中的一种新型研究方法，通过代数模型、图论工具等技术来反映不同社会单位之间关系的结构及属性，并探究其对单位成员或者整体的影响。近年来，网络分析方法也开始应用于城市群结构及一体化发展的分析研究中。有关研究表明，网络分析方法可以清晰地描述城市群内部各城市之间的复杂关系结构，从而更深入地揭示城市群一体化发展进程。本节针对城市间的轨道交通网络，运用社会网络分析方法，分析珠三角城市群经济联系的网络结构特征及其变化，从中发现珠三角城市群一体化发展的趋势、特征及存在的问题。

三、数据来源及处理

考虑到广珠（暂不含江门支线）城际轨道于 2011 年 1 月正式开通，广深港客运专线的广州南至深圳北段于 2011 年 12 月 26 日正式通车，我们选取了 2010 年、2012 年作为有无城际轨道交通情况下珠三角城市群一体化发展的对比时点。同时，根据《珠江三角洲地区城际轨道交通网规划（2009 年修订）》，选择 2020 年为第三个分析的预测时点，考察城际轨道交通网络全部建成后，珠三角城市群一体化发展的变化。

在测算 2010 年的时间距离时，我们先根据《中国交通地图册》测算出珠三角各城市间里程，再根据《公路工程技术标准》（JTG B01—2014）规定的公路行车设计速度及珠三角的具体情况，分别选取高速公路 120 公里/小时、国道 80 公里/小时，计算城市之间的时间距离。2012 年的最短时间距离根据《全国铁路旅客列车时刻表》来测定。2020 年则按照《珠江三角洲地区城际轨道交通网规划（2009 年修订）》的交通网络里程数和设计运速来计算时间距离。

四、结果分析

我们先计算出 2010 年、2012 年、2020 年珠三角城市群中九个城市间的经济联系值[1]。然后，使用 Ucinet 6.216 软件识别珠三角城市群的网络结构及变化。在此基础上，逐一分析珠三角城市群的网络密度、中心度和中心势、凝聚子群、结构相似性，以及核心-边缘结构，从中揭示珠三角城市群一体化发展的过程及特征。

（一）城际轨道交通增强了珠三角城市群网络化发展趋势

我们将 2010 年、2012 年、2020 年的珠三角城市群经济联系矩阵导入 Ucinet 6.216 软件，获得如图 5-5～图 5-7 所示的珠三角城市群网络结构。从这三个图我们可以初步看到，在城际轨道交通的影响下，珠三角城市群网络化发展趋势日益明显。在只有两条城际轨道线运行的情况下，2012 年珠三角城市群经济联系的网络程度明显高于 2010 年没有城际轨道交通时的水平。2020 年，在城际轨道交通网络建成后，珠三角城市群的经济联系网络更趋复杂。这说明，城际轨道交通发展正在和将要有力地推动珠三角城市群一体化发展进程。

（二）城际轨道交通加强了珠三角城市群内部联系

网络密度反映了一个网络中各个节点之间联系的紧密程度。城市群内部各城市之间的联系程度与网络密度成正比。京广深高速铁路和广珠轻轨开通后，2012 年

---

① 限于篇幅，本章没有列出具体的分析结果。

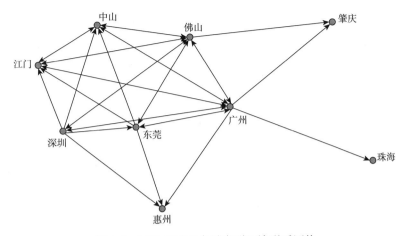

图 5-5　2010 年珠三角城市群经济联系网络

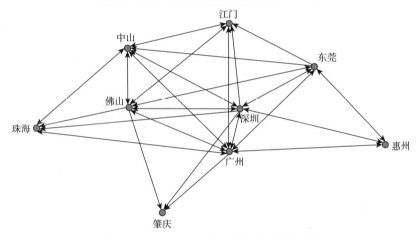

图 5-6　2012 年珠三角城市群经济联系网络

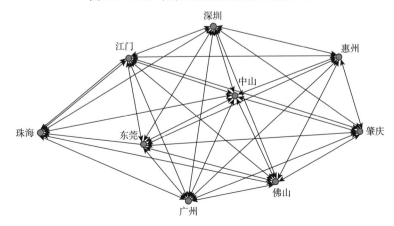

图 5-7　2020 年珠三角城市群经济联系网络

珠三角城市群的经济联系网络密度由2010年的0.444增大到0.583,增大约31.3%。2020年,城际轨道交通网络建成之后,珠三角城市群的经济联系网络密度达到了0.917,比2010年增大了106.5%。由此可见,随着城际轨道交通的开通,珠三角城市群内部联系明显增强。到2020年城际轨道交通网建成后,珠三角城市群的内部联系将达到十分紧密的程度。

(三)城际轨道交通引发了珠三角城市群内部联系格局的调整

这里,我们借助网络中心性分析工具,考察城际轨道交通发展对珠三角城市群内部联系格局的影响。首先,根据点度中心度,分析珠三角城市群中各城市之间的经济扩散格局变化。其次,根据中心势,观察珠三角城市群的总体扩散格局变化。

在城市群中,一个城市的地位和影响力与其点度中心度成正比。其中,点度中心度大的城市在城市群中扮演着中心的角色,成为中心城市。珠三角城市群经济联系网络是有向网,因此,我们分别分析了各城市不同时点上的点出度和点入度。根据这两类点度中心度的含义,前者是指一个城市对其他城市的影响程度,后者反映一个城市受其他城市影响的程度。

从表5-5可以看出,受城际轨道交通的影响,珠三角城市群经济联系格局发生了几个明显的变化。第一,各城市的点度中心度不断增大,说明珠三角城市群的各城市相互影响不断增强。第二,广州、佛山、深圳、东莞的点出度位居前四名,说明其在城市群中的扩散效应大。到2020年,城际轨道网建成后,广州、佛山、深圳和东莞的点出度分别位居第一名至第四名,而点入度的排名依次是佛山、东莞、广州、深圳。其中,广州、佛山和深圳的点出度大于点入度,说明它们对其他城市的扩散作用明显。东莞则相反,说明其接受其他城市的影响要大于其扩散作用。同时,我们注意到,佛山和东莞之所以点度中心度大,与其近邻广州和深圳有着密切的关系。第三,中山、江门、惠州、肇庆、珠海五个城市的点度中心度小,尤其是点入度均大于点出度,说明这些城市对其他城市的扩散作用小于接受其他城市的扩散影响。第四,珠海的点度中心度排名靠后,说明在城际轨道交通影响下,珠海难以成为珠三角城市群的中心城市。

表5-5 珠三角城市群经济联系网络的点度中心度变化

排序	点出度						点入度					
	2010年		2012年		2020年		2010年		2012年		2020年	
1	广州	150	广州	596	广州	1637	佛山	99	广州	465	佛山	1094
2	佛山	69	深圳	330	佛山	1127	广州	72	佛山	336	东莞	938

续表

排序	点出度						点入度					
	2010 年		2012 年		2020 年		2010 年		2012 年		2020 年	
3	深圳	53	佛山	189	深圳	754	东莞	44	中山	129	广州	762
4	东莞	29	东莞	53	东莞	499	深圳	33	东莞	115	深圳	518
5	中山	9	中山	33	中山	221	江门	26	江门	72	中山	486
6	江门	7	江门	15	江门	84	中山	22	深圳	48	江门	281
7	珠海	0	惠州	8	惠州	70	惠州	14	惠州	28	肇庆	179
8	肇庆	0	珠海	5	肇庆	44	肇庆	5	珠海	22	惠州	146
9	惠州	0	肇庆	0	珠海	9	珠海	2	肇庆	14	珠海	41

如表 5-6 所示，珠三角城市群的点出度中心势呈上升趋势，说明总体上城市之间经济联系的空间范围在扩大，有利于各城市之间市场区的重叠和交叉，促进相互依赖。另外，珠三角城市群的点入度中心势虽然有所增大，但是明显小于点出度中心势，二者的差距由 2012 年的 6 个百分点扩大到 2020 年的约 13 个百分点。这说明，珠三角城市群内部联系是一个不平衡的格局。表 5-5 中各城市的点度中心度差异也印证了这一点。在珠三角城市群的九个城市中，其余五个城市与广州、佛山、深圳和东莞之间存在明显的差距。

表 5-6　珠三角城市群经济联系网络的中心势变化

中心势	2010 年	2012 年	2020 年
点出度中心势	18.77%	21.05%	26.97%
点入度中心势	10.49%	15.05%	14.16%

（四）城际轨道交通有利于促进珠三角城市群分工发展

城市之间的分工是形成相互依赖关系的重要基础。分工与一体化发展之间存在互动关系。分工促进一体化发展；反过来，一体化发展必然带来产业空间转移、增大区域结构差异性，进而促进分工。因此，我们可以通过分析珠三角城市群经济联系网络的结构相似，来判断城际轨道交通发展对其城市分工的影响。利用 Ucinet 6.216 软件的完全匹配比例法，我们分别计算出珠三角城市群经济联系网络中各城市之间的结构相似度。如表 5-7 所示，2010 年结构相似度大于 50%、小于等于 60% 的城市有 13 对，大于 70%、小于等于 80% 的城市有 1 对（中山—江门），大于 80% 的城市有 2 对，为珠海—肇庆、珠海—惠州，其中，珠海与肇庆甚至结构相似度高达 89%。2012 年，在所开通的两条城际轨道交通影响下，城市之间的相似度大幅度下降，结构相似度大于 50%、小于等于 60% 的城市减少为 4 对，珠海与肇庆的结构相似度最高，结构相似度也只有 72%。2020 年，城际轨道交通网建成后，珠三角城市群各城市之间的结构相似度显著下降，各城市的结构相似度都低于 34%。可见，城际轨道交通发展对促进珠三角城市群内部分工具有重要作用。分工水平的提升必然有利于加强珠三角城市群一体化发展。

表 5-7　珠三角城市群经济联系网络中城市间的结构相似度

年份	结构相似度（x）			
	>80%	80%≥x>70%	70%≥x>60%	60%≥x>50%
2010	珠海—肇庆、珠海—惠州	中山—江门	—	深圳—珠海、深圳—东莞、深圳—肇庆、珠海—深圳、珠海—东莞、珠海—江门、珠海—中山、东莞—江门、肇庆—江门、肇庆—中山、江门—中山、江门—惠州、中山—惠州
2012	—	珠海—肇庆	—	珠海—江门、珠海—惠州、肇庆—江门、肇庆—惠州
2020	—	—	—	

注：结构相似度小于 50% 的城市的相似性不明显，因此，不纳入考察范围

（五）城际轨道交通发展未改变珠三角城市群的核心-边缘结构

目前，珠三角城市群的经济联系属于核心-边缘结构的形式。那么，城际轨道交通的发展是否会改变这种结构呢？我们对 2010 年、2012 年和 2020 年珠三角城市群的经济联系数据做连续的核心-边缘模型拟合检验，结果显示，数据矩阵和模式矩阵相关系数很大，2010 年的相关系数为 0.968，2012 年为 0.997，2020 年为 0.947，两者拟合度高。这说明，城际轨道交通发展并没有改变珠三角城市群的核心-边缘结构。

如表 5-8 所示，在珠三角城市群的经济联系网络中，广州、佛山和深圳始终是核心，东莞、江门和中山处于半边缘区，珠海、惠州和肇庆则属于边缘区。由此可见，这种结构对于广东试图推进的广佛肇经济圈、深莞惠经济圈、珠中江经济圈建设将存在阻碍作用。

表 5-8　珠三角城市群经济联系网络的核心-边缘结构

年份	核心	半边缘区	边缘区
2010	广州、佛山、深圳	东莞、江门、中山	珠海、惠州、肇庆
2012	广州、佛山、深圳	东莞、江门、中山	珠海、惠州、肇庆
2020	广州、佛山、深圳	东莞、江门、中山	珠海、惠州、肇庆

五、小结

城际轨道交通发展对珠三角城市群一体化发展产生了以下几个方面的影响。

第一，城际轨道交通发展有利于增强珠三角城市群网络化发展趋势。在城际轨道交通发展的影响下，珠三角城市群的经济联系网络复杂水平大幅提升。

第二，城际轨道交通加强了珠三角城市群内部联系，并引起各城市之间的联系格局发生变化，在各城市之间相互影响和依赖增强的同时，广州、佛山、深圳和东莞的中心地位增强，与其他城市之间的影响力差距增大。值得注意的是，城际轨道交通对于珠海发展成为中心城市具有很强的限制作用。

第三，城际轨道交通对珠三角城市群分工发展产生了显著的促进作用，各城市之间的结构相似性大幅度降低。分工水平的提升无疑会增强城市群内部的相互依赖。

第四，城际轨道交通发展并未改变珠三角城市群的核心-边缘结构。总体上看，广州、佛山和深圳是珠三角城市群的核心，东莞、江门和中山处于半边缘区，珠海、惠州和肇庆属于边缘区。

综上研究结论，城际轨道交通发展总体上是有利于珠三角城市群一体化发展的，其正在成为推动珠三角城市群一体化发展的重要动力。因此，广东需要大力加快珠三角城际轨道交通建设，发挥其促进城市群一体化发展的作用。

第六节　结论与讨论

一、主要结论

目前，城市群一体化是大势所趋。中国已把城际轨道交通作为推动城市群一体化的一个重要手段。本章立足于城际轨道交通的技术和经济特征，在已有研究文献的基础上，分析和概括了城际轨道交通影响城市群一体化发展的机制。同时，选取国外较具代表性的日本东海道城市群与美国纽约城市群两大世界级城市群，对其轨道交通系统与城市群发展的关系进行研究，验证了本章第三节的分析结论。在此基础上，本章运用修正的引力模型和网络分析方法对珠三角城市群进行实证分析，揭示了城际轨道交通对珠三角城市群一体化的影响，一方面，进一步验证了前面的分析结论；另一方面，获得了一些有益的政策启示。概括来看，本章获得了以下主要结论。

　　第一，城际轨道交通具有分散客流、快捷舒适、公交化运作的特点。它通过影响城市群的要素市场和产品市场一体化、空间结构一体化、产业结构和产业布局一体化而成为影响城市群一体化发展的一个重要因素。其具体的影响机制如下：①要素市场和产品市场一体化是城市群一体化的前提和基础。城际轨道交通作为城市群最主要的交通方式，促进各种经济要素和产品在区域内更加充分、自由地流动，提高生产效率，在城市之间起到互补作用，实现同城化效应。②空间结构一体化是城市群一体化的重要载体。城际轨道交通促进城市群的空间结构由单中心向多中心，再向网络状形态发展。网络状形态是由城际轨道交通主导的城市群空间发展模式，具有良好的空间连通性，能够促进城市群的结构优化，是城市群空间结构演化的一种相对理想的模式。③产业结构和产业布局一体化是城市群一体化的重要表现形式。城际轨道交通能够促进城市群的生产要素充分流动，深化城市群内的产业分工与合作，带动房地产、高新技术产业、劳动密集型产业等关联产业的联动发展，促进城市群产业结构调整和产业布局的一体化。

　　第二，从国外著名城市群发展轨道交通的经验来看，城际轨道交通逐渐在综合交通系统中占据重要地位。日本东海道城市群、美国纽约城市群的轨道交通的发展为我们提供了有价值的经验借鉴：这两大城市群发展之所以一体化程度较高，主要归功于完善的、成熟的城际轨道交通建设。发达的城际轨道交通网络能够加快人口、资金、信息、技术等流动，增强城市群内外联系与合作，促进城市群的空间结构优化，不断向网络化方向演进。

　　第三，城际轨道交通发展是推动珠三角城市群一体化的重要动力。总体上，随着城际轨道交通发展，珠三角城市群的一体化发展水平不断提高。主要表现在，城际轨道交通增强了珠三角城市群网络化发展趋势，加强了城市群内部联系，引发了城市群内部联系格局的调整，促进了城市群分工发展，但没有改变珠三角城市群的核心-边缘结构。可见，加快城际轨道交通建设是推动珠三角城市群一体化发展的重要路径，同时，需要优化城际轨道交通网规划，减小其对城市群一体化发展的不利影响。

二、政策启示

　　通过研究城际轨道交通对城市群一体化的影响机制，以及国外城际轨道交通与城市群发展的经验可得出，城际轨道交通是影响城市群发展的重要交通方式，对城市群内的经济发展具有促进作用。对未来城市群的交通规划、区域经济发展规划而言，本章的研究提供了以下政策启示。

　　第一，要加快城市群内城际轨道交通系统的建设，促进网络化发展。城际轨道交通是城市群同城化的主要推动力量。但目前中国城际轨道交通的规划建设还处于探索阶段，方法与模式并未成熟，城际轨道交通的建设还需要考察城市距离、客流量、造价等主客观因素，经综合评定后确定是否适合修建。

第二，注意城际轨道交通与其他交通方式的协调发展。在处理好区域铁路干线与城际轨道交通关系的前提下，把握住城际轨道交通的区域性和城际性特点，实现与其他交通方式的无缝连接。要与市内其他交通工具有效连接，特别是中心城市与次中心城市的市内交通重要节点（如地铁、机场、港口等）连接，保证区域内交通的一体化，实现优势互补、协调发展。

第三，对城际轨道交通建设与运营涉及的企业给予政策支持，包括用电、税收、用地等优惠政策。城际轨道交通建设前期投入成本较大，资金回收期较长，电费占据运营成本大，而且城际轨道交通用地需再次开发和综合利用。因此，适当地对轨道交通建设给予优惠的用电、用地政策支持并给予轨道交通企业营业税、房产税等税种的减免优惠可加快轨道交通网络的兴建和普及。

第四，就珠三角城市群一体化发展而言，本章的研究提供了一些区别于已有认识的、有价值的启示。具体包括：首先，在重视发挥广州、深圳的中心城市作用时，也要积极支持佛山和东莞的发展，有效利用其发展成为中心城市的潜力和条件。适宜的办法是，继续推动广州与佛山的同城化发展，积极推动东莞与深圳、广州的一体化发展进程。其次，受既有城际轨道交通规划的影响，珠海成为中心城市的难度很大，港珠澳大桥的建成有助于减轻这种约束。但是，港珠澳大桥在设计之初没有考虑轨道交通，不能不说是一个不小的遗憾。最后，在城市轨道交通影响下，珠三角城市群内以广州、佛山和深圳为核心，东莞、江门和中山为半边缘区，珠海、惠州和肇庆为边缘区的核心-边缘结构将不会弱化。这将对目前广东推进的广佛肇经济圈、深莞惠经济圈、珠中江经济圈建设产生阻碍作用。因此，在珠三角城市群一体化发展中，采取优先发展这三个经济圈的策略是否合适，还有待进一步的科学论证。

三、本章研究不足与展望

城际轨道交通对城市群一体化发展的影响研究是一个复杂的工作，涉及的范围较广。由于时间、资料搜集及研究背景知识有限，本章研究仍存在不足，尚待进一步完善。

第一，本章从要素市场、产业集群、空间结构三大方面来分析城际轨道交通对城市群一体化发展的影响机制，这在国内研究中较少见。但是，城际轨道交通对城市群一体化发展的多方面影响之间的关联性仍需进一步探讨。

第二，中国城际轨道交通建设起步比国外稍晚。由于笔者研究时间有限，未能对国外城际轨道交通发展较为发达的城市群做细致的了解，以挖掘国外经验对中国的启示。另外，城际轨道交通对城市群一体化发展所起的作用有多大，所有的城市群是否适合大规模发展城际轨道交通，仍需要做进一步研究。

第三，城际轨道交通对于城市群一体化发展的影响是多方面的。本章采用网络分析方法从宏观的角度来考察城市群的发展与变化，尚需要细分多种实证方法来考察城际轨道交通对城市群的要素市场一体化、产业结构一体化、空间结构一体化的影响。城际轨道交通对城市群的影响因研究对象不同而具有多样性和特殊性。本章仅以珠三角城市群为例，难免片面。在今后的工作中，我们将进一步完善这方面的工作，对中国发展成熟的和发展中的城市群分别做研究，便于分析与对比。

第六章 高速铁路发展与沿线城市经济集聚

　　经济集聚是一种备受关注的区域经济现象，对区域经济增长及区际经济格局变化有着重要的影响。经济集聚受多种因素的影响，其中，交通运输是一个重要因素（Krugman，1991）。陈良文和杨开忠（2007）在分析中国省域之间经济集聚与区域经济增长之间的关系时，认为交通设施对于经济集聚有重大影响。近年来，中国高速铁路进入了快速发展期。作为一种新兴的运输方式，高速铁路的快速发展正在深刻地改变着中国的区域交通格局。那么，高速铁路发展对中国的经济集聚将产生何种影响呢？目前，国内外鲜见有关的研究。就国外来看，这方面的研究也不多见。Sasaki 等（1997）曾研究了日本新干线对沿线区域经济集聚的影响，认为新干线会引起相关城市区位优势变化，对经济活动分布、企业选址产生重大影响。不过，该项研究仅限于定性分析。Ollivier-Trigaloa 和 Barone（2011）分析了 TGV 对法国经济的影响，认为 TGV 的建设使法国六大区域之间联系更为紧密，促进了各区域间经济协调发展。就国内而言，陆军等（2013）运用 GIS 技术制作了中国多中心地图，认为高速铁路建设使中国空间极化现象更为严重，板块化特征开始显现，但其仅从高速铁路建设带来的旅行时间减少角度来划分经济圈，没有考虑各城市间的经济联系。张学良和聂清凯（2010）认为，中国的高速铁路建设加快了城市群内部的同城化趋势，促进了区域间的经济联系，区域经济有一体化趋势。但该项研究也仅限于定性分析。

　　笔者认为，高速铁路发展必然会提高沿线城市的可达性，增强其区位优势，使之成为更具吸引力的经济集聚地；同时，高速铁路沿线城市与非沿线城市之间必然因此而出现经济集聚的差异。这样，在高速铁路的影响下，中国铁路沿线城市经济集聚格局将发生重大的变化。为了证实这个判断，本章选择了中国 177 个铁路沿线城市（地级及以上城市），以 1997 年和 2011 年为分析时间节点，考察高速铁路发展对中国铁路沿线城市经济集聚的影响。

第一节　指标与模型

一、分析指标

在本章的分析中，使用了两个重要的指标，一个是可达性，另一个是经济集聚指数。

本章用可达性分析高速铁路对城市区位的影响。具体使用了1997~2011年各城市的可达性变化率来描述其在高速铁路影响下区位条件的改善程度。考虑到高速铁路的时空压缩效应，本章使用时间距离来分析高速铁路发展对城市可达性的影响。

关于经济集聚指数，这是本章在方法上要解决的一个主要问题。经济集聚指数用于衡量城市的经济集聚程度。尽管已经有不少关于测度经济集聚的指标，但是多侧重于经济集聚的某个方面（王子龙等，2006；杨扬等，2010）。Fujita和Thisse（2002）指出，经济集聚有以下特点：经济活动在特定地理区域上的集中、产业结构的变化、劳动力市场的扩大。因此，我们认为需要设计合适的经济集聚指标来反映高速铁路对经济集聚的全方位影响。根据数据的可获得性，我们选择第三产业区位熵、就业密度、经济密度、primacy指数四个指标来描述经济集聚。为了对经济集聚进行总体的测度，本章借鉴李健（2008）对城市竞争力的研究方法，使用因子分析，将这四个指标集合成为一个测度经济集聚的指数，具体的做法如下。

第三产业区位熵：考虑到第三产业集聚对于交通区位条件变化最为敏感，我们选择了第三产业区位熵这个指标，描述第三产业的集聚情况。其计算式为

$$R_{i3} = (e_{i3}/e_3)/(e_i/e)$$

其中，R_{i3}表示第三产业区位熵；e_{i3}表示i城市第三产业的产值；e_3表示全国第三产业总产值；e_i表示i城市的生产总值；e表示全国的生产总值。

就业密度：描述在高速铁路影响下，城市劳动力的集聚情况，反映劳动力市场的变化，间接反映人口规模的变化。其计算式为

$$D_w = L_i/S_i$$

其中，D_w表示就业密度；L_i表示i城市的市辖区的就业总量；S_i表示i城市的市辖区面积。

经济密度：描述在高速铁路影响下，城市单位面积上经济活动的效率和土地利用的密集程度的变化。其计算式为

$$D_G = GDP_i/S_i$$

其中，D_G 表示经济密度；GDP_i 表示 i 城市的市辖区的生产总值；S_i 表示 i 城市的市辖区面积。

primacy 指数：城市的 GDP 位序值，描述在高速铁路影响下，城市与其周围区域之间的经济集聚变化。其计算式为

$$PRI_i = GDP_{im} / GDP_{is}$$

其中，GDP_{im} 表示 i 城市的生产总值；GDP_{is} 表示 i 城市所在省区市其他城市的生产总值之和。

agg_i：i 城市的经济集聚指数，由以上四个指数通过因子分析法综合得到。agg_i 的值越大表示该城市的经济集聚度越高。具体来讲，经济集聚指数为正值表示周围区域的经济活动有向该城市集聚的趋势；经济集聚指数为负值表示该城市的经济活动有向周围区域扩散的趋势。

二、分析模型

新经济地理学家（Fujita et al.，1999a）从向心力和离心力两个方面解释了经济集聚机制。其中，向心力来源于资金外部性、厚市场、技术外部性等；离心力来源于不可流通要素、集聚带来的高成本（如地租、拥挤及其他纯不经济要素等）。以此为根据，本章选择了可达性变化率、地区生产总值、城市职工平均工资、财政支出占地区生产总值的比重、市辖区非农人口数、城市内部市场潜力、乡及乡以上工业企业数、外商实际投资额这八个具体的指标，分析高速铁路及各种向心力、离心力对城市经济集聚的影响。

本章参考 Brülhart 和 Koenig（2006）研究城市空间关系使用的方程，采用截面数据的普通最小二乘法回归方程作为基本分析模型。该模型是在其他因素不变的情况下，分析可达性变化率对于经济集聚指数变化的影响。该模型的具体形式如下：

$$\begin{aligned} dagg_i = &\alpha_1\Delta acc_i + \alpha_2 GDP_{i0} + \alpha_3 income_{i0} + \alpha_4 gov_{i0} + \alpha_5 peo_{i0} \\ &+ \alpha_6 mpi_{i0} + \alpha_7 com_{i0} + \alpha_8 fdi_{i0} + \varepsilon_i \end{aligned} \tag{6-1}$$

上述模型中的变量含义及处理如下：

$dagg_i$：i 城市 1997～2011 年的经济集聚指数差值，为 2011 年的经济集聚指数减去 1997 年的经济集聚指数，即 $dagg_i = agg_{i2011} - agg_{i1997}$。

Δacc_i：i 城市 1997～2011 年的可达性变化率，描述高速铁路发展带来的 i 城市区位条件的改善。其中，$\Delta acc_i = (acc_{i2011} - acc_{i1997}) / acc_{i1997}$。可达性的计算公式如下：

$$acc_i = \left(\sum M_j \times T_{ij}\right) / \sum M_j \tag{6-2}$$

其中，acc_i 表示 i 城市的可达性值，其值越小，可达性越高；M_j 表示 j 城市的质量参数，本节选取其市区生产总值来描述；T_{ij} 表示 i 城市与 j 城市之间最短的铁路旅行时间。

GDP_{i0}：1997 年 i 城市的地区生产总值，反映初始经济规模对城市经济集聚的影响。

$income_{i0}$：1997 年 i 城市职工平均工资，反映城市初始收入水平对经济集聚的影响。

gov_{i0}：1997 年 i 城市财政支出占地区生产总值的比重，主要反映城市初始公共服务对其经济集聚的影响。

peo_{i0}：1997 年 i 城市的市辖区非农人口数。

mpi_{i0}：1997 年 i 城市内部市场潜力。其计算方法为城市社会消费品零售总额除以城市内部距离。城市内部距离的计算式为 $D_i = \frac{2}{3}\sqrt{\frac{area_i}{\pi}}$，其中，$area_i$ 表示 i 城市的市辖区面积。

com_{i0}：1997 年 i 城市乡及乡以上工业企业数。

fdi_{i0}：1997 年城市外商实际投资额。

ε_i：回归残差。

三、数据来源及处理

本章选取的城市包括了 1997 年、2011 年的铁路沿线城市。在时间点选择上，1997 年中国第一次铁路提速，2011 年中国已有部分高速铁路建成和运营。我们通过比较这两个年份城市可达性变化来分析高速铁路发展对经济集聚的影响。根据数据可获得情况，本章选取全国的 177 个铁路沿线城市作为分析样本。本章所使用的城市市辖区相关数据来源于 1998 年、2012 年《中国城市统计年鉴》，通过查询 1997 年、2011 年《全国铁路旅客列车时刻表》获得计算可达性所需的铁路运行时间。

第二节   结 果 分 析

一、经济集聚格局变化

运用 SPSS 统计分析软件中的因子分析功能，将第三产业区位熵、就业密度、经济密度、primacy 指数四个指标综合生成经济集聚指数，我们分别得到了 177 个城市的 1997 年与 2011 年经济集聚指数数据。

如表 6-1 所示，全部铁路沿线城市 2011 年经济集聚指数的均值和标准差均大于 1997。这说明，高速铁路的发展提高了所有铁路沿线城市的经济集聚水平，经济集聚趋势逐渐增强，同时，这些城市之间的经济集聚水平差异也随之扩大。2011 年高速铁路沿线城市的经济集聚指数均值高于 1997 年的均值，但是其经济集聚指数的标准差则明显小于 1997 年。这说明，高速铁路沿线城市经济集聚在增强，并且经济集聚总体上更趋向均衡。与之相反，非高速铁路沿线城市 1997 年和 2011 年的经济集聚指数均值皆为负值，而且 2011 年其经济集聚指数的标准差大于 1997 年。这表明，非高速铁路沿线城市出现了持续的经济扩散，且内部差异增大。需要指出的是，非高速铁路沿线城市的这种经济扩散在本质上可能是经济要素和经济活动的"流失"，而不是核心区域向边缘区域的扩散。

表 6-1　1997 年、2011 年铁路沿线城市经济集聚指数

年份	全部铁路沿线城市		高速铁路沿线城市		非高速铁路沿线城市	
	均值	标准差	均值	标准差	均值	标准差
1997	0.013	0.679	0.184	0.111	−0.239	0.354
2011	0.035	0.781	0.265	0.052	−0.214	0.442

对分析结果做进一步的考察，我们发现，2011 年，在 177 个铁路沿线城市中，经济集聚指数为正的城市有 87 个，占 49.2%；比 1997 年增加了 29 个，增加了 50%。其中，经济集聚指数前 10 位的城市均为高速铁路沿线城市，在经济集聚指数前 30 位城市中有 27 个城市为高速铁路沿线城市，而排在经济集聚指数后 30 位的城市中有 26 个为非高速铁路沿线城市。这进一步说明，高速铁路沿线城市经济集聚水平总体上明显高于非高速铁路沿线城市。这就意味着，高速铁路对经济要素和经济活动向高速铁路沿线集聚产生了积极作用。在铁路沿线城市中，高速铁路沿线城市正在成为经济集聚的目的地，非高速铁路沿线城市的经济集聚水平则相对下降。此外，我们还发现，中心城市的经济集聚水平远高于周边城市，而受中心城市经济集聚的"虹吸效应"影响，周边城市的经济集聚指数多数为负值。

二、高速铁路对铁路沿线城市经济集聚的总体影响

我们采用逐步回归的方法对初始模型进行运算，以获得高速铁路影响铁路沿线城市经济集聚的最优回归方程。第一步，我们不考虑可达性变化率这个变量，将其他解释变量代入初始模型进行回归分析，得到表 6-2 中的回归方程 1。第二步，

引入可达性变化率这个变量，得到回归方程 2。从中可以看出，可达性变化率对因变量的影响在统计上显著，R^2 较回归方程 1 有所提升。这初步表明，可达性变化率对于铁路沿线城市的经济集聚有影响。第三步，按照显著性水平，将回归方程 2 中显著性检验不合格的解释变量逐步剔除，最后获得回归方程 5。不难看出，在剔除不显著的解释变量后，保留的解释变量显著性水平得到提升，并且在这一过程中可达性变化率这个自变量始终是显著的。

表 6-2 高速铁路对铁路沿线城市经济集聚总体影响的回归结果

项目	回归方程 1	回归方程 2	回归方程 3	回归方程 4	回归方程 5
Δacc_i		-0.814^{***}	-0.823^{***}	-0.753^{***}	-0.809^{***}
		(-3.908)	(-4.642)	(-4.021)	(-4.854)
$income_{i0}$	$8.02 \times 10^{-5***}$	$7.83 \times 10^{-5***}$	$7.72 \times 10^{-5***}$	$7.12 \times 10^{-5***}$	$7.21 \times 10^{-5***}$
	(5.135)	(4.849)	(4.093)	(4.532)	(6.083)
gov_{i0}	1.702^{*}	2.092^{**}	2.421^{**}	1.994^{**}	1.521^{**}
	(1.876)	(2.112)	(2.163)	(2.120)	(2.192)
GDP_{i0}	-0.001^{***}	-0.001^{***}	-0.001^{***}	-0.001^{***}	-0.001^{***}
	(-5.012)	(-4.377)	(-5.324)	(-5.042)	(-4.093)
peo_{i0}	0.001^{***}	0.001^{***}	0.001^{***}	0.001^{***}	0.001^{***}
	(4.002)	(5.017)	(4.823)	(5.021)	(5.183)
mpi_{i0}	-12.093	-5.368	-6.092		
	(-0.853)	(-1.221)	(-1.083)		
fdi_{i0}	2.02×10^{-7}	-7.12×10^{-7}			
	(0.100)	(-0.502)			
com_{i0}	$-7.16 \times 10^{-5***}$	$-7.09 \times 10^{-5***}$	$-6.64 \times 10^{-5***}$	$-6.00 \times 10^{-5***}$	$-5.91 \times 10^{-5***}$
	(-5.124)	(-5.002)	(-6.146)	(-4.317)	(-6.093)
常数项	-0.927^{***}	-0.898^{***}	-0.809^{***}	-0.892^{***}	-0.813^{***}
	(-5.929)	(-5.732)	(-5.823)	(-5.882)	(-6.324)
R^2	0.209	0.215	0.232	0.257	0.243

注：括号内为 t 值

***、**、*分别表示 1%、5% 和 10% 的显著性水平

经过上述分析，我们将回归方程 5 作为分析高速铁路发展对铁路沿线城市经济集聚总体影响的分析模型，其回归方程如下：

$$dagg_i = -0.809\Delta acc_i - 0.001GDP_{i0} + 7.21\times 10^{-5}income_{i0} + 1.521gov_{i0}$$
$$+ 0.001peo_{i0} - 5.91\times 10^{-5}com_{i0} - 0.813 \quad (6\text{-}3)$$

从回归方程 5 可知，高速铁路发展带来的可达性变动对铁路城市经济集聚具有显著的影响。表现为铁路沿线城市可达性每提升 1%，其经济集聚指数将增加 0.809。此外，我们还发现，城市职工平均工资、财政支出占地区生产总值的比重、市辖区非农人口数这些变量对经济集聚有正向的影响，它们代表了经济集聚的向心力，而地区生产总值、乡及乡以上工业企业数这两个解释变量对于经济集聚有反向的影响，在一定程度上代表了由经济活动集聚带来的生产经营成本的增加，体现了经济集聚的离心力。

三、高速铁路对高速铁路沿线城市与非沿线城市经济集聚影响的差异

前面的分析已经显示，高速铁路沿线城市的经济集聚指数及提升幅度总体上大于非高速铁路沿线城市。这是因为，高速铁路发展使高速铁路沿线城市的可达性相对于非高速铁路沿线城市有了更大幅度的提升。因此，对比分析高速铁路沿线城市与非高速铁路沿线城市，我们可以更好地发现高速铁路发展对高速铁路沿线城市与非高速铁路沿线城市经济集聚影响的差异。按照回归方程 5，对 2011 年高速铁路沿线城市和非高速铁路沿线城市的相关数据分别进行回归分析，结果如表 6-3 所示。

表 6-3　高速铁路对高速铁路沿线及非高速铁路沿线城市经济集聚影响的回归结果

解释变量	高速铁路沿线城市	非高速铁路沿线城市
Δacc_i	-0.874^{**}	-0.587
	（-2.220）	（-1.094）
$income_{i0}$	$9.08\times 10^{-5***}$	$5.32\times 10^{-5*}$
	（5.342）	（1.892）
gov_{i0}	1.054	2.127^{*}
	（1.439）	（1.891）
GDP_{i0}	-0.001^{***}	-0.001^{***}
	（-4.032）	（-5.721）
peo_{i0}	0.002^{***}	0.001
	（3.864）	（0.937）

续表

解释变量	高速铁路沿线城市	非高速铁路沿线城市
com_{i0}	$-6.21×10^{-5*}$	-0.000
	(-1.875)	(-0.764)
常数项	-0.959^{***}	-0.799^{***}
	(-5.529)	(-5.032)
R^2	0.386	0.194

注：括号内为 t 值

***、**、*分别表示 1%、5%和 10%的显著性水平

　　由表 6-3 可知，高速铁路沿线城市与非高速铁路沿线城市的回归结果出现了非常大的差异。对于高速铁路沿线城市，可达性变化率在 5%的置信水平上显著，且其系数为-0.874。这表示高速铁路发展带来的城市可达性每提升 1%，可引起城市经济集聚指数 0.874 的相应增加。此外，高速铁路沿线城市的城市职工平均工资、地区生产总值、市辖区非农人口数、乡及乡以上工业企业数这些变量也是显著的，这些变量表示除了由高速铁路开通带来的可达性变化因素外，高速铁路沿线城市本身的经济发展水平、城市规模及城市初始收入水平直接影响了其经济集聚变化情况。

　　对于非高速铁路沿线城市，可达性变化率并未通过显著性检验，这表明非高速铁路沿线城市和高速铁路沿线城市相比没有区位交通优势，其可达性变化对于经济集聚的影响并不确定。然而，非高速铁路沿线城市的经济集聚机制也有其本身的特点。从表 6-3 可以看出，非高速铁路沿线城市职工平均工资、财政支出占地区生产总值的比重对于非高速铁路沿线城市的经济集聚有显著影响。这说明非高速铁路沿线城市由于缺乏交通区位优势，经济发展相对落后，其经济集聚与城市初始公共服务、城市初始收入水平这些因素有很大的关系。

　　综合上述分析，我们发现，相对于非高速铁路沿线城市，高速铁路沿线城市的可达性变化率对其经济集聚指数的影响更为显著，且影响程度也更大。这充分说明，对于高速铁路沿线城市来讲，由于其与非高速铁路沿线城市相比具有交通区位优势，随着高速铁路发展带来的高速铁路沿线城市可达性增加，周围区域的经济活动有向其集聚的趋势。这也预示着随着国家高速铁路发展规划的逐步实现，高速铁路沿线城市的经济集聚状况将进一步加强，中国的区域经济格局将随之发生变化。可以预见的是，高速铁路沿线城市将成为未来全国经济集聚水平高的地方，尤其是高速铁路枢纽城市将会成为所在区域的经济增长极。

第三节 结论与启示

本章上述实证分析结果验证了本章开始所做出的判断是成立的。概括起来，在高速铁路的影响下，中国铁路沿线城市经济集聚格局发生了下列变化。

第一，1997～2011 年，铁路沿线城市的经济集聚趋势增强，但是，经济集聚的格局趋向非均衡。其中，高速铁路沿线城市的经济集聚水平明显提升且差异缩小；非高速铁路沿线城市的经济集聚水平低于高速铁路沿线城市，其经济要素和经济活动存在扩散趋势，而且内部差异扩大。可见，在铁路沿线城市中，高速铁路沿线城市是经济集聚的目的地，非高速铁路沿线城市则出现了经济要素和经济活动的流出。

第二，总体上，高速铁路发展对铁路沿线城市的经济集聚产生了显著的正向影响。表现为，高速铁路发展带来的城市可达性每提升 1%，可引起城市经济集聚指数 0.809 的相应增加。

第三，高速铁路发展对于高速铁路沿线城市与非高速铁路沿线城市的经济集聚影响差异明显。高速铁路发展对高速铁路沿线城市经济集聚有更显著的正向促进作用，高速铁路发展引起的高速铁路沿线城市可达性每提升 1%，可引起城市经济集聚指数 0.874 的相应增加。高速铁路发展对非高速铁路沿线城市经济集聚的影响在统计上不显著，其促进作用不如对高速铁路沿线城市的促进作用。

因此，综合来看，随着高速铁路网络的逐步建成，中国经济集聚的趋势将进一步增强。而且，高速铁路沿线城市将成为主要的经济集聚地。这意味着，在高速铁路影响下，中国区域经济发展不平衡的格局有可能趋于强化。由于《中长期铁路网规划（2008 年调整）》中的高速铁路网络主要分布于东部发达地区及中部相对发达地区，这些区域将因经济集聚增强而有利于经济更快地发展，从而扩大与其他区域的经济差异。针对这种可能的变化，建议国家适当增加高速铁路在西部地区及中部欠发达地区的布局，促进全国经济的总体扩散，以利于控制高速铁路发展带来的经济主要向东部发达地区和中部相对发达地区集聚的趋势。同时，国家需要重视对高速铁路沿线经济集聚趋势显著的城市给予支持，特别是重视发挥高速铁路枢纽城市在城市群发展中的带动作用，配合城际轨道交通系统的建设，加快城市群发展，在全国范围内形成相对均衡的多极网络增长格局。

此外，本章的研究还发现，城市职工平均工资、财政支出占地区生产总值的比重、市辖区非农人口数、乡及乡以上工业企业数、地区生产总值这些因素对于城市经济集聚也有显著影响。但这些因素对于高速铁路沿线城市和非高速铁路沿线城市的影响并不一致。因此,国家在引导这些城市经济发展时,需要采取差异化策略,引导其经济集聚发展。

第七章　高速铁路建设与经济带发展

第一节　背景与思路

一、研究背景

交通运输是影响区域经济发展的一个重要条件（徐长乐和郇亚丽，2011；张学良，2012）。在经济活动的一切创造革新中，运输工具在促进经济活动和改变工业布局方面，具有最普遍的影响力。纵观人类社会发展历程，交通运输作为影响区域经济发展的要素之一，始终与区域经济空间结构紧密相连，使交通优势转化为生产优势，成为影响区域经济发展及空间格局变化的一个重要因素。铁路、公路、水运、航空等多种运输方式以各自的优势共同为区域经济发展和空间布局发挥作用，深刻地影响着主要交通运输干线沿线经济带的形成和发展。

近年来，随着高速铁路建设的全面展开和部分高速铁路线路的建成运行，中国经济和社会发展开始进入高速铁路时代。高速铁路以时空压缩效应为特点，通过改善沿线区域的可达性，使沿线区域和邻近区域的人流、货流、信息流往来更加频繁，进而对沿线区域的经济联系和区域经济格局产生深远的影响。从已经建成运营的部分高速铁路来看，高速铁路对于沿线区域经济带的形成发挥着重要作用。2008年8月1日，中国第一条高速铁路——京津城际高速铁路建成运行，全程运行时间仅30分钟，加速了京津同城化进程。2009年12月26日，武广高速铁路建成运营，使武汉到广州的时间由以前的11小时缩短到3个多小时，长沙到广州直达仅需2小时，使中国南部沿海最发达的珠三角地区与中部地区的武汉城市圈、长株潭城市群连为一体，武广经济带逐渐形成。2010年2月6日，郑西高速铁路建成通车，全程时间2小时25分钟，把中部地区的中原城市群与西部地区的关中城市群紧密联系在一起，对陇海经济带发展产生了重要影响。2010年，沪宁城际高速铁路的开通运营标志着中国城市群一体化发展进入了新时代。2011年6

月 30 日，京沪高速铁路开通后，北京和上海之间的往来时间仅需 5 小时以内，长三角地区、环渤海地区这两个中国重要的区域经济增长极更加紧密地联系在一起，扩大了它们的辐射范围和沿线区域的发展空间，京沪高速铁路沿线逐渐形成"哑铃式"结构的交通经济带。2012 年 12 月 26 日，京广高速铁路全线开通，北京至广州的运行时间缩短了近 12 小时，这使得环渤海经济圈、中原城市群、武汉城市圈、长株潭城市群、珠三角经济圈等经济区紧密联系在一起，不仅推动了邻近区域的"同城化"，还将有利于京广经济带的真正形成。

由此可见，高速铁路作为一种新型交通工具，对于促使沿线经济带的形成将发挥重要作用。然而，现有文献鲜有就高速铁路影响经济带发展的机制进行系统研究。因此，本章将系统地分析研究交通基础设施在经济带发展中的作用，在此基础上，通过分析高速铁路对沿线区域经济联系的作用，揭示高速铁路影响经济带发展的机制。进一步分析中国高速铁路建设规划的实施将会给经济带发展带来何种影响。

二、研究价值

本章试图运用区域经济增长、区域经济合作、交通经济带等相关理论，以及空间数据分析工具和计量分析方法，揭示高速铁路对于中国经济带发展的影响及其机制，本章研究意义有以下两个方面。

（1）本章重点分析高速铁路对沿线区域经济联系变化所产生的影响，揭示高速铁路对经济带发展的影响机制。这样可以把高速铁路纳入经济带的影响因素分析之中，从而拓宽经济带影响因素的分析范围，有利于更好地揭示经济带的形成机制。

（2）本章通过分析高速铁路影响下沿线区域经济联系的变化趋势，研究高速铁路对经济带发展的影响机制，有利于充分发挥高速铁路对沿线经济的促进作用，为推动沿线区域经济发展和实现区域经济一体化合作提供决策参考。同时，可以为国家调整和制定区域经济协调发展的相关政策提供科学依据。

三、主要研究内容

首先，本章将对交通基础设施与经济带发展的关系进行研究，分析交通基础设施在经济带发展过程中起什么作用；其次，从高速铁路对沿线城市经济联系的影响入手，探讨高速铁路影响经济带发展的机制；最后，预测全国"四纵四横"高速铁路干线的建设与发展将会促成哪些经济带的形成。

根据上述研究设想，本章主要探讨以下三大问题。

（1）参考已有研究成果，分析交通基础设施对经济带发展的影响。

（2）测度高速铁路对沿线区域经济联系的影响，研究沿线区域之间如何一体化发展，揭示高速铁路对经济带发展的影响机制。

（3）预测高速铁路干线建设对中国经济带发展的影响。

四、研究方法

本章运用的研究方法主要有：基于引力模型，利用空间统计方法对"四纵四横"高速铁路沿线城市的空间经济联系进行测算，并比较高速铁路开通前后区域空间经济联系强度的变化差异；采用空间基尼系数来判断不同高速铁路干线沿线城市经济增长的空间集聚状况，分析"四纵四横"高速铁路干线对沿线区域经济集聚格局变化的影响；采用基于高速铁路影响下的断裂点公式，分析高速铁路沿线城市之间市场区变化的范围和方向，预测高速铁路沿线区域市场一体化的趋势。在此基础上，综合分析高速铁路对中国经济带发展的影响。

具体步骤如下。

第一步，通过国内外相关文献的梳理与分析，归纳、总结交通因素对经济带发展影响机制，重点搞清楚关于高速铁路对区域经济联系、区域经济一体化进程等影响的研究现状，为本章的立论、确定研究问题及研究思路提供根据。

第二步，获取基础数据。利用《全国铁路旅客列车时刻表》来获取城市间的铁路运行时间，利用《中长期铁路网规划（2008 年调整）》来获得 2020 年铁路线路分布及相关的速度信息，利用《中国统计年鉴》和《中国城市统计年鉴》来获取各省区市的地区生产总值、人均收入水平、人口数等指标数据。根据所设定的研究问题，对基础数据进行处理，为下一步的研究工作做好数据准备。

第三步，对于截面数据的选取，本章分为铁路提速前后和高速铁路全面开通前后作为两个观察时段。中国铁路第一次提速开始于 1997 年 4 月 1 日，鉴于铁路提速后产生的经济效益需要一定时期才能体现出来，以及数据的可获得性，本章选择 1997 年和 2011 年分别作为铁路提速前后的研究时间点；而根据《中长期铁路网规划（2008 年调整）》，至 2020 年中国高速铁路网将全面开通，因此对于高速铁路全面开通前后的研究时间点，本章选取 2011 年和 2020 年。进而，使用以上两个研究时间点的截面数据，研究高速铁路运行对于沿线城市经济联系、一体化的影响。

五、本章结构

本章共分为六节，具体内容如下。

第一节为背景与思路。本节主要介绍本章的选题依据、研究意义、研究思路与方法，以及本章大体框架。

第二节为文献综述。该节将分别从以下几方面进行综合评述。首先，介绍交通运输与经济带发展的相关理论研究，如经济带发展理论、空间相互作用理论、区域经济一体化理论；其次，从高速铁路与沿线地区空间经济联系、高速铁路与沿线地区经济一体化两个方面，评述高速铁路与经济带发展的关系；最后，通过上述总结分析，指出现有研究的不足之处，并进行弥补和完善。

第三节为交通基础设施与经济带发展。该节首先介绍经济带的基本特征，以及经济带形成与发展的影响因素。在梳理和归纳现有研究成果的基础上，分析交通基础设施在经济带的形成与发展中，发挥着怎样的作用。

第四节为高速铁路影响经济带发展的机制。该节主要是从高速铁路对沿线区域经济发展的影响入手来分析，一是从要素和经济活动集聚的角度，分析高速铁路如何通过改善沿线城市可达性而促进其经济发展，增强其经济实力；二是从增强沿线城市之间的经济联系、拓展沿线城市市场区范围及方向等方面，分析沿线城市之间如何一体化发展。从这两个方面揭示，高速铁路沿线城市何以能加快发展并走向一体化，从而形成经济带。

第五节为中国高速铁路干线建设与经济带发展。该节将分为两部分。首先，对于中国经济带在规划与建设中存在的问题进行分析，揭示为什么对经济带早有规划，但建设成效并不显著。其次，根据《中长期铁路网规划（2008年调整）》，实证分析"四纵四横"高速铁路干线对沿线区域是否能够形成经济带。并分析预测哪些经济带在高速铁路影响下可以加快发展，哪些仍然会面临较大的问题。

第六节为结论与讨论。首先，总结本章研究获得的主要结论；其次，给出高速铁路开通对于中国经济带发展的影响及相关政策建议；最后，对本章研究的不足之处进行讨论和说明。

本章的技术路线图如图7-1所示。

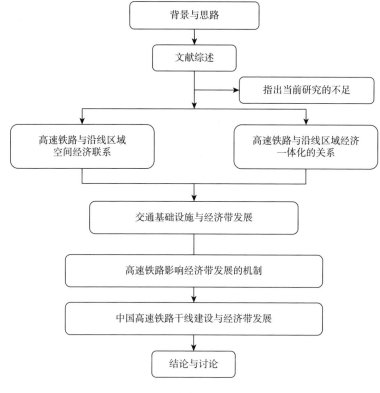

图 7-1　本章技术路线图

第二节　文　献　综　述

一、高速铁路与沿线区域空间经济联系

高速铁路对沿线城市经济联系的影响早已为学术界所关注。已有研究基本上证实了高速铁路有利于增强沿线城市之间的经济联系。Gutiérrez 等（1996）的研究表明，高速铁路促进了欧洲沿线城市之间的经济联系，进而推动了这些城市的经济发展。Sasaki 等（1997）发现，日本新干线与沿线区域经济发展之间存在正相关关系。Blum 等（1997）认为，高速铁路可以在一定程度上把连接在一起的城市带转变为一个扩张的功能区域或者是整体经济走廊。蒋秀兰等（2009）分析了高速铁路对京津冀都市圈经济发展的影响，认为高速铁路有利于实现京津冀都市圈交通运输格局一体化、资源配置一体化和经济一体化。

对于高速铁路是如何影响沿线城市经济联系这个问题，一部分学者选择了从经济联系的形式或因素角度进行解释。罗鹏飞等（2004）认为，京沪高速铁路的建设将进一步加强沪宁地区各城市间的经济、社会、文化等方面的联系，增强沪宁沿线区域发展的空间整体性和经济整体性，促进京沪交通经济带"网络化"地域结构的形成。骆玲和曹洪（2010）对日本新干线做了研究，认为日本新干线促进了人员流动，加速和扩大了信息、知识、技术的传播，进而增强了沿线区域之间的经济联系。张汉斌（2011）也认为，高速铁路加速了要素、资源的流动性，拓展了市场区范围，从而促进区域经济更加一体化。郭万清（2011）则认为，高速铁路将促使城市发展模式从单个城市的孤立发展模式，走向多个城市相互联动、相互制约的新的发展时代，加速城市和区域经济一体化进程。梁成柱（2008）认为，高速铁路能够加快劳动力、资本、技术、物流及信息等要素的流动性，改善要素分布不均的区域差异，促进经济圈内城市的共同繁荣。

另一部分学者则选择了从交通区位条件变化的角度进行研究。Gutiérrez 等（1996）研究了欧洲高速铁路对沿线城市和区域通达性的影响，认为高速铁路可以改善区域内节点城市之间的通达性，促进它们相互之间的联系和发展。林晓言等（2010）选取了加权平均时间、客货运密度两项指标来衡量区域通达性，用空间经济联系量作为衡量空间经济联系的指标，分析了"有"和"无"两种情况下京津城际高速铁路对京津之间经济联系的影响，证实了京津城际高速铁路使这两个城市的经济联系更紧密。张莉等（2013）使用加权平均旅行时间模型、潜能模型和吸引力指数模型，分析了沪宁城际高速铁路开通前后的区域可达性变化，发现沪宁城际高速铁路通车后，区域间的可达性得到较大改善，促进了沿线城市的经济联系和发展。

从这些研究文献中我们注意到，关于中国高速铁路对沿线城市经济联系的研究基本还处于说理的层面，具体进行数量分析的文献不多见。因此，本章在实证分析部分拟使用可达性这个分析工具，根据目前高速铁路的运行情况和国家的高速铁路规划，就高速铁路对沿线城市经济联系的影响进行定量分析，以弥补这方面的不足。

二、高速铁路与沿线区域经济一体化的关系

从高速铁路的发展历程上看，高速铁路的发展对区域经济一体化发展发挥了积极作用。吴昊（2009）以京津城际高速铁路为研究对象，指出京津城际高速铁路加快了北京和天津经济社会的发展，推进北京和天津同城化和一体化进程。张学良和聂清凯（2010）认为，交通基础设施一体化是区域经济一体化的前提条件，"四纵四横"体系的相继建设和投入运营，将使全国的铁路运输体系更加完善，有利于进一步促进生产要素的跨区域流动。杨维凤（2010b）以京沪高速铁路为例，

得出了高速铁路建设将在较大范围内改善城市群或经济区的区位，在一定程度上提高其他地区生产要素的集聚能力，并使其经济增长速度明显高于其他地区，最终形成线形经济隆起带的结论。张曙光（2010）在分析了中国城市化发展特征与趋势后指出，交通牵引着城市空间扩展的方向，使城市之间的联系更加密切，支撑了区域经济的发展，而高速铁路将为应对中国城市一体化进程中的交通问题提供更为积极有效的、可持续的解决方案。刘晶（2011）以"关中-天水经济区"为例，提出西部经济欠发达地区要想推动区域经济一体化，提升自身地域发展，必须依托高速铁路的网络辐射作用来提高区域经济活力，建设高速铁路城市带。

由此看出，高速铁路的发展将加快区域经济一体化进程，进而促进沿线经济带的形成，但不同高速铁路沿线区域的一体化进程速度将呈现出明显差异。

三、现有研究的不足

尽管目前有关高速铁路对区域经济发展影响的研究很多，但专门探讨高速铁路对经济带发展的影响机制的研究工作仍较少。此外，现有研究多偏于一般的说理性、经验性分析，鲜有运用区域经济学、交通经济学、经济地理学等相关学科的理论和方法开展系统、深入的实证研究。因此，本章试图弥补这方面的不足，探讨高速铁路对经济带发展的影响机制。

第三节　交通基础设施与经济带发展

一、经济带与交通经济带

（一）经济带的内涵

张文尝等（2002）在《交通经济带》一书中指出，经济带是"在劳动地域分工基础上形成的不同层次和各具特色的带状地域经济单元，依托一定的交通运输干线、地理位置、自然环境等并以其为发展轴，以轴上经济发达的一个和几个大城市为核心，发挥经济集聚和辐射功能，联结带动周围不同等级规模城市的经济发展，由此形成点状密集、面状辐射、线状延伸的生产、流通一体化的带状经济区域或经济走廊"。按照该定义的解释，经济带的形成需要具备至少以下三个构成要素：交通干线或综合运输通道、以工业商贸业为主的三次产业，以及沿线分布的经济中心和大中城市。这三个构成要素相辅相成、相互促进，形成交通经济带的基本发展规律。交通基础设施建设是交通经济带形成和发展的重要前提，可达性的提高为交通干道沿线地区经济和社会发展、商品交易、客货流动提供了有利条件，是促进经济聚集与一体化建设的重要工具。因此，与"产业带"相比，"经济带"的范围更加广泛，内容更加丰富，空间上更加密集，是产业带的高级形式，是所在区域最富活力的核心地带。

（二）交通经济带的概念

学术界对于交通经济带及相关概念的界定主要有以下几个代表性的观点。

费洪平（1993）认为，产业带是在特定的经济空间中，由众多相互配合协作密切的产业部门，围绕资源密集区，中心城市或交通方便的区位而集聚，所形成的由线状基础设施束相联结和由若干大小不等的中心共同组成的具有内在联系的产业集聚区域。该定义强调产业活动的重要性、全面性、系统性，但对经济带最重要的因素线状基础设施束突出不够。武伟等（1997）对交通经济带的定义则更突出交通经济带系统的"点-轴"模式，认为交通经济带首先必然是交通运输干线，发展轴上及附近城市应对沿线区域有较大的经济吸引力和凝聚力，是经济活动、产业和人口、信息等的发达地带。张文尝等（2002）将交通经济带定义为"以交通干线或综合运输通道作为发展主轴，以轴上或其吸引范围内的大中城市为依托，以发达的产业、特别是第二、第三产业为主体的发达带状经济区域。"杨荫凯等（1999）认为，交通经济带，是以综合运输通道为发展主轴，以轴上及其吸引域内的大中城市为依托，通过沿线经济部门的技术联系和生产协作，由资源、人口、产业、城镇、信息、客货流等集聚而成的带状空间地域综合体。他们强调，交通干线是交通经济带形成发育的前提条件；大中城市及城镇群是交通经济带发展的依托和增长极核；产业的集聚、扩散及产业结构的演进、升级是交通经济带得以维持和演化的动力。

在上述学者对交通经济带的概念中，因其研究问题的出发点不同，看问题的角度不同，故定义有所不同，主要表现为侧重点、内涵和外延的不同。根据本章研究方向的需求，笔者将采用上述后两种解释作为交通经济带的定义。

二、交通基础设施影响经济带发展的机制

对现有文献进行梳理后，我们发现，关于交通基础设施对经济带发展有何影响、如何影响的研究，大致可以分为以下几个方面。

首先，交通基础设施的改善，提高了城市的可达性，促进区域要素频繁流动。交通运输网络的完善缩减了沿线区域的运输成本和时间成本，降低了交易难

度，促进区域内及区际经贸往来。罗霞（2006）认为，高速公路的开通使沿线区域的可达性得到明显改善，形成区位优势，吸引资金、技术、劳动力等生产要素向高速公路沿线聚集，为高速公路产业带的形成提供了基础设施和前提条件。韩增林等（2005）以"点-轴"理论为依据，分析了沈大高速公路对于沿线区域生产要素集聚与扩散的影响机理，并指出，交通运输干道为生产要素的集聚与扩散提供了物质载体，沈大高速公路的建成使沈阳、大连成为区域客货集散中心和辽宁省空间经济发展的双引擎，极大地提升了沈阳、大连与沿线其他节点之间的要素流通量，是推动周边地区共同发展的重要力量。

其次，交通运输便捷化，有助于加强城市空间经济联系，使交通轨道沿线城市的吸引力范围在空间上连续并重叠。

武志强和王照亮（2011）借鉴引力模型，通过实证研究，得出了贵广高速铁路开通后，贵阳与都匀、桂林、广州的空间经济联系得以增强的结论。戴宾（2005）认为，长期以来，成渝经济带未能真正形成，很大程度上是因为两市没有积极借助成渝高速公路和成渝铁路这两条交通轴线来拉近两市之间的市场吸引力范围、促进各种要素的密切对流及经济活动的聚集，说明交通设施的兴建是提高城市空间可达性，加强城市空间相互作用力的重要条件。刘伟（2006）在进行长江经济带区域经济差异分析时指出，交通运输网络的完善与否，直接影响着内陆地区与东部沿海地区的经贸互动。任志艳和延军平（2013）运用引力模型测度高速公路对陕西省几大主要城市间引力度的影响时发现，高速公路使城市间的空间引力增大，使农村与城镇人口向高速公路沿线城市集聚，改变了人口的空间分布，加速了城市化进程。

最后，发达的交通网络将促进沿线区域经济集聚和产业结构调整，通过区域经济一体化来培育沿线交通经济带的形成。

李国强（1998）在分析京九经济带形成的条件和策略时指出，京九铁路是京九经济带发展的基础和前提，为沿线区域发展稳定而牢固的经贸联系做铺垫，促使经济活动向铁路沿线集聚，进而形成经济带。蒋田田（2013）在研究交通运输业对关中-天水交通经济带的影响时发现，陇海铁路的建成加速了沿线区域城镇化发展和专业化分工，促使劳动力向第二、第三产业转移，沿线区域社会经济结构逐渐有所调整。张学良和聂清凯（2010）认为，交通便捷化通过缩短时空距离，逐渐打破城市间的行政边界，强化同城效应，加速区域经济一体化的形成，并推动区域内产业、就业、人口在空间布局上的调整。董大鹏（2010）通过构建新经济地理学模型，对交通运输与吉林省经济发展进行了实证分析，并表示交通运输的发展促成了吉林省产业集聚空间结构的形成，使大工业首先在长春等交通便利的中心城市集聚，随后沿主要交通干道向外放射扩散，进而实现区域经济一体化的发展格局。

综合上述观点不难看出，交通基础设施对经济带发展的影响机制，可以沿着提升沿线区域可达性、加强沿线城市空间经济联系、促进经济集聚和推动一体化进程这一路径展开研究。目前,国内对铁路经济带的专门研究相对较少,根据铁路建设和运营情况来预测未来经济带发展趋势的文献为数不多。因此,本章将沿上述路径探讨高速铁路对经济带发展的影响机制,并通过实证来检验高速铁路对经济带形成与发展的影响。

第四节　高速铁路影响经济带发展的机制

高速铁路作为一种更加先进的交通设施,具有运行速度快、运输量大、运行频率高等显著优势,将对沿线区域经济社会发展的诸多领域产生广泛而深刻的影响。多数学者认为,高速铁路网络的建成会提升沿线城市的可达性及区位优势,增大区域之间、城市之间的经济联系频率和规模,优化区域资源配置,促进区域经贸合作及区域经济一体化发展。

一、高速铁路与可达性提升

根据罗鹏飞等(2004)的定义,可达性是指一种在适当时间到达指定地点并依靠交通设施的能力,这种能力与到达目的地所采用的交通方式、道路通行能力、交通网络的完善程度等因素有关。高速铁路与其他交通运输工具相比,不仅运输能力更强,准时准点,节能环保,而且能够大幅减少运输时间。一方面,这为居民出行或货物送达节约了经济成本和时间成本,而节省下来的经济成本或时间成本,可以再次用于投资、生产、消费或休闲。从这个角度讲,高速铁路对可达性的提升,不仅能够提升消费者效用,而且有利于创造出更多的经济收益。另一方面,区域可达性的提升会加速区域客货流动,凸显高速铁路沿线城市的区位优势,促进经济社会的进一步发展;而区域经济的发展又推动高速铁路网络建设,二者相互影响,共同致力于区域经济一体化发展。

二、高速铁路对沿线城市可达性的差异化影响

可达性是改变区域空间结构的首要因素。那么,与普通铁路相比,高速铁路对可达性的改善会存在怎样的区域差异呢?本节选取“四纵四横”高速铁路沿线上的100个城市进行观察,分别从全国、“四纵四横”各干线、枢纽城市与非枢纽城市这三个层次分析可达性均值的变化情况。

从全国范围上看，如表 7-1 所示，2011 年普通铁路提速后，沿线城市可达性[①]均值从 1997 年的 1419.67 下降到 1097.06，可达性水平提升了 22.7%；2020 年高速铁路全线开通后，沿线城市可达性均值下降到 306.51，较 2011 年相比，可达性水平提升了 72.1%。由此可见，高速铁路对可达性水平的提升是极为显著的。

表 7-1　铁路提速后及高速铁路开通后对全国沿线城市可达性的影响

城市	1997 年	2011 年（普通铁路提速后）		2020 年	
	可达性	可达性	增长率（与1997年相比）	可达性	增长率（与2011年相比）
北京	1156.03	782.31	32.3%	279.72	64.2%
保定	1180.89	900.32	23.8%	267.45	70.3%
石家庄	1105.84	883.02	20.1%	254.97	71.1%
邢台	1081.19	916.99	15.2%	248.95	72.9%
邯郸	1086.63	911.38	16.1%	246.36	73.0%
安阳	1057.64	896.93	15.2%	244.58	72.7%
鹤壁	1058.17	930.92	12.0%	239.28	74.3%
新乡	1039.98	863.04	17.0%	233.77	72.9%
郑州	998.50	786.00	21.3%	230.10	70.7%
许昌	1052.67	820.40	22.1%	236.03	71.2%
漯河	1058.84	825.88	22.0%	240.96	70.8%
驻马店	1113.72	886.84	20.4%	245.14	72.4%
信阳	1074.11	847.30	21.1%	257.00	69.7%
孝感	1148.45	873.27	24.0%	266.65	69.5%
武汉	1138.99	745.87	34.5%	265.38	64.4%
咸宁	1169.57	828.15	29.2%	268.43	67.6%
岳阳	1257.75	866.28	31.1%	270.43	68.8%
长沙	1270.27	864.48	31.9%	276.07	68.1%
株洲	1263.82	901.81	28.6%	279.44	69.0%
衡阳	1337.09	1053.03	21.2%	293.11	72.2%
郴州	1416.05	1050.49	25.8%	313.40	70.2%
韶关	1510.93	1101.34	27.1%	329.20	70.1%
广州	1694.55	1234.10	27.2%	362.45	70.6%

---

① 可达性的计算公式见后文的式（7-1）。

续表

城市	1997 年	2011 年（普通铁路提速后）		2020 年	
	可达性	可达性	增长率（与 1997 年相比）	可达性	增长率（与 2011 年相比）
深圳	1902.92	1380.35	27.5%	382.32	72.3%
承德	1422.56	1129.59	20.6%	283.55	74.9%
朝阳	1630.58	1444.22	11.4%	324.05	77.6%
锦州	1435.31	1215.73	15.3%	352.81	71.0%
阜新	1646.63	1515.50	8.0%	327.40	78.4%
盘锦	1504.43	1224.87	18.6%	365.59	70.2%
沈阳	1606.41	1389.16	13.5%	364.20	73.8%
铁岭	1634.58	1528.59	6.5%	365.72	76.1%
四平	1713.93	1517.29	11.5%	386.95	74.5%
长春	1742.09	1614.25	7.3%	409.24	74.6%
哈尔滨	1917.78	1706.81	11.0%	450.26	73.6%
大连	1865.94	1534.09	17.8%	428.71	72.1%
唐山	1187.77	1043.90	12.1%	291.48	72.1%
秦皇岛	1318.70	1108.50	15.9%	318.43	71.3%
葫芦岛	1392.90	1192.38	14.4%	343.85	71.2%
廊坊	1202.98	873.23	27.4%	268.72	69.2%
天津	1196.40	877.43	26.7%	278.76	68.2%
沧州	1133.19	801.90	29.2%	268.25	66.5%
德州	1084.87	782.61	27.9%	270.45	65.4%
济南	1120.34	829.04	26.0%	253.16	69.5%
泰安	1065.72	798.27	25.1%	246.18	69.2%
济宁	1075.27	799.96	25.6%	242.56	69.7%
枣庄	1047.98	791.54	24.5%	239.01	69.8%
徐州	1024.12	720.35	29.7%	236.34	67.2%
宿州	1082.39	749.82	30.7%	245.12	67.3%
蚌埠	1046.70	788.55	24.7%	257.69	67.3%
滁州	1123.88	826.48	26.5%	265.73	67.8%
南京	1175.06	806.75	31.3%	273.56	66.1%
常州	1219.11	815.64	33.1%	279.32	65.8%

续表

城市	1997 年	2011 年（普通铁路提速后）		2020 年	
	可达性	可达性	增长率（与1997年相比）	可达性	增长率（与2011年相比）
无锡	1241.41	816.54	34.2%	283.44	65.3%
上海	1355.05	878.56	35.2%	303.04	65.5%
嘉兴	1323.24	899.11	32.1%	278.98	69.0%
杭州	1341.26	919.30	31.5%	292.98	68.1%
绍兴	1340.62	1062.29	20.8%	289.08	72.8%
宁波	1538.05	1069.17	30.5%	317.99	70.3%
福州	1943.62	1352.93	30.4%	314.99	76.7%
厦门	2246.19	1447.85	35.5%	350.72	75.8%
漳州	2169.32	1323.10	39.0%	355.18	73.2%
潮州	2047.31	1407.58	31.2%	410.90	70.8%
汕头	2124.30	1459.29	31.3%	410.52	71.9%
揭阳	2014.74	1394.45	30.8%	407.51	70.8%
惠州	1775.87	1259.48	29.1%	391.91	68.9%
商丘	1030.83	788.95	23.5%	241.33	69.4%
开封	1029.05	906.56	11.9%	236.69	73.9%
洛阳	1122.28	979.78	12.7%	252.24	74.3%
三门峡	1210.87	1053.03	13.0%	272.27	74.1%
西安	1405.61	1166.67	17.0%	306.51	73.7%
咸阳	1434.77	1296.29	9.7%	312.72	75.9%
宝鸡	1447.02	1288.86	10.9%	337.84	73.8%
天水	1685.09	1392.72	17.4%	365.24	73.8%
兰州	2077.95	1557.93	25.0%	436.21	72.0%
青岛	1401.90	1131.61	19.3%	337.94	70.1%
潍坊	1261.61	1017.20	19.4%	295.15	71.0%
淄博	1199.70	960.07	20.0%	274.82	71.4%
衡水	1102.00	915.12	17.0%	310.54	66.1%
太原	1393.31	1121.27	19.5%	314.89	71.9%
金华	1379.54	1083.70	21.4%	286.85	73.5%
衢州	1397.83	1072.73	23.3%	286.90	73.3%

城市	1997 年	2011 年（普通铁路提速后）		2020 年	
	可达性	可达性	增长率（与 1997 年相比）	可达性	增长率（与 2011 年相比）
上饶	1371.79	1100.65	19.8%	290.15	73.6%
鹰潭	1348.45	976.31	27.6%	294.98	69.8%
南昌	1225.76	890.26	27.4%	292.48	67.1%
新余	1296.90	954.39	26.4%	292.18	69.4%
宜春	1248.07	985.35	21.1%	294.47	70.1%
萍乡	1284.92	943.23	26.6%	286.91	69.6%
怀化	1634.57	1354.58	17.1%	328.77	75.7%
贵阳	2114.02	1670.50	21.0%	360.62	78.4%
安顺	2206.26	1767.90	19.9%	370.77	79.0%
六盘水	1497.66	1907.91	27.4%	389.93	79.6%
曲靖	2718.10	2022.31	25.6%	411.66	79.6%
昆明	2836.49	2161.89	23.8%	421.66	80.5%
苏州	1240.60	827.10	33.3%	283.90	65.7%
镇江	1190.71	781.91	34.3%	274.78	64.9%
合肥	1110.19	801.69	27.8%	246.66	69.2%
六安	1108.19	821.11	25.9%	258.58	68.5%
黄冈	1139.94	815.60	28.5%	276.75	66.1%
重庆	2248.98	1564.63	30.4%	415.22	73.5%
成都	2313.20	1759.06	24.0%	417.33	76.3%
平均值	1419.67	1097.06	22.7%	306.51	72.1%

从"四纵四横"各干线沿线区域可达性的变化情况看（表 7-2），2011 年铁路提速后，京广线、京沪线、徐兰线、青太线和沪汉蓉线沿线区域的可达性高于全国平均水平。此外，杭福深线和沪汉蓉线沿线区域的可达性提升较大，分别提升了 31.4% 和 31.0%；京哈线沿线区域的可达性提升最低，为 13.9%。2020 年，可达性水平高于全国平均水平的依然是京广线、京沪线、徐兰线、青太线和沪汉蓉线沿线区域，但京哈线与沪昆线沿线区域可达性提升较多，分别提升了 73.5% 和 74.2%，京沪线沿线区域可达性提升最低 67.1%。

表 7-2　铁路提速和高速铁路分别对"四纵四横"各干线沿线区域可达性的影响

对比项	"四纵"可达性				"四横"可达性			
	京广线	京哈线	京沪线	杭福深线	徐兰线	青太线	沪昆线	沪汉蓉线
1997 年	1229.39	1545.04	1149.97	1778.65	1315.10	1208.70	1601.60	1397.57
2011 年	932.77	1329.81	811.01	1219.50	1085.19	954.99	1239.95	964.85
可达性增长率（与 1997 年相比）	24.1%	13.9%	29.5%	31.4%	17.5%	21.0%	22.6%	31.0%
2020 年	274.32	352.80	266.92	346.62	293.41	288.99	320.27	301.76
可达性增长率（与 2011 年相比）	70.6%	73.5%	67.1%	71.6%	73.0%	69.7%	74.2%	68.7%

从枢纽城市与非枢纽城市的可达性变化情况看（表 7-3），无论是枢纽城市还是非枢纽城市，在 2020 年高速铁路全线开通后，可达性增长率都远远高于 1997 年普通铁路提速后的可达性增长率。而且，我们发现，2011 年铁路提速后，枢纽城市可达性均值的增长率高于非枢纽城市；而 2020 年高速铁路全线开通后，非枢纽城市可达性增长率高于枢纽城市，枢纽城市与非枢纽城市可达性均值的绝对差异也呈缩小的趋势。

表 7-3　铁路提速与高速铁路开通分别对枢纽城市、非枢纽城市可达性均值的影响

城市类别	可达性均值			增长率	
	1997 年	2011 年	2020 年	1997～2011 年	2011～2020 年
枢纽城市	1248.87	903.25	282.66	27.7%	68.7%
非枢纽城市	1436.64	1129.53	309.76	21.4%	72.6%

综合上述分析，从全国、"四纵四横"各干线、枢纽城市与非枢纽城市这三个角度来看，高速铁路对沿线区域可达性的提升幅度是普通铁路提速远不可及的。不过，高速铁路虽使沿线区域可达性都有了大幅提升，但不同区域、不同干线、不同城市的可达性变化尚存在差异。因此，高速铁路对沿线区域的经济活动及社会发展，也必定会产生差异化影响。

三、高速铁路与区域空间经济活动

根据辐射经济理论、增长轴理论及网络开发理论，区域经济一体化形成的基础就是交通运输工具的升级和交通运输网络的完善。在一定的区域范围内，要使中心城市的辐射作用带动周边地区的发展，就要首先确保中心城市的"辐射效能"得以有效传达。而中心城市的"辐射效能"能否有效传达，取决于两个主要因素，一是交通运输设施的建设，二是空间距离的远近。作为传递"辐射效能"的载体，高速

铁路不仅连接贯通了中心城市和邻近的若干个次中心城市，聚集经济实力，增强了"辐射源"要素集聚与扩散的效率，而且因时空压缩效应使资本、技术、人员、信息等生产要素更快捷地向邻近高速铁路干线的附近区域扩散，令"辐射源"的区域影响力波及面更广。因此，高速铁路就如同传递效能的纽带或桥梁，缩小了城市之间贸易往来的经济成本及时间成本，使沿线城市之间建立起紧密的经济联系，扩大城市群的覆盖范围，促进了资源的优化配置、产业集聚与分工，并在区域经济一体化和区际联动的发展基础上，逐渐以高速铁路干线为发展轴形成高速铁路经济带。

四、高速铁路与空间经济联系的区域差异

高速铁路对沿线不同区域可达性的差异化影响会使各区域的经济联系也存在空间差异。在高速铁路作用下，空间经济联系强度大、增长速度快的区域，经济活跃程度更高，这将意味着区域内要素流动更为密切，城市之间开放程度与依赖程度更深，会较早地形成经济集聚和区域经济一体化。首先，观察"四纵四横"各干线沿线区域经济联系强度的变化（表 7-4），我们看出，一方面，高速铁路的开通使"四纵四横"各干线沿线区域的经济联系显著增强；另一方面，铁路提速前后，经济联系强度始终保持前两位的是京沪线和沪汉蓉线；而高速铁路的建成，大大提高了京广线和徐兰线的经济联系强度，2020 年"四纵四横"干线沿线区域经济联系强度平均值为 17 515，京广线、京沪线、徐兰线、沪汉蓉线在平均水平之上。其次，对比枢纽城市与非枢纽城市经济联系强度的变化（表 7-5），不难发现，其一，无论是受铁路提速还是受高速铁路开通的影响，非枢纽城市间经济联系强度的均值提升倍数都要高于枢纽城市；其二，高速铁路在快速加强城市经济联系的同时，也大大缩小了非枢纽城市与枢纽城市间的差距。例如，1997 年，枢纽城市经济联系强度均值是非枢纽城市的 3.9 倍，2011 年是 3.7 倍，2020 年是 2.5 倍，差距呈递减趋势，说明高速铁路对于沿线区域经济活动的促动作用是更加广泛而均衡的。

表 7-4　铁路提速与高速铁路开通分别对"四纵四横"各干线沿线区域经济联系强度的影响

对比项	"四纵"经济联系强度				"四横"经济联系强度			
	京广线	京哈线	京沪线	杭福深线	徐兰线	青太线	沪昆线	沪汉蓉线
1997 年	2.44	2.20	6.36	2.65	2.59	2.13	2.16	5.86
2011 年	711.27	346.74	2 308.34	914.82	524.61	592.67	823.02	2 047.68
2011 比 1997 年提升/倍	290.5	156.61	361.95	344.22	201.55	277.25	380.03	348.43
2020 年	19 599.21	5 598.44	28 006.60	14 706.04	24 686.51	8 786.73	10 932.07	27 803.35
2020 比 2011 年提升/倍	26.56	15.15	11.13	15.08	46.06	13.83	12.28	12.58

表 7-5　铁路提速与高速铁路开通分别对枢纽城市、非枢纽城市经济联系强度的影响

城市类别	经济联系强度均值			经济联系强度均值提升/倍	
	1997 年	2011 年	2020 年	1997～2011 年	2011～2020 年
枢纽城市	6.40	1 957.41	2 9071.54	304.8	13.9
非枢纽城市	1.64	523.65	11 788.95	318.3	21.5

　　在上述分析的基础上，本节对高速铁路影响沿线经济带发展的机制进行总结概述。首先，高速铁路以其运行运量大、运速快、频率高等显著优势，大幅度提升沿线城市可达性，体现出强大的时空压缩效应；其次，高速铁路缩短运输时间、降低交易成本、促进贸易往来、扩大就业，加速要素自由流动，使区域经济联系加强，扩大市场区范围，促进产业分工与经济集聚；最后，高速铁路加速沿线区域经济一体化发展，最终形成高速铁路沿线经济带（图 7-2）。

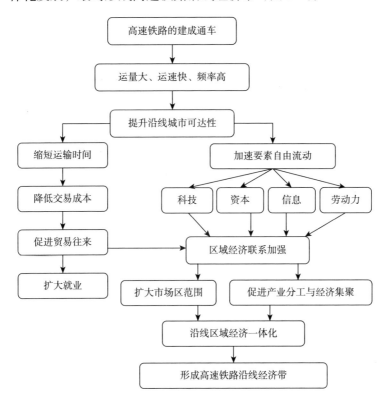

图 7-2　高速铁路对沿线经济带形成与发展的影响机制

第五节　中国高速铁路干线建设与经济带发展

按照武伟等（1997）的观点，地区经济发展轴的形成必须同时满足以下条件：首先，发展轴依附于交通运输干线，且有相应的综合运输通道与其支持配合；其次，发展轴沿线需有较大经济吸引力的中心城市，并与沿线区域互有经济联系，具有较强的辐射扩散能力，可以对沿线区域发展起到带动作用。高速铁路缩短沿线城市之间的交通距离、提高要素流的速度和规模，扩大其市场区范围，同时，沿着高速铁路方向发展的市场区拓展范围大，而背离高速铁路方向则拓展的范围小，于是形成了线形的经济活动和人口分布密集地带，这种地带就是经济带。

一、中国经济带的规划与建设

中国经济带早有规划建设，但不同区域交通经济带的发展程度各有差异。一些经济基础好、经济发展速度快的区域，其交通经济带的发展也相对成熟，但仍有局部地区交通经济带的发展处于相对落后的阶段，经济带规划建设成效并不显著。本节将位于不同区域的几大主要交通经济带的基本情况汇总，如表7-6所示。

表 7-6　中国主要交通经济带

经济带名称	审批或规划时间	基本情况概述
哈大交通经济带	起步期：19世纪末20世纪初。 扩张期：1948年东北解放后至1978年改革开放前。 延展期：1978年以后至今	哈大交通经济带以大连、沈阳、长春、哈尔滨4个城市为核心，贯通3个省会城市，9个地级市和5个国家级技术开发区，依托哈大铁路，沈大、哈大高速公路等交通设施干线，将东北三省连成带状经济开发轴，不仅是东北地区经济增长的引擎，也是对外向东北亚开放的重要窗口。但由于区位条件、经济基础、政策扶持等多方面因素，哈大交通经济带内区域经济发展水平及一体化程度尚存在显著差距
成渝经济带	国家西部大开发"十一五"规划出台，明确提出建设成渝经济区。 2011年5月国务院常务会议正式同意批复《成渝经济区区域规划》	成渝铁路和成渝高速公路分别于1952年和1995年建成通车，2015年成渝高速铁路全线开通。成渝经济带以成渝高速铁路和成渝高速公路为纽带，具有成都-重庆双核结构，重点发展电子信息、装备制造、轻纺食品、精细化工、商贸物流等支柱产业。然而，长期以来，成渝经济区内经济活动较为分散，空间集聚程度低，核心城市的辐射作用有限，成渝交通干线上无法创造密集的要素流，也无法激活成渝经济带，使其真正形成

续表

经济带名称	审批或规划时间	基本情况概述
陇海-兰新经济带	1986年12月陇海-兰新经济促进会成立,开始加大对沿线区域产业开发合作的力度,为沿线区域经济一体化打造新平台	陇海-兰新经济带是中国西部大开发战略中"两带一区"的重要组成部分,依托贯穿中国东西的铁路大动脉陇海铁路和兰新铁路,以及沿线高速公路,途经六大省区市。陇海-兰新经济带西段位于中国西部地区,长期以来经济发展环境闭塞,与东部沿海地区空间距离较远,接受东部地区辐射带动作用弱,区域内产业结构多为资源密集型,产业同质化较为明显,缺乏能够引领和辐射整个经济带的核心城市。因此,沿线区域经济一体化程度也相对较为缓慢,该经济带实际上也未真正形成
长江经济带	1992年开启了具有实质性的加速发展期。2014年规划长江经济带综合立体交通走廊,并将其正式上升为国家战略,规划期为2014~2020年	长江经济带是中国核心大都市和城市群高度聚集的区域,沿江不仅分布着上海、南京、武汉、重庆、成都等具有强大辐射带动效应的国家中心城市,也有长三角城市群、武汉都市圈、长株潭经济圈和成渝城市群等重点城市群,沿江区域有较好的一体化发展基础和经济实力,综合型交通设施建设完善,区域内通达度高,各种要素流动频繁,是中国经济发展水平较高的区域

资料来源:根据国家发展和改革委员会印发文件及媒体信息统计整理

综合上述分析,我们不难发现,中国经济带早有规划建设,但效果却因所在区域不同而存在差异。东南沿海地区经济带已处于发展和延伸阶段,经济集聚程度更高,区域经济一体化进程更快。相比之下,西部地区及东北部地区的交通经济带仍处于形成阶段,其发展有限的主要原因是受交通限制,交通网络布局密度较低,不仅单个城市的市场区范围有限,沿线城市的市场也不能够有效地连接起来,经济带实际上是"断裂"的或者不连续的,市场区重叠的现象更少。沿交通运输干线发展成经济带,只靠单一的运输方式是无法完成的。交通网络欠发达,不同节点之间无法及时对接,会大大降低干线的辐射范围,导致干线沿线城市与非沿线城市经济发展差距扩大,无法实现沿线区域的协调发展。而发达的交通运输网络将若干个沿线城市串联在一起,强化各城镇的经济联系,使沿线城镇数量不断扩大,经济实力不断增强,要素流量不断提升,才能提高区域的空间集聚程度,进而对周围地区放大辐射作用,铁路沿线经济带才能得以形成。因此,要想最大限度扩大市场区吸引范围,必须有不同的运输方式相互配合联运。高速铁路是催生经济带发展的重要因素,但同时必须完善相应的城际交通运输网络,使沿线区域的产业及劳动力更便捷地向沿线集聚,活跃区域内部及跨区域的经贸往来。

二、"四纵四横"高速铁路干线形成经济带的可能性

在分析"四纵四横"高速铁路干线形成经济带的可能性之前,我们首先要根

据前文所提到的交通经济带的理论基础，以及归纳的高速铁路影响经济带发展的机制，对"四纵四横"沿线城市的经济活动进行实证检验。本章将从沿线城市可达性的变化入手，从高速铁路与沿线城市经济联系变化、市场区格局变化及空间经济集聚三个层次展开实证研究。

（一）高速铁路与沿线城市经济联系变化

本节将分别计算在高速铁路影响下，沿线城市可达性和经济联系水平的变化，通过比较来分析可达性对沿线城市经济联系的影响。考虑到在计算可达性及经济联系强度时，计算式中都包含了基于高速铁路的时间距离，因此，不宜建立回归模型来分析二者之间的数量关系。

1. 研究方法与数据处理

我们采用加权平均旅行时间测度城市的可达性，这里仅考虑高速铁路对可达性的影响，所以，采用的是高速铁路决定的沿线城市之间的时间距离，具体的计算式如式（7-1）所示：

$$L_i = \frac{\sum_{j=1}^{n} t_{ij} \times \mathrm{GDP}_j}{\sum_{j=1}^{n} \mathrm{GDP}_j} \qquad （7-1）$$

其中，L_i 表示 i 城市的可达性水平，L_i 的值越小，说明 i 城市的可达性越好；t_{ij} 表示 i 城市到 j 城市的最短旅行时间，以"分钟"为单位。GDP_j 表示 j 城市的地区生产总值，以"万元"为单位。

在经济联系强度测度方面，我们采用式（7-2）：

$$\mathrm{ECI}_i = \sum_{j=1}^{n} \mathrm{ECI}_{ij} = \sum_{j=1}^{n} \frac{\sqrt{P_i G_i} \times \sqrt{P_j G_j}}{D_{ij}^2} \qquad （7-2）$$

其中，ECI_i 表示 i 城市的对外经济联系总量，反映 i 城市的对外经济联系强度，本节计算结果以"十亿（万元·万人/分钟^2）"为单位；ECI_{ij} 表示 i 城市与 j 城市之间的经济联系强度；P_i、P_j 分别表示 i 城市、j 城市的人口规模，以"万人"为单位；G_i、G_j 分别表示 i 城市、j 城市的地区生产总值，以"万元"为单位；D_{ij} 表示 i 城市到 j 城市基于铁路网络的最短旅行时间，以"分钟"为单位。

另外，本节所分析的沿线城市是国家铁路网建设规划中"四纵四横"高速铁路沿线的所有地级及以上城市。受数据可活动性的限制，本节具体分析的城市是100 个，所用数据均为这些城市的市辖区数据。关于城市之间的铁路运行时间，

2011 年城市间的铁路运行时间从当年的《全国铁路旅客列车时刻表》获取。对于 2020 年高速铁路运行时间的处理，本节参照覃成林和朱永磊（2013）的做法，此处不再赘述。2011 年各城市的地区生产总值主要是从《中国城市统计年鉴 2012》中查取。2020 年各城市的地区生产总值计算是以 2011 年为基期，以该市该年的地区生产总值增长率作为增速进行推算。相应地，2020 年各城市的人口规模也按同样的方法推算。

2. 结果分析

高速铁路对于沿线城市经济联系的影响具有层次性。因此，本节将从以下三个层次来分析高速铁路对沿线城市经济联系的影响。

第一，高速铁路对沿线城市总体经济联系的影响。

表 7-7 的结果说明，在高速铁路的影响下，沿线城市的经济联系总体上发生了下列变化。首先，沿线城市的可达性与经济联系强度之间表现出正相关性，即城市的可达性提高，经济联系强度增大。与 2011 年比，2020 年沿线城市可达性绝对值的均值由 1105.63 变为 308.93，可达性上升了 72.1%，与之相对应，2020 年沿线城市经济联系强度增大了 1876.1%。其次，2020 年沿线城市经济联系强度的绝对差异并没有随可达性的绝对差异的缩小而缩小。2020 年，沿线城市可达性的标准差由 2011 年的 319.05 变为 57.77，可达性标准差下降了 81.9%。与之相反，2020 年沿线城市经济联系强度的标准差却比 2011 年增大了 1573.2%。最后，沿线城市经济联系强度的相对差异随可达性提高而缩小。2020 年沿线城市的可达性变异系数由 0.29 下降到 0.19，下降了 34.5%，与之对应，沿线城市经济联系强度的变异系数由 1.55 下降到 1.31，下降了 15.5%。从中也可看出，沿线城市可达性的提高与其经济联系强度的增大是不同步的。

表 7-7 高速铁路对沿线城市经济联系的总体影响

测度指标	2011 年		2020 年			
	可达性	经济联系强度	可达性		经济联系强度	
			数值	增长率	数值	增长率
均值	1 105.63	710.66	308.93	72.1%	14 043.20	1 876.1%
标准差	319.05	1 102.56	57.77	−81.9%	18 447.95	1 573.2%
变异系数	0.29	1.55	0.19	−34.5%	1.31	−15.5%

第二，高速铁路对"四纵四横"各干线经济联系的影响差异。

如表 7-8 所示，"四纵四横"高速铁路各干线沿线城市的经济联系强度，在变化趋势上呈现出以下几点共同之处：其一，"四纵四横"高速铁路各干线沿线城市的经济联系强度随可达性的提高而显著增强。与 2011 年相比，2020 年"四纵四横"高速铁路各干线沿线城市的可达性都上升了 70%左右。相应地，每条干线沿线城市的经济联系强度的均值，最低扩大了 1113.3%，最高扩大了 4605.7%。这说明，高速铁路对"四纵四横"高速铁路各干线沿线城市的经济联系都起到了明显的增强作用。其二，"四纵四横"高速铁路各干线沿线城市的可达性绝对差异均明显缩小，而其经济联系的绝对差异均不同程度地扩大。2020 年，"四纵四横"高速铁路各干线沿线城市的可达性标准差均下降了 50%以上，相反，其经济联系强度的标准差却以几倍甚至几十倍不等的速度扩大。其三，相比 2011 年，2020 年除京沪线沿线城市的可达性变异系数增大以外，其余七条干线沿线城市的可达性变异系数都趋于下降。相比 2011 年，2020 年除京沪线和沪汉蓉线沿线城市的经济联系强度变异系数增大以外，其余各干线沿线城市的经济联系强度变异系数都出现了不同程度下降。

表 7-8　高速铁路对"四纵四横"高速铁路各干线沿线城市可达性与经济联系强度的影响

年份	测度指标		"四纵"干线				"四横"干线			
			京广线	京哈线	京沪线	杭福深线	徐兰线	青太线	沪昆线	沪汉蓉线
2011 年	可达性	均值	932.77	1 329.81	811.01	1 219.50	1 085.19	954.99	1 239.95	964.85
		标准差	150.40	254.11	38.87	221.35	276.62	128.22	463.76	348.78
		变异系数	0.16	0.19	0.05	0.18	0.25	0.13	0.37	0.36
	经济联系强度	均值	711.27	346.74	2 308.34	914.82	524.61	592.67	823.03	2 047.68
		标准差	849.95	877.48	1 524.59	1 611.53	661.89	628.57	1 641.66	2 101.71
		变异系数	1.19	2.53	0.66	1.76	1.26	1.06	1.99	1.03
2020 年	可达性	均值	274.31	352.80	266.92	346.62	293.41	288.99	320.27	301.76
		2011~2020 年增长率	70.6%	73.5%	67.1%	71.6%	73.0%	69.7%	74.2%	68.7%
		标准差	40.63	51.20	17.92	49.85	65.88	30.60	50.31	58.22
		2011~2020 年增长率	−73.0%	−79.9%	−53.9%	−77.5%	−76.2%	−76.1%	−89.2%	−83.3%
		变异系数	0.15	0.15	0.07	0.14	0.22	0.11	0.16	0.19
		2011~2020 年增长率	−6.3%	−21.1%	40.0%	−22.2%	−12.0%	−15.4%	−56.8%	−47.2%

续表

年份	测度指标		"四纵" 干线				"四横" 干线			
			京广线	京哈线	京沪线	杭福深线	徐兰线	青太线	沪昆线	沪汉蓉线
2020 年	经济联系强度	均值	19 599.21	5 598.44	28 006.60	14 706.04	24 686.51	8 786.73	10 932.07	27 803.35
		2011~2020 年增长率	2 655.5%	1 514.6%	1 113.3%	1 507.5%	4 605.7%	1 382.6%	1 228.3%	1 257.8%
		标准差	18 835.93	9 470.38	23 806.94	12 490.39	30 395.71	7 431.14	15 069.27	31 745.97
		2011~2020 年增长率	2 116.1%	979.3%	1 461.5%	675.1%	4 492.3%	1 082.2%	817.9%	1 410.5%
		变异系数	0.96	1.69	0.85	0.85	1.23	0.85	1.38	1.14
		2011~2020 年增长率	−19.3%	−33.2%	28.8%	−51.7%	−2.4%	−19.8%	−30.7%	10.7%

不难看出，"四纵四横"高速铁路沿线城市的经济联系强度与可达性的变化趋势一致，八条干线沿线城市的可达性改善情况较为接近，而且其经济联系普遍增强。但是，在可达性影响下其经济联系强度的变动幅度存在差异，因此，我们进一步分析每条高速铁路干线沿线城市的这种具体差异。

从经济联系强度的提升看，在八条高速铁路干线中，徐兰线沿线城市的经济联系强度增长率最大，京沪线沿线城市的增长率最小，其余干线沿线城市的增长率居于中间水平。与 2011 年相比，2020 年徐兰线沿线城市经济联系强度的均值从 524.61 上升到 24 686.51，增大了 4605.7%；京沪线沿线城市经济联系强度的均值从 2308.34 上升到 28 006.60，增大了 1113.3%。在其余六条干线中，京哈线与杭福深线沿线城市的经济联系强度增长率大体相当，沪昆线与沪汉蓉线沿线城市的经济联系增长率大体相当且略低于京哈线与杭福深线沿线城市。

各条干线沿线城市的经济联系强度绝对差异均趋于扩大。其中，徐兰线沿线城市的经济联系强度标准差扩大幅度最大，杭福深线、沪昆线沿线城市的标准差扩大幅度较小。2011~2020 年，徐兰线沿线城市的经济联系强度标准差扩大了4492.3%，杭福深线与沪昆线沿线城市的经济联系强度标准差则分别扩大了 675.1%和 817.9%。在其余的五条干线中，京哈线与青太线沿线城市、京沪线与沪汉蓉线沿线城市的经济联系强度标准差扩大幅度大体相当。

各条干线沿线城市经济联系强度的相对差异变化并不一致。京沪线与沪汉蓉线沿线城市的经济联系强度相对差异有所扩大，其余各干线的相对差异均趋于缩小。与 2011 年相比，2020 年京沪线与沪汉蓉线沿线城市的经济联系强度变异系数分别增加了 28.8% 和 10.7%，杭福深线的变异系数降低了 51.7%，徐兰线的变异系数则仅降低了 2.4%。此外，京哈线与沪昆线的变动同步，经济联系强度变异系数分别下降了 33.2% 和 30.7%；京广线与青太线的变动同步，经济联系强度变异系数分别下降了 19.3% 和 19.8%。

第三，高速铁路对沿线枢纽城市经济联系的影响。

上述分析结果表明，在高速铁路的影响下，"四纵四横"高速铁路沿线城市的经济联系显著增强，但各干线之间存在较为明显的差异。进一步，我们来考察高速铁路枢纽城市之间的经济联系强度变化是否同样存在差异。

在"四纵四横"高速铁路干线上共有 12 个枢纽城市，分别是沈阳、北京、石家庄、郑州、济南、徐州、武汉、长沙、南京、上海、杭州和广州。如表 7-9 所示，从总体上看，随着可达性的改善，枢纽城市的经济联系强度都有了显著提升。首先，2020 年 12 个枢纽城市的可达性均值由 2011 年的 903.24 减少到 282.66，可达性上升了 68.7%，比全部高速铁路沿线城市的可达性均值（308.93）低了 8.5%。相应地，其经济联系强度均值从 2011 年的 1957.41 上升到 29 071.54，增长了 1385.2%，而且，比全部高速铁路沿线城市的经济联系强度均值（14 043.20）高出约 1.07 倍。其次，枢纽城市经济联系强度的绝对差异没有随可达性的绝对差异的缩小而缩小。2020 年，枢纽城市的可达性标准差虽然由 2011 年的 202.21 减少到 43.19，下降了 78.6%，但其经济联系强度标准差却从 2001 年的 1603.24 增大到 21 046.34，扩大了 1212.7%。最后，随着可达性的提高，枢纽城市经济联系强度的相对差异明显缩小。2020 年，枢纽城市可达性的变异系数从 2011 年的 0.22 下降到 0.15，减少了 31.8%。相应地，其经济联系强度变异系数从 2011 年的 0.82 下降到 0.72，减少了 12.2%。

表 7-9　高速铁路对沿线枢纽城市经济联系的影响

测度指标	2011 年		2020 年			
	可达性	经济联系强度	可达性		经济联系强度	
			均值	增长率	均值	增长率
均值	903.24	1 957.41	282.66	68.7%	29 071.54	1 385.2%
标准差	202.21	1 603.24	43.19	−78.6%	21 046.34	1 212.7%
变异系数	0.22	0.82	0.15	−31.8%	0.72	−12.2%

表 7-10 显示，12 个枢纽城市的可达性与经济联系强度呈现出同向变化。与 2011 年相比，2020 年沈阳、石家庄、郑州、广州的可达性分别提高了 73.8%、71.1%、70.7%、70.6%，在 12 个枢纽城市中可达性改善最为显著。与之相对应，其经济联系强度增大幅度也很大，分别增加了 2675.3%、3874.1%、4747.3%、3660.6%。

比较而言，北京、武汉、南京、上海的可达性分别只提高了64.2%、64.4%、66.1%、65.5%，在12个枢纽城市中变化幅度排名后四位，所以其经济联系强度分别只增加了1000.6%、1436.2%、858.7%和690.0%，增幅也是相对较小。

表 7-10　高速铁路枢纽城市经济联系强度变化

测度指标	2011 年		2020 年			
	可达性	经济联系强度	可达性		经济联系强度	
			均值	增长率	均值	增长率
沈阳	1 389.16	279.24	364.20	73.8%	7 749.73	2 675.3%
北京	782.31	3 490.31	279.72	64.2%	38 413.52	1 000.6%
石家庄	883.02	453.92	254.97	71.1%	18 039.26	3 874.1%
郑州	786.00	1 715.46	230.10	70.7%	83 152.84	4 747.3%
济南	829.04	1 944.28	253.16	69.5%	20 690.93	964.2%
徐州	720.35	1 849.50	236.34	67.2%	20 135.59	988.7%
武汉	745.87	745.22	265.38	64.4%	11 448.02	1 436.2%
长沙	864.48	2 636.36	276.07	68.1%	43 081.30	1 534.1%
南京	806.75	2 178.12	273.56	66.1%	20 882.03	858.7%
上海	878.56	6 011.18	303.04	65.5%	47 488.31	690.0%
杭州	919.30	1 752.02	292.98	68.1%	21 482.63	1 126.2%
广州	1 234.10	433.29	362.45	70.6%	16 294.34	3 660.6%

上述研究表明，高速铁路沿线城市的可达性变化与其经济联系强度之间表现出一定的正相关性，这意味着高速铁路可以通过改善沿线城市的可达性而增强其经济联系强度。从总体上看，高速铁路发展将增强沿线城市之间的经济联系，特别是促进沿线城市经济联系强度相对差异缩小，但没有导致其绝对差异缩小。对于"四纵四横"高速铁路干线而言，在高速铁路影响下，"四纵四横"高速铁路干线沿线城市的经济联系强度均显著增强，但各干线之间存在差异。而且，各干线沿线城市经济联系强度绝对差异均有不同程度的扩大，同时，除了京沪线与沪汉蓉线，其余六条干线沿线城市的经济联系强度相对差异都趋于缩小。同样，12个高速铁路枢纽城市的经济联系强度也随可达性的改善而明显增大。其中，沈阳、石家庄、郑州、广州的经济联系强度增幅很大，而济南、徐州、南京、上海的经济联系强度增幅相对较小。

根据上述结果，笔者认为，随着中国高速铁路发展，沿线城市之间的经济联系将不断增强。这种趋势将产生三个重要的影响。一是高速铁路沿线城市的要素吸纳能力随之提高，从而促进经济发展。其中，高速铁路枢纽城市在这方面的表现将更为明显。二是高速铁路沿线的区域经济一体化进程将随之增强。特别地，"四纵四横"高速铁路干线沿线将因区域经济一体化水平提高而真正形成全国重要的经济带。三是在高速铁路影响下，沿线城市经济发展有可能快于非沿线城市，不利于它们之间缩小经济发展差异。此外，我们需要注意到，因沿线城市的经济联系强度变化存在不同的差异，上述三个影响的具体表现也将是复杂的。

（二）高速铁路与沿线城市市场区格局变化

高速铁路对沿线城市经济发展的影响，可以从两方面来进行分析：一是加速要素和经济活动集聚，通过改善沿线城市可达性而促其经济发展，增强其经济实力；二是增强沿线城市之间的经济联系，拓展沿线城市市场区范围，进而推动沿线城市之间的区域经济一体化发展。那么，高速铁路是如何影响沿线城市的市场区范围的呢？不同沿线城市的市场区范围呈现出怎样的变动？

本节根据空间相互作用理论，选取断裂点公式来测算各城市的市场区吸引力范围，结合"四纵四横"八条高速铁路沿线城市1997年、2011年及2020年的数据，对比铁路提速前后和高速铁路全线开通前后，高速铁路沿线城市市场区范围的变化情况。其中，2020年数据推算方法同式（7-1）、式（7-2），此处不再赘述。

1. 研究方法

断裂点理论是确定城市吸引范围的一种空间相互作用理论。在空间相互作用下，城市与其邻近区域保持密切的经济联系，城市经济实力的壮大也会通过外部效应带动和影响周围区域的发展。断裂点理论中的断裂点用来测算城市与城市间相互作用的强度与范围。该理论认为，城市对周围地区的影响力与城市规模成正比，与至城市中心的距离成反比。城市的吸引力范围由城市规模和城市间距离共同决定，相邻两城市对区域的吸引力在断裂点处达到平衡。断裂点的表达公式如下：

$$d_{AB} = \frac{D_{AB}}{1 + \sqrt{\dfrac{V_A}{V_B}}} \qquad (7\text{-}3)$$

其中，d_{AB} 表示 A 城市至断裂点的距离；D_{AB} 表示城市 A 与城市 B 之间的距离，为了体现高速铁路通过缩短运行时间对市场区范围产生的影响，此处 D_{AB} 取时间距离；V_A 表示较大城市的规模；V_B 表示较小城市的规模，这里的城市规模是由城市的地区生产总值和城市人口规模的几何平均数计算得来。具体计算方法为

$$V = \sqrt{X_1 \times X_2}$$

其中，X_1 表示城市的地区生产总值；X_2 表示城市人口规模。为方便数据对比，

本节将测算结果统一标准化。

2. 结果分析

在分析高速铁路对沿线区域市场区格局的影响时，我们从总体、"四纵四横"各条干线及枢纽城市三个层次展开描述。

第一，高速铁路对沿线城市总体市场区范围的影响。

与普通铁路提速相比较而言，高速铁路的全线开通，使沿线城市的市场区范围呈加速扩张趋势（表 7-11）。1997～2011 年，铁路沿线城市市场区范围的均值由 1.409 上升至 2.398，增长了 70.192%；而 2020 年高速铁路全线开通后，沿线城市市场区范围的均值上升至 44.691，增长了 1763.678%。我们考察了 2011～2020 年的可达性变化，得出以下结论：首先，从总体来看，沿线城市市场区范围的变动与可达性表现出一定的相关性，即可达性提高，市场区范围扩大。2020 年高速铁路全线开通后，随着沿线城市可达性的大幅提高，市场区范围的取值区间由 [0，10] 提高到 [1，225]，均值由 2.398 增至 44.691，平均提高了约 1764%，较普通铁路提速相比，有了更加显著的扩张。其次，与沿线城市经济联系强度的变化类似，市场区范围的绝对差异随可达性绝对差异的缩小而扩大。2020 年，沿线城市可达性的标准差由 319.05 变为 57.77，大幅下降了 81.9%，而市场区范围的绝对差异由 1.535 增至 2.580，与 2011 年相比扩大了 68.1%。最后，沿线城市市场区范围的相对差异随可达性的提高而缩小。2020 年，沿线城市的可达性变异系数由 0.29 下降到 0.19，下降了 34.5%，与之相对应，沿线城市市场区范围的变异系数由 0.640 下降到 0.414，降低了 35.3%，与普通铁路提速相比，降幅更为明显，说明沿线城市的吸引力强度不仅普遍得以提升，而且呈现出差距逐渐缩小的趋势。

表 7-11　"四纵四横"高速铁路干线沿线城市的总体市场区范围变化

城市	市场区范围				
	1997 年	2011 年	1997～2011 年增长率	2020 年	2011～2020 年增长率
北京	1.765	3.763	113.201%	39.375	946.373%
保定	1.387	1.876	35.256%	35.855	1811.247%
石家庄	1.648	2.211	34.163%	42.877	1839.258%
邢台	1.702	2.376	39.600%	43.767	1742.045%
邯郸	1.642	2.096	27.649%	90.612	4223.092%
安阳	1.786	2.087	16.853%	119.761	5638.428%
鹤壁	1.597	1.694	6.074%	86.638	5014.404%
新乡	1.505	1.946	29.302%	82.907	4160.380%

城市	市场区范围				
	1997 年	2011 年	1997~2011 年增长率	2020 年	2011~2020 年增长率
郑州	1.948	3.007	54.363%	57.758	1820.785%
许昌	1.762	2.223	26.163%	82.426	3607.872%
漯河	1.653	2.051	24.077%	82.183	3906.972%
孝感	1.284	1.677	30.607%	43.445	2490.638%
武汉	1.462	2.965	102.804%	63.878	2054.401%
岳阳	1.081	2.108	95.005%	35.317	1575.380%
长沙	1.164	2.408	106.873%	28.504	1083.721%
株洲	1.217	2.562	110.518%	38.110	1387.510%
衡阳	0.997	1.678	68.305%	28.551	1601.490%
郴州	0.863	1.460	69.177%	32.663	2137.192%
韶关	0.779	1.258	61.489%	25.234	1905.882%
广州	0.816	1.130	38.480%	45.559	3931.770%
深圳	0.666	1.013	52.102%	2.204	117.572%
承德	0.854	0.992	16.159%	40.710	4003.831%
朝阳	0.881	1.154	30.988%	6.111	429.549%
锦州	1.322	2.573	94.629%	10.173	295.375%
阜新	0.870	1.074	23.448%	10.919	916.667%
盘锦	0.962	1.812	88.358%	26.481	1361.424%
沈阳	1.208	1.782	47.517%	107.104	5910.325%
铁岭	0.875	1.180	34.857%	36.753	3014.661%
四平	0.820	1.070	30.488%	46.676	4262.243%
长春	0.658	0.811	23.252%	16.861	1979.038%
哈尔滨	0.516	0.625	21.124%	2.600	316.000%
唐山	1.392	1.716	23.276%	26.647	1452.855%
秦皇岛	1.117	1.228	9.937%	24.791	1918.811%
葫芦岛	0.789	0.852	7.985%	6.299	639.319%
廊坊	1.214	3.527	190.527%	24.190	585.852%
天津	1.309	3.188	143.545%	62.411	1857.685%

城市	市场区范围				
	1997 年	2011 年	1997~2011 年增长率	2020 年	2011~2020 年增长率
沧州	1.330	3.426	157.594%	41.321	1106.100%
济南	1.791	4.665	160.469%	78.427	1581.179%
泰安	1.605	3.805	137.072%	67.731	1680.053%
济宁	1.601	3.388	111.618%	57.409	1594.481%
枣庄	1.708	4.017	135.187%	84.087	1993.279%
徐州	1.926	4.525	134.943%	73.247	1518.718%
蚌埠	1.904	3.930	106.408%	35.751	809.695%
滁州	2.018	4.123	104.311%	94.219	2185.205%
南京	2.087	4.952	137.278%	17.390	251.171%
常州	2.196	4.516	105.647%	81.342	1701.196%
无锡	2.637	4.476	69.738%	167.140	3634.138%
上海	2.057	5.282	156.782%	75.429	1328.039%
杭州	1.734	4.292	147.520%	82.084	1812.488%
绍兴	1.607	2.949	83.510%	22.710	670.092%
宁波	0.958	1.698	77.244%	5.402	218.139%
福州	0.650	1.064	63.692%	16.588	1459.023%
厦门	0.809	2.122	162.299%	44.331	1989.114%
漳州	0.508	0.963	89.567%	22.102	2195.119%
潮州	1.825	2.655	45.479%	84.824	3094.878%
汕头	0.754	1.173	55.570%	76.788	6446.292%
惠州	0.603	0.820	35.987%	1.961	139.146%
商丘	1.454	2.047	40.784%	31.232	1425.745%
开封	1.274	1.632	28.100%	24.069	1374.816%
洛阳	1.170	2.221	89.829%	37.937	1608.104%
三门峡	1.150	1.622	41.043%	23.225	1331.874%
西安	2.530	3.215	27.075%	224.252	6875.179%
咸阳	1.187	1.152	−2.949%	31.439	2629.080%
宝鸡	0.798	1.129	41.479%	31.171	2660.939%

续表

城市	市场区范围				
	1997 年	2011 年	1997~2011 年增长率	2020 年	2011~2020 年增长率
天水	0.621	0.801	28.986%	14.319	1687.640%
兰州	0.424	0.596	40.566%	2.272	281.208%
青岛	1.216	1.522	25.164%	17.154	1027.070%
潍坊	1.412	1.881	33.215%	33.708	1692.026%
淄博	1.140	1.097	−3.772%	12.489	1038.469%
衡水	1.030	1.098	6.602%	7.352	569.581%
太原	0.561	0.695	23.886%	2.325	234.532%
金华	1.933	3.431	77.496%	69.251	1918.391%
衢州	1.716	3.205	86.772%	50.298	1469.360%
鹰潭	1.868	2.974	59.208%	38.529	1195.528%
南昌	2.330	2.962	27.124%	56.490	1807.157%
新余	2.480	3.778	52.339%	93.439	2373.240%
萍乡	0.916	1.154	25.983%	10.135	778.250%
怀化	0.903	1.316	45.736%	13.069	893.085%
贵阳	1.805	2.480	37.396%	76.985	3004.234%
六盘水	0.968	1.469	51.756%	30.608	1983.594%
曲靖	1.094	1.771	61.883%	38.041	2047.995%
昆明	0.424	0.533	25.708%	2.106	295.122%
苏州	2.305	4.569	98.221%	59.330	1198.534%
镇江	1.978	4.908	148.129%	25.205	413.549%
合肥	8.149	9.019	10.676%	32.155	256.525%
黄冈	0.564	0.849	50.532%	3.150	271.025%
重庆	1.355	7.486	452.472%	9.743	30.150%
总体平均	1.409	2.398	70.192%	44.691	1763.678%

第二，高速铁路对"四纵四横"各线路沿线城市市场区范围的影响差异。

如上分析，高速铁路对于沿线城市市场区范围的影响存在差异。那么，具体到"四纵四横"高速铁路干线的沿线城市，市场区范围及方向会如何变化呢？接下来，本节将分线路对沿线城市的市场区范围变化做进一步分析。

　　如表 7-12 所示，我们观察发现：第一，"四纵四横"各干线沿线城市随可达性的提升，市场区范围均有不同程度的扩大。较 2011 年相比，2020 年八条干线沿线城市的市场区范围均值最低扩大了 82.9%（沪汉蓉线），最高扩大了 217.3%（京广线）。说明高速铁路的开通使得八条干线沿线城市的吸引力范围明显扩大，经济聚集与辐射功能增强。第二，八条干线沿线城市的可达性绝对差异明显缩小，市场区范围的绝对差异呈不同程度的扩大。这一变动与前述沿线城市经济联系强度的变化基本一致。第三，除京沪线外，其余干线沿线城市的市场区范围相对差异都呈缩减趋势。2020 年，除京沪线沿线城市市场区范围的变异系数由 0.14 增加至 0.20 之外，其余各干线沿线城市市场区范围的变异系数都出现了不同程度的下降。

表 7-12　高速铁路对"四纵四横"各干线沿线城市市场区范围的影响

时间	测度指标		"四纵"干线				"四横"干线			
			京广线	京哈线	京沪线	杭福深线	徐兰线	青太线	沪昆线	沪汉蓉线
2011 年	可达性	均值	932.77	1329.81	811.01	1219.50	1085.19	954.99	1239.95	964.85
		标准差	150.40	254.11	38.87	221.35	276.62	128.22	463.76	348.78
		变异系数	0.16	0.19	0.05	0.18	0.25	0.13	0.37	0.36
	市场区范围	均值	2.08	1.47	4.18	2.19	2.00	1.88	2.65	4.90
		标准差	0.64	0.81	0.60	1.42	1.13	1.23	1.28	2.11
		变异系数	0.31	0.55	0.14	0.65	0.57	0.66	0.48	0.43
2020 年	可达性	均值	274.31	352.80	266.92	346.62	293.41	288.99	320.27	301.76
		标准差	40.63	51.20	17.92	49.85	65.88	30.60	50.31	58.22
		变异系数	0.15	0.15	0.07	0.14	0.22	0.11	0.16	0.19
	市场区范围	均值	6.60	4.46	8.33	5.71	5.76	4.51	8.32	8.96
		2011~2020 年增长率	217.3%	203.4%	99.3%	160.7%	188.0%	139.9%	214.0%	82.9%
		标准差	1.44	1.39	1.68	2.35	2.62	1.87	2.76	2.65
		2011~2020 年增长率	125.0%	71.6%	180.0%	65.5%	131.9%	52.0%	115.6%	25.6%
		变异系数	0.24	0.31	0.20	0.41	0.45	0.42	0.33	0.30
		2011~2020 年增长率	−22.6%	−43.6%	42.9%	−36.9%	−21.1%	−36.4%	−31.3%	−30.2%

　　综上，不难看出，"四纵四横"线路的市场区范围与可达性的变动趋势与总体变化保持一致，并呈现出与经济联系强度类似的变动趋势。各干线市场区范围随可达性的提升，有了普遍而显著的扩大，但变化程度同样存在差异。下面我们具体来分析每条高速铁路干线沿线城市的差异情况。

　　从市场区范围变动的结果来看，2020年沪汉蓉线的均值最高，为8.96，京哈线的均值最低，为4.46。从市场区范围的扩张速度来看，京广线沿线城市市场区范围的增速最高，沪汉蓉线沿线城市市场区范围的增速最低，其余干线的增速居中。与2011年相比，2020年，京广线的市场区范围均值从2.08增至6.60，扩大了217.3%；沪汉蓉线的市场区范围均值从4.90增至8.96，扩大了82.9%。再对比其余六条线路，徐兰线和京哈线的沿线城市市场区范围增长率大体接近，京沪线沿线城市市场区范围增长幅度相对略低。

　　八条干线各沿线城市的市场区范围绝对差异均趋于扩大。其中，京沪线沿线城市的市场区范围绝对差异增长率最高，2011～2020年，沿线城市市场区范围的标准差由0.60扩大到1.68，增长了180.0%。而沪汉蓉线沿线城市的市场区范围标准差增长率最低，市场区范围的标准差从2011年的2.11增至2020年的2.65，增长了25.6%。其余干线中，京广线、徐兰线、沪昆线沿线城市市场区范围的标准差增长率较为接近且相对略高，京哈线、杭福深线、青太线沿线城市的市场区范围标准差增长率相对较低。

　　各干线沿线城市市场区范围的相对差异变化也各有不同。除京沪线外，其余各干线沿线城市市场区范围的变异系数都呈现出不同程度的缩小，其中，京哈线降低的幅度最大，徐兰线降低的幅度最小。2020年，京沪线沿线城市市场区范围的变异系数从0.14提高到0.20，扩大了42.9%；京哈线沿线城市市场区范围的变异系数从0.55缩小到0.31，降低了43.6%；徐兰线沿线城市市场区范围的变异系数从0.57缩小到0.45，降低了21.1%。此外，2020年杭福深线和青太线的变动同步，其变异系数分别为0.41和0.42，各下降了36.9%和36.4%；沪昆线和沪汉蓉线的变动同步，其变异系数分别降至0.33和0.30，各下降了31.3%和30.2%。

　　总体来看（图7-3），高速铁路的开通促进沿线城市市场区范围的扩大，但各干线沿线城市市场区范围的变动存在一定的差异。此外，各条干线沿线城市市场区范围的绝对差异都有不同程度的扩大，而除了京沪线外的其余七条干线，沿线城市市场区范围相对差异均趋于缩小。

　　第三，高速铁路对沿线枢纽城市市场区范围的影响。

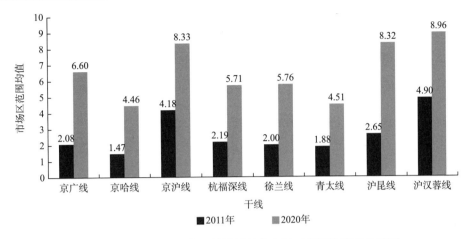

图 7-3 "四纵四横"各干线沿线城市市场区范围均值变动情况

通过上述分析可知,在高速铁路的影响下,"四纵四横"八条干线沿线城市的市场区范围有了明显扩大,城市吸引力显著增强,但各条干线之间的变动情况存在一定差异。下面,我们进一步来考察高速铁路沿线枢纽城市的市场区范围变动会存在怎样的差异化变动。

同上文,我们选择沈阳、北京等 12 个城市作为枢纽城市来进行考察。从总体上看(表 7-13),各枢纽城市可达性明显改善,市场区范围快速扩大。首先,2020 年,12 个枢纽城市的市场区范围均值由 2011 年的 3.42 扩大到 7.43,较全国总体均值 6.235 高出 19.2%,增长了 117.25%。受高速铁路的影响,枢纽城市的市场区范围及辐射功能大于其他沿线城市,但枢纽城市市场区范围的扩张速度较沿线其他城市来说相对缓慢,沿线其他城市的市场区范围对高速铁路影响更敏感。其次,枢纽城市市场区范围的绝对差异没有随可达性绝对差异的缩小而缩小,变动趋势与沿线枢纽城市经济联系强度的变动类似。2020 年,枢纽城市的可达性标准差由 2011 年的 202.21 减少到 43.19,下降了 78.64%,市场区范围的标准差从 1.30 扩大到 1.71,上升了 31.54%,但低于全国沿线所有城市市场区范围的标准差 2.580。最后,枢纽城市市场区范围的相对差异随可达性的提高而明显缩小。2020 年,沿线枢纽城市市场区范围的变异系数从 2011 年的 0.38 降至 0.23,减少了 39.47%,低于全国高速铁路沿线城市总体变异系数(0.414)44.4%。说明在高速铁路的影响下,虽然沿线城市市场区范围的扩张速度出现明显差异,但沿线枢纽城市市场区范围的相对差异相对较小,枢纽城市市场区范围的扩张速度趋同。

表 7-13　高速铁路对枢纽城市市场区范围的影响

测度指标	2011 年		2020 年			
	可达性	市场区范围	可达性		市场区范围	
			均值	增长率	均值	增长率
均值	903.24	3.42	282.66	68.71%	7.43	117.25%
标准差	202.21	1.30	43.19	−78.64%	1.71	31.54%
变异系数	0.22	0.38	0.15	−31.82%	0.23	−39.47%

　　进一步观察发现，这 12 个枢纽城市市场区范围的变化与可达性保持同向变动。2020 年，12 个枢纽城市可达性的提升幅度大体较为接近，从 64.2%～73.8%。其中，沈阳、石家庄、郑州、广州的可达性分别提升了 73.8%、71.1%、70.7%、70.6%（表 7-10），在 12 个枢纽城市中可达性改善最为显著。对比均值，郑州与徐州的可达性较高，分别为 230.10 和 236.34，可达性水平居前两位；沈阳与广州的可达性较低，分别为 364.20 和 362.45。相应地，如表 7-14 所示，沈阳、石家庄、郑州、广州的市场区范围增长率也位于 12 个枢纽城市前列，分别扩大了 5910.3%、1839.3%、1820.8%、3931.8%。

表 7-14　枢纽城市市场区范围变动情况

城市	1997 年	2011 年	1997～2011 年增长率	2020 年	2011～2020 年增长率
沈阳	1.208	1.782	47.5%	107.104	5910.3%
北京	1.765	3.763	113.2%	39.375	946.4%
石家庄	1.648	2.211	34.2%	42.877	1839.3%
郑州	1.948	3.007	54.4%	57.758	1820.8%
济南	1.791	4.665	160.5%	78.427	1581.2%
徐州	1.926	4.525	134.9%	73.247	1518.7%
武汉	1.462	2.965	102.8%	63.878	2054.4%
长沙	1.164	2.408	106.9%	28.504	1083.7%
南京	2.087	4.952	137.3%	17.390	251.2%
上海	2.057	5.282	156.8%	75.429	1328.0%
杭州	1.734	4.292	147.5%	82.084	1812.5%
广州	0.816	1.130	38.5%	45.559	3931.8%

　　上述结果说明，高速铁路沿线城市的可达性变化与市场区范围之间同样存在一定的正相关性，可达性水平改善幅度越大的城市，经济联系强度增幅越大，市

场区范围增幅越大。例如，沈阳、石家庄、郑州、广州这四个可达性水平提高程度较大的城市，其经济联系强度和市场区范围的涨幅相对较高。同时，与沿线其他城市相比，枢纽城市的市场区范围均值更大，市场区范围的平均增长速度略缓。枢纽城市市场区范围的相对差异和绝对差异均低于全国平均值，说明枢纽城市在高速铁路影响下，扩大城市辐射范围的速度更为趋同。

（三）高速铁路与沿线城市空间经济聚集

通过上述研究得以证实，高速铁路的开通明显改善了沿线城市的可达性，加强了各种要素的流动性，促使沿线城市市场区范围显著扩大，城市间经济活动往来频繁，同时加速各沿线城市的经济增长。那么，高速铁路沿线城市的经济增长是否会存在空间集聚？不同线路之间又存在何种差异？本节选用空间基尼系数来观测各条干线沿线城市经济增长的集聚情况。空间基尼系数是经济学家克鲁格曼于 1991 年提出的，当时用于测算美国制造业行业集聚程度。空间基尼系数是所有衡量空间集聚程度的指标中较为广泛应用的一种，其公式如下：

$$G = \sum_{i=1}^{n}(S_i - X_i)^2 \qquad (7\text{-}4)$$

其中，G 表示行业空间基尼系数；S_i 表示 i 地区某行业就业人口数占全国该行业就业人口数的比重；X_i 表示该地区就业人口数占全国总就业人口数的比重；n 表示地区的数量。对所有区域进行加总，就可得出该地区某行业的空间基尼系数。空间基尼系数的取值介于 0~1，其值越接近 1，表示该行业的空间集聚程度越高；反之，则表示该行业总体上没有形成规模性产业集聚。我们借鉴空间基尼系数的定义并将其运用到本节研究中，G 表示"四纵四横"各条高速铁路干线沿线城市经济增长的空间基尼系数，S_i 表示高速铁路沿线 i 城市地区生产总值占其所属省区市地区生产总值的比重，X_i 表示高速铁路沿线 i 城市人口数占其所属省区市人口数的比重，n 表示高速铁路沿线的城市数量。我们将"四纵四横"高速铁路完成全线开通的 2020 年作为观测时点，对于数据的处理，我们是按照以下方法进行的：各省区市地区生产总值、人口数据以 2013 年为基期，考虑到中国近年来经济增速放缓的趋势，及近五年来人口自然增长率的平均水平，我们对地区生产总值和人口数据分别以 7%和 5‰的增长率推测出 2020 年的估计值。估计值或将与届时实际情况存在偏差，但我们并不是对得出的绝对值进行分析说明，而是重点对比不同高速铁路干线空间集聚程度的差异。此外，还需要说明的是，采用空间基尼系数这种方法也有一定缺陷，当空间基尼系数大于零时，并不一定表明有集聚现象的存在，因为它没有考虑到城市间的规模差异。如果一条干线上有一个或两个经济总量大、增长速度快的超大型城市，可能就会造成沿线城市的经济增长有较高的空间基尼系数。但实际上，该沿线城市的经济增长并无明显的集聚现象出现。因此，利用空间基尼系数来分析高速铁路沿线城市经济增长的集聚时，会因城市规模的差异而存在一定误差。

根据表 7-15，我们可以对"四纵四横"各条高速铁路干线沿线城市经济增长的空间集聚情况得出以下概括：首先，空间基尼系数高于 0.5 的分别是京广线（0.696）、沪昆线（0.639）和京哈线（0.600），这三条干线沿线城市经济增长的空间集聚程度高于其余五条干线，说明这三条干线上的沿线城市，经济增长在地理区域上表现出较强的集聚特征；其次，空间基尼系数介于 0.3～0.5 的分别为沪汉蓉线（0.425）和徐兰线（0.366），这两条干线上的沿线城市经济增长的空间集聚程度居中；最后，京沪线（0.072）、青太线（0.132）和杭福深线（0.284）这三条干线上沿线城市经济增长的空间集聚程度相对偏低，说明这三条干线沿线城市的经济增长彼此之间呈现出较为均衡的趋势。这一结果也体现出，对于不同干线，沿线城市经济增长的集聚程度存在差异，这些差异将会影响高速铁路经济带的形成与发展。

表 7-15　2020 年"四纵四横"各干线沿线城市经济增长的空间基尼系数

指标	京广线	京哈线	京沪线	沪汉蓉线	徐兰线	青太线	沪昆线	杭福深线
G	0.696	0.600	0.072	0.425	0.366	0.132	0.639	0.284

（四）"四纵四横"高速铁路干线沿线经济带发展

按照前文对经济带定义的阐述，我们接下来对"四纵四横"八条高速铁路干线分别进行分析。

首先，高速铁路开通后，"四纵四横"八条干线沿线城市的可达性都有了显著提升。从整体上看，京沪线的可达性水平最高，沿线贯穿的城市群交通网络建设更加先进和完善，为经济带的形成创造了良好的交通基础；京哈线与沪昆线沿线整体可达性水平略低，且这两条高速铁路干线跨越区域面积广阔，沿线地区的交通网络密度尚不够高，交通运输一体化建设有待于推进。

其次，从沿线城市经济联系强度来看，京沪线与沪汉蓉线沿线城市整体的经济联系强度高居前列，说明沿线区域内经济活跃，要素流动性强，合作深入，有利于区域产业结构的调整和优化，以及加速产业集聚，且沿线有诸如上海、南京这样具有较强的辐射扩散能力的核心大城市，能够对沿线区域发展起到带动作用；京广线、徐兰线、杭福深线沿线城市整体的经济联系强度位列中游，说明高速铁路对沿线区域可达性的提升，使得空间距离不再是制约区域经济一体化发展的瓶颈，沿线中小城市受益于核心大都市的辐射扩散效应，经贸往来更加活跃；京哈线沿线城市整体的经济联系强度位列八条线路的末位，京哈线所在区域的经济联系不够紧密，经济活跃程度仍有待开发。京哈线沿线地区还需进一步发展交通网络一体化建设，才能更好地配合并放大高速铁路对区域经济发展的促进作用。

最后，从市场区范围的扩张程度看，京广线、沪昆线和京哈线沿线整体的市场区范围扩张较为明显，这三条干线沿线城市将更快地出现市场区重叠，进而以交通一体化推动区域经济一体化，更快形成经济活动和人口分布的集聚地带；京哈线、青太线沿线整体的市场区范围均值较低，反映出沿线城市的市场区仍是相互"断裂"的或不连续的，彼此间市场区距离较大，在区域经济一体化过程中还存在较大困难。

由此看出，在"四纵四横"八条高速铁路干线中，京沪线、沪汉蓉线和杭福深线沿线区域的经济联系密切，要素流动频繁，沿线各城市市场区重叠并逐渐联结成带状产业聚集区，经济增长在地域空间上表现出较为均衡的趋势，城市化和区域经济一体化进程更快，更有可能形成沿高速铁路干线发展的交通经济带。而京哈线、青太线沿线区域交通一体化建设不够完善，沿线城市经济联系强度有待于提升，各个市场之间衔接不够紧密，沿线形成交通经济带的阻力较大。

第六节　结论与讨论

一、主要结论

本章通过对相关文献的梳理和实证研究，得出了以下结论。

第一，交通基础设施的建设是经济带形成与发展的重要基础。交通基础设施的完善，能够提高城市的可达性，降低运输成本：一方面促进区域要素频繁流动，加强城市空间经济联系；另一方面使交通轨道沿线城市的市场区范围在空间上连续并重叠，进而促进沿线区域经济集聚和产业结构调整，通过区域经济一体化来培育沿线交通经济带的形成。这也是交通基础设施影响经济带发展的机制。

第二，高速铁路作为一种新型快捷的交通运输工具，能够更快地促进沿线经济带的形成。首先，高速铁路开通后，沿线城市的要素吸纳能力随可达性的提高而增强，高速铁路枢纽城市在这方面的表现将更为明显。总体来讲，沿线城市经济联系更加密切，合作加深，区域经济一体化进程随之增强。但是，在高速铁路作用下，沿线城市经济发展有可能快于非沿线城市，不利于它们之间缩小经济发展差异。其次，高速铁路的开通促进沿线城市市场区范围的扩大，有利于扩大城市对城市、城市对城市群的辐射带动作用，但各干线沿线城市市场区范围的变动存在一定的差异。最后，高速铁路增强了沿线区域经济活动的空间集聚程度，有利于提高资源配置效率和产业结构的优化调整，但邻近辐射核心城市的沿线其他中小城市将有可能面临"虹吸效应"的问题。在经济带的形成过程中，这些城市需注意提高对要素的吸引力和承载能力，防止投资、消费、就业等全部向核心城市转移，从而导致自身"空心化"。

第三，"四纵四横"八条高速铁路干线经济带的形成与发展各有差异。总的来说，京沪线、沪汉蓉线和杭福深线沿线区域的经济联系密切，要素流动频繁，沿线各城市市场区重叠并逐渐联结成带状产业聚集区，城市化和区域经济一体化进程更快，更有可能形成沿高速铁路干线发展的交通经济带。而京哈线、青太线沿线区域交通一体化建设不够完善，沿线城市经济联系强度有待于提升，各个市场之间衔接不够紧密，沿线形成交通经济带的阻力较大。

二、政策启示

在上述研究结论的基础上，本章获得以下几方面的政策启示。

首先，完善高速铁路网络及相关交通基础设施建设。充分把握"一带一路"规划建设的有利时机，加快航空、铁路、高速铁路、高速公路等综合交通运输体系的一体化建设。同时，基于中国高速铁路网络分布的现状，应将交通运输建设的重点放在中西部地区和东北部地区，促进中西部地区和东北部地区高速铁路网络密度的提高及交通运输方式的多样化，并打造更多具有极强的人流、物流运输承载能力的中西部交通枢纽城市及东北部交通枢纽城市。这样，才能够更便捷、更省时地完成货物运输的跨区域衔接，更好地支持核心城市及城市群发挥辐射带动效应，更充分地利用中西部地区及东北部地区的丰富资源，挖掘中西部地区及东北部地区的发展潜力，从而缩小与东部地区的发展差距并顺利对接东部地区的产业转型。

其次，政府政策要主动引导中心城市向中小城市进行产业转移。高速铁路的开通对沿线中小城市来说既是机遇又是挑战。从上述分析看，中心城市凭借着良好的经济环境和完善的政策扶持，对各种要素的吸引力明显大于沿线其他城市，"虹吸效应"导致资源向大城市集中，使中小城市有可能在人才、投资、科技、市场等竞争中相对不利。因此，除了中小城市自身要善于抓住机遇，依托高速铁路向中心城市靠拢，并开发自身特色之外，还应当有相应的政策扶持，由政府来组织规划中心城市向中小城市进行产业转移，提高政府及民众的重视程度，促进区域内及区际的资源双向无障碍流动，深化跨区域合作发展。

最后，依托中心城市及城市群，沿高速铁路构建产业集聚经济带，加强交通经济带的辐射带动效应。其中，优先培育京沪线、沪汉蓉线和杭福深线沿线区域使之形成重点经济带，着力开发京哈线、青太线沿线区域特色产业聚集区，并注重在高速铁路干线上发展多个副中心城市，打造中心城市向周边地区进行要素传递的多元化渠道，从而进一步推进区域经济一体化进程，最终实现高速铁路沿线区域协调发展。

三、本章研究不足

本章受数据资料收集的限制，仍存在一些不足，需要进一步改进。

（1）关于数据，本章 2020 年高速铁路全线开通后的运行时间是以规划中的线路里程及预设时速计算的，2020 年城市的地区生产总值及城市人口数也是以 2011 年为基期进行预测或推算的，届时实际情况可能会发生变化，因此，本章分析结果可能与现实存在一定偏差。

（2）本章的实证研究部分仅依照 1997 年、2011 年和 2020 年三年的截面数据，我们所做的也只是趋势性预测分析，难免会存在疏漏。

（3）本章的研究对象未涵盖非高速铁路沿线城市，没有进一步对比高速铁路沿线城市与非高速铁路沿线城市的发展差异，尚不足以全面描述高速铁路对沿线区域经济发展及一体化格局的影响。

第八章　高速铁路发展与区域经济格局的均衡性变化

　　区域经济格局不平衡是大多数国家尤其是大国经济体普遍存在的现象，对于国家经济的持续和协调发展有着广泛而深刻的影响。因此，区域经济格局的均衡性成为中外区域经济学历久弥新的重要研究问题之一。如何引导区域经济格局走向均衡则是世界多数国家经济发展决策所必须关注的一个重大问题。众所周知，区域经济格局的均衡性受各种复杂因素的影响。交通运输是其中的一个重要影响因素，这是因为要素和产品流动在较大程度上取决于运输的可能性及运输成本。关于这一点，古典区位理论创始人杜能、韦伯、泰勒等早已做出了令人信服的证明。那么，交通运输是如何影响区域经济增长及格局变化的呢？库姆斯和迈耶（2011）的研究认为，"当所有与距离有关的成本大幅度、史无前例地下降时，国家之间出现了巨大的差异"。著名新经济地理学家藤田昌久等（2005）把运输成本和规模报酬递增引入垄断竞争模型，证明了区域经济格局将演化为"核心-边缘"结构。显然，交通运输在这个不平衡的区域经济格局形成中扮演了重要角色。

　　改革开放以来，无论是国家，还是地方及民众都十分重视交通对区域经济发展的影响。"要致富，先修路"成为一个时代的口号，充分反映了交通运输发展对全国及区域经济发展的重要性。已有研究表明，中国交通基础设施与经济增长之间存在相互影响、相互作用的非线性关系（黄寿峰和王艺明，2012）。总体上，交通基础设施的改善促进了中国的经济增长（周浩和郑筱婷，2012；Zhang，2013）。中国交通基础设施建设对全要素生产率有着显著的正向影响（刘秉镰等，2010），而且，其区域经济增长的空间溢出效应非常显著（张学良，2012），有利于区域经济一体化发展（陈栋生，2009；刘生龙和胡鞍钢，2011）。然而，我们也注意到，各种交通运输方式对区域经济增长的影响是存在差异的。叶昌友和王遐见（2013）的研究表明，高速公路密度提高1个百分点可带动经济增长约0.034个百分点，铁路密度提高 1 个百分点可带动经济增长约 0.002 个百分点。王家庭和赵亮（2009）的研究则发现，对各省区市而言，交通运输对经济增长的影响不尽相同，东部地区的经济增长受交通运输的影响要大于中西部地区。

随着中国高速铁路网络建设的快速推进和部分线路相继投入运营，高速铁路作为现代社会的一个重要标志（Arduin and Ni，2005）、中国区域间和城际一种新兴交通方式，正在引起区域经济格局发生新的变化。而且，从长远看，到 2020年全国高速铁路网络建成后，高速铁路必将成为影响中国区域经济格局变化的一个重要因素。因此，本章所关注的问题是高速铁路对中国区域经济格局的均衡性将会产生何种影响，我们把这个问题具体分解为三大问题：一是高速铁路是否会对中国区域经济格局均衡性产生影响。二是如果该问题成立，那么，高速铁路将引起中国区域经济格局走向均衡还是非均衡。三是如果这两种影响均存在，那么，它们是否表现出空间层次上的差异，以及这种差异具体表现如何。在中国持续实施促进区域经济协调发展战略的时代背景下，研究这些问题，可以为国家调整区域发展战略及政策提供可靠的科学根据。同时有助于从高速铁路这个角度深化交通运输与区域经济格局变化关系的理论研究。

本章的研究思路如下：首先，从均衡性视角，以新经济地理学为理论基础，构建基于交通线路影响的区域经济格局演变理论模型，揭示新交通线路影响区域经济格局演变的机制。其次，在此基础上，分析高速铁路对区域经济格局变化的影响机制。再次，以可达性为分析工具，分析高速铁路建设和运营对中国各省区市客运可达性空间格局的影响，获得判断高速铁路影响中国区域经济格局变化的重要依据。最后，借鉴国外关于可达性与区域经济增长长期关系的研究，预测和分析高速铁路对中国未来区域经济格局变化的影响，为中国在高速铁路建设背景下采取针对性的区域政策推动区域经济协调发展提供依据。

第一节 文 献 回 顾

自 1964 年日本新干线开通以来，高速铁路建设和发展已经有五十多年的历史。因此，国外已有不少学者从均衡与非均衡的视角就高速铁路对区域经济格局的影响进行了研究。概括起来，这些研究工作获得了两种相反的结论。一种结论是，高速铁路建设和运营有利于促进区域经济格局走向均衡。Sasaki 等（1997）通过构建供给导向的区域经济增长模型，从可达性入手，分析了新干线对日本区域经济格局均衡性的影响。研究发现，新干线网的扩张在一定程度上促进了中心区域的经济扩散，从而缩小区域经济差距。Ortega 等（2012）用可达性差异间接描述区域经济不平衡，以西班牙加利西亚（Galician）高速铁路为例，分析了不建高速铁路和建设高速铁路两种情形下区域经济格局均衡性变化。结果显示，高速铁路可以在增大可达性的同时减小可达性变异系数，从而有利于区域经济格局向更加均衡的方向发展。另一种结论则认为，高速铁路建设和运营拉大了核心与边缘区域的经济差距，加深了区域经济格局的不平衡程度。Vickerman（1997）考察了法国的 TGV、德国的 ICE、西班牙的 AVE 和意大利的 Direttissima 等高速铁路对区域经济活动的影响，认为高速铁路会促进中心区域公司的扩张行为而牺牲边缘区域公司的利益，因而降低了边缘区域的经济增长率。Preston 和 Wall（2008）与 Hall（2009）的研究也表明，高速铁路连接的中心区域特别是中心城市的发展会对边缘区域产生不利影响，甚至会产生极化效应。当高速铁路增大所连接城市的可达性时，也使得这些城市之间的区域变得分离，进而产生"隧道效应"（Ureña et al., 2009）。同时，一些学者（Vickerman, 1997；Givoni, 2006；Elhorst and Oosterhaven, 2008；Marie, 2010）指出，高速铁路能给有关区域的经济增长带来短期效应，但长期来看，高速铁路所连接的边缘区域的经济增长率相对中心区域还会下降。因此，高速铁路并不能提升区域经济的一体化水平，而是强化了区域的极化过程（Albalate and Bel, 2012）。

虽然国外关于高速铁路对区域经济格局均衡性影响的研究尚存在分歧，但我们从中可以发现以下有价值的认识。一是高速铁路对区域经济格局变化及均衡性有影响，其影响的方式和程度因区域初始的经济社会条件、线路布局、居民出行习惯等而存在差异。二是由高速铁路所引起的可达性变化可以提高区域总的经济福利水平，并引起经济福利重新分配（Levinson, 2010）。因此，可达性分析成为研究高速铁路与区域经济格局关系的一个主要工具。三是高速铁路对区域经济格局的影响主要是长期效应，短期效果不太明显。Ahlfeldt 和 Feddersen（2010）的研究发现，高速铁路可以永久改变一个区域的可达性，从而改变区域的准基础区位，由此给区域经济格局变化带来持续的影响。因此，我们可以把可达性作为连接高速铁路与区域经济格局变化的"桥梁"，通过观察高速铁路引起的可达性短期变化，对区域经济格局的长期演化进行预测。此外，国外的有关研究虽然认识到了高速铁路是通过改变可达性而影响区域经济格局均衡性的，但是对可达性究竟是如何导致区域经济格局均衡性发生相应变化的机制尚缺乏理论深度的探讨。

因此，本章拟以客运可达性为分析工具，构建理论模型，揭示交通运输影响区域经济格局均衡性的机制。在此基础上，分析高速铁路建设和运行影响区域经济格局均衡性的机制，考察中国高速铁路网络建成后，在其影响下全国区域经济格局均衡性将会发生何种变化。

第二节　交通线路与区域经济格局均衡性变化的理论分析

可达性表示从一个地方到达目的地的难易程度，这意味着可达性与运输成本成反比。同时，可达性也衡量目的地的价值，目的地的经济活动越多，其价值就越高（Andersson et al.，2010）。因此，我们以运输成本为"中介"，分析可达性影响区域经济格局的机制。基于这个认识，本章构建交通线路影响下的区域经济格局演变模型，证明新交通线路建设对中心区域[1]、沿线区域和非沿线区域的经济增长影响存在差异，从而揭示交通线路影响区域经济格局均衡性变化的机制。在此基础上，进一步揭示高速铁路影响区域经济格局均衡性的机制。

一、基于交通线路影响的区域经济格局演变模型

如前所述，国内外学者的研究已经发现，交通运输对不同区域的经济增长影响存在差异。由此，我们不难推论，一条交通线路的建设和运行对不同区域经济增长的影响必然是不一样的。据此，我们构建一个交通线路影响下的区域经济格局演变模型[2]，考察新的交通线路建成后，其中心区域、沿线区域和非沿线区域的经济表现会存在哪些差异，这些差异又会对区域经济格局产生什么影响。这样，我们就可以从理论上揭示交通线路建设和运行降低运输成本、运输成本降低影响区域经济增长、不同类型区域经济增长表现出差异进而导致区域经济格局发生变化的作用机制。

（一）假设条件

1. 区域条件

有一个由 $1+n+m$ 个区域构成的区域经济体，包括以下几个区域：1 个中心区域，其为交通线路的枢纽；n 个沿线区域 N；m 个非沿线区域 M。而且，每个区域都是厂商的集中区域，区域行为由厂商生产行为来体现。

---

[1] 这里，我们把中心区域定义为交通线路的主要始发站点或枢纽所在区域，其经济发展水平相对较高。

[2] 理论模型的构建借鉴了 Banerjee 等（2012）的建模思路。原有模型考虑的是线性形式的运输成本，本节将运输成本看作萨缪尔森形式的"冰山成本"。

2. 生产条件

在生产要素有成本流动的情况下，每个区域根据比较优势生产一商品束，这些商品束可能与其他区域相同也可能不同，除了满足自身需求外，N 区域和 M 区域向中心区域出口商品。要素流动和商品运输过程中存在成本，成本以"冰山成本"的形式体现。产品的生产函数采用如下形式：

$$Y = A \cdot K^{\alpha} L^{1-\alpha} \bar{K}^{\beta} \qquad （8-1）$$

其中，K 表示流动资本；L 表示劳动力；$\bar{K}$ 表示每个区域固定资本投入。$\alpha + \beta$ 表示区域之间的溢出效应，因为区域之间的溢出效应在边际生产率递减的情况下并不是很大，所以一般情况下 $\alpha + \beta < 1$。

3. 销售条件

考虑一种代表性商品束的销售情况，假定中心区域商品束价格为 p。由于商品运输需要成本，因此，离中心区域距离为 d 的边缘区域的 1 单位商品束只有 $\mathrm{e}^{-\tau d}$ 单位到达中心区域。由此可以得到：$p \times \mathrm{e}^{-\tau d} = p_d \times 1$，即离中心区域距离为 d 的边缘区域的商品价格为 $p_d = p\mathrm{e}^{-\tau d}$。假定 M 区域和 N 区域离中心区域的距离分别为 d_1 和 d_2，其中 $d_1 > d_2$，得到中心区域、M 区域和 N 区域的商品束价格分别为 p、$p\mathrm{e}^{-\tau d_1}$、$p\mathrm{e}^{-\tau d_2}$。

4. 要素流动条件[①]

与销售条件分析类似，得到中心区域、M 区域和 N 区域的资本回报率分别为 r、$r\mathrm{e}^{-\theta d_1}$、$r\mathrm{e}^{-\theta d_2}$，工资水平分别为 w、$w\mathrm{e}^{-\rho d_1}$、$w\mathrm{e}^{-\rho d_2}$。

（二）均衡分析

假定区域行为由厂商生产行为来体现，因此，要满足厂商利润最大化必须使得边际劳动成本等于工资水平，边际资本成本等于资本回报率，即

$$w(1 - \mathrm{e}^{-\rho d_i}) = A(1 - \alpha)p(1 - \mathrm{e}^{-\tau d_i})\left(\frac{K}{L}\right)^{\alpha} \bar{K}^{\beta}$$

$$r(1 - \mathrm{e}^{-\theta d_i}) = A\alpha p(1 - \mathrm{e}^{-\tau d_i})\left(\frac{L}{K}\right)^{1-\alpha} \bar{K}^{\beta}$$

由于假定区域行为由厂商生产行为来体现，因此区域要满足厂商利润最大化

---

① 其中，τ、θ 和 ρ 分别代表商品、资本和劳动力流动的难易程度。

必须使得边际劳动成本等于工资水平，边际资本成本等于资本回报率。即

$$we^{-\rho d_i} = A(1-\alpha)pe^{-\tau d_i}\left(\frac{K}{L}\right)^{\alpha}\bar{K}^{\beta} \qquad （8\text{-}2）$$

$$re^{-\theta d_i} = A\alpha pe^{-\tau d_i}\left(\frac{L}{K}\right)^{1-\alpha}\bar{K}^{\beta} \qquad （8\text{-}3）$$

同时，必须满足资本市场出清，即 $K = m \times K_M + n \times K_N + K_1$。为了更好地分析资本需求条件，假定每一个区域都满足 $\bar{K} = K$，则由式（8-3）可以得到

$$K^{1-\alpha-\beta} = \frac{pe^{-\tau d_i}}{re^{-\theta d_i}}A\alpha L^{1-\alpha} \qquad （8\text{-}4）$$

式（8-4）表明，在其他条件不变的情况下，资本量的大小取决于商品束和资本流动的相对难易程度，即 τ 和 θ 的大小。若 $\tau < \theta$，即资本的流动性比商品流动性差，那么，M 区域的资本量大于 N 区域的资本量。为了进一步分析区域之间的差异程度，以工资-资本回报率比率作为区域差异的衡量标准，得到

$$\frac{we^{-\rho d_i}}{re^{-\theta d_i}} = \frac{1-\alpha}{\alpha}\times\frac{K}{L} \qquad （8\text{-}5）$$

由式（8-5）可以看出，区域差异程度与资本和劳动力流动的相对难易程度有关。在资本流动相对劳动力流动较难的情况下，远离核心区域的边缘区域可以更多地保持自己的资本，由此区域之间的差异程度会较低；反之亦然。

分析 M 区域和 N 区域的人均产出变化情况：

$$y = \frac{pe^{-\tau d_i}Y}{L} = pe^{-\tau d_i}AL^{\alpha}K^{\alpha+\beta} \qquad （8\text{-}6）$$

由式（8-4）和式（8-6）可以得到

$$y = pe^{-\tau d_i}AL^{\alpha}\left[\frac{pe^{-\tau d_i}}{re^{-\theta d_i}}AL^{1-\alpha}\right]^{\frac{\alpha+\beta}{1-\alpha-\beta}} \qquad （8\text{-}7）$$

由式（8-7）可以看出，商品束和资本流动的相对难易程度决定了区域的人均产出。如果资本流动速度大于商品束流动速度，那么，随着距离的增大，则人均产出会降低，远离中心区域的边缘区域与其他区域之间的差距会增大；反之，差距则会缩小。

二、高速铁路影响区域经济格局均衡性的机制

通过上述理论分析，我们揭示了新交通线路建设和运行影响区域经济格局变化的机制。以此为基础，我们对高速铁路影响区域经济格局均衡性的机制做出如下解析。

高速铁路是一种新兴客运交通,它大幅度地缩短商务旅行时间、提高旅行舒适度,从而提高中心区域和沿线区域的客运可达性。这会带来两方面的积极变化:一方面的变化是客运可达性提高可以促进区域之间劳动力流动和商务旅行及与之相关的信息流动的增加。这必然增大区域之间的人流和信息流的速度及规模,增大要素利用的机会和提高要素配置效率,从而推动相关区域的经济增长。另一方面的变化是由于客运可达性增大,沿线区域作为厂商目标区位的吸引力增大,吸引厂商选址于此,形成厂商集聚(Willigers,2003)。厂商的集聚带来生产要素的大量集聚,从而提高中心区域、沿线区域之间生产要素流动的规模和速度,促进这些区域的经济增长。高速铁路运行也可能对部分区域产生消极的影响,这就是"隧道效应"。这种效应可能发生在某些缺乏要素吸纳能力的沿线区域,高速铁路提高了这些区域的客运可达性,导致本地劳动力和其他生产要素加速外流,从而对本地经济增长产生抑制作用。此外,我们还注意到,高速铁路建设和运行虽然不直接改变非沿线区域的客运可达性,但是会使其客运可达性出现相对下降。这种间接的影响,对于非沿线区域的经济增长是不利的。

从上述几方面的变化不难发现,高速铁路建设和运行可引起中心区域、沿线区域、非沿线区域的客运可达性发生差异性变化,进而对其经济增长产生差异化影响,或促进相关区域的经济增长,或对其经济增长产生抑制作用,最终产生长期改变区域经济格局均衡性的效果。

第三节　高速铁路影响中国区域经济格局均衡性的实证分析

根据上文提出的分析思路,我们首先考察高速铁路建设和运行将会给全国区域可达性带来什么样的变化。进而,分析这种变化对全国区域经济格局均衡性产生什么样的影响。

一、高速铁路与中国区域客运可达性的变化

(一)客运可达性计算方法

高速铁路承担的主要是旅客运输,因此,本章所分析的区域可达性是客运可达性。本章使用的客运可达性计算公式如下:

$$A_{it} = \sum_{k=1}^{K} \sum_{j=1}^{J} \alpha_k \frac{P_{jt}}{T_{ijt}^a} \tag{8-8}$$

其中，A_{it} 表示 i 城市[①]的可达性指数；P_{jt} 表示 j 城市的人口规模，反映规模经济对可达性的影响；α_k 表示在客运中不同交通方式所占的比例[②]，反映交通方式异质性；T_{ijt} 表示 i 城市到 j 城市的旅行时间，根据不同运输方式的线路布局来计算，以反映线路布局重要性；t 表示分析时点；a 表示摩擦系数[③]。

（二）样本选择及数据说明

本节的研究范围是中国的 31 个省区市[④]，对于各省区市，我们选择省会城市作为代表性城市，因此我们的研究样本包括 31 个城市。为考察高速铁路对这些城市客运可达性的影响，我们设定了无高速铁路与有高速铁路两种情形。为表述方便，我们将这两种情形分别称为"高速铁路引入前"和"高速铁路引入后"。考虑到我们所分析的区域是省区市，其可达性主要受长途客运方式影响，因此，在本节分析中我们选择铁路和航空两种运输方式进行考察。

本节分析中的人口规模选用各个城市 2011 年市辖区的人口数据，客运中铁路和航空所占比例以 2011 年的数据作为基准，全部数据来源于《中国城市统计年鉴2012》。铁路里程参考全国铁路主要站点里程表，并根据现有线路布局补充了重庆、拉萨和海口的数据。普通铁路运行速度统一采用 120 公里/小时。高速铁路引入后，参照国家《中长期铁路网规划（2008 年调整）》提供的运行速度，各个城市之间的运行时间根据高速铁路运行线路的长度进行加权平均得到。航空旅行时间根据各个城市的飞机时刻表查询得到。铁路里程和航空数据统一采用 2011 年的数据。

（三）客运可达性分布变化

本节主要分析高速铁路引入前和高速铁路引入后中国各省区市的可达性变化和分布情况[⑤]，从全国和分区域两个层面，以及高速铁路引入前和高速铁路引入后两个情形进行研究。

---

① 这里为分析方便，我们用一个区域的中心城市可达性来描述整个区域的可达性。

② 本节客运可达性只包括铁路（高速铁路）和航空两类运输方式，其比例的选择是根据这两种交通方式各自所占比例确定的。

③ 关于摩擦系数的取值有很多研究，本节借鉴大多数研究成果的结论，取值为 1。

④ 本节的分析不包括港澳台地区。

⑤ 客运可达性分布情况以客运可达性变异系数来反映。

1. 客运可达性的总体变化特征

通过比较高速铁路引入前和高速铁路引入后全国客运可达性及其变异系数的变化情况，客运可达性可以发现以下几个特征。

首先，高速铁路的引入可以全面提升全国的可达性。在高速铁路引入前，中国 31 个省区市客运可达性的均值为 2354.60，高速铁路引入后达到 3534.81，提升幅度为 50%。同时，高速铁路的引入使得全国客运可达性的空间格局更加均衡。在高速铁路引入前，中国 31 个省区市的客运可达性变异系数为 0.32，高速铁路引入后变异系数减小到 0.30，减小了 6%（表 8-1）。

表 8-1　高速铁路引入前和高速铁路引入后区域客运可达性及其客运可达性变异系数变化情况

区域		情形	客运可达性		客运可达性变异系数	
			均值	增长率	数值	增长率
全国		高速铁路引入前	2354.60	50%	0.32	−6%
		高速铁路引入后	3534.81		0.30	
四大区域	东部	高速铁路引入前	2898.12	52%	0.15	13%
		高速铁路引入后	4401.14		0.17	
	中部	高速铁路引入前	2397.74	66%	0.15	−33%
		高速铁路引入后	3969.75		0.10	
	西部	高速铁路引入前	2123.39	32%	0.42	−14%
		高速铁路引入后	2807.28		0.36	
	东北部	高速铁路引入前	1381.47	105%	0.09	11%
		高速铁路引入后	2828.73		0.10	
三大经济区	环渤海	高速铁路引入前	2468.75	83%	0.26	−27%
		高速铁路引入后	4517.35		0.19	
	大长三角	高速铁路引入前	2988.99	48%	0.21	−43%
		高速铁路引入后	4413.82		0.12	
	泛珠三角	高速铁路引入前	2574.89	33%	0.21	−29%
		高速铁路引入后	3431.40		0.15	

注：本节中的东部、中部、西部和东北部四大区域均按国家四大经济区的标准进行划分；泛珠三角地区包括广东、四川、江西、广西、湖南、福建、贵州、云南和海南九个省区；环渤海地区包括北京、天津、河北、山东和辽宁五个省市；大长三角地区包括上海、江苏、浙江和安徽四个省市

其次，高速铁路引入前，中国客运可达性空间格局为航空主导型。从高速铁路引入前客运可达性排名靠前的城市看，其客运比例中航空所占比例远远高于其他城市[①]。航空主导型可达性的主要特点就是客运可达性空间格局没有明显的规律性，客运可达性较高的省区市没有出现集中分布的情况。其中，客运可达性排名位于前四分之一的省区市有 1 个位于环渤海地区（北京），3 个位于大长三角地区（上海、江苏和浙江），1 个位于中部地区（湖南），2 个位于西部地区（陕西、贵州），1 个位于东部地区（海南）。

再次，高速铁路引入后，中国客运可达性空间格局为高速铁路主导型。高速铁路引入后，客运可达性的省区市排名发生了较大的变化，客运可达性空间格局表现出明显的集中分布特征。计算结果显示，排名前四分之一的省区市有 4 个集中在环渤海地区（北京、天津、河北和山东），2 个在大长三角地区（江苏和浙江），1 个位于中部地区（河南），1 个位于西部地区（陕西），而且这些省区市是彼此相连的。

最后，高速铁路引入后，中国各个省区市的客运可达性呈现梯度圈层分布格局。第一圈层为北京、天津、河北、山东、河南、江苏、浙江和陕西；第二圈层为上海、湖南、湖北、安徽、江西、山西、海南和贵州；第三圈层为辽宁、吉林、甘肃、四川、重庆、云南、广东和福建；第四圈层为青海、宁夏、新疆、西藏、内蒙古、黑龙江和广西。

高速铁路引入后中国区域客运可达性空间格局呈现的变化说明高速铁路引入对不同区域的影响存在差异，这证明了本节理论分析中提出的交通线路建设会对不同区域产生不同影响的命题。从客运可达性排名的位次变化看，高速铁路引入对中国环渤海地区和中部地区可达性提升影响更大。高速铁路引入后，可达性排名提高最大的是天津，提高了 12 位；其次为山东、河南、四川和江西，分别提高了 8 位、7 位、6 位和 6 位。其中，天津和山东位于环渤海地区，河南和江西位于中部地区。

2. 分区域可达性变化特征

从东部、中部、西部和东北部四大区域看，在高速铁路引入后，其客运可达性都得到了提升。其中，东部、中部和东北部的提升幅度分别达到了 52%、66%和 105%，超过了全国 50%的平均水平，西部提升了 32%，比全国平均提升幅度低 18 个百分点（表 8-1）。这说明，尽管从全国范围看客运可达性变异系数在降低，但是在高速铁路引入后西部与其他三大区域的差距在拉大。西部在客运可达性上

---

① 排名前三位的城市分别是西安、上海和贵阳，其航空运输在客运中所占比例为 0.43、0.55 和 0.36，高于全国 0.25 的平均水平。

的劣势在高速铁路引入后进一步显现。

　　四大区域内部的客运可达性变异系数呈现出中部和西部减小、东部和东北部增大的特点。高速铁路引入前，中部和西部的客运可达性变异系数分别为 0.15 和 0.42，高速铁路引入后分别减小到 0.10 和 0.36，减小幅度分别为 33%和 14%。而东部和东北部的客运可达性变异系数分别从高速铁路引入前的 0.15 和 0.09 增大到高速铁路引入后的 0.17 和 0.10，增大幅度为 13%和 11%（表 8-1）。这说明，中部、西部的客运可达性格局趋向均衡，而东部、东北部的客运可达性则趋向非均衡。

　　从中国主要的三大经济区域的客运可达性变化看，环渤海地区客运可达性的提升幅度最大，达到 83%；大长三角地区次之，为 48%；泛珠三角地区提升了 33%。大长三角地区的提升幅度仅略低于全国 50%的平均水平，泛珠三角地区的提升幅度低于全国平均水平（表 8-1）。说明，高速铁路引入后，中国客运可达性的空间分布中心存在向环渤海地区及其辐射区域转移的趋势。同时，三大经济区域客运可达性的变异系数显示，高速铁路引入对三个区域客运可达性空间格局实现均衡起到了积极的作用。高速铁路引入前，环渤海、大长三角和泛珠三角地区的可达性变异系数分别为 0.26、0.21 和 0.21。高速铁路引入后，其客运可达性变异系数分别减小到 0.19、0.12 和 0.15，减小幅度分别为 27%、43%和 29%，远高于全国 6%的减小幅度（表 8-1）。

二、高速铁路对中国区域经济格局均衡性影响预测

　　以上我们分析了高速铁路引入前与高速铁路引入后，中国客运可达性空间格局的变化。以此为基础，我们进一步研究客运可达性的变化对中国未来区域经济格局均衡性产生的影响。根据国家《中长期铁路网规划（2008 年调整）》，到 2020年中国将建成高速铁路网络。因此，我们通过分析、比较有高速铁路与无高速铁路两种情形下 2020 年全国及各个区域的人均地区生产总值[①]变异系数，对高速铁路影响中国区域经济格局均衡性的结果进行预测。从表 8-2 中我们可以发现，在高速铁路影响下，2020 年中国的区域经济格局均衡性将发生以下几个方面的变化。

---

　　① 2020 年人均地区生产总值的计算是以 2011 年人均地区生产总值为基础，同时为了消除经济周期波动对预测结果的影响，增长率选取的是 1990~2010 年 20 年的年均增长率。我国高速铁路建设起步较晚，关于高速铁路与区域经济增长关系的研究尚未完全展开，因此本节借用 Ahlfeldt 和 Feddersen（2010）的研究成果，将高速铁路提升客运可达性的长期经济增长弹性设定为 0.25，即客运可达性每提高 1 个百分点，人均地区生产总值的增长率提高 0.25 个百分点。

表 8-2　在有高速铁路、无高速铁路情形下 2020 年中国区域经济格局均衡性预测结果

区域		研究情形	人均地区生产总值变异系数	
			数值	增长率
全国		无高速铁路	0.53	4%
		有高速铁路	0.55	
四大区域	东部	无高速铁路	0.32	6%
		有高速铁路	0.34	
	中部	无高速铁路	0.11	9%
		有高速铁路	0.12	
	西部	无高速铁路	0.49	14%
		有高速铁路	0.56	
	东北部	无高速铁路	0.26	0
		有高速铁路	0.26	
三大经济区	环渤海	无高速铁路	0.39	0
		有高速铁路	0.39	
	大长三角	无高速铁路	0.38	−5%
		有高速铁路	0.36	
	泛珠三角	无高速铁路	0.51	−4%
		有高速铁路	0.49	

其一，在全国层面，高速铁路建设和运行没有促进中国区域经济格局向更加均衡的方向发展。相反，它会使中国区域经济差距有所扩大。如表 8-2 所示，在无高速铁路的情形下，2020 年全国人均地区生产总值的变异系数为 0.53。而在有高速铁路的情形下，全国人均地区生产总值的变异系数增大为 0.55，比无高速铁路情形增大了 4%。

其二，就四大区域而言，其人均地区生产总值变异系数在有高速铁路的情形下比无高速铁路情形下有了一定程度的增大或不变，但是增大幅度有所不同。中部和西部分别增大了 9% 和 14%，东部增大了 6%，东北部地区未发生变化（表 8-2）。这说明，高速铁路建设和运行将使四大区域内部的区域经济格局向非均衡状态发展，但在程度上有所差异。

其三，从三大经济区来看，除了环渤海地区未发生变化外，大长三角和泛珠三角地区的人均地区生产总值变异系数在有高速铁路的情形下都要比无高速铁路情形下低。在有高速铁路情形下，它们的人均地区生产总值变异系数比无

高速铁路情形分别减小了 5% 和 4%（表 8-2），说明高速铁路建设弱化了大长三角和泛珠三角地区内部经济发展条件的差异，强化了长三角和珠三角地区的扩散效应，有利于推动大长三角和泛珠三角地区的区域经济均衡发展。此外，这三大经济区的不同表现也进一步说明了高速铁路影响区域经济格局均衡性的效果因初始条件的不同而存在差异。

三、进一步讨论

这里，我们把高速铁路引入前和高速铁路引入后客运可达性变异系数变化情况与有高速铁路和无高速铁路因素的人均地区生产总值变异系数变化情况结合起来考察（表 8-1、表 8-2），可以发现以下几个现象。

在全国层面，客运可达性变异系数的减小并没有促使中国人均地区生产总值变异系数的相应减小。高速铁路引入后，中国客运可达性变异系数减小了 6%，但是与之对应的全国人均地区生产总值变异系数却增大了 4%。

在四大区域层面，客运可达性变异系数变化与各区域的人均地区生产总值变异系数变化之间存在三种关系。①客运可达性变异系数与人均地区生产总值变异系数同时增大。高速铁路引入后，东部地区客运可达性变异系数增大 13%，其人均地区生产总值变异系数也相应增大 6%。②客运可达性变异系数减小而人均地区生产总值变异系数增大。高速铁路引入后，中部和西部地区客运可达性变异系数分别减小 33% 和 14%，而其人均地区生产总值变异系数却分别增大 9% 和 14%。③客运可达性变异系数变化未对人均地区生产总值变异系数产生显著影响。高速铁路引入后，东北部地区客运可达性变异系数增大 11%，但是其人均地区生产总值变异系数没有发生变化。

在三大经济区域层面，可达性变异系数与人均地区生产总值变异系数之间呈现一定的同向变化关系。高速铁路引入后，泛珠三角地区客运可达性变异系数减小 29%，其人均地区生产总值变异系数相应减小 4%；大长三角地区客运可达性变异系数 43% 的减小幅度带来了人均地区生产总值变异系数 5% 的减小。不过，环渤海地区客运可达性变异系数减小 27%，其人均地区生产总值变异系数未发生改变。

上述三个区域层面的客运可达性变异系数变化与人均地区生产总值变异系数变化存在不同关系，这说明在高速铁路影响下的客运可达性空间格局变化与区域经济格局的均衡性变化之间不存在完全的对应关系，进一步证明了交通线路建设对区域经济格局均衡性影响存在差异。同时，也意味着高速铁路通过改变客运可达性而对区域经济格局均衡性产生影响要受到其他因素的制约。正如我们在理论分析部分所指出的那样，商品和要素流动的相对难易程度、区域经济发展的初始条件等都会引起这种差异的出现。

第四节　结论与讨论

概括起来，本节获得以下结论。其一，交通线路对不同区域经济增长的影响存在差异，从而引起区域经济格局均衡性发生相应的改变。之所以出现差异，与商品和要素流动的相对难易程度、区域经济发展的初始条件密切相关。其二，随着高速铁路的建设，中国区域客运可达性格局将逐步从航空主导型向高速铁路主导型转变。2020年高速铁路网络建成后，中国客运可达性空间分布将呈现以环渤海和中部地区为中心的梯度圈层分布格局。其三，2020年高速铁路网络建成后，全国区域经济格局未向更加均衡的方向发展，区域经济差距将有所扩大。同样，东部、中部、西部地区的区域经济格局也将向非均衡状态发展。与之相反，大长三角和泛珠三角地区的区域经济格局均衡性将增强。此外，东北部、环渤海地区的区域经济格局均衡性将保持不变。

根据上述结论，我们可以发现，既有的高速铁路建设规划有可能对未来全国区域经济协调发展，以及东部、中部和西部地区的区域经济协调发展产生不利的影响。因此，需要对高速铁路网络空间布局做适当的调整，以减小或消除这种不利的影响。对于东北部、环渤海地区，也需要优化高速铁路网络布局，增强高速铁路对其区域经济协调发展的积极作用。值得重视的是，高速铁路建设对大长三角、泛珠三角等经济区的协调发展具有积极的促进作用。因此，国家可以考虑科学规划高速铁路网络布局，促进中心区域的经济扩散，加强内部经济联系，规划建设以高速铁路为空间组织架构的经济区，在目前四大区域发展战略基础上形成区域经济协调发展的新格局。此外，从高速铁路影响下的区域可达性梯度圈层分布格局看，环渤海地区的可达性显著提升，有利于其经济增长加速。如果国家在这个地区实施相应的政策，将有利于改变中国东部地区经济发展南重北轻的格局。另外，中部地区的可达性也得到了普遍提高，这将有利于中部地区保持目前较好的区域经济增长趋势。对此，国家可以采取相应措施，不失时机地利用好高速铁路带来的发展机遇，加快中部地区崛起。

由于不能获得必要的数据的限制，本章没有考虑如下两个问题：一是本章主要分析了高速铁路对区域客运可达性的影响，没有考虑高速铁路通过影响商务活动而对区域货运可达性产生的影响。理论上讲，高速铁路通过提高商务活动速度，扩大其规模及空间范围，进而可以提高区域的货运可达性。因此，从这个角度看，本章关于高速铁路对区域可达性的分析结果有低估的可能性。二是本章没有考虑高速铁路对部分区域可能带来的"隧道效应",而是假定有高速铁路经过的区域均具有保持或吸纳要素的能力。这样处理就存在忽略高速铁路对部分区域的经济增长产生负面影响的可能。对于这两个问题,我们将在后续的研究中加以注意。

第九章　铁路交通发展与城市化格局演变

第一节　背景与思路

一、研究背景

交通基础设施对城市经济发展的影响是直接而深远的，它决定着城市与经济腹地的经济联系与作用，直接影响城市的布局形态等（张敦富，2007）。在中国，铁路是城市交通基础设施中一个重要的组成部分，通过影响人们的出行行为、企业生产和交易的空间行为，从而对人口在城市与乡村之间的定居选择、人口在城市之间的流动，以及城市人口增长等产生影响。因此，铁路发展成为中国的城市化过程中一个不可忽视的影响因素。

目前，城市化是中国正在发生的重要社会发展进程。中国对未来国家的城市化做出了总体构想。2010年，《全国主体功能区规划》提出，中国将构建"'两横三纵'为主体的城市化战略格局"，即"构建以陆桥通道、沿长江通道为两条横轴，以沿海、京哈京广、包昆通道为三条纵轴，以国家优化开发和重点开发的城市化地区为主要支撑，以轴线上其他城市化地区为重要组成的城市化战略格局"。《国家新型城镇化规划（2014—2020年）》进一步强调，要促进"城镇化格局更加优化，城市群集聚经济、人口能力明显增强，东部地区城市群一体化水平和国际竞争力明显提高，中西部地区城市群成为推动区域协调发展的新的重要增长极"。

在城市化发展的过程中，交通基础设施起到了重要的支撑作用（殷克东等，2008）。其中，铁路发展所产生的作用是不容忽视的。从1997年4月1日开始，经过1998年、2000年、2001年、2004年和2007年，中国铁路进行了六次大提速。经过这六次大提速，中国铁路有了明显的发展，尤其是在速度方面有了明显的进步，并且在市场份额上有了一定的提升。近年来，随着高速铁路建设的全面展开和部分高速铁路线路的建成运行，中国经济和社会发展已经进入高速铁路快速发展的时代。高速铁路作为一种新型的运输方式，具有速度快、运行密度大、输送能力强、时效性好的特点，而且可以大规模释放出既有铁路的货运能力。《中长期铁路网规划（2008 年调整）》中提到"为满足快速增长的旅客运输需求，建立省会城市及大中城市间的快速客运通道，规划'四纵四横'等客运专线以及经济发达和人口稠密地区城际客运系统。建设客运专线 1.6 万公里以上"。届时，中国将拥有全球最大、最快的高速铁路网络。随着中国高速铁路网络的建成，它必然会对中国的城市化进程产生一系列的影响。

本章主要关注以下问题，铁路提速对中国 1997～2011 年的城市化进程产生什么样的影响？正在大规模建设的高速铁路对中国未来城市化格局将会产生什么影响？基于此，本章的研究目的如下。

（1）揭示铁路提速对中国城市化发展的影响，分析这种影响是否存在，若存在，这种影响程度有多大。

（2）预测分析在高速铁路网络建成后，中国未来城市化的变化趋势。

（3）基于上述研究，探讨高速铁路快速发展背景下中国城市化发展的对策建议。

二、主要研究内容

本章研究的主要内容包括以下三个方面。

（1）研究交通运输对城市化的影响及机制。

（2）以地级及以上城市为对象，分析铁路六次大提速对城市化的影响，包括城市化水平和格局变化。

（3）研究高速铁路网络建成之后全国地级及以上城市可达性的差异，由此预测未来城市化趋势和格局的变化。

三、研究价值

本章在以下两个方面做了创新性的尝试：第一，以可达性变化引起城市人口增长变化为核心，解析交通运输影响城市化的机制。并以铁路六次大提速对城市人口增长的影响为事实依据，揭示铁路交通发展与城市化之间的关系。这在研究思路上是一种有益的尝试。第二，在数据处理方面，通过对相关铁路知识及《全国铁路旅客列车时刻表》的阅读与分析，计算城市间铁路旅行时间，尤其是计算非直达的城市之间的铁路旅行时间所运用的方法也更为科学准确。这将有利于科学地反映铁路提速对城市化影响的真实状况。

本章的理论意义在于，城市的发展离不开交通的发展，交通运输发展同样会影响城市的发展。本章拟通过揭示城市交通可达性与城市化之间的关系，分析铁路提速对于城市化的影响。这对于揭示铁路运输对城市化的作用机制将会提供研究思路参考。同时，有助于深化交通与城市化关系的理论探讨。

本章的实践意义在于，通过城市化带动中国未来的经济发展已成为中国扩大内需、转变经济发展方式的重要战略。本章试图分析高速铁路的全线开通对中国城市化的影响，预测高速铁路网络建成后中国城市化的格局和趋势，可以为国家制定和调整高速铁路时代背景下促进城市化科学发展的战略及相关政策提供依据。

四、研究方法

本章运用区域经济学、城市经济学及交通地理学等相关理论和知识，通过文献对比分析方法，学习前人研究方法及成果。在此基础上，综合运用定性和定量的方法对所提问题进行研究。具体步骤如下。

第一，通过文献的梳理与分析，归纳、总结交通运输影响城市化的机制。并且通过对提速及高速铁路运输相关研究的分析与总结，找出现有研究存在的不足，从而为我们的研究奠定理论上的基础。

第二，在数据处理方面，一是利用《全国铁路旅客列车时刻表》来获取城市间的铁路运行时间，利用《中长期铁路网规划（2008 年调整）》来获得 2020 年铁路线路分布及相关的速度信息，利用《中国城市统计年鉴》来获取地级及以上城市的城市人口数、城市生产总值等指标。二是利用 EXCEL 对数据进行处理，主要是对可达性数据、城市人口数及城市生产总值等进行相关处理，利用 Eviews 6.0 对可达性与城市人口数的关系进行研究。三是利用 ArcGIS 对结果进行可视化，使得结果更加直观、清楚。

第三，在研究时段方面，对于铁路提速阶段，本章选取 1997～2011 年进行研究。这是因为从 1997 年 4 月 1 日开始，中国进行了第一次提速，而后经过 1998 年、2000 年、2001 年、2004 年、2007 年共进行了六次大提速，而我们没有选取 2007 年作为研究对象的原因是铁路提速的效果不能立即显现，需要一定的时间，并且根据数据的可获得性，本章选取 2011 年为研究时间。对于高速铁路网络建成阶段，选取 2011～2020 年对高速铁路完全开通前后进行研究，这是因为根据《中长期铁路网规划（2008 年调整）》，到 2020 年中国的高速铁路网络将全线贯通。

第四，在研究单元方面，1997 年铁路线路覆盖了 236 个地级及以上城市，而 2011 年铁路线路覆盖了 268 个地级及以上城市。为了前后保持一致，另外根据 1997 年城市人口数据的可获得性，1997～2011 年，我们选取可以获取人口数据的 190 个城市进行研究；2011～2020 年，选取 268 个地级及以上城市作为研究对象。在此，不考虑铁路线路没有经过的城市。

第五，由于高速铁路开通时段尚短[①]，无法利用现有的数据研究高速铁路对城市化的影响。因此，本章试图采用以下思路：先验证铁路六次大提速与城市人口数的关系，在此基础上，通过计算铁路沿线城市可达性的变化，利用所得的模型，分析预测 2020 年高速铁路全线开通以后，高速铁路对城市化所产生的影响。

五、本章结构

本章共分为六节，具体内容如下。

第一节为背景与思路。介绍本章的研究背景及研究问题的提出，分析交通运输发展对于城市的影响及高速铁路的开通对未来城市化的影响，说明本章的主要内容、研究方法及研究价值，简要介绍文章的框架结构。

第二节为文献综述。主要从以下四个方面进行。第一，介绍中国城市化格局及趋势的研究；第二，评述关于交通影响城市化的机制研究，并得出相关的结论；第三，对于高速铁路对于中国城市化影响的研究进行分析与评述；第四，通过如上的分析，发现不足，进而找到本章的研究方向与重点。

第三节为铁路提速对沿线城市可达性及人口增长影响的初步分析。主要通过分析铁路发展的基本情况，进而就铁路提速对于沿线城市可达性可能产生的影响进行分析。同时分析铁路提速阶段不同沿线、区域及城市规模人口变化情况。

第四节为铁路提速对沿线城市人口增长的进一步分析。针对中国铁路提速的分析，得出本章的研究时段与研究单元，并且通过可达性对于城市人口变化的实证检验，最终得出铁路提速给城市化发展带来的影响。

第五节为高速铁路发展对城市化格局变化的影响分析。通过对中国高速铁路发展的分析，进而选取研究时段、研究单元，对数据进行处理，分析高速铁路全线开通后可达性格局变化，进而预测高速铁路开通对于不同类型城市人口变化的影响。

---

① 中国第一条高速铁路为 2008 年 8 月 1 日开通的京津城际高速铁路。

第六节为结论与讨论。总结研究获得的主要结论，给出高速铁路开通对于中国城市化发展的影响及政策方面的建议，讨论本章研究的不足之处及进一步研究的问题。

本章的技术路线图如图 9-1 所示。

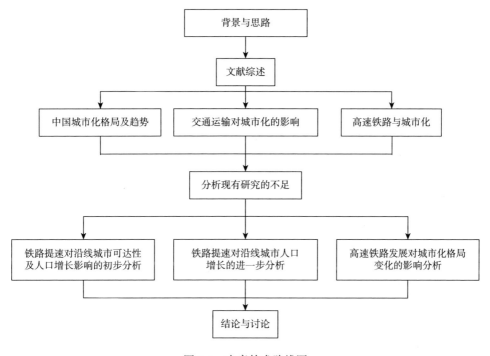

图 9-1 本章技术路线图

第二节 文 献 综 述

城市化是中国经济增长的重要动力，城市化问题一直以来都是研究的热点。交通基础设施作为城市化的一个重要影响因素一直以来受到学术界的关注。因此，本节的文献分析首先关注中国当前城市化的格局与发展趋势；其次，就交通运输对城市化影响的研究文献进行分析，其中对所涉及的可达性评价方法的研究进行分析与评价；最后，就高速铁路对城市化影响的研究成果进行评价。

一、中国城市化格局及趋势

（一）城市化的内涵

城市化是人类社会发展的普遍现象和重要的过程。对于城市化的内涵，学者从不同方面对此进行相关的分析与探讨。较早提出城市化概念的埃尔德里奇认为，人口集中是城市化的全部含义。中国对于城市化的研究起步较晚，不同学者对此提出了自己的观点。朱林兴（1986）认为，城市化指农村人口转换为城市人口的过程，这个过程表现为城市人口的增加。饶会林（1999）认为，城市化的过程就是现代社会商品生产不断发展，城市人口不断集中的发展过程。李树琮（2002）提出，城市化就是将农村人口变为城市人口的过程，或人口向城市集中的过程。张敦富（2007）认为城市化指的是城市经济的形成与发展，引导农村劳动力和人口、经济活动向城市集聚，进而导致以城市为主导的经济结构和空间结构转换的过程。谢文蕙（2008）认为，城市化表现为城市数目增加、城市人口不断膨胀、用地规模不断扩大等方面。冯云廷（2011）从经济学的角度将城市化的内涵分为城市人口比重增加、产业结构转变、居民收入水平提高、城市文明发展、城市人口素质提高五个方面。

由以上分析可知，虽然说城市化的内涵丰富，但是城市化的主要共同点就是经济活动向城市集聚，从而引起人口向城市集聚，最终导致城市人口的增加。因此，本节以城市人口作为城市化的衡量指标，研究高速铁路开通对城市人口增长的影响。

（二）中国城市化格局研究

进入 21 世纪以来，中国城市化进入稳定快速发展时期（白南生和李靖，2008）。根据《国家新型城镇化规划（2014—2020 年）》，1978～2013 年中国城镇常住人口从 1.7 亿人增加到 7.3 亿人，城镇化率从 17.9% 提升到 53.7%，年均提高 1.02 个百分点。

从城市化发展水平看，顾朝林等（2008）认为中国城市化已进入快速发展时期，多层次城市体系正在形成，城市群成为国家经济增长的核心，但是城市化的水平依然偏低，中小城镇数量过多，平均规模太小，无法满足工业化发展有效集聚的要求。巴曙松等（2010）认为中国城市化水平被高估，并且低于东亚城市化的平均水平。袁万海（2012）认为中国已建成较为完整的城市体系，但是城市化水平与城镇人口数相比发展偏慢。张妍和黄志龙（2010）则认为，中国目前的城市化发展速度适中，并没有和城市化的水平差异很大。方创琳和王德利（2011）通过对中国城市化发展质量测度，认为中国城市化发展质量总体处于中等水平，并正在缓慢提升，但质量提升速度慢于数量提升速度；分类城市化质量呈现出经济城市化质量＜社会城市化质量＜空间城市化质量的态势。

从全国来看，城市化表现出明显的区域差异性。陈洋等（2007）对改革开放以来省际城市化水平进行了分析，中国城市化水平的区域空间格局由南北差异转变为东中西差异，同时，中国省际城市化水平的差距正在逐渐缩小。顾朝林等（2008）从整体上对中国城市化格局进行了分析，他认为中国城市化的多层次城市体系正在形成，并且人口城市化的格局按照省级划分为"三区""三带"，城市的空间分布具有"东密西疏""南密北疏"的特征。陈明星等（2010）分析了省区市际城市化水平与经济发展的关系，认为中国东部地区和西部地区城市化水平与经济发展水平存在着明显的区域差异，东部地区的城市化水平以超前经济发展为主，西部地区城市化水平落后于经济发展水平，这也从侧面反映出东部地区和西部地区城市化发展水平的不平均。巴曙松等（2010）认为，从中国不同区域、不同省区市的跨区域比较看，东部地区城市化水平明显高于中部地区和西部地区，而且不同省区市之间差距较大。

由以上分析我们可以发现，虽然中国已经步入以城市发展为主体的发展阶段，但是城市化总体水平依然偏低。同时中国城市化面临发展速度过快、整体质量不高的问题，并且存在着明显的区域发展的差异性。

（三）中国城市化发展趋势研究

针对中国城市化现状，学术界从以下两个方面进行研究：一是城市化总体趋势，二是城市化发展重点。

从城市化总体趋势上来看，张妍和黄志龙（2010）认为，中国城市化在2011～2015年依然会保持较快速度，但是相对于1981～2010年速度会有所放缓。王亚男等（2012）认为，2011～2020年中国城市化还会处于快速发展阶段。赵玉红和陈玉梅（2013）认为，中国未来城市化的发展模式将由数量扩张型变为质量提升型。国家"十二五"规划提出到2015年，全国城镇化率达到51.5%的水平。

在城市化发展重点方面，针对目前大城市群与中小城镇并存的现状，对于中国如何更好地推进城市化发展的问题，不同学者提出了不同的看法。一些学者认为中国未来应该将中小城镇作为城市化发展的主要形式。秦待见（2008）指出，中小城镇在中国城市化的过程中具有不可替代的作用，应该采取措施大力发展中小城镇。肖金成等（2009）认为，中小城镇可以使得农民迅速非农化，加速城市化的进程。另一些学者则认为应该以大城市带动中国城市化发展。宁越敏（2011）

在研究大城市群对区域经济发展的作用后，指出中国未来应该以大城市群引领中国的快速城市化。陆铭等（2012）在分析了城市规模大小与个人就业概率的关系之后，指出城市规模的扩张有利于提高个人的就业概率，中国的未来城市化发展不应该限制城市规模的扩张。此外，一些学者综合以上两种观点，提出要走出一条以大城市为依托，以中小城市为重点，逐步形成辐射作用大的城市群，促进大中小城市和小城镇协调发展的道路。

由此可见，中国城市化不仅存在发展速度过快、质量不高等问题，在优先发展中小城镇和大城市上还存在着争论。但提升城市化发展质量，以大都市圈发展为核心、区域城市群一体化发展及相邻城市群协同发展是当今中国城市化快速发展中的几个典型趋势。

二、交通运输对城市化的影响

（一）可达性的概念

可达性是交通运输中一个非常重要的概念，至今仍然没有一个统一的概念。Hansen（1959）首次提出了可达性的概念，将其定义为交通网络中各节点相互作用的机会大小。Morris 等（1979）认为可达性指利用一种特定的交通系统从某一给定区位到达活动地点的便利程度，其反映了区域与其他有关区域相接触进行社会经济和技术交流的机会与潜力。Vickerman 等（1999）则从土地利用和运输规划的角度上理解，认为可达性是区域经济活动和社会公平的一个指标。Kwan 等（2003）将可达性分为个体可达性和地方可达性两类，前者是反映个人生活质量的一个很好的指标，后者是指所有人口容易到达的区位或地方所特有的属性，即某一区位"被接近"的能力。李平华和陆玉麒（2005）则认为，可达性是反映交通成本的基本指标。由以上的分析可知，可达性的概念主要包括两个方面：其一，交通成本，它不仅是交通费用，还包括旅行时间、风险、舒适度等内容。其二，区位优劣，一般地，较高水平的可达性与高质量的生活满意度、吸引力，以及经济发展等相关联。

（二）可达性的评价方法

针对可达性的评价，国外学者做了很多的研究。Hansen（1959）首先运用市场潜能模型指标描述了美国经济集聚的现象。Dalvi 和 Martin（1976）运用距离的负指数函数对可达性进行了测度。Song（1996）选取了九个可达性指标，而这九个指标可以分为三类：区域与中心商业区的距离、引力可达性指标、距离衰减指数函数，其测度了这些指标对于解释人口分布上的有效性。Holl（2007）运用了时间、距离、运输成本、潜在市场可达性这四种指标对可达性进行测度，并且对这四种指标的选取进行了讨论。López 等（2008）运用区域性指标、重力指标、人口潜能指标及日常可达性指标，作为可达性测度的四种评价方法。通过中国关于交通可达性的文献，我们发现中国学者对于可达性的评价研究基本上沿用了国外的研究成果。

通过对以上研究的总结可以看到，常用的可达性的评价方法主要包括以下三个。

1. 日常可达性模型

日常可达性模型以某一特定节点为目的地，在限定的时间内（通常为 3～4 小时，往返该地为 6～8 小时，即一天的工作时间）有多少人流或物流能够到达该节点，显示出节点城市对周边腹地经济活动的辐射和扩散作用。日常可达性也可以采用日常经济活动的最大通行范围来表示，也就是小时经济圈的概念。

2. 交通成本加权平均值模型

交通成本加权平均值模型也是测度可达性的一种常用指标，具体的公式如下：

$$A_i = \frac{\sum P_j \times I_{ij}}{\sum P_j} \tag{9-1}$$

其中，A_i 表示节点 i 的可达性数值；P_j 表示 j 区域的质量参数，包括人口数、地区生产总值及就业人口数等，通常运用人口数作为测算的指标；I_{ij} 表示节点 i 区域与 j 区域的阻力参数，通常运用两地之间的最短运行时间来测度。可以通过本模型评价交通运输改善以后可达性状况的变化，并且给予节点可达性一个比较准确的数值。

3. 潜能模型

$$A_i = \sum \frac{P_j}{I_{ij}} \tag{9-2}$$

其中，A_i 表示可达性的数值；P_j 表示 j 区域的人口数；I_{ij} 表示 i 区域与 j 区域之间的运输阻力，可以用运行时间及运行速度来表示。潜能模型计算的潜能指标也是测度可达性常用的指标之一。

（三）交通运输影响城市化的机制研究

交通运输对城市发展的影响可以从一些文献中得到体现。Chi（2010）的研究发现，高速公路扩建是影响人口变化的重要因素，而且其影响存在空间差异。具体而言，高速公路扩建对乡村人口变化有间接影响，对郊区有直接和间接影响，对城镇区域则没有统计上的显著影响。Vaturi 等（2011）的研究表明，铁路发展对大都市区域内部的人口和经济增长也有差异化影响，即有利于促进中心区的人口和经济增长，而对边缘区的影响不明显。Kotavaara 等（2011）利用 GIS 技术及GAMS（general algebraic modeling system，通用代数建模系统）模型测度了芬兰公路、铁路的可达性与人口变化之间的相关性，结果显示公路交通对人口变化的影响显著，铁路交通与人口变化的关系较弱。马伟等（2012）使用引力模型研究了交通基础设施对省际人口迁移的影响，重点分析了以火车交通时间为表征的交通运输改善对人口迁移的影响，证实了区域性交通条件改善促进了人口的流动。由此可见，交通运输作为一种城市的基础设施，在城市发展的过程中起到了重要的作用，从而对城市人口的变化产生一定的影响。那么这种影响是如何产生的？相关学者对此做了一定的分析，主要体现在以下两个方面。

首先，Krugman（1991）基于规模收益递增、运输成本下降及需求的相互作用提出的核心-边缘理论，很好地解释了运输成本下降所带来的城市经济集聚与城市人口的集中。而交通设施改善最主要的作用主要体现在运输成本的下降，运输成本下降的直接体现就是该区域可达性的提高。因此，与交通运输直接关联的可达性被普遍认为与经济发展、城市化及大规模的人口集聚有关，这是因为某一区域可达性的提升将会导致经济活动的集聚（Fujita et al.，1999a），而经济活动将会影响人口的分布（Glaeser，2000）。上述研究表明，交通运输通过引起城市经济集聚进而影响城市人口的布局。王振波等（2010）测度了中国县域可达性与人口集聚的关系，通过县域可达性与人口密度的相关性检验，发现交通对经济落后区域的人口集聚作用大于发达区域。

其次，一些学者从区位的角度对区域交通设施进行了评价，他们认为一个区域的交通越发达，该区域的区位优势就更加明显，而这又会吸引更多的经济活动与人口集聚到该区域（López et al.，2008）。胡刚和姚士谋（2007）指出良好的交通可以提升城市的区域地位，从而促进城市的经济发展。

通过对以上交通影响城市化的机制研究，我们发现交通基础设施的改善会对城市发展产生作用，可达性是衡量交通基础设施改善的指标之一。下面我们根据如上分析，将可达性影响城市化发展总结为以下三个方面。

1. 居住区位选择

在家庭居住地点选择中，交通可达性、收入水平、公共基础设施等都是重要的考虑因素，其中，交通可达性作为一种重要的考虑因素，影响着家庭居住地点的选择，人们倾向居住在交通方便的地点，铁路站点附近的综合交通网络则相对发达，包括诸如接驳站点的公交车、出租车、地铁站点等。另外，城市可达性的改善会促进城市的经济发展，进而也会引起收入水平的提高和公共基础设施的改善。此时，交通可达性不仅会直接影响人们居住地点的选择，而且会通过影响居住区位的其他因素产生作用。

2. 企业区位选择

1909 年，韦伯创立了工业区位理论。他认为，运输成本和工资是决定工业区位的主要因素。在此理论的基础上，廖什、伊萨德等在讨论工业选址时均考虑了运输成本这一问题。很多经济行为都要支付运输成本，而运输成本又是由区位的既定运输状况所决定的，运输成本可以由可达性衡量。从某种意义上来说，区位选择是企业发展的关键，而区位的选择又会影响企业的预期收益。可达性作为反映运输成本的指标，会对企业区位选择产生影响，而这种机制首先是通过企业初始区位的选择产生影响，进而随着更多的企业选择此区位，会产生企业的集聚现象，这种集聚会引起规模收益递增、使城市的经济进一步发展，而这会产生更多的就业。同时，根据以上所述，这会对居住区位选择产生影响。而这一系列的影响必然会对城市人口增长产生影响。

3. 经济集聚

以克鲁格曼为代表的空间经济理论，对于经济集聚产生的原因进行了详细的阐述。交通运输成本的下降，也就是可达性的改善，会使区域的市场潜能增大，从而促进城市规模经济的产生，而这又会引起需求收益的增长。一方面，这种增长影响前述的企业区位选择；另一方面，本地效应所引致的外部经济会引起企业集聚的外溢性，而这种影响一旦形成会产生累积因果循环的结果。而经济的集聚会促进经济的增长，从而引起城市就业的增长，同时城市经济增长会对城市交通的改善产生影响，使得这种影响进一步放大，对城市的人口增长产生影响。

我们对交通基础设施影响城市化的机制进行总结（图 9-2）。根据以上分析，交通基础设施改善必然会带来城市可达性提高，而且这种提高对于不同线路、不同区域城市的影响是不同的。同时，可达性会通过居住区位选择、企业区位选择及经济集聚等方面对城市人口产生影响。

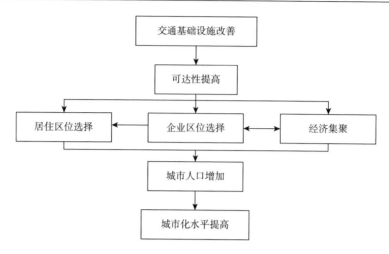

图 9-2　交通基础设施改善影响城市化机制

三、高速铁路与城市化

（一）高速铁路的概念

高速铁路作为一种营运速度较普通铁路更快的交通运输方式，从 1964 年日本新干线开始，在世界上很多国家快速发展。由于不同国家采取的技术与运行方式的差异，不同国家和组织对于高速铁路概念的界定有着不同的标准。①作为最早开始发展高速铁路的国家，日本政府在 1970 年发布的 71 号法令中指出，凡在一条铁路的主要区段，列车的最高运行速度达到 200 公里/小时或以上者，可以称为高速铁路；②联合国欧洲经济委员会于 1985 年 5 月将高速铁路的最高运行速度规定为客运专线时速达 300 公里，客货混线时速达 250 公里；③国际铁路联合会将新建时速达 250 公里以上或通过改造原有线路（直线化、轨距标准化）时速达 200 公里以上的铁路系统定义为高速铁路[①]。广义的高速铁路包含使用磁悬浮技术的高速轨道运输系统。

目前，中国对高速铁路比较统一的观点是，最高时速达到 200 公里以上的铁路运输系统。根据此定义，中国的客运专线和城际铁路就是高速铁路（白云峰，2010）。

---

① 《什么是高铁？》，http://www.dzwww.com/huati/jinangaotie_1/xg/201106/t20110620_6421735.htm，2[2019-07-10]。

（二）高速铁路的特点

高速铁路作为一种高速度、高密度（公交化）、高舒适性和高安全性的全新运输方式从根本上改变了陆地客运的时间、空间和心理特征，大幅度降低了人们出行的时间成本、心理成本及其他交易成本，产生了时空压缩、心理舒适的出行行为体验和以高速铁路作为主要出行工具的交通选择模式。高速铁路与其他交通方式相比主要优势体现在以下几个方面。

1. 正点率高

在载客运输方面，高速公路或机场都较容易发生拥堵。众所周知，公路运输尤其是高速公路运输在车流量较大时极易发生拥堵问题，这就会影响公路运输的正点率，而航空运输的晚点也是极易出现的问题。同时，在浓雾、暴雨和冰雪等恶劣天气情况下，机场和高速公路则必须关闭停运。

2. 速度快

根据以上高速铁路概念中对于速度的界定，我们可以知道，高速铁路的最低运行速度为 200 公里/小时或以上，远远高于高速公路的 140 公里/小时。虽然在绝对速度上低于航空运输，但是航空运输在实际旅途中，由于包含市区至机场、候检等全部时间，在同样距离上，航空运输耗费时间会高于高速铁路运输的旅行时间。

3. 安全性好

高速铁路在全封闭环境中自动化运行，又有一系列完善的安全保障系统，所以其安全程度是任何交通工具无法比拟的。除德国 1998 年 6 月 3 日的 ICE884 高速列车行驶在改建线上发生事故、2011 年 7 月 23 日中国甬温铁路事故[①]外，其他国家的高速铁路都未发生过重大行车事故，也没有由事故引起的人员伤亡。这是各种现代交通运输方式所罕见的。与此形成对比的是，据统计，全世界由于公路交通伤亡事故每年死亡 25 万~30 万人；1994 年全球民用航空交通中有 47 架飞机坠毁，1385 人丧生，死亡人数比上一年增加 25%，比 1984~1993 年的平均数高出 20%。

4. 舒适度高

为方便旅客乘车，高速列车运行规律化，站台按车次固定化等，这是其他任

---

① 甬温铁路当时为新开通的动车，还不算严格意义上的高速铁路。

何一种交通工具所无法比拟的。高速铁路列车车内布置非常考究，工作、生活设施齐全，座席宽敞舒适，走行性能好，运行非常平稳，这相对于高速公路和航空运输来说，都是更为舒适的。

（三）高速铁路对城市发展影响研究

由以上分析可知，高速铁路作为一种交通设施，必然会对城市化的发展产生影响，学术界对此也做了相关的研究。

1. 国外高速铁路对城市化发展影响研究

在国外，高速铁路的发展从 1964 年 10 月 1 日日本新干线的建成开始，后来的西班牙、法国、韩国等国家都大力发展高速铁路，国外学者针对高速铁路与城市发展的影响也做了一些研究，研究主要集中在城市人口与经济发展，以及区位选择影响两个方面。

在城市人口与经济发展方面，Kobayashi 和 Okumura（1997）利用由高速铁路网络连接的多个城市组成的系统模型分析了在资本和知识积累之间、工资和土地租金结构之间动态的相互依赖性及城市系统的经济发展过程，认为高速铁路系统对区域内城市经济起重要作用。Gutiérrez（2001）评价了巴塞罗那—马德里—法国边境高速铁路开通对可达性的影响，结果显示，从整个欧洲地区来看，城市间的可达性差异缩小，而从国家层面上看，城市间的可达性差异扩大。Holl（2007）测度了西班牙高速公路建设所带来的可达性变化，发现就全国而言，可达性在整体上有所提升，但是可达性的区域分布不均衡增大。Tang 等（2011）认为，中国高速铁路对中国的城市化影响表现在以下三个方面：从全国范围来看，三大城市群的联系更加紧密；从区域来看，城市群的内部联系更加紧密，辐射半径将会扩大；从单个城市来看，新的高速铁路站点城市将成为新的增长点。

在对区位选择影响方面，Vickerman（1997）通过对欧洲高速铁路发展经验的分析，认为高速铁路的站点城市很有机会发展为主要的商业中心。Ureña 等（2009）从国家、区域和地区等不同角度分析了高速铁路对城市发展的影响，认为高速铁路为枢纽城市的发展带来了新的机会。

2. 高速铁路发展对中国城市化发展影响研究

2008 年，国家《中长期铁路网规划（2008 年调整）》提出"建立省会城市及大中城市间的快速客运通道，规划'四纵四横'等客运专线以及经济发达和人口稠密地区城际客运系统。建设客运专线 1.6 万公里以上"。由以上分析可知，高速铁路作为一种交通设施的改善，将会对中国的城市化进程产生影响，在这方面中国的学者进行了初步的分析。王昊和龙慧（2009）通过对高速铁路的特征及国外高速铁路发展对城镇结构的影响，从而就高速铁路可能会对中国城镇结构的影响进行了展望，指出高速铁路的开通将会引起沿线都市区腹地扩大，都市区内部以同城化方式发展，最终导致城市结构重组。苏文俊等（2009）研究了京沪高速铁路对于鲁西南沿线主要城市的影响，认为高速铁路的开通将会带来城市可达性的提高，促进该区域的经济潜能的提高，有助于使该区域融合到京津唐和长三角两大城市群，而这将会对鲁西南城市发展产生正向的促进作用。彭宇拓（2010）认为，高速铁路提高了沿线城市的可达性、触发城市群的集聚和扩散效应，有利于促进沿线城市和城市群发展。受此影响，中国将有可能形成沿海、沿线（高速铁路线）150 公里（半小时圈）的"两沿"城市群发展格局。尹冰等（2010）认为京津城际高速铁路的开通促进了北京和天津的"同城化"。樊桦（2011）认为，高速铁路是中国城市化进程的重要支撑，促进了城市群的发展及中小城市之间的协同作用。王姣娥和丁金学（2011）使用可达性方法研究了中国高速铁路网络布局规划及其对中国城市化的影响，他们认为高速铁路的时空收敛效应会引起人口和产业向高速铁路沿线集聚。王缉宪（2011）从机理方面研究了高速铁路对于城市发展的影响，他认为在城际层面上，停车频次决定着城市可达性的变化，拥有高频次高速铁路往返的城市拥有较高的时空压缩性，而高速铁路沿线的非主要城市则根据停车频次分享着"相对可达性"上升的好处，而没有高速铁路连接的城市则其"相对可达性"下降；在城市内部方面，高速铁路站点的设置及与公共交通衔接的好坏影响着高速铁路对城市空间的影响，这种衔接越好，影响越是平均。

通过以上分析，我们认为，高速铁路的开通将对中国的城市化发展产生积极的影响。本节结合高速铁路本身的特点及以上分析，总结出高速铁路对城市化影响的四个方面。

其一，高速铁路的时空压缩性大大缩短了城市间的距离，城市间的联系更加紧密，加速了同城化的进程，城市群的发展将逐渐由单中心发展为多中心，最终实现区域发展的一体化。

其二，城市群的辐射半径扩大，城市群附近的高速铁路站点城市将会融入城市群当中，促进城市带动区域经济发展的作用。

其三，影响人口的就业、企业区位的选择、产业转移的方向等。一方面，高速铁路站点带来更多的商业机会，带来更多的就业机会；另一方面，更多企业和产业将会选择高速铁路站点城市，带动高速铁路站点城市的进一步发展。

其四，改变人们的日常生活方式，由于高速铁路的高速与准时，人们在就业、旅游、居住等方面有了更多的选择。一方面，由于大城市拥挤效应的存在，人们可以选择在大城市就业，而在周边城市居住；另一方面，高速铁路的开通有助于人们有更多的机会进行旅游，这会带动沿线区域的旅游业发展，进而带动相关城市的发展。

四、现有研究的不足

通过对以上文献的研究，我们总结现有研究存在以下不足。

首先，针对城市化的研究，一部分文献仅做了说理性的判断，而没有一个现实的依据；另一部分文献根据过去的城市化趋势，对未来城市化的发展趋势进行了预测分析，但是，并没有考虑到影响城市进程的其他因素，如高速铁路的快速发展等。

其次，针对高速铁路与城市化的研究，国内研究成果目前相对较少，并且主要的研究成果侧重于说理性的研究，真正的实证研究较少。我们发现在仅有的实证研究当中存在以下问题。

其一，研究的范围过小，由于高速铁路在中国开通时间尚短，所做的实证研究无法给出一个有说服力的结果，且对于高速铁路的研究仅限于已开通的几条线路所涉及的区域和城市，并没有对全国范围的影响进行研究。这样就无法对高速铁路全线开通后的影响进行分析，因此，无法对于这种影响有一个全面的判断。

其二，没有对高速铁路与城市化的关系进行实证分析。大部分研究是在计算高速铁路对可达性影响的基础上，直接得出高速铁路对城市化发展的影响，而这种影响是如何产生的，会产生多大的影响，对不同区域和不同类型城市的影响是怎样的，都没有一个清晰的判断。

因此，本章试图通过建立高速铁路发展与城市化发展的联系，利用可达性作为度量铁路发展的指标，在分析铁路提速对于城市人口增长影响的基础上，从而就高速铁路全线开通后对中国城市化发展的影响进行预测分析。

第三节　铁路提速对沿线城市可达性及人口增长影响的初步分析

一、铁路提速概况

1993 年，全国铁路旅客列车平均时速仅为 48.1 公里/小时。自 20 世纪 90 年代以来，中国的铁路客运就开始面对来自公路及民航的激烈竞争，铁路客流量不断下降，即使铁道部（现已改名为中国铁路总公司）拥有国营垄断权并开始实行浮动票价，铁路客运仍然亏损，为适应运输市场变化，提升铁路客运的竞争力，增加铁路经济效益，铁道部开始了六次全国铁路大面积提速。

第一次提速：1997 年 4 月 1 日，中国铁路实施第一次大面积提速，京广、京沪、京哈三大干线全面提速。以沈阳、北京、上海、广州、武汉等大城市为中心，开行了最高时速达 140 公里、平均时速 90 公里的 40 对快速列车和 64 列夕发朝至列车。

第二次提速：1998 年 10 月 1 日，铁路第二次大面积提速。京广、京沪、京哈三大干线的提速区段最高时速达到 140～160 公里，广深线采用摆式列车最高时速达到 200 公里。全国铁路旅客列车平均时速达到 55.16 公里。在这两次提速后已经对提升铁路客运竞争力有一定作用，使铁路运输在 1999 年实现扭亏为盈。

第三次提速：2000 年 10 月 21 日，铁路第三次大面积提速。重点是亚欧大陆桥陇海线、兰新线、京九线和浙赣线。全国铁路旅客列车平均时速提升到 60.3 公里。

第四次提速：从 2001 年 10 月 21 日零时起，全国铁路实施第四次大面积提速和新的列车运行图。提速范围基本覆盖全国较大城市和大部分区域，对武昌至成都、京广线南段、京九线、浙赣线、沪杭线和哈大线进行提速。全国铁路旅客列车平均时速提升到 61.6 公里。

第五次提速：2004 年 4 月 18 日，中国铁路实施第五次大面积提速，开行 19 对直达特快列车，主要范围是京沪、京哈等铁路干线，其中涉及上海铁路局的有 11 趟，包括 5 趟京沪直达列车。列车运行速度普遍提高，如北京到上海，过去的特快列车运行时间为 14 小时，新的直达特快列车的运行时间仅 11 小时 58 分。部分列车时速更达到 200 公里。第五次大提速后中国铁路网中时速达 160 公里及以上的提速线路达 7700 公里，时速达 200 公里的线路里程达到 1960 公里。全国铁路旅客列车平均时速提升到 65.7 公里。

第六次提速：2007 年 4 月 18 日，中国铁路实施第六次大面积提速，在既有干线开行动车组列车，使得全国铁路旅客列车平均时速可达 200～250 公里，达到国际铁路在既有线提速改造上的最高水平。此次提速干线包括京哈线、京广线、京沪线、京九线、陇海线、浙赣线、兰新线、广深线、胶济线、武九线及宣杭线。全国铁路旅客列车平均时速提升到 70.2 公里。自此之后，中国铁路建设着眼于建设高速客运专线，使其最高时速达到 350 公里。

如上所述，经过六次大提速，中国的城市可达性必然会有一定程度的提升，而这种提升在线路、区域及城市规模上会有一定的不同。

二、铁路提速对城市可达性的影响

（一）可达性指标的选取与计算

通过对日常可达性、加权平均旅行时间、经济潜能等常用可达性指标的比较[①]，我们选择了加权旅行时间作为描述可达性的具体指标，其计算公式如下：

$$\text{acc}_i = \frac{\sum M_j \times T_{ij}}{\sum M_j} \tag{9-3}$$

其中，acc_i 表示 i 城市的可达性，其值越小，可达性越高；M_j 表示 j 城市的质量参数，选取其市区生产总值来描述；T_{ij} 表示 i 城市与 j 城市之间最短的铁路旅行时间（分钟）。为了更好地反映铁路运输对于城市发展的影响，这里的可达性指铁路运输的可达性，而不涉及其他交通运输方式。

关于城市间的铁路旅行时间，需要多做一些说明。在获取城市间的旅行时间时，部分学者的做法是为线路设定一个平均速度，利用 GIS 技术，获取城市间的距离信息，从而求得城市间的旅行时间（Gutiérrez，2001）。但是，从整个铁路网络来看，不同铁路线路运行速度是不同的，利用 GIS 技术无法体现各个线路的实际运行速度，无法准确地反映现实中城市间的旅行时间。还有学者（孟德友等，2010）利用《全国铁路旅客列车时刻表》计算城市间的旅行时间[②]，但是这种处理方法适合于城市数量较小的情况，对于全国范围内城市间的铁路旅行时间的获取，得到的数据不够准确，有可能出现中转情况下的旅行时间小于直达旅行时间的情况。鉴于这些方法的不足，我们的做法如下：①根据《全国铁路旅客列车时刻表》，如果两个城市间有直达车次，选取其中最短的旅行时间。②对于中转城市则需要进一步分析。我们同样选择中转站点中距两城市最近的城市作为中转站点，但是在中转时会出现以下两种情况。第一种情况是如果两城市间只有一个中转城市符合条件，则选取其为中转站点进行计算。第二种情况是如果两城市间有两个中转站点符合条件，则需要进行比较。如果中转后两城市间的铁路旅行时间均大于任一中转城市与两城市的直达时间，则选取较短的时间作为城市间的铁路旅行时间。

---

① 在以上三个指标中，日常可达性模型无法在计量模型中很好的度量，而经济潜能模型则容易受到城市经济总量的影响，为了更好地反映时间这一因素对于可达性的影响，并且便于度量，这里我们选取交通成本加权平均值模型作为我们分析可达性的指标。

② 例如，如果两省会城市间有直达旅客列车班次，则选择所有旅客列车班次中旅行时间最短者为两省会城市间的旅行时间距离；如果两省会城市间没有开通可以直达的旅客列车班次，遵循最短路径原则，取所有可供选择的中转站点中距出发地旅行时间最短的省会城市作为中转点，以此来查询两个间接联系的省会城市间的最短旅行时间。暂不考虑在中转站点的滞留时间。

如果中转后，两城市的铁路旅行时间，其中一个时间小于任何一个中转城市与两城市的直达时间，而另一个大于任何一个中转城市与两城市的直达时间，则要选取时间数值较大的作为城市间的铁路旅行时间。经过这样的处理，就可以在很大程度上避免有中转情况下的旅行时间小于直达旅行时间的情况，所得到的结果也更加接近现实。需要说明的是，由于难以准确计算，这里我们没有考虑中转时间和列车停留时间。

通过计算城市的可达性，从总体上来看，1997 年可达性均值为 1621.2，2011 年可达性均值为 1290.3，总体上提升了 20.4%[①]。

（二）铁路提速对不同线路城市可达性的影响

1. 铁路提速对于提速沿线城市可达性的影响

铁路提速对于提速沿线城市可达性的影响是比较直接而明显的，铁路提速通过降低沿线城市之间的铁路旅行时间，从而带来沿线城市可达性的显著提高。我们通过对 1997～2011 年铁路沿线城市可达性的变化分析可知：①从总体上来看，1997 年提速沿线城市可达性为 1416.5，低于全国的均值（1621.2），2011 年则为 1072.9，同样低于全国均值（1290.3），而从变化上来看，总体上提升了 24%，高于全国的提升水平。②从数值的分布上来看，1997 年可达性较好的 20 个城市[②]中，其中，有 19 个为提速沿线（京哈线、京广线、京沪线）城市；前 50 名内，有 32 个为提速沿线城市，约占整个提速城市的 68%。2011 年，在可达性前 50 名内，提速沿线城市为 42 个，而非提速沿线城市为 8 个；前 100 名内，提速沿线城市为 82 个，非提速沿线城市为 18 个。从 1997～2011 年的可达性变化来看，变化较为明显的城市大多位于提速线路上，其中，前 10 名均位于提速线路上。

2. 铁路提速对非提速沿线城市可达性的影响

铁路提速对于非提速沿线城市可达性的影响则分为两类，与提速沿线城市相邻城市[③]和与提速沿线城市非相邻城市（下面统一称为提速相邻城市与提速非相邻城市）。对提速相邻城市来说，随着提速沿线城市之间旅行时间的缩短，通过中转到达其他提速沿线城市的整体时间也会缩短，因此，此类城市的可达性也会有一定程度的改善，但是改善程度低于提速沿线城市。而对提速非相邻城市来说，和

---

① 由于我们所采用指标的原因，可达性数值越小，可达性越好，这里的增长率 Δacc_i 取正值，其中，$\Delta acc_i = (acc_{2011i} - acc_{1997i}) / acc_{1997i}$。以下均做此处理。

② 提速线路仅为京哈、京广、京沪三条线路，涉及城市较少，因此，选取前 20 个城市，以更好地体现提速效果。

③ 这里的相邻与非相邻是通过地域上是否接壤及是否与近邻提速城市有直达车进行判断。

邻近的提速沿线城市无直达线路，且距离较远，因此，可达性改善程度较差。①从总体上来看，1997 年，非提速沿线城市可达性均值为 1824.9，2011 年则为 1522.1，均高于全国的均值，同样高于提速沿线城市的均值。其中，提速相邻城市的可达性均值，1997 年为 1673.2，2011 年则为 1364.9，可达性总体上提升了 18.4%；而提速非相邻城市的可达性均值，1997 年为 2033.6，2011 年则为 1738.2，可达性总体上提升了 14.5%。②从数值的分布上来看，通过对可达性结果的分析，我们也发现了同样的规律。1997 年，前 50 名内，有 18 个为非提速沿线城市，而在这些城市中，有 16 个城市为提速相邻城市，仅有 2 个城市为提速非相邻城市，2011 年前 50 名内非提速沿线城市仅有 8 个，而且全部为提速相邻城市，而从可达性的变化上来看，1997～2011 年，可达性提升的前 50 名内，仅有 10 个为非提速沿线城市，而且均为提速相邻城市。

因此，总的来说，铁路提速对于提速沿线城市可达性的影响最为显著，而对于非提速沿线城市可达性的提升则分为两类，对于提速相邻城市的影响高于提速非相邻城市。

（三）铁路提速对不同区域城市可达性的影响

随着国家区域发展战略的调整，中国已经形成了东部地区、中部地区、西部地区、东北部地区四大区域。通过对于 1997 年和 2011 年可达性均值及增长率的分析（表 9-1），我们可以知道，从可达性均值来看，1997 年表现为中部地区<东部地区<东北部地区<西部地区；从可达性的增长率来看，则呈现出东部地区>中部地区>西部地区>东北部地区的分布格局，这主要是由于铁路提速主要集中在中部地区和东部地区，而东北部地区仅有两条提速线路（京哈线、哈大线），涉及城市较少。

表 9-1　铁路提速对不同区域城市可达性影响

区域	可达性均值		1997～2011 年增长率
	1997 年	2011 年	
东部地区	1466.2	1089.7	25.7%
中部地区	1283.2	1012.5	21.1%
西部地区	2160.6	1709.3	20.9%
东北部地区	1951.5	1802.4	7.6%

（四）铁路提速对不同规模城市可达性的影响

从城市等级规模上来看,按照新的城市人口规模分类标准[①],结果显示(表 9-2),1997 年不同城市规模可达性均值呈现出小城市>大城市>中等城市>特大城市>巨型城市,2011 年则表现为小城市>中等城市>大城市>特大城市>巨型城市,而可达性增长率则表现为巨型城市>特大城市>大城市>小城市>中等城市。从结果来看,总体上,铁路提速对于不同规模城市的影响表现为城市规模越大受到的影响越明显,且规模越大的城市拥有越好的可达性。

表 9-2　铁路提速对不同等级规模城市可达性的影响

城市规模	可达性均值		1997～2011 年增长率
	1997 年	2011 年	
小城市	1697.4	1369.2	19.3%
中等城市	1562.9	1303.4	16.6%
大城市	1637.5	1299.0	20.7%
特大城市	1426.4	1009.9	29.2%
巨型城市	1366.3	903.7	33.9%

三、铁路提速阶段人口分布变化

根据我们得到的 1997～2011 年铁路沿线城市的数据,一共包括 190 个样本城市,其中,提速沿线城市与非提速沿线城市的数量分别为 95 个。下面我们从不同线路、不同区域及不同规模角度就铁路提速对城市人口分布的影响进行分析。

（一）对不同线路城市的人口分布影响

通过分析比较 1997 年和 2011 年提速沿线城市与非提速沿线城市的人口数及人口增长率[②],我们发现,从人口数上来看,2011 年提速沿线城市的人口数占样本总量的比重为 71%,而非提速沿线城市的人口数占样本总量的比重为 29%;从

---

① 城市市区常住人口 50 万人以下的为小城市,50 万～100 万人的为中等城市,100 万～300 万人的为大城市,300 万～1000 万人的为特大城市,1000 万人以上的为巨型城市。

② 这里 人口增长率 = $(pop_{2011i} - pop_{1997i}) / pop_{1997i}$,城市人口数据为市辖区人口。

人口增长率上来看，1997～2011 年，提速沿线城市人口增长率为 95.4%，在 95 个提速沿线城市中，仅 2 个城市人口出现了下降；而非提速沿线城市人口增长率为 54.6%，其中，在 95 个提速沿线城市中，有 13 个城市人口出现了下降。由此可知，提速沿线城市拥有更高的人口比重及人口增长率。

（二）对不同区域城市的人口分布影响

同样，根据所划分的四大区域，从人口分布来看（表 9-3），2011 年人口数占比呈现出东部地区>中部地区>西部地区>东北部地区的人口格局，其中，东部地区人口数占比约为其他三个区域人口数总和。而从人口增长率来看，呈现出东部地区>西部地区>中部地区>东北部地区的增长格局，其中，东部地区的增长率远高于其他三个区域。

表 9-3   铁路提速研究时段不同区域人口分布影响

区域	人口数占比	人口增长率
东部地区	50.2%	141.2%
中部地区	19.3%	47.6%
西部地区	19.2%	51.9%
东北部地区	11.3%	23.4%

（三）对不同规模城市的人口分布影响

通过对不同规模城市的人口分布影响的分析（表 9-4），我们可以发现 1997～2011 年城市人口增长率呈现出巨型城市>特大城市>小城市>大城市>中等城市的分布格局。

表 9-4   铁路提速研究时段不同城市规模人口变化

城市规模	小城市	中等城市	大城市	特大城市	巨型城市
人口增长率	96.7%	45.9%	82.3%	116.5%	121.2%

四、小结

首先，铁路提速会对城市的可达性产生显著的影响，表现为以下三个方面。
对于提速沿线城市而言，铁路提速对其可达性提升是最明显的，绝大多数提速沿线城市有着较好的可达性，同时其可达性的提升也是最明显的；对于非提速沿线城市来说，铁路提速对其可达性的影响则相对不明显，并且在这类城市当中，无论是在可达性数值上还是在增长率上，铁路提速对于提速相邻城市的影响大于提速非相邻城市。

对于不同区域而言，铁路提速对于不同区域可达性的影响存在差异。中部地区拥有更好的可达性，而西部地区的可达性最差。另外，提速影响的大小呈现出东部地区>中部地区>西部地区>东北部地区的分布格局。

对于不同等级规模的城市而言，总体上，铁路提速对可达性的影响无论是在均值上还是在增长率上，都表现为城市规模越大，提速的影响越是明显。这与铁路提速主要集中在直辖市、省会城市及区域中心城市有关，并且城市规模越大，直达列车越多，发车频次越高。

其次，在铁路提速阶段，不同线路、不同区域及不同规模的城市人口分布发生了一定的变化，表现出以下几点：①提速沿线城市拥有更高的人口比重及人口增长率，且提速线路的人口增长率几乎为非提速线路的 2.4 倍。②从不同区域来看，在样本城市中，2011 年人口数占比呈现出东部地区>中部地区>西部地区>东北部地区的人口格局；在人口增长率方面，呈现出东部地区>西部地区>中部地区>东北部地区的增长格局，其中，东部地区的增长率远高于其他三个区域。③在铁路提速阶段，不同规模城市人口增长率呈现出巨型城市>特大城市>小城市>大城市>中等城市的分布格局。

根据本章第二节交通基础设施对于城市化影响的机制研究，可以知道城市交通设施的改善一方面通过降低运输成本、提高可达性，从而引起城市经济活动的集聚，促进城市经济增长及就业增加，进而引起城市人口的增加；另一方面，城市交通设施通过影响一个区域的区位，从而引起该区域经济活动与人口的变动。根据以上分析，在铁路提速阶段，城市可达性变化与人口变化对不同线路、不同区域及不同规模的城市存在着差异化影响，而城市可达性变化与人口变化似乎存在着一定的相关性。因此，我们以可达性作为反映铁路提速的指标，对铁路提速与城市人口增长的关系做进一步的分析。

第四节　铁路提速对沿线城市人口增长的进一步分析

经过铁路六次大提速，中国的铁路速度及铁路里程均有了明显的提高，铁路的客运量与货运量也有了明显的增长。通过对可达性与城市发展的关系进行分析，我们可以知道，铁路作为中国经济发展的大动脉和大众化工具，从各个方面影响着中国经济的发展，铁路提速通过影响居住区位选择、企业区位选择与经济集聚对于城市化发展产生作用。铁路的六次大提速促进城市可达性提高，从而可能会对城市的人口增长产生一定的影响，而铁路对于不同沿线、不同区域、不同规模的城市可达性的影响是不同的，对于城市人口增长的影响也是不同的。下面我们就对这种影响进行检验分析。

一、研究方法

（一）研究思路

如前所述，我们发现铁路提速对于不同沿线、区域及不同规模城市可达性的影响存在差异，而可达性对于城市人口存在影响。为了研究提速与城市人口增长的关系，本章在借鉴已有研究成果的基础上，设计如下思路：以可达性为纽带，首先以铁路六次大提速对城市人口增长的影响为事实依据，揭示铁路可达性与城市人口增长之间的关系，在此基础上预测高速铁路全线开通后城市人口的变化，进而对中国未来城市化发展进行科学分析。

（二）分析模型

参考 Glaeser 等（1995）提出的城市人口增长模型。具体模型如下：

$$\ln\left(\frac{P_{j,t+1}}{P_{j,t}}\right) = \alpha X_{j,t} + \varepsilon_i \qquad (9\text{-}4)$$

其中，$P_{j,t+1}$ 和 $P_{j,t}$ 分别表示城市 j 在 $t+1$ 时和 t 时的人口数；$X_{j,t}$ 表示 t 时所有影响城市 j 生产率水平和生活质量的因素集合；α 表示回归系数；ε_i 表示误差项。

铁路提速必然会带来生产率水平和生活质量的提高，因此，用可达性变化率测度铁路提速的作用。同时，我们在模型中引入影响城市人口增长的有关主要变量，为了消除内生性问题，我们取初始年份的城市人口规模、城市职工平均工资、第二产业和第三产业比重、固定资产投资占地区生产总值的比重、财政支出占地区生产总值的比重、初始可达性及城市行政级别。所构建的初始分析模型如下：

$$\ln\left(\frac{P_{j,t+1}}{P_{j,t}}\right) = \alpha_1 \Delta\mathrm{acc}_i + \alpha_2 \mathrm{pop}_{i0} + \alpha_3 \mathrm{gdp}_{i0} + \alpha_4 \mathrm{indratep}_{i0} + \alpha_5 \mathrm{income}_{i0} \qquad (9\text{-}5)$$
$$+ \alpha_6 \mathrm{inve}_{i0} + \alpha_7 \mathrm{gov}_{i0} + \alpha_8 \mathrm{admin}_i + \mathrm{acc}_{i0} + \varepsilon_i$$

下面我们对该模型的变量做进一步的说明。

$\ln\left(\dfrac{P_{j,t+1}}{P_{j,t}}\right)$：城市 i 1997～2011 年的人口增长情况。这里，城市人口数据为市

辖区人口。

Δacc_i：城市 i 1997～2011 年的可达性变化率，描述铁路提速所引起的城市铁路交通条件改善情况。其中，$\Delta acc_i = (acc_{2011i} - acc_{1997i}) / acc_{1997i}$。

pop_{i0}：城市 i 1997 年的人口规模，反映城市人口规模对未来人口增长的影响。

gdp_{i0}：城市 i 1997 年的地区生产总值，反映城市初始经济实力对未来人口增长的影响。

$indrate_{i0}$：城市 i 1997 年的初始产业结构，即第二和第三产业占地区生产总值比重，反映城市初始产业结构对未来人口增长的影响。

$income_{i0}$：城市 i 1997 年的职工平均工资，反映城市初始收入水平对未来人口增长的影响。

$inve_{i0}$：城市 i 1997 年的固定资产投资与地区生产总值之比，反映基于建设投入的角度城市初始经济社会发展条件对未来人口增长的影响。

gov_{i0}：城市 i 1997 年的财政支出占地区生产总值的比重，主要反映城市财政支出对未来人口增长的影响。

$admin_i$：城市 i 的行政级别，描述城市行政级别对未来人口增长的影响。我们选择这个解释变量，主要是考虑到中国不同行政级别的城市之间存在着发展权力方面的明显差异。这里，分别将直辖市、省会城市、副省级城市、地级市赋值 4、3、2、1。

acc_{i0}：城市 i 1997 年的初始可达性，反映城市 i 初始交通和区位条件对其未来人口增长的影响。

（三）数据来源及处理

本节分析包括了 1997～2011 年铁路所经过的所有地级及以上城市，并区分提速线路与非提速线路的沿线城市。具体以 1997～2007 年铁路六次大提速的线路为基准，另外考虑 1997～2011 年开通的动车和高速铁路线路，将这些线路经过的城市作为提速线路沿线城市，其他线路经过的城市为非提速线路沿线城市。本节对城市的考察范围是市辖区，从 1998～2012 年《中国城市统计年鉴》获取城市市辖区的相关数据，从 1997 年和 2011 年《全国铁路旅客列车时刻表》获取城市间的铁路旅行时间。

二、结果分析

（一）铁路提速对沿线城市人口增长的总体影响

我们运用初始分析模型（9-4），采取逐步回归的方式，考察前述各变量对城市人口增长的影响。第一步，我们考察除初始可达性之外的其他变量对城市人口增长的影响，即先不考虑交通运输条件的影响（见表 9-5 的回归方程 1）。第二步，引入可达性变化率，考察铁路提速对城市人口增长是否存在影响。从表 9-5 中的回归方程 2 可看出，可达性变化率对城市人口增长有着显著的影响，在其他变量的显著性没有发生明显变化的情况下，R^2 有所上升。这初步表明，铁路提速是影响城市人口增长的一个因素。第三步，我们逐步将影响不显著的变量剔除（见表 9-5 的回归方程 3～回归方程 5），可达性变化率对城市人口增长的影响仍显著，且其他变量也依旧显著。在将所有影响不显著的变量剔除后，R^2 上升了大约 10%。第四步，我们引入城市的初始可达性变量。从表 9-5 的回归方程 6 可见，城市的初始可达性对其人口增长的影响是显著的，城市的初始可达性越好（数值越小），说明其越具有交通区位优势，越有利于促进城市人口增长。

表 9-5　铁路提速对城市人口增长总体影响的分析模型及结果

项目	回归方程 1	回归方程 2	回归方程 3	回归方程 4	回归方程 5	回归方程 6
Δacc_i		-0.740^{**} (-2.535)	-0.738^{**} (-2.538)	-0.722^{***} (-2.537)	-0.754^{***} (-2.682)	-0.665^{**} (-2.355)
pop_{i0}	-0.001 (-1.506)	-0.001 (-1.388)	-0.001^{**} (-2.704)	-0.001^{**} (-2.725)	-0.001^{**} (-2.708)	-0.001^{***} (-3.156)
gdp_{i0}	-0.000 (0.037)	0.000 (-0.155)				
$indrate_{i0}$	0.646^{**} (2.243)	0.796^{***} (2.745)	0.789^{***} (2.765)	0.780^{***} (2.757)	0.842^{***} (3.115)	0.728^{***} (2.654)
$income_{i0}$	$5 \times 10^{-5***}$ (3.211)	$4 \times 10^{-5**}$ (2.684)	$4 \times 10^{-5**}$ (3.158)	$4 \times 10^{-5**}$ (3.158)	$4 \times 10^{-5**}$ (3.318)	$5 \times 10^{-5***}$ (3.561)
$inve_{i0}$	0.157 (1.134)	0.096 (0.697)	0.097 (0.702)	0.103 (0.753)		
gov_{i0}	-0.131 (-0.200)	0.202 (0.308)	0.182 (0.284)			
$admin_i$	0.108^{***} (2.616)	0.094^{**} (2.287)	0.094^{**} (2.301)	0.095^{**} (2.327)	0.092^{**} (2.283)	0.115^{***} (2.765)
acc_{i0}						$-1 \times 10^{-4**}$ (-2.009)
常数项	-0.719^{**} (-2.600)	-0.950^{***} (-3.307)	-0.932^{***} (-3.567)	-0.908^{***} (3.688)	-0.946^{***} (-3.936)	-0.705^{***} (-2.639)
R^2	0.223	0.249	0.249	0.249	0.246	0.263
样本量	190	190	190	190	190	190

注：括号内为 t 值

***、**分别表示 1%、5%的显著性水平

经过上述分析，我们将回归方程 6 作为分析铁路提速对城市人口增长总体影响模型。

$$\ln\left(\frac{P_{j,t+1}}{P_{j,t}}\right) = -0.665\Delta\text{acc}_i - 0.001\text{pop}_{i0} + 0.728\text{indrate}_{i0} + 0.000\,05\text{income}_{i0} \quad (9\text{-}6)$$
$$+ 0.115\text{admin}_i - 0.0001\text{acc}_{i0} - 0.705$$

从回归方程 6 模型（9-6），我们发现，铁路提速所导致的城市可达性变化对城市人口增长有着明显的影响，可达性变化率越大，城市人口增长的幅度也越大。具体表现为，铁路提速所导致的城市可达性每提高 1%，就可以引起城市人口出现 0.665% 的相应增长。此外，我们还发现，初始产业结构、职工平均工资、行政级别和初始可达性对城市人口增长具有正向的促进作用，人口规模对城市人口增长具有负向的抑制作用；而城市初始的固定资产投资与地区生产总值之比、财政支出占地区生产总值的比重、地区生产总值对其人口增长的影响不明显。

（二）铁路提速对提速沿线城市与非提速沿线城市人口增长影响的差异

进一步，我们考察铁路提速对于提速沿线城市与非提速沿线城市的人口增长影响是否存在差异。我们以表 9-5 中回归方程 6 所选定的变量构建回归分析模型，得到的分析结果见表 9-6。

表 9-6　铁路提速对提速沿线城市和非提速沿线城市人口增长影响的分析模型及结果

项目	提速沿线城市	非提速沿线城市
Δacc_i	-1.373*** （-2.897）	-0.465 （-0.958）
pop_{i0}	-0.001* （-1.776）	-0.002** （-2.322）
indrate_{i0}	1.717*** （-2.907）	0.473 （-1.230）
income_{i0}	0.000*** （-5.045）	0.000*** （-3.998）
admin_i	0.066 （-0.933）	0.165** （-2.463）
acc_{i0}	0.000 （-0.096）	-0.000 （-0.684）
常数项	-1.995*** （-3.648）	-0.749* （-1.817）

项目	提速沿线城市	非提速沿线城市
R^2	0.467	0.333
样本量	95	95

注：括号内为 t 值

***、**、*分别表示 1%、5%和10%的显著性水平

如表 9-6 所示，由铁路提速所引起的城市可达性变化率对于提速沿线城市人口增长的影响是显著的。城市可达性每提高 1%，可引起城市人口出现 1.373%的相应增长。而且，我们注意到这种影响的程度明显高于上述总体影响。对于非提速沿线城市而言，城市可达性变化率对其人口增长有影响但没有通过显著性检验，说明这种影响不显著。

同时，我们发现，其他因素对提速沿线城市和非提速沿线城市人口增长的影响存在差异。其中，人口规模和职工平均工资这两个变量对于这两类城市的人口增长均有影响。对于提速沿线城市而言，初始产业结构对其人口增长具有正向的影响。而对于非提速沿线城市，行政级别对其人口增长具有正向的促进作用。

（三）铁路提速对提速沿线城市人口增长影响的区域差异

随着国家区域发展战略的调整，中国已经形成了东部地区、中部地区、西部地区、东北部地区四大区域。这里，我们将进一步分析铁路提速对这四大区域的提速沿线城市的人口增长是否存在差异，具体的分析结果见表 9-7。

表 9-7　铁路提速对各区域的提速沿线城市人口增长影响的分析模型及结果

项目	东部地区	中部地区	西部地区	东北部地区
Δacc_i	-2.087** （-2.196）	-0.048 （-0.031）	-0.620 （-0.426）	-2.387 （-0.836）
pop_{i0}	-0.000 （-0.6908）	0.001 （-1.0711）	0.002 （1.0593）	-0.001 （-0.2891）
$indrate_{i0}$	2.3540** （-2.1439）	1.5344* -2.0503	3.8641 （1.3346）	-1.3085 （-0.3482）
$income_{i0}$	0.0001*** （-3.7257）	0.0000 （-0.0687）	0.0000 （-0.1631）	0.0000 （-0.0608）
$admin_i$	-0.1578 （-1.6236）	0.1798 （1.2955）	-0.1355 （-0.4651）	0.1382 （0.4685）

续表

项目	东部地区	中部地区	西部地区	东北部地区
acc$_{i0}$	0.0004 （1.6762）	−0.0003 （−0.4574）	0.0001 （0.4808）	−0.0003 （−0.5970）
常数项	−3.1740*** （−3.0231）	−0.8104 （−0.9955）	−3.4780 （−1.4478）	1.6738 （0.4658）
R^2	0.6750	0.3237	0.6275	0.2804
样本量	41	30	12	12

注：括号内为 t 值
***、**、*分别表示 1%、5%和 10%的显著性水平

如表 9-7 所示，铁路提速对于四大区域的提速沿线城市人口增长影响存在明显差异。其中，只有东部地区的可达性变化率通过了显著性检验，而中部地区、西部地区和东北部地区提速沿线城市的可达性变化率均未通过显著性检验。对于东部地区，铁路提速所导致的城市可达性每提高 1%，就可以引起提速沿线城市人口出现 2.087%的相应增长。此外，还可以看出，其他几个变量对于四大区域提速沿线城市人口增长的影响也存在较为明显的差异。这说明，在不同区域，影响城市人口增长的因素所发挥的作用并不一致。

另外，特大城市与巨型城市的数量小于自变量数量，因此针对铁路提速对不同城市规模人口增长的影响无法做回归，在此不再做研究。

三、小结

通过以上分析可知，经过铁路六次大提速，铁路运输有了明显的进步。而铁路提速对于沿线城市人口增长的影响，主要体现在以下几个方面。

第一，总体上，铁路提速对沿线城市人口增长有着明显的正向影响。表现为铁路提速所导致的沿线城市可达性每提高 1%，可引起城市人口出现 0.665%的相应增长。

第二，铁路提速对于提速沿线城市人口增长具有更显著的正向促进作用，而对于非提速沿线城市人口增长的影响在统计上不显著。对于提速沿线城市，其可达性每提高 1%，可引起城市人口出现 1.373%的相应增长。

第三，铁路提速对提速沿线城市人口增长影响存在明显的区域差异。在东部地区，铁路提速所导致的沿线城市的可达性每提高 1%，可引起其人口出现 2.087%的相应增长。但是，在中部地区、西部地区和东北部地区，铁路提速对沿线城市人口增长的影响均未通过显著性检验。

第五节 高速铁路发展对城市化格局变化的影响分析

一、中国高速铁路发展概况

2008 年，中国对《中长期铁路网规划》进行了调整，提出了以"四纵四横"铁路快速客运通道及三个城际快速客运系统为主体的高速铁路网络建设规划。目前，中国的高速铁路网至少包括了三种类型的线路（表 9-8）：一是"四纵四横"客运专线，其中，"四纵"客运专线分别是京沪线、京广线、京哈线、杭福深线，"四横"客运专线分别是沪昆线、青太线、沪汉蓉线、徐兰线。二是城际客运系统，分别是长三角城际快速客运系统、珠三角城际快速客运系统、环渤海城际快速客运系统、长株潭城际快速客运系统、武汉城市圈城际快速客运系统、中原城市群城际快速客运系统、关中城镇群城际快速客运系统、其他城际快速客运系统。三是跨区际高速铁路，包括贵广客运专线、南广客运专线、江西至福建客运专线、兰新客运专线、大同至西安客运专线、成西客运专线、成贵客运专线、绵阳至成都至乐山客运专线、哈齐客运专线、哈尔滨至牡丹江客运专线、沈阳至丹东客运专线、京沈客运专线、合肥至福州（北京—铜陵—福州）客运专线。

表 9-8　中国高速铁路网络规划概况

类型	高速铁路线路或系统
"四纵四横"客运专线	四纵：京沪线，京广线，京哈线，杭福深线
	四横：沪昆线，青太线，沪汉蓉线，徐兰线
城际客运系统	长三角城际快速客运系统，珠三角城际快速客运系统，环渤海城际快速客运系统，长株潭城际快速客运系统，武汉城市圈城际快速客运系统，中原城市群城际快速客运系统，关中城镇群城际快速客运系统，其他城际快速客运系统
跨区际高速铁路	贵广客运专线，南广客运专线，江西至福建客运专线，兰新客运专线，大同至西安客运专线，成西客运专线，成贵客运专线，绵阳至成都至乐山客运专线，哈齐客运专线，哈尔滨至牡丹江客运专线，沈阳至丹东客运专线，京沈客运专线，合肥至福州（北京—铜陵—福州）客运专线

同时，根据《中长期铁路网规划（2008 年调整）》中的线路规划图，我们对于高速铁路线路的分布进行分析，发现高速铁路线路几乎覆盖了中国的 2/3 以上的国土，并且绝大部分线路集中在中国的中东部地区。根据《国家新型城镇化规划（2014—2020 年）》中"到 2020 年普通铁路网覆盖 20 万以上人口城市，快速

铁路网基本覆盖 50 万以上人口城市"。同时，在中国十大城市群当中，均有高速铁路线路经过，而且每个城市群内部均有城际快速客运系统。线路分布的差异及分布密集程度的差异必然会对不同线路、不同区域、不同类型的城市发展产生不同影响。

二、研究方法

（一）高速铁路网络建成运行后的铁路旅行时间数据

根据 2011 年《全国铁路旅客列车时刻表》《中长期铁路网规划（2008 年调整）》的高速铁路网络规划所涉及的城市，以及各个省区市出台的高速铁路建设规划，2020 年高速铁路网络建成运行后，高速铁路线路涉及的城市共 268 个。因此，我们需要对这些城市间的高速铁路旅行时间进行测算。为了更准确地测算城市间的铁路旅行时间，我们对每条线路及其经过的城市进行分析和计算。具体的测算方法如下：①如果同一线路上城市间的线路为高速铁路，那么，城市间的旅行时间为它们之间的高速铁路里程除以线路的设计速度。其中，城市间的高速铁路里程来源于两个渠道，对于已开通的高速铁路线路，通过中国铁路客户服务中心网站（www.12306.com）获取此类线路涉及的城市间的高速铁路里程；对于已规划但目前未建成或未开通线路，则根据线路的规划信息，通过地图估算城市间的高速铁路里程。②如果同一线路上的城市间没有规划高速铁路，那么，就利用现有的最短铁路运行时间，这个时间通过《全国铁路旅客列车时刻表》中的 2011 年数据来获取。③对于不同线路上的城市，我们通过最近的中转站点进行中转计算，从而获取城市间的铁路运行时间。

（二）预测方法

根据如上分析，可以得知，铁路提速所引起的可达性提升会促进城市人口增长。下面我们将根据国家《中长期铁路网规划（2008 年调整）》，继续考察 2020 年全国高速铁路网建成运行对全国城市化格局变迁将产生什么样的影响。我们先测算 2020 年高速铁路网建成运行时各城市的可达性，然后，使用回归方程对城市人口增长变化进行预测和分析。这里，我们的预测时段为 2011～2020 年，因此，模型中的 Δacc_i 是城市 i 2011～2020 年的可达性变化率，其他解释变量均为 2011 年的数据。

根据模型（9-6）的预测结果，通过对有无高速铁路两种情形的比较，高速铁路网建成和运行总体上将使城市可达性提高 68.7%，将促进城市人口增长率总体提升 45.8%。

三、结果分析

（一）高速铁路与城市可达性

本节研究选取中国 268 个城市，因此还有 20 个城市不在我们的考虑范围之内，而这 20 个城市包括新的站点城市及铁路未经过的城市，我们对这些城市不做考虑。根据所得到的结果，从总体上来看，2020 年可达性均值为 421.3，可达性提高了 68.7%。为了更清晰地研究高速铁路对城市可达性的影响，本节从以下四个方面进行分析。

其一，从可达性数值及线路分布上看，由于我们选取的是加权平均旅行时间，可达性的数值越小，可达性越大。通过计算我国城市的可达性发现以下几点：①可达性高值的区域与"四纵四横"的线路走势一致，这些城市中高速铁路沿线城市的比例高达 98.7%。②可达性较好的区域绝大部分位于高速铁路线路上，其中，高速铁路沿线城市的比例为 87.2%。③可达性较差的区域主要集中在高速铁路网的边缘区域，包括甘肃省、广西壮族自治区的绝大部分区域，内蒙古自治区、黑龙江省、四川省和吉林省的部分区域，山西省和河南省的个别区域。这些区域或者有高速铁路经过，但是位置较为偏远，如甘肃省，或者位置较好但是没有高速铁路经过，如山西省吕梁市、河南省周口市等，其中，高速铁路沿线城市的比例为 38.9%。④可达性极差的区域位于高速铁路不经过且位置较为偏远的区域，包括乌鲁木齐市、克拉玛依市、拉萨市、乌海市等，其中，高速铁路沿线城市的比例仅为 17.4%。总体来看，高速铁路线路经过的区域拥有更好的铁路可达性。

其二，从区域分布上来看，我们分别对东部地区、中部地区、西部地区和东北部地区这四大区域的可达性均值及可达性增长率进行分析（表 9-9）。从不同区域来看，2020 年东部地区可达性均值为 341.5，可达性增长率为 69.5%；中部地区可达性均值为 347.0，可达性增长率为 67.9%；西部地区可达性均值为 580.6，可达性增长率为 66.9%；东北部地区可达性均值为 511.5，可达性增长率为 71.6%。从可达性看，呈现出东部地区>中部地区>东北部地区>西部地区的格局；从可达性增长率看，呈现出东北部地区>东部地区>中部地区>西部地区的格局。

表 9-9　2020 年各区域城市可达性变化

区域	可达性均值	可达性增长率
东部地区	341.5	69.5%
中部地区	347.0	67.9%

区域	可达性均值	可达性增长率
西部地区	580.6	66.9%
东北部地区	511.5	71.6%

其三，从城市规模上看，如表 9-10 所示，到 2020 年，小城市可达性均值为 560.2，可达性增长率为 65.6%；中等城市可达性均值为 439.7，可达性增长率为 69.0%；大城市可达性均值为 372.8，可达性增长率为 69.3%；特大城市可达性均值为 341.7，可达性增长率为 71.2%；巨型城市可达性均值为 337.0，可达性增长率为 69.5%。因此，可达性呈现出巨型城市>特大城市>大城市>中等城市>小城市的格局，可达性增长率呈现出特大城市>巨型城市>大城市>中等城市>小城市的格局。

表 9-10　2020 年不同规模城市的可达性变化

城市规模	可达性均值	可达性增长率
小城市	560.2	65.6%
中等城市	439.7	69.0%
大城市	372.8	69.3%
特大城市	341.7	71.2%
巨型城市	337.0	69.5%

其四，从城市群分布来看，根据肖金成和袁朱（2009）提出的十大城市群划分方案，分别对其可达性均值及可达性增长率进行分析。如表 9-11 所示，到 2020 年，十大城市群的可达性均值为 339.2，因此十大城市群的可达性高于全国均值（421.3）；可达性增长率均值为 71.2%，比全国平均水平（68.7%）高 2.5 个百分点。从分布来看，中原城市群可达性最高，川渝城市群的可达性最低；海峡西岸城市群可达性增长率最高，而长三角城市群可达性增长率最低。

表 9-11　2020 年十大城市群的城市可达性变化

城市群	可达性均值	可达性增长率
长三角城市群	303.0	68.4%
珠三角城市群	373.8	71.0%
京津冀城市群	290.6	70.2%
辽中城市群	390.1	74.2%
山东半岛城市群	341.9	69.7%

续表

城市群	可达性均值	可达性增长率
中原城市群	255.5	71.9%
长江中游城市群	294.8	69.7%
海峡西岸城市群	330.2	74.7%
关中城市群	365.3	70.1%
川渝城市群	447.1	72.3%
均值	339.2	71.2%

（二）城市人口增长格局变化

由以上分析可知，高速铁路的主要特点体现在速度更快、更加准时，这将会带来沿线城市可达性的显著提升、城市人口的增长。根据我们的计算，与高速铁路没有开通相比，高速铁路的全线开通将会使得可达性平均提高 68.7%，而这将会从总体上促进人口增长率提高 45.8%。同时，高速铁路对不同线路、区域、城市等级规模及不同城市群可达性的影响存在差异，因此，高速铁路对城市人口增长的影响呈现出不同的特点，表现在以下几个方面。

1. 人口将向高速铁路沿线城市集聚

根据高速铁路网规划，在我们所分析的铁路沿线城市中，有高速铁路沿线城市 209 个、普通铁路沿线城市 59 个。模型（9-6）的预测结果显示，2011～2020年高速铁路沿线城市的人口年均增长率为 5.9%，而普通铁路沿线城市是 5.2%。这说明，在高速铁路网的影响下，城市人口将向高速铁路沿线城市集聚。2020 年高速铁路沿线的城市人口占样本城市总人口的比重将达到 83.7%，相比 2011 年提高 3.1 个百分点。

从人口增长速度看，人口快速增长（年均增长率在 6.8%～9.7%）的城市绝大部分位于高速铁路沿线，特别是高速铁路网密集的区域。在高速铁路网密集的区域，这类城市主要有安徽的淮南、马鞍山、芜湖、池州、铜陵等，浙江的金华、丽水、宁波、温州、嘉兴、绍兴等。在"四纵四横"高速铁路干线沿线，主要有沿京哈高速铁路的承德、盘锦、长春，沿杭福深高速铁路的福州，沿京广高速铁路的邢台、长沙、清远，沿青太高速铁路的青岛、济南、阳泉、太原，沿沪昆高速铁路的贵阳、曲靖、六盘水。在区际高速铁路连线沿线，主要有兰州、西宁、金昌、嘉峪关等。

2. 城市等级–规模结构呈橄榄形

按照新的城市人口规模分类标准，到 2020 年，在样本城市中小城市、中等城市、大城市、特大城市、巨型城市分别为 8 个、55 个、148 个、44 个、13 个，分别占 3.0%、20.5%、55.2%、16.4%、4.9%，呈典型的橄榄形结构（图 9-3）。如表 9-12 所示，与 2011 年相比，2020 年小城市数量由 38 个变为 8 个，减少了 30 个；中等城市的数量为 55 个，减少了 40 个，其中有 70 个原中等城市将发展成为大城市；大城市的数量为 148 个，增加了 46 个，其中有 24 个原大城市将发展成为特大城市；特大城市由 27 个增加为 44 个，其中有 7 个原特大城市将发展成为巨型城市；巨型城市则由 6 个增加到 13 个。由此可见，在高速铁路的影响下，在样本城市中，大城市、特大城市和巨型城市的比重明显上升，中等城市和小城市的比重下降，这意味着中国城市化过程中存在的中小城镇数量过多，平均规模过小的问题将会得到明显的改善（顾朝林等，2008）。

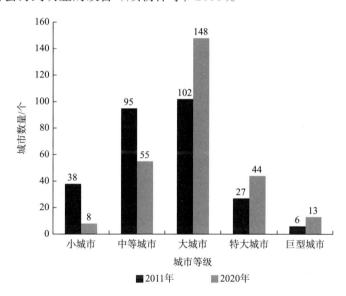

图 9-3　2011～2020 年样本城市的等级-规模结构变化

表 9-12　2020 年样本城市的等级-规模结构

等级-规模	数量/个	城市
巨型城市	13	北京市、上海市、天津市、重庆市、广州市、深圳市、南京市、武汉市、成都市、杭州市、东莞市、沈阳市、西安市
特大城市	44	佛山市、济南市、哈尔滨市、郑州市、大连市、苏州市、汕头市、长沙市、昆明市、太原市等
大城市	148	淄博市、临沂市、淮安市、扬州市、南通市、惠州市、潍坊市、枣庄市、淮南市、洛阳市等
中等城市	55	伊春市、随州市、怀化市、三亚市、七台河市、晋城市、周口市、吉安市、延安市、汉中市等
小城市	8	呼伦贝尔市、崇左市、嘉峪关市、金昌市、鹰潭市、黑河市、丽江市、拉萨市

从人口增长速度看，2011～2020年小城市的人口年均增长率为5.9%，中等城市的人口年均增长率为5.8%，大城市的人口年均增长率为5.8%，特大城市的人口年均增长率为5.9%，巨型城市的人口年均增长率为2.0%，呈现出小城市=特大城市>中等城市=大城市>巨型城市的人口增长格局。值得注意的是，巨型城市的人口增长缓慢，且个别巨型城市出现人口负增长，这一方面与其人口基数大有关，另一方面与高速铁路在一定程度上将促进其人口向周围地区转移有关（樊桦，2011）。

3. 不同区域城市人口增长存在差异

根据我们先前所做的分析，铁路提速对不同区域的城市人口增长存在差异。根据我们得到的结果，按照东部地区、中部地区、西部地区和东北部地区四大区域进行分析，到2020年，不同区域的人口分布存在以下特点。从人口增长率看，东部地区为5.9%，中部地区为5.9%，西部地区为5.3%，东北部地区为5.6%，呈现出东部地区=中部地区>东北部地区>西部地区的城市人口增长格局。从人口所占比重看，不同区域的人口比重发生了一定的变化（图9-4）。东部地区人口所占比重2011年为51.3%，2020年为49.9%；中部地区人口所占比重2011年为21.3%，2020年为22.9%；西部地区人口所占比重2011年为18.1%，2020年为17.3%；东北部地区人口所占比重2011年为9.3%，2020年为9.9%。由此可知，中部地区和东北部地区人口所占比重上升，东部地区和西部地区人口所占比重下降。

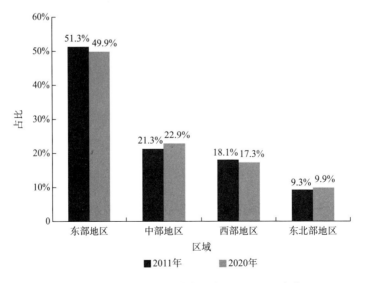

图9-4　2011～2020年样本城市的人口比重变化

4. 城市群作为城市人口主要集聚区的趋势将进一步增强

城市群的高速铁路线路多，且其内部有城际轨道交通网络，因此，在高速铁路网建成后，城市群作为全国城市人口集聚区的趋势将进一步增强。模型（9-6）的预测结果显示，2011～2020年十大城市群的人口年均增长率的均值为5.64%，这些城市群的人口占样本城市人口的比重为55.4%，高于2011年的52.3%。在十大城市群中，长三角城市群、辽中城市群、山东半岛城市群、中原城市群、海峡西岸城市群的人口年均增长率均高于分析样本的均值；珠三角城市群、京津冀城市群、长江中游城市群、关中城市群、川渝城市群低于分析样本的平均值（表9-13）。

表9-13　2011～2020年在高速铁路影响下的城市群人口增长

城市群	人口年均增长率	2020年人口占样本城市的比重
长三角城市群	6.0%	12.7%
珠三角城市群	4.5%	8.4%
京津冀城市群	5.6%	8.2%
辽中城市群	6.1%	4.0%
山东半岛城市群	6.4%	4.3%
中原城市群	6.0%	2.8%
长江中游城市群	5.4%	3.4%
海峡西岸城市群	6.4%	2.7%
关中城市群	5.4%	2.3%
川渝城市群	4.6%	6.6%
均值	5.64%	—

四、小结

根据我们对2020年高速铁路网分布的分析可知，中国未来的高速铁路分布存在着区域、类型上的差异，从而对于城市可达性的影响存在差异，而这可能会对未来人口分布及人口增长的影响存在差异。我们通过相关数据的计算及模型预测，得到以下结论。

第一，从可达性分布来看，到2020年，从数值的分布上来看，我们将可达性分为四类——可达性高值、较好、较差、极差四个区域，发现高速铁路沿线城市拥有更好的可达性，且距离高速铁路线路越近的区域可达性状况越好，这与我们的设想是一致的。从区域分布上来看，2020 年，可达性呈现出东部地区>中部地区>东北部地区>西部地区的格局，从可达性增长率来看，呈现出东北部地区>东部地区>中部地区>西部地区的格局。从城市等级规模分布上来看，2020 年可达性呈现出巨型城市>特大城市>大城市>中等城市>小城市的格局，可达性增长率呈现出特大城市>巨型城市>大城市>中等城市>小城市的变化格局。从城市群分布来看，城市群的可达性及可达性增长率均高于全国平均值，而中原城市群和海峡西岸城市群则分别拥有最高的可达性和最高的可达性增长率。

第二，从未来城市化的变化趋势来看，2020 年高速铁路网建设后，将会使城市人口增长率总体上提高 45.8%。另外，从线路差异、城市群、城市规模及区域分布来看，城市人口分布存在以下特点：①城市人口将向高速铁路沿线城市集聚，2011～2020 年人口快速增长的城市主要是高速铁路沿线城市，尤其是高速铁路密集区域的城市。②城市等级-规模结构呈橄榄形，从城市数量上来看，小城市、中等城市、大城市、特大城市、巨型城市分别占 3.0%、20.5%、55.2%、16.4%、4.9%；从城市人口增长速度看，则呈现出小城市=特大城市>中等城市=大城市>巨型城市的人口增长格局。③从区域城市分布上看，呈现出东部地区=中部地区>东北部地区>西部地区的城市人口增长格局。④城市群作为城市人口主要集聚区的趋势将进一步增强。在高速铁路影响下，2011～2020 年十大城市群的人口年均增长率的均值为 5.64%，2020 年十大城市群的人口占样本城市人口的比重为 55.4%，高于 2011年的 52.3%。

第六节　结论与讨论

一、主要结论

本章以可达性作为描述铁路交通发展的指标，以城市人口数作为描述城市化的指标，首先，研究了铁路六次大提速对城市可达性改善及城市人口变化的影响；其次，根据《中长期铁路网规划（2008 年调整）》所设计的高速铁路网络，分析高速铁路网络建成运行后可达性的数值及变化；最后，根据可达性与城市人口的关系，以及高速铁路可达性的变化，对中国未来的城市化发展趋势进行预测。概括起来，获得了以下两个方面的主要结论。

第一，铁路提速必然会带来运输成本的下降，进而促进城市的经济集聚与人口的集中，具体的机制表现为，铁路提速通过促进城市可达性的提升，从而带来城市经济集聚，而经济活动会影响人口的分布。这个认识在我们的实证分析中得到了很好的验证。通过分析 1997～2011 年铁路提速对城市人口增长的影响，我们发现，总体上，铁路提速对沿线城市人口增长有着明显的正向影响，表现为铁路提速所导致的沿线城市可达性每提高 1%，可引起城市人口出现 0.665% 的相应增长。铁路提速对于提速沿线城市人口增长具有更显著的正向促进作用，而对于非提速沿线城市人口增长的影响在统计上不显著。对于提速沿线城市，其可达性每提高 1%，可引起城市人口出现 1.373% 的相应增长。此外，铁路提速对提速沿线城市人口增长影响存在明显的区域差异。在东部地区，铁路提速所导致的沿线城市的可达性每提高 1%，可引起其人口出现 2.087% 的相应增长。但是，在中部地区、西部地区和东北部地区，铁路提速对沿线城市人口增长的影响均未通过显著性检验。

第二，2020 年高速铁路网建设后，全部城市的可达性提升了 68.7%，将会使城市人口增长率总体上提高 45.8%。全国的城市化格局将发生相应的变化，主要表现在如下四个方面。

一是城市人口将向高速铁路沿线城市集聚。2011～2020 年人口快速增长的城市主要是高速铁路沿线城市，尤其是高速铁路密集区域的城市。总体上，高速铁路沿线城市的人口年均增长率将达到 5.9%。到 2020 年，高速铁路沿线的城市人口占样本城市总人口的比重将达到 83.7%，将比 2011 年提高 3.1 个百分点。

二是城市等级-规模结构将呈橄榄形。到 2020 年，在样本城市中，小城市、中等城市、大城市、特大城市、巨型城市分别占 3.0%、20.5%、55.2%、16.4%、4.9%，呈典型的橄榄形结构。大城市、特大城市和巨型城市的比重明显上升，中等城市和小城市的比重下降。从人口增长速度看，则呈现出小城市=特大城市>中等城市=大城市>巨型城市的格局。

三是各大区域的城市在分布上存在差异。从人口增长上来看，出现东部地区=中部地区>东北部地区>西部地区的城市人口增长格局；而从区域城市人口比重来看，则呈现出中部地区和东北部地区人口比重上升，东部地区和西部地区人口比重下降的趋势。

四是城市群作为城市人口主要集聚区的趋势将进一步增强。在高速铁路影响下，2011～2020 年十大城市群的人口年均增长率的均值为 5.64%，2020 年十大城市群的人口占样本城市人口的比重为 55.4%，高于 2011 年的 52.3%。其中，长三角城市群、辽中城市群、山东半岛城市群、中原城市群、海峡西岸城市群的人口增速较大，珠三角城市群、京津冀城市群、长江中游城市群、关中城市群、川渝城市群的人口增速相对较小。

二、政策启示

首先，科学调控城市规模-等级结构。加快发展中小城市是中国城市化战略布局的重要环节，高速铁路建设能够增强区域中心城市对中小城市和农村地区的辐射作用，改善中小城市的区位条件，为其发展注入新的驱动力。根据我们的分析，高速铁路沿线城市中的中小城市的人口将会有明显的增长，而由于中小城市自身规模较小，且相当一部分中小城市经济发展水平较低，公共基础设施较为落后，无法很好地承接城市未来潜在的人口增长。因此，合理规划高速铁路全线开通后城市的人口布局，加强对于城市基础设施和公共服务领域的投资，同时，合理引导产业投资，增加就业供给，以增强中小城市人口吸纳能力。此外，在高速铁路未来的发展中尤其需要注意以下两个方面：一方面，可考虑增加高速铁路网的线路布局，扩大覆盖范围，发挥高速铁路对于更多城市尤其是小城市人口增长的促进作用；另一方面，要注意环境承载力，这是由于大城市与特大城市也会出现一定比例的人口增长，而这种人口增长很可能出现在高速铁路站点周围，而大城市与特大城市自身人口基数较大，政府部门应合理规划，通过一系列措施防止人口的过度集中，合理控制特大城市的发展。

其次，优化高速铁路网建设规划。高速铁路的建设可以加快经济要素向沿线区域流动和聚集，进一步缩短沿线城市之间的时空距离，有利于城市之间在功能定位上更好地实现优势互补。随着高速铁路的建设运营，将带动沿线区域的产业布局调整，加快人口和产业向沿线城市集中，从而加快高速铁路沿线城市带的形成与发展。但是，根据《中长期铁路网规划（2008年调整）》，中国的高速铁路网分布主要集中在中东部地区，而西部地区高速铁路线路相对较少，这会造成西部地区城市的未来发展可能相对缓慢，在城市化上表现为人口增长相对缓慢，人口比重的下降，这会造成区域发展差距拉大。当前，中国正处于大力推动城市化建设、促进区域协调发展的重要时期，同时，西部地区大开发一直是中国的重要发展战略。因此，优化高速铁路网建设规划，增加西部地区高速铁路网的密度，为推动区域协调发展创造更好的条件。

再次，把城市群作为吸纳城市人口的重要空间组织。中国《国家新型城镇化规划（2014—2020年）》提出，在未来城市化发展的过程中，要以城市群为主体形态进行重点发展。中国目前已经形成了十大城市群，但是随着城市群经济的产生和发展，城市群内部的客运需求不断膨胀，仅靠高速公路既无法满足日益增长的城际客运需求，更无益于解决城市群区域交通拥堵严重、交通事故频发和环境污染加剧等问题。因此，在城市群内部建立以高速铁路和城际轨道交通为主导的快速交通网，推动城市群一体化发展。在已有城市群的基础上，利用区际高速铁路，充分发挥高速铁路的交通整合功能，构造"轴-辐"式的交通组织结构，巩固并培育城市新的核心节点，辐射带动城市群周边区域发展，促进新的城市群的形成和发展，扩大高速铁路服务的范围和效益。

最后，由于相当部分新的高速铁路站点为新建站点，距离中心市区比较遥远，接驳高速铁路站点与市区的公共交通不配套，而且由于高速铁路、公路及民航机场都是各自规划，各自建设，在选址上无法实现统一协调。因此，应该统筹考虑各种交通网络布局，从而促进未来城市化科学健康的发展。

三、本章研究不足与展望

限于笔者的学术水平及有限的数据资料，本章存在以下不足。

一是本章重点考察了在高速铁路影响下中国城市化格局未来的变迁。事实上，正如本章在模型（9-6）中所展示的那样，城市化还受到其他因素的影响。因此，高速铁路仅是影响城市化发展的一个因素，这里我们并没有将其他因素产生的影响考虑在内。另外，本章仅研究了城市化中的市区人口，并没有综合考虑城市化的其他指标。

二是限于高速铁路开通运行时间的不同，我们这里对于 2020 年高速铁路全线开通后的城市间旅行时间的预测，仅是根据规划中的线路走向与设定速度进行计算，而这种计算可能存在以下两个问题：首先，未来线路的建设可能会产生变化；其次，现实的线路运行速度与设定速度存在差距。因此，这会导致我们所预测的城市间的旅行时间与现实存在一定的差距。

三是本章的分析也仅限于铁路沿线城市，没有把非铁路沿线城市纳入分析。受分析样本城市数量固定的限制，本章也没有考虑地级市以下城镇的发展，所以我们无法将城镇发展为小城市这种情况考虑在内。因而，本章的研究尚不足以全面描述未来中国城市化格局的变迁。

四是本章仅做了一种预测性的分析，实证研究数据只考虑了 1997 年和 2011 年两年的数据，并且仅考虑了铁路运输这一种运输方式，没有对交通运输进行综合考虑。因此，我们所做的城市化预测仅是一种趋势性预测，与真实的城市化之间难免存在一定的差距。

在研究方法方面，后续研究可以做以下探讨。第一，在计算城市间旅行时间时，可以借助 GIS 技术，首先将线路的走向及其分布反映在地图上，然后借助模拟方法，对线路的运行速度及运行时间进行更为精确的计算。并且，可以将其他未考虑到的城镇及非铁路沿线城市考虑在内，这样就会对未来城市化的进程有一个更加全面的判断。第二，建立更为合适的实证模型，增加影响城市化发展的因素，从而对城市化的发展进行更为准确的预测分析。在交通方式选择方面，可以考虑增加高速公路运输、航空运输及水路运输对城市发展的影响分析，以便更好地判断高速铁路发展对于城市化的影响。

第十章　高速铁路发展与城市生产性服务业空间格局变迁——基于从业人口的分析

第一节　背景与思路

一、研究背景

随着信息技术的快速发展和经济全球化进程的加快，全球呈现由工业型经济向服务型经济转型的趋势，服务业内部结构呈现新特点，知识密集、高附加值、高技术含量的现代服务业迅速增长，生产性服务业也逐渐成为全球产业发展的趋势。这也促使我们去思考以下问题：①中国目前的生产性服务业空间分布模式是集聚还是扩散？抑或是局域的集聚和全域的扩散并存？其形成的内在机理是什么？即究竟是什么因素决定了中国各个区域的生产性服务业集聚程度？②高速铁路的建设对生产性服务业的空间结构会产生什么影响？二者的空间分布形态是否耦合？③高速铁路的开通会不会强化生产性服务业固有空间分布格局？会不会拉大沿线城市和非沿线城市的差距？对于不同等级规模或行政级别的城市影响是否相同？

关于产业空间分布格局问题，多数学者从集聚和扩散两个角度入手。其中，集群作为现代服务业发展的有效组织方式，能够产生良好的经济效应和网络效应，是现代服务业发展的趋势和要求（朱欣苑，2006），产业集聚实际上是企业微观区位选择的宏观表现，因此，对生产性服务业集聚的影响因素的研究有助于深化产业区位理论。产业集聚作为区域产业空间组织的一种形式，有利于降低市场风险和交易成本、推动创新和竞争、增强产业竞争力，与产业增长和区域经济发展密切相关，因此研究产业集聚对于扩展区域空间组织理论和区域经济发展理论也有重要意义（张华和梁进社，2007）。产业集聚往往以交通起点为"经济核"，在交通沿线形成"经济带"，因此，对交通运输与产业集聚相互关系的研究具有重要的理论价值和现实意义（柳林，2010）。客运网络系统"时间收敛"效果明显，通过加强交通枢纽城市间的联系，进而产生内部时间效益差异，在交通枢纽城市腹地的扩展和空间服务范围扩大的基础上，起着引导经济活动空间区位的再选择的作用（王姣娥和金凤君，2005）。由此可见，高速铁路的运营在很大程度上引导了生产性服务业的区位选择和空间布局。本章将根据上述研究成果，参照国内外有关经验，研究并提出高速铁路时代优化生产性服务业空间布局和结构的思路与政策，为国家决策提供参考。

本章拟运用核密度分析方法，分析中国生产性服务业空间格局现状，并从局域和全域两个角度综合分析生产性服务业空间依赖状况；运用多中心区域密度函数找出主导生产性服务业空间格局的核心城市，并分析其向心集聚与向周边扩散情况，从而判断核心城市的集聚类型；将引入频次的可达性指标作为衡量高速铁路的变量，建立动态可变参数模型，分析高速铁路对生产性服务业空间格局中的核心城市生产性服务业从业人口集散的影响；针对高速铁路规划对未来生产性服务业空间格局演变进行预测。这些研究可以为深入认识生产性服务业的空间分布特征及模式，探明交通发展与生产性服务业空间格局变迁的规律等提供参考。

本章的实践意义在于，通过从整体和局部两个方面揭示生产性服务业空间分布格局、空间依赖现状，分析高速铁路对生产性服务业空间格局的影响，可以为国家更好地利用高速铁路发展引导生产性服务业的发展，促进经济整体发展，合理规划产业布局，为实现区域协调发展提供科学依据。

二、研究内容

本章主要探讨以下三大问题。其一，生产性服务业空间分布格局特征与集散趋势；其二，高速铁路影响下的生产性服务业空间分布的集散变化；其三，高速铁路网络对中国生产性服务业空间格局变化趋势的影响。

本章主要从两个角度来研究生产性服务业的空间格局，包括静态分析生产性服务业空间集散状况，以及动态分析城市生产性服务业的向心集聚过程和向腹地扩散过程。通过从这两个角度的分析，本章试图探求高速铁路对这种格局形成的影响，从而预测生产性服务业空间格局演变的方向。

在开始上述研究之前，笔者先对有关概念进行必要的讨论，以便为后续的分析建立一个必要的认识基础。

第一，生产性服务业。迄今为止，究竟生产性服务业包括哪些行业，无论是学术界还是各国的政府部门都还没有达成一致意见。有关文献分别从产出、服务对象

（Greenfield，1966）、服务类型（Browning and Singelman，1975）、服务对象和服务类型（Howells and Green，1986）、服务活动（Marshall et al.，1987）等角度来界定生产性服务业。总的来看，生产性服务业是指向其他主体提供用于其进一步生产、运作的服务活动的服务业（王晓玉，2006）。本章依据2003年国务院颁布的《国民经济行业分类》（GB/T 4754—2002），选取交通运输、仓储和邮政业，信息传输、计算机服务和软件业，金融业，房地产业，租赁和商务服务业，科学研究、技术服务和地质勘查业，居民服务和其他服务业，教育这八个行业作为生产性服务业的行业构成。

第二，生产性服务业空间格局。本章从集聚和扩散两个方面来研究生产性服务业空间格局。其中，集聚包括产业通过跨区域转移从而实现在空间上的集中，也包括产业在区域内部的集中和生长，既可以表示产业在空间上集中分布的状态，也可以表示产业在空间上的集中或成长过程。本章所涉及的集聚概念是指产业在空间上集中分布的静态特征和产业向中心城市集中过程的动态特征。此外，扩散作为集聚的对立面，既可以表示动态的扩散过程，也可以表示静态的扩散状态。但是，集聚和扩散是辩证统一的，不能被孤立对待。比如，武汉的生产性服务业有向北京转移的趋势，这对北京的生产性服务业而言是集聚，而对武汉的生产性服务业而言是扩散；再比如，高速铁路引发的产业空间结构重组，使得中国生产性服务业形成多核心结构，对全国而言，我们很难用集聚或扩散来界定这种产业格局现状，只能认定为全域的扩散和局域的集聚并存。

三、研究价值

总的来说，对比以往研究，本章预计将取得以下进展。

在研究生产性服务业集聚与扩散时，本章首先对生产性服务业集聚与扩散情况进行核密度估计，通过用四种权重矩阵做空间探索性分析，找出全国生产性服务业集聚中心；其次，使用多中心区域密度函数，综合考虑中国多个中心城市对生产性服务业从业人口密度分布的影响。相比传统的单中心区域密度函数，本章的研究能够更准确地从全国的视角反映区域产业集聚与扩散的变化趋势。

本章通过建立动态可变参数模型，研究高速铁路网络背景下的生产性服务业空间分布格局。与传统的可变参数模型所不同的是，动态可变参数模型可以有效地将高速铁路这一影响因子应用到模型中，为分析高速铁路对生产性服务业空间格局的影响奠定基础。与此同时，本章应用新经济地理学、内生增长理论等相关理论的研究成果，试图对高速铁路交通网络影响下的生产性服务业集聚与扩散，以及核心城市集聚与向周边区域扩散过程等做出解释，进而在中国生产性服务业空间格局形成与演化方面进行理论与实证研究，以期在高速铁路与产业格局演化机制等领域有所拓展。

四、研究方法

基于核密度分析与空间探索性分析方法，描述中国生产性服务业的空间格局状况与空间依赖程度；运用多中心区域密度函数，对生产性服务业中心城市的集聚与扩散情况进行静态描述和动态分析；运用动态可变参数模型，对高速铁路如何影响生产性服务业空间格局进行分析，并对格局演变做出预测。

本章研究过程可以分为以下四个步骤。

第一步，通过核密度估计分析中国生产性服务业空间格局概况，在此基础上运用四种空间权重矩阵对生产性服务业从业人口密度进行空间自相关分析，从而初步推测中国生产性服务业空间格局的核心城市及次级核心城市。

第二步，运用多中心区域密度函数对空间格局中的核心及次级核心城市集散状况进行分析，用估计出的核心及次级核心城市理想生产性服务业从业人口密度表示集聚状况，用生产性服务业从业人口密度梯度表示扩散状况，并通过不同年份的对比，得出集聚和扩散的动态趋势。

第三步，利用所查找的各城市之间的铁路旅行时间核算出各城市的可达性指标值，作为对高速铁路这一影响因子的衡量，进而测算出高速铁路对生产性服务业核心城市集聚和扩散状况的影响，分析其对生产性服务业空间格局的影响。

第四步，在对国内外文献归纳、总结与理解的基础上，结合高速铁路对生产性服务业空间格局的影响方式及高速铁路规划图，对生产性服务业空间格局演变的趋势进行预测。

五、本章结构

本章共分为六节，具体如下。

第一节为背景与思路。介绍本章的研究背景并提出研究问题，分析高速铁路运营对于产业空间结构重组的影响，说明本章的主要研究内容、研究方法及研究价值和可能的创新点，并简要介绍文章框架结构。

第二节为文献综述。该节主要从以下四个方面进行论述。第一，生产性服务业空间分布，主要包括生产性服务业空间分布的区位指向和空间分布特征；第二，交通发展与生产性服务业空间分布，尤其是高速铁路交通方式对生产性服务业空间分布的影响；第三，交通发展与生产性服务业空间结构；第四，现有研究存在的问题，找出以往研究的不足之处，确定本章的研究方向与研究重点。

第三节为生产性服务业空间格局特征。该节主要从以下三个方面展开：第一，通过制作统计图表并结合核密度估计结果对生产性服务业空间格局状况进行描述性分析；第二，通过建立四种不同的空间权重矩阵，对生产性服务业空间格局状况进行探索性空间数据分析（exploratory spatial data analysis，ESDA），描述生产性服务业空间格局的静态特征并初步确定格局的核心城市；第三，运用多中心区域密度函数分析确定生产性服务业空间格局的核心城市和次级核心城市，通过不同年份的对比，分析核心城市集聚与扩散的动态过程。

第四节为高速铁路对生产性服务业空间格局变迁的影响。该节从两个方面来展开：首先，用加入频次的可达性来描述高速铁路，用生产性服务业从业人口密度表示集散状况，通过对二者散点图的拟合，选出最佳拟合模型，分析二者之间的关系。其次，运用动态可变参数模型分析高速铁路对生产性服务业核心城市集聚与扩散的影响，从而分析高速铁路对生产性服务业空间格局变迁的影响。

第五节为高速铁路影响下的生产性服务业空间格局演化趋势。通过对高速铁路网络规划的分析，借鉴国内外文献研究成果，并结合高速铁路对生产性服务业空间格局的影响方式，对生产性服务业空间格局演化趋势进行预测。

第六节为结论与讨论。在前几节的基础上进行总结，并给出高速铁路运营对中国生产性服务业空间格局的影响及相关的政策建议，最后探讨本章的不足之处，并做出对进一步研究的展望。

本章的技术路线图如图 10-1 所示。

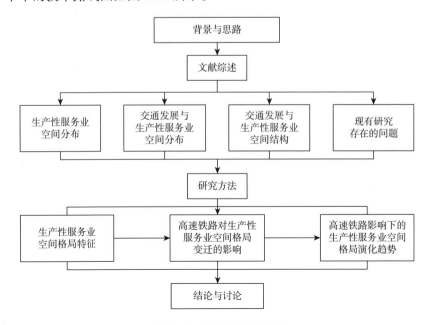

图 10-1　本章技术路线图

第二节　文　献　综　述

随着中国高速铁路的发展，高速铁路对原有经济活动分布和要素流动的影响成为目前研究的重点，许多学者也从不同角度对中国生产性服务业空间分布进行了研究。本章研究正是建立在这些研究的基础之上，以高速铁路发展带来的沿线城市可达性变化为出发点，结合产业集聚、产业发展差异、产业布局和社会网络分析等相关理论和研究，探讨中国生产性服务业空间格局的演变。因此，有必要对相关研究进行梳理总结。

一、生产性服务业空间分布

（一）生产性服务业空间分布区位指向

一般认为，生产要素获取的难易程度在很大程度上决定了生产性服务业的区位分布。邓翔和李建平（2013）通过对外部性和规模报酬的分析，认为中国的集聚效应主要来自投入要素的规模报酬递增，而生产外部性的贡献在全国范围内较小；从区域角度来看，东部地区的集聚效应多来自生产要素投入产生的规模报酬递增，而西部地区则更多地受益于城市化进程带来的外部性。陈殷和李金勇（2004）从分析一般产业区位理论和服务业区位理论出发分析区位的影响因素，得出影响因素包括四项：范围经济、生产性服务业的固有特点、技术进步和跨国企业内部等级关系。唐珏岚（2004）认为生产性服务业在国际大都市集聚的优势在于有利于信息获取与创新、降低企业成本和人才获取三个方面。甄峰等（2008）的研究也显示，在信息时代，高校的空间布局变化对生产性服务业和信息制造业的发展与空间分布有着很大的影响，科研服务业和培训服务业往往与大学空间邻接，充分利用了知识溢出和服务配套。张润朋和刘蓉（2002）从金融业、信息咨询服务业与技术综合服务业三个微观层面，总结出网络经济对生产性服务业的影响，由此可见，新的网络经济对生产性服务业的区位选择具有重大影响。李林（2009）指出信息技术的广泛应用使生产性服务业发展的区位模式发生变化、交易成本降低和促使形成范围经济。刘曙华和沈玉芳（2007）认为生产性服务业的区位选择取决于三个因素的驱动：公司的组织结构及其对变化的适应能力、区域性的服务公司接近新信息技术的机会及拥有一个潜在的适应能力强的劳动群体。季菲菲等（2014）选取表征市场化、全球化、分权化和一体化的指标，使用二次指派程序

（quadratic assignment procedure，QAP）网络分析方法揭示了长三角金融流动的动力机制，研究表明，进出口总额、外商直接投资、文化差异、外资金融法人数量和行政边界均对金融流动有显著的影响，相反金融业比重和地方财政收入自治率则对金融流动并无显著影响。程大中（2008）的研究表明中国服务业的增长不仅不能带动国民经济，其本身受其他部门的需求拉动作用也不大，生产性服务业发展的差距不只是由经济发展阶段决定的，而是在很大程度上受社会诚信、体制机制和政策规制的约束。

产业关联也是影响生产性服务业的一个重要因素。陈建军和袁凯（2013）认为，产业分布的空间非均衡具有"产业份额"和"生产效率"的二重耦合特征，企业空间选择行为是其形成的内在动力，"经济关联"和"知识关联"是动力传导机制；"知识关联"机制主导了基于产业链、空间链和价值链融合的产业跨区域整合过程。李孟桃（2008）也认为，生产性服务业发展的外部环境及成长空间不仅受区域工业化程度、政府产业支出力度的影响；同时受市场化规模、城市化水平、服务外包的需求波动的影响，各类影响因素的不同变化在一定程度上导致生产性服务业区域间发展的不均衡。胡国平等（2012）则指出，对外开放程度是生产性服务业外向发展的最大影响因子，城市化率和人均地区生产总值这两个因子的影响次之；第二产业发展规模及投资额度这两个因素的影响则非常有限。陈建军和陈菁菁（2011）通过建立两方程联立模型对浙江省 69 个城市和区域进行协同定位关系分析，发现制造业对生产性服务业逆影响的大小在不同规模城市中存在差异，由此决定了产业发展顺序的差异，即大城市要推进制造业的转型升级，应首先关注生产性服务业的发展与集聚，而中小城市则首先要推动制造业的集群，才能吸引生产性服务业的集聚。

从新经济地理学的角度，陈建军和黄洁（2008）提出，企业数量、消费者需求、运输成本、人力资本优势强调内生变量对集聚形成的作用，且空间经济学认为，后发优势比先发优势更具有说服力，市场容量、运输成本、政策因素较传统的自然禀赋、路径依赖对集聚更具有影响力；在中国，政策因素也是重点考虑的对象之一，主要通过对外开放度和地方保护主义来具化和衡量。刘辉煌和雷艳（2012）通过运用区位商指数测算生产性服务业及其六个细分行业的集聚程度，发现制造业集聚、政府行为、金融发展程度与生产性服务业集聚有显著的正相关性；信息化水平、对外开放程度与城市规模对生产性服务业集聚有显著的促进作用。张华和梁进社（2007）通过归纳产业空间集聚的研究进展，总结出产业集聚的影响因素有要素禀赋、规模经济、运输成本、外部性、市场需求联系和其他非经济因素。贺灿飞等（2010）则发现一些区域性特征，如交通密度、开发区数量、政府支出比重，以及贸易壁垒强度等，显著影响产业集聚。

少数学者在分析生产性服务业的区位取向方面做了有价值的新尝试。Harrington

（1995）指出，生产性服务业区位有两个重要影响因素：潜在顾客的当前区位，以及多样劳动力的成本和可获取程度，这两个因素间相互作用受服务业生产技术及其市场结构、大容量的远程通信依赖的调节；此外，在大都市内部，生产性服务业的布局还受主要客户的布局、商业活动的密度等其他因素的影响；他还发现了大都市区间生产性服务业的劳动分工、集中布局和规划功能。李碧花（2014）则通过研究会计师事务所的分布特点，发现对于生产性服务业的布局而言，第三产业比第二产业重要，从业者的分布比客户的分布重要。Krugman（1980，1991，1993）认为，规模报酬递增促使单个生产者的生产活动趋于集中；运费因素使其优先选择较大的市场周边区位；要素流动意味着生产者的迁入会扩大相关市场的规模，从而使该地更富吸引力；他认为导致产业集聚的主要因素不是比较优势，而是密切的经济联系，此外，技术外溢是集聚的次要因素，因为低技术产业也可以形成集聚；他将最初的产业集聚归于一种历史的偶然，"路径依赖"放大了这种偶然因素促成的初始优势，从而产生"锁定"效应，所以集聚的产业和集聚的区位都具有"历史依赖"性。

（二）生产性服务业空间分布特征

从集聚的角度分析生产性服务业空间分布是大多数学者的选择。Gillespie 和 Green（1987）提出，生产性服务业布局行为具有逆大都市化的趋势。Beyers（1993）研究发现 1985 年美国 90% 的生产性服务业就业人口集中在大都市区，占总就业人口的 83%，而除银行外的其他生产性服务业在非大都市区的区位熵低于 1.0。段杰和阎小培（2003）在地域层次上的研究表明，中心城市的生产性服务业发展水平明显高于其他城市，且生产性服务业有向中心城市集聚的趋势。刘志彪（2006）也认为生产性服务业在区位选择上日益显示出地理集中与集聚趋势，在制造业基础上产生并逐渐外化、外包，成为独立的产业部门，在市场结构上呈现出十分明显的垄断竞争。阎小培和姚一民（1997）认为，广州第三产业区际差异显著、总体呈集聚分布，产业内部呈多元集聚分区分布，形成空间分离的专业区，各部门空间布局形态呈多样化特征。尚于力（2008）研究表明，京、沪生产性服务业整体的空间分布呈现出总体集聚态势下的局部分化，呈现出较为明显的圈层衰减格局，显示出极高的集中性。贺天龙和伍检古（2010）认为，珠三角生产性服务业整体集聚水平高、区域分布不均衡，各城市生产性服务业发展空间很大。还有一些学者则从差异的角度进行分析，如程大中和黄雯（2005）认为整体服务业及其分部门的区域间差异要小于区域内差异即省际差异。申玉铭等（2007）的研究也表明，中国生产性服务业发展不足，区域差异大，全国服务业发展总体差异水平扩张迅速，地带内与地带间的区域差异上升较为缓和且出现不定期波动，不同省市服务业发展水平存在着明显的梯度差异。梁晓艳等（2007）也指出，东部沿海地区成为中国高新技术产业最重要的增长极，东西部差距逐渐拉大，其空间集聚程度在全局和局域上都表现出强烈的空间依赖特征。

大部分学者认为集聚和扩散并存于生产性服务业领域。李孟桃（2008）认为，生产性服务业的区位分布呈现集聚和扩散并存的模式，法律服务、管理和公共关系顾问等具有高度"前台"功能的生产性服务业，仍旧保持集聚的趋势，而传统具有"后台"功能的生产性服务业由于不再需要面对面的接触，会按照标准化的生产周期过程去寻找低成本的区域，如大城市的边缘（Goe，2002）。李普峰和李同升（2009）的研究也发现西安市生产性服务业呈现出大区域集聚、小区域扩散，呈现集聚与扩散并存的空间格局，其空间格局是区位条件、集聚效应、面对面的接触需要等各方面作用力耦合而形成的，其形成机制错综复杂。邓桂枝（2012）通过用区位熵法和 Theil 指数模型算出生产性服务业的区域集聚度和差异度，并进一步测算区域集聚的适宜性，结果表明中国各区域生产性服务业集聚程度不均衡；整体集聚差异较大，且在 2005～2009 年呈波动型变化；除北京市外的其余各省区市生产性服务业的集聚适宜性较低。张旺等（2011）选用变异系数、空间基尼系数和区位熵测算了长株潭城市群生产性服务业的空间分布差异程度和集聚程度，发现就整个生产性服务业而言，空间分布较为分散、集聚程度不高，但具有集聚发展的趋势；从不同城市看，长沙集聚程度最高，株洲和湘潭则远不及长沙；他们认为应在空间分布和结构优化两个层面实行差异化的调控，使生产性服务业朝着更集聚的方向发展。方维慰（2011）的研究表明，中国信息服务业的空间分异显著，呈现梯度结构与极化效应；各要素的空间集聚程度不均，生产的空间布局较为集中，而消费的地域供给较为均衡；其差距略低于经济差距；其空间格局和既有的经济环境高度相关。

还有一些学者分析了生产性服务业的行业空间分布情况。关于旅游业，罗芬等（2014）认为，旅游者交通碳足迹作为一种因旅游需求的近似性而引起的旅游者集体性空间移动现象，是一种复杂的空间动态流，具有一定的流动规模、封闭性、方向性、不规则性、时空分布等特点，整体呈现出集中于湖南省内核心旅游目的地，辐射周边省区市重要旅游目的地，涵盖北京、上海等重要旅游集散地的空间分布格局。关于高技术产业，唐根年等（2003）对其成长的空间演变特征进行分析，认为从地理空间上，各个区域高技术产业成长、发展水平存在明显差异，中国高技术产业呈较明显的集群发展态势，主要呈现在京津唐、长三角和珠三角三大区域，并提出中国高技术产业发展的菱形状态的空间战略布局。方维慰（2011）的研究表明，中国信息服务业呈现梯度结构与极化效应，空间分异显著；各要素的空间集聚程度不均，生产趋向集中布局，而消费的地域供给却较为均衡；其差距略低于经济差距；其空间格局与既有的经济环境高度相关。关于物流业，沈玉芳等（2011）的研究表明，长三角区域物流呈单中心等级扩散格局，城市间差异大，并呈扩大趋势，区域物流空间集聚特征明显，廊道效应突出，物流园区数量呈城镇等级梯度特征，且自成体系；长三角区域物流呈现"一心、两团、多点"向"一心、两极、多点"的空间演化历程，区域物流空间集聚态势趋向强劲。关于金融业，林彰平和闫小培（2006）的研究表明，转型期广州市金融服务业向城市新区扩散和向城市中心区集聚并存，初始空间格局由"集中于越秀"变为"中心区多点集聚"的空间格局，金融服务业集聚地段的形成呈现出一个"由南而北、由西往东"的时空运动过程。邓秀丽（2012）的研究也表明，金融服务业整体呈现核心-边缘空间分布格局；金融服务业单位数量和从业人员表现为向东、西两中心的集聚；空间相互作用结构演变明显，中心区的高-高和边缘郊区的低-低集聚为其主要特点。

从行业划分角度，原玉丰（2011）按生产性服务业的不同类型进行区位选择的分析，认为知识密集型生产性服务业以中央商务区为核心聚集，制造业关联型生产性服务业以加工制造产业园区为核心聚集，并对城市新区的经济发展、城市形态、社会空间结构产生影响。吉亚辉和杨应德（2012）的研究表明，生产性服务业空间分布具有明显的集聚特征，产值高、发展快的生产性服务业都集中在东部沿海地区，此外，中国传统生产性服务业具有较大空间依赖性，而新兴生产性服务业在省域间还没有产生明显的空间溢出效应。郑雪姣（2009）对安徽省生产性服务业的研究也表明，整体行业空间分布差异较大，集中特征明显，北高南低，东高西低，"沿线"呈带状分布；传统的生产性服务业行业分布较分散，但是现代生产性服务业行业空间集中程度高。

此外，也有从生产性服务业与制造业的空间布局的对比角度开展研究。邱灵等（2008）研究表明，制造业与配套生产性服务业均呈现显著的空间集聚性，但集聚与扩散的空间格局存在明显差异，就业空间分布不一致，进一步验证了制造业与配套生产性服务业具有空间可分性。梁红艳和王健（2012）的研究也表明，生产性服务业主要在区域性中心城市集聚，而制造业主要在沿海地区中心城市周边集聚，二者在城市内部的空间分布具有挤出效应。接近生产性服务业可以解释制造业的区位，但生产性服务业的区位并不以接近制造业为动机。

二、交通发展与生产性服务业空间分布

交通运输是影响交通经济带空间结构和组织格局的重要因素，交通运输网络的发展为空间经济活动的集聚和扩散创造了条件（韩增林等，2000）。快速、便捷的公路交通网络使城市经济圈与外部的交流更加便捷，加快了区域内部的经济循

环，带动了城市经济圈的建设，在很大程度上促进了经济社会的发展（田祖海和苏曼，2008）。贺灿飞等（2010）发现交通网络的完善有利于产业联系强的、规模经济显著的产业的扩散布局，规模经济显著的产业在市场潜力较大的省区更为集聚；但产业集聚需要一定的产业和区域条件，并非所有产业和所有区域都能够实现高水平的产业集聚。陈晨等（2013）的研究表明交通网络中心性对第三产业经济密度空间具有决定性影响，并导致了经济活动的多中心性；第三产业经济密度空间分布受介数中心性、直达性和邻近度的影响依次递减。但是，王良健等（2005）研究发现长株潭城市群产业集中分布在京广铁路、湘黔铁路、石长铁路、浙赣-醴茶铁路及319国道和京珠高速等主要交通轴线，且城市群空间结构呈现以长沙市区为核心、向四个不同方向扩散延伸的态势。

关于高速铁路对生产性服务业空间分布的影响，徐长乐和郇亚丽（2011）认为，高速铁路具有速度快、输送能力大、安全性好、舒适方便、能耗低、经济效益好等优点，缩短了人流、物流、信息流的时空距离，将促进旅游、房地产等沿线产业的升级，推进沿线城市规划的重新布局。赵庆国（2010）也指出，高速铁路能够促进区域间经济资源的大进大出、快进快出，通过使不同区域经济要素流动的多层面、多类型和多选择性需求得到有效满足，推动沿线形成经济走廊和经济带，促进第三产业的结构升级和水平提升。吴可人（2010）更是明确指出，在高速铁路难以成为通勤工具状况下，由于高速铁路对于高端要素集聚的强化作用，就有可能出现高端服务业加速向大城市集中、制造业向中小城市转移，大大增强了大城市的极化作用；在沪杭之间，高端服务业将有可能加速向上海和杭州集聚，使上海国际金融、物流中心地位进一步增强，而杭州将着重发展电子信息产业、服务外包等优势产业；这种格局将阻碍沿线其他城市高端服务业的发展，但有可能加快制造业的发展。刘修岩（2008）的研究也表明，各个城市的道路基础设施状况对经济集聚有显著的积极影响。

不少学者考察了高速铁路对旅游业、物流业等生产性服务业部门空间发展的影响。梁雪松（2010）通过分析武广高速铁路开通对湖南旅游业发展的影响，认为湖南旅游业因武广高速铁路运营而获得很好的发展机遇。而汪德根（2013）对湖北省的旅游业的分析则表明武广高速铁路所带来的核心区域的扩散作用没有极化作用大，因此导致湖北省旅游发展差异最终呈扩大趋势。曹彪（2010）分析了武广高速铁路对区域物流业发展的影响，并提出要建设综合交通运输体系，加强制造业与物流业联动发展。梁成柱（2008）认为交通条件的改善及旅途时间的缩短，促进了劳动力要素在京津冀区域间的频繁流动，区域间产业的转移使得资本要素呈现出流动性；便捷的交通促进了区域间人才和技术的交流、合作，为信息资源的共享及信息的通畅流动奠定了物质基础；随着客、货运输的逐步分离，铁路货运能力的提升将加快区域间物流业的发展，加速区域物流系统的形成。胡天军和申金升（1999）也认为，京沪高速铁路的建设能够诱发客流量增大，从而促进沿线餐饮、商业、服务业等的发展，高速铁路通过增加劳动就业机会必将带动电子、信息等一大批相关的高新技术产业发展，此外，高速铁路的建设还有助于促进沿线旅游经济走廊的形成。

三、交通发展与生产性服务业空间结构

对于生产性服务业的空间结构分析，大部分学者运用社会网络分析的方法。刘宏盈等（2012）认为社会网络分析拥有其独特的理念，从而部分弥补了传统旅游研究的个体主义视角带来的不足，通过探究泛北部湾区域旅游空间网络结构特征，他们认为在泛北部湾区域内部的旅游流通过"聚合—扩散—再聚合—再扩散"的效应，最终能够实现区域经济一体化的综合性产业集群模式，实现区域合作效用的最大化。李伟（2013）通过对武汉市旅游业进行社会网络分析，得出以下结论：旅游节点之间存在着旅游流集聚与辐射联系，且具有显著等级差异；旅游流结构洞水平较高，如武汉市呈现多中心、核心边缘明显分异；从空间趋势来看，武汉市旅游规划层次结构合理，从凝聚子群来看整体网络密度不高、功能有限、不均衡。汪德根（2013）从湖北省的旅游业着手，通过首位度-位序法则分析发现武广高速铁路强化了湖北首位分布的态势，对湖北省"鹤立鸡群"的集聚型旅游空间结构形态发挥了"催化剂"效应；对湖北区域旅游空间格局演变的影响表现出"双刃性"，一是强化了核心区域的极化作用，使整体区域旅游发展差异扩大，表现出不利于区域均衡性发展的负面效应；二是强化了核心区域的扩散作用，对边缘区域影响程度更大，扩散面更广，使边缘区域内部旅游发展差异缩小，表现出有利于区域均衡性发展的积极效应。吴晋峰（2014）则从入境外国旅游流网络进行分析，发现该网络中的节点可分为口岸型、枢纽型、中转型、复合型四种类型，分别发挥着旅游流出入境、中转、集聚和扩散、多种功能复合等作用。赵群毅和周一星（2007）通过定量分析，运用空间分布实态模拟、因子分析、空间自相关等方法对北京都市区生产者服务业空间结构进行实证研究。方远平和阎小培（2004）从服务业内部就业结构、增加值构成和基本-非基本分析等方面归纳与比较分析了北京、上海和广州的服务业内部结构特点及其发展趋势，发现生产性服务业与社会性服务业发展迅猛，逐步成为中心城市的主导服务行业，而分配性服务业则表现出较为明显的下降趋势，此外，其他服务业的快速发展表明服务业逐步呈现多样化趋势。杨锐和李伟娜（2010）通过研究苏州信息技术（information technology，IT）产业集群现象，发现其网络结构具有中心势不高、关系联结强、小团体互动和中介协调等特征；基于不同知识基础的创新活动需要构建不同的网

络关系组合和相应的网络结构；网络互动是基于技术相似性和技术关联性在行业内部与行业间展开。杨锐和黄国安（2005）则从微观角度，通过研究杭州市手机产业发现企业所在网络位置的度数和有效规模与企业创新存在显著的统计相关性，而中介性则在统计上不显著；基于弱关系和非冗余关系的有效网络结构能够有效促进集群企业的创新。李彬和杨圣勤（2014）从信息资源传递的角度分析，认为中心度高的企业更易获取信息资源，在整体社会网络中，如果具有较高中心度的节点较少，而较低中心度的其他节点较多，这种具有较高的社会网络中心势水平的产业集群更有利于信息资源的传递。

　　针对中国的产业问题，杜华东和赵尚梅（2013）通过构建产业结构网络模型，发现中国的产业结构变动具有阶段性特征，而现阶段部门之间的联系越发紧密，但各部门在产业结构中地位的不平等性却逐渐凸显；工业部门的中心地位非常突出，服务业的地位在减弱，而且产业结构中的凝聚子群波动非常剧烈。孙露等（2014）通过探索、构建将投入产出表与社会网络分析相集成的产业网络测度分析方法，发现产业间经济联系程度逐渐加强，但进展缓慢；产业子群经济联系在转换的同时降低了其子群差异，产业间联系趋于均衡。胡丹等（2009）从地域层面分析了生产性服务业子行业的空间结构，认为北京生产性服务业明显呈现出以金融、商务和信息服务业为主的格局，其空间结构总体呈现圈层特征，与交通网络相耦合。然而，黄晓燕等（2011）则发现海南省通达性空间格局与经济发展空间格局并不吻合，但交通优势度与经济发展水平的空间耦合程度较高，具有较强的正相关性，均呈现出"凹"型空间格局，具有明显的"反自然梯度"特征。

四、现有研究存在的问题

　　新古典贸易理论强调要素禀赋的作用，新产业区理论强调弹性、创新网络等概念，新经济地理学理论等突出规模收益递增、市场需求联系效应及循环累积作用的影响；大量的实证研究则从产业集聚的影响因素和产业集聚效应两个方面验证和发展了相关理论，确认了要素禀赋、规模经济、外部性、市场需求联系、运输成本及其他非经济因素等在产业集聚形成过程中的重要作用，并分析了产业集聚的形成对产业区位、产业增长和区域经济增长的重要影响（张华和梁进社，2007）。但是到目前为止，高速铁路对生产性服务业的影响机制究竟是什么？高速铁路对生产性服务业发展的影响是有利影响，还是不利影响，或者二者兼有？高速铁路对于不同类型城市的生产性服务业发展的影响是否存在差异？高速铁路会促使生产性服务业的布局和结构发生怎样的变化？等等，学术界仍然没有给出科学、可信的解答，甚至没有对其给予足够的重视。

迄今，学术界对于高速铁路究竟会对未来生产性服务业空间格局产生什么样的影响仍然缺乏整体性的认识，对于高速铁路究竟会从哪些方面对生产性服务业产生影响仍然缺乏科学的分析，对于要从哪些方面分析高速铁路对于生产性服务业的影响仍然不甚明确。而且当前对于产业空间分布的研究多是为产业带的研究和产业政策的制定服务的，而且对第三产业的空间布局和结构的研究还相当不充分，既有的研究也多出自城市规划等城市科学研究者之手，运用空间经济学在这一领域进行拓展的重要性逐渐凸显。刘曙华和沈玉芳（2011）认为，生产性服务业空间分布与行业功能差异分析有待深入开展，对生产性服务的生产和交易的性质及其与新经济空间动力学的关系有待进一步深入研究。

中国学者关于高速铁路时代生产性服务业空间布局和结构优化的政策研究明显不足。较少有研究成果把研究重点放在这个方面，所提出的一些对策也不全面或者针对性不强。未来，中国究竟需要采取什么样的政策去发挥高速铁路对于生产性服务业发展的促进作用，控制或者消除其可能带来的不利影响？这方面政策的重点、政策工具是什么？学术界还较少触及这些问题。国外学者关于高速铁路对于生产性服务业发展影响的研究成果对于中国有参考价值，尤其是在分析方法上具有较好的借鉴意义。但是，在人口和国土规模、发展阶段等方面，中国与有关国家存在明显差异，因此，我们不可能照搬国外的经验。特别是在优化生产性服务业空间格局的问题和采取的政策方面，必须紧密结合中国的国情，开展针对性的研究，积极探索并有所创新。

总的来看，中国学者关于生产性服务业发展的专门研究还没有考虑到高速铁路发展这个新的因素。这主要是因为高速铁路的建设，特别是高速铁路的开通和运营时间尚短，其影响还没有完全显现出来，因此，在以区域经济协调发展为主题的专门研究中，尚未引起学术界和有关政府部门的重视。因此，随着中国高速铁路建设的大规模展开，高速铁路线路的开通运营，特别是2012年"四纵四横"高速铁路框架基本形成，及时开展高速铁路时代生产性服务业空间布局和结构优化的相关政策研究是十分必要的。

第三节　生产性服务业空间格局特征

一、生产性服务业空间特征的初步考察

生产性服务业从业人口分布能够反映产业在空间上的集散状况，反映区域产

业结构特征。近年来，中国现代服务业呈持续发展趋势，从业人口不断提高，由2003年的21 605万人增长至2013年的29 636万人，同比增长率最高达到0.07%，年均增长率达到3.12%。其中，生产性服务业从业人口从2003年的3127.8万人，增长至2013年的4654.3万人，同比增长率最高达到0.15%，年均增长率达到4.05%。尽管生产性服务业从业人口持续增加，但是产业整体空间格局相对稳定。

从生产性服务业从业人口密度分布状况来看，生产性服务业从业人口主要在东部、南部和中部的部分区域集中。西部地区，除西安、成都以外，生产性服务业从业人口密度都在18人/公里^{2}以下。生产性服务业从业人口密度峰值集中在各大省会城市，其中最高的是深圳，在394人/公里^{2}以上，其次是上海，在239人/公里^{2}以上。2003年，生产性服务业从业人口密度在100人/公里^{2}以上的城市包括北京、上海和广州，其他城市生产性服务业从业人口密度都在80人/公里^{2}以下。从生产性服务业从业人口密度的统计描述来看（表10-1），2003年非高速铁路沿线城市生产性服务业从业人口密度差异显著，从0.129人/公里^{2}到45.833人/公里^{2}不等，高速铁路沿线城市生产性服务业从业人口密度的最低值随时间变化不大，但是最高值显著增长。除非高速铁路沿线城市的均值随时间减小外，全国及高速铁路沿线城市的生产性服务业从业人口密度的均值和标准差随时间增大，分别表明生产性服务业从业人口密度平均水平增长和空间差异加剧。

表 10-1　生产性服务业从业人口密度（单位：人/公里^2）

区域	年份	最小值	最大值	均值	标准差
全国	2003	0.129	183.975	11.019	18.095
	2011	0.086	394.642	11.098	33.284
高速铁路沿线城市	2003	2.498	183.975	19.215	28.338
	2011	0.647	394.642	22.880	54.563
非高速铁路沿线城市	2003	0.129	45.833	6.921	6.492
	2011	0.086	63.384	5.207	8.949

二、生产性服务业空间格局的静态特征

为进一步识别生产性服务业的分布特征，我们使用空间探索性分析，即探索性空间数据分析技术来分析中国生产性服务业空间依赖特征。探索性空间数据分析分为全局和局域的空间自相关两种测度方式，通过描述空间分布特征并将空间分布特征加以可视化，进而识别社会和经济现象的空间集聚与空间分异特征，揭示不同现象间的空间相互作用机制（张学良，2007b）。因此本章采用局域空间自

相关分析，并使用 Moran 散点图，以准确反映全国各区域的真实情况。

（一）研究方法

1. 空间自相关

Moran 散点图能够直观反映显著的局域空间自相关及其类型，并将区域单元划分为 HH（高高）、HL（高低）、LH（低高）和 LL（低低）四种类型。HH 和 LL 是指具有较高和较低观测值的单元在空间分布上存在集聚特征，即观测单元与其相邻区域呈现类似的状况，代表高值和低值的局域集聚，也有文献将其称作"热点区"和"冷点区"。而 LH 和 HL 反映局域的空间分异。这种空间分异的显著性水平使用局域 Moran's I 统计量进行检验，其公式如下：

$$I_i = \frac{(x_i - \overline{x})}{S^2} \sum_j w_{ij}(x_j - \overline{x}) \qquad （10-1）$$

其中，x_i 和 x_j 分别表示区域单元 i 和 j 的观测值；$S^2 = \frac{1}{n}\sum_i^n (x_i - \overline{x})^2$；$\overline{x} = \frac{1}{n}\sum_{i=1}^n x_i$；$n$ 表示区域单元个数；w_{ij} 表示空间权重矩阵中第 i 行、j 列的元素。

2. 空间权重矩阵的设定

吕韬和曹有挥（2010）认为，快速交通网络使空间关联在欧式空间上不再呈同心圆或近似同心圆状，而表现出各向异性，同时改变了空间相互作用的模式，因此，不考虑时间影响因素而仅以邻接性或空间距离确定的空间权重矩阵所做的空间自相关分析不再能够客观地反映真实的空间关联，因此本节引入"时空邻接"的权重矩阵。考虑到 3 小时经济圈是最优市场半径，而高速铁路运营后形成的"8 小时高速铁路大经济圈"使得全国各城市间基本 8 小时内可达，因此，本节选取 3 小时距离权重和 8 小时距离权重。在时间距离权重矩阵的基础上，本节还引入了 0-1 邻接权重矩阵和地理距离权重矩阵，以增强结果的稳健性。

1）"时空邻接"的权重矩阵

假设 d_{ij} 表示 i 地与 j 地的时间距离，用两地间最短旅行时间表示，则 d_{ij} 值越小表示关联性越强。从理论上讲，时间距离是非负且连续的，因此本节对时间距离进行标准化处理，使之映射到[0，1]，以符合权重矩阵元素的取值范围。因此，将空间权重矩阵元素定义为

$$W_{ij} = 1 - \frac{d_{ij}}{\max(d_{ij})} \qquad （10-2）$$

由于地理衰减规律的存在，经济间联系随着距离的增加而迅速衰减，借用

吕韬（2013）的做法对式（10-2）做进一步改进，得出 3 小时权重矩阵和 8 小时权重矩阵：

$$W_{ij} = \begin{cases} 0, & d_{ij} \geqslant \lambda_{ij} \\ 1 - \dfrac{d_{ij}}{\lambda_{ij}}, & d_{ij} < \lambda_{ij} \end{cases} \qquad (10\text{-}3)$$

本节中取 $\lambda_{ij} = 3$ 和 $\lambda_{ij} = 5$。

2）二进制 0-1 邻接权重矩阵

式（10-4）反映区域间地理上的邻接关系，如果两区域相邻，则将 W_{ij} 赋值为 1；如果不相邻，则赋值为 0。最后将其行标准化。

$$W_{ij} = \begin{cases} 1, & i\text{和}j\text{相邻} \\ 0, & i = j\text{或不相邻} \end{cases} \qquad (10\text{-}4)$$

3）地理距离权重矩阵

假设 d_{ij} 表示 i 地与 j 地间的欧氏距离，空间权重矩阵非对角线上的元素为 d_{ij} 的倒数。对其进行行标准化处理，对角线上元素为 0，地理距离权重矩阵公式如下：

$$W_{ij} = \begin{cases} 1/d_{ij}, & i \neq j \\ 0, & i = j \end{cases} \qquad (10\text{-}5)$$

（二）数据来源及处理

本节的原始数据主要来源于《中国城市统计年鉴》《中国统计年鉴》，选取全国 264 个地级及以上城市作为研究对象[1]。由于 2003 年国务院颁布《国民经济行业分类》（GB/T 4754—2002）对生产性服务业门类进行重新划分，2003 年前后生产性服务业划分标准不统一，本节选取 2003～2011 年为研究时段。本节中的铁路最短旅行时间数据通过查阅《全国铁路旅客列车时刻表》获得。在探索性空间数据分析中，各城市间生产性服务业从业人口密度差异较大，因此对其做对数处理以缩小差距，从而获得更好的可视化效果。

（三）结果分析

2003 年和 2011 年的 Moran 散点图显示除东南沿海地区外，其他区域差异不大，中国生产性服务业空间格局基本稳定。计算结果显示，局域空间自相关显著

---

[1] 鉴于数据的可获得性限制，本节仅选用年鉴可查的全国 264 个地级及以上城市数据。

的区域主要以 HH、LH、LL 为主，显著的 HH 区域成片集中分布在京津冀、长三角、珠三角和武汉周边区域，LL 区域主要在西北部和东北部地区，而反映空间异质性的 LH 区域则呈现出沿高速铁路沿线城市周边分布的特征，反映了生产性服务业由高速铁路沿线部分城市的生产性服务业从业人口高密度区向周边低密度区的过渡。此外，通过计算不同权重矩阵所对应的全局 Moran 值，可以发现，用时间距离权重矩阵的 Moran 值显著大于其他权重矩阵，这说明基于时间距离的时空收缩地图更能够准确反映产业间的空间依赖状况，尤其是对"面对面接触"具有较高需求的生产性服务业。因此采用时间权重来分析生产性服务业空间格局的自相关性更有意义。

在本节第一部分统计数据分析的基础上，可以看出，中国生产性服务业空间格局存在三个稳定的、统计显著的生产性服务业从业人口高密度区，即京津冀、珠三角和长三角地区，反映了中国生产性服务业的多核心空间结构特征。2011 年 HH 区域在 2003 年的基础上范围有所扩大，且扩大的范围并非呈同心圆式向外拓展，而是有沿高速铁路方向拓展的趋势，尤其是沿京广线、京沪线和沪杭线拓展的趋势明显。此外，珠三角 HH 区域与长三角 HH 区域有接壤的趋势。

总之，以北京、上海、深圳为核心的三个生产性服务业集聚区主导了全国生产性服务业空间分布，可以看作中国生产性服务业空间格局中的核心城市。这一结论为下面应用多中心区域密度分析中国生产性服务业从业人口集聚与扩散提供了基础。

三、生产性服务业空间格局的动态变化

Hirschman（1958）的不平衡增长理论，Friedman（1966）的核心-边缘理论等都认为区域发展过程是非均衡的。产业发展的原理也类似。在产业发展初期，集聚效应会促使区域内部分城市快速成长，形成规模效应，并逐渐成长为区域的核心，形成核型空间结构。然而，随着区域产业的增长，产业扩散将在未来成为主流，带动周边区域产业发展，使区域内产业形成更加均衡、更加复杂的空间结构。

（一）研究方法

很多国外文献通过构建不同的数学模型、模拟参数变化的方式分析城市人口分布特征与演变规律（Smith，1997）。例如，Clark（1951）首次提出单核心负指数模型（Clark 模型），描述了人口密度随地理距离增加而衰减的趋势。Parr（1985）在 Clark 模型的基础上，加入描述距离衰减的因素，提出平方根负指数模型。国

内文献多采用 Clark 模型和 Smeed 模型来描述城市单核心结构。蒋丽和吴缚龙（2013）通过实证分析对比对数模型、指数模型、Clark 模型、Smeed 模型等，发现负指数模型，即 Clark 模型拟合效果最好。孙铁山等（2009）在对负指数模型、Pareto 模型和平方根负指数模型的对比中发现，平方根负指数模型的拟合结果最优。因此，本节采用平方根负指数模型描述单中心区域密度：

$$D(x) = D_0 \exp(bx^{0.5}) , \quad b < 0 \qquad (10\text{-}6)$$

其中，x 表示一个城市到核心城市的距离；$D(x)$ 表示该城市的生产性服务业从业人口密度；D_0 和 b 表示待估参数，即分别表示区域核心理想生产性服务业从业人口密度的估计值和生产性服务业从业人口密度梯度。

Heikkila 等（1989）提出，多中心区域密度函数在形式上可以看作对多个单中心区域密度函数的合并，孙铁山、蒋丽等也采用算数加总的方式研究多中心区域密度函数，其公式如下：

$$D_m(x) = \sum_{n=1}^{N} D_{0n} \exp(b_n x_{mn}^{0.5}) , \quad b < 0 \qquad (10\text{-}7)$$

其中，n 表示核心的数量；m 表示空间单元的数量；x_{mn} 表示单元 m 到核心 n 的距离；$D_m(x)$ 表示空间单元 m 的生产性服务业从业人口密度；D_{0n} 表示核心城市生产性服务业从业人口密度的变化趋势；b_n 表示生产性服务业从业人口密度分布的变化趋势。b_n 的绝对值越大，表明生产性服务业从业人口密度随着与核心城市距离的增加而衰减得越快，表明生产性服务业从业人口密度梯度较大，这可以描述人口向心集聚的趋势，而若该梯度变小，则反映中国生产性服务业从业人口由核心城市向外扩散的趋势。通过观察不同年份 D_{0n} 和 b_n 估计值的变化，可以分析中国生产性服务业从业人口集聚与扩散的动态过程。

（二）结果分析

为了检验区域其他核心城市是否对生产性服务业从业人口密度分布有影响，我们尝试对不同中心数量的区域密度函数进行拟合。多中心区域密度函数是非线性形式，因此估计方法采用非线性最小二乘（nonlinear least square，NLS）法。表 10-2 和表 10-3 分别列出了 2003 年和 2011 年的拟合结果（赵丹和张京祥，2012）。

表 10-2　2003 年生产性服务业从业人口多中心区域密度函数拟合结果（单位：人/公里^2）

区域	参数	模型（1）	模型（2）	模型（3）	模型（4）	模型（5）	模型（6）
北京	D_0	39.983 （1.310）	123.612*** （9.599）	128.120*** （19.460）	119.684*** （6.804）	129.442*** （66.561）	118.932*** （6.503）
	b	0.001 （1.625）	0.005*** （9.991）	0.006*** （6.260）	0.005*** （11.886）	0.008*** （3.718）	0.004*** （11.580）

续表

区域	参数	模型（1）	模型（2）	模型（3）	模型（4）	模型（5）	模型（6）
上海	D_0		163.951*** （8.707）	177.140*** （134.653）	177.433*** （39.289）	176.105*** （252.883）	176.567*** （30.500）
	b		0.004*** （12.919）	0.007*** （14.823）	0.005*** （17.354）	0.007*** （14.156）	0.005*** （17.743）
广州	D_0			39.263*** （2.627）			55.289*** （15.377）
	b			0.002*** （3.774）			0.023* （1.656）
深圳	D_0				124.121*** （10.614）	129.163*** （99.465）	126.903*** （14.282）
	b				0.005*** （9.673）	0.007*** （5.375）	0.005*** （9.877）
武汉	D_0					15.784*** （3.047）	
	b					0.001** （2.317）	
N		264	264	264	264	264	264
R^2		0.281	0.571	0.705	0.785	0.827	0.807

注：括号内为 t 值

***、**、*分别表示 1%、5%和 10%的显著性水平

表 10-3　2011 年生产性服务业从业人口多中心区域密度函数拟合结果（单位：人/公里 ^{2}）

区域	参数	模型（1）	模型（2）	模型（3）	模型（4）	模型（5）	模型（6）
北京	D_0	184.123*** （9.671）	196.936*** （46.500）	197.481*** （81.999）	196.140*** （34.885）	195.576*** （201.035）	196.210*** （35.550）
	b	0.006*** （9.289）	0.008*** （4.152）	0.009*** （3.278）	0.008*** （4.688）	0.013** （2.285）	0.008*** （4.616）
上海	D_0		228.959*** （20.530）	235.220*** （138.233）	234.468*** （42.895）	233.329*** （275.131）	233.977*** （38.525）
	b		0.005*** （14.331）	0.008*** （7.642）	0.006*** （14.910）	0.009*** （8.871）	0.006*** （15.045）
广州	D_0			91.786*** （2.944）			105.930*** （17.348）
	b			0.003*** （6.970）			0.017*** （3.028）
深圳	D_0				391.874*** （139.600）	388.397*** （285.603）	393.424*** （373.244）
	b				0.007*** （8.493）	0.008*** （6.720）	0.009*** （8.608）

续表

区域	参数	模型（1）	模型（2）	模型（3）	模型（4）	模型（5）	模型（6）
武汉	D_0					11.540^{**} （1.983）	
	b					0.001 （1.259）	
N		264	264	264	264	264	264
R^2		0.124	0.313	0.435	0.834	0.853	0.865

注：括号内为 t 值

***、**分别表示 1%、5%的显著性水平

由 R^2 可以看出多中心模型[模型（2）～模型（5）]较之单中心模型[模型（1）]有更高的拟合优度，其中三中心模型的拟合优度又优于双中心模型。在三中心模型中，尤以"北京、上海、深圳"，即模型（4）的拟合程度最好，R^2 接近 0.8，表明这三个城市已经在很大程度上解释了生产性服务业从业人口密度分布。模型（4）2011 年 R^2 达到 0.834，说明这三个核心城市基本主导了全国生产性服务业的分布。从 2003 年到 2011 年，单中心模型和双中心模型的 R^2 都呈现明显的下降趋势，说明无论是"北京"单核心，还是"北京、上海"双核心结构对全国生产性服务业空间分布的解释能力都呈下降趋势，而以"北京、上海、深圳"三大城市为核心的结构成为生产性服务业空间格局发展的趋势。广州表现出较大的生产性服务业从业人口密度，因此将广州作为次级核心城市纳入模型，构建模型（6），结果显示这样虽然在一定程度上提高了模型的解释能力，但 R^2 并没有明显提高。

为证明模型估计结果的稳健性，在附录 1 中，我们用时间距离[①]代替欧式距离对以上模型进行估计，结果显示，广州的理想生产性服务业从业人口密度估计值也较低。因此，本节选择"北京、上海、深圳"三中心模型[模型（4）]来解释生产性服务业空间分布格局。

由 D_0 和 b 的估计值可以看出，2003 年以北京、上海、深圳为核心的理想生产性服务业从业人口密度估计值（D_0）均在 100 人/公里 ^{2} 以上，至 2011 年上升为 200 人/公里 ^{2} 左右。虽然广州在 2011 年上升至 105.930 人/公里 ^{2}，但是与"北京、上海、深圳"相比仍有较大差距，又由于广州与深圳毗邻，把广州作为三大核心城市的次级核心城市比较合适。此外，武汉也出现生产性服务业从业人口向核心城市集聚的特征。由此可以推论，中国生产性服务业空间格局由多核心结构向多核心与次级核心并存的结构转变。

---

① 时间距离数据用城市间最短旅行时间来描述，数据通过查询《全国铁路旅客列车时刻表》获得。详见附录 1。

　　由 D_0 和 b 估计值的变化可以看出[模型（5）]，除武汉外，其他核心城市生产性服务业的理想生产性服务业从业人口密度（ D_0 ）和生产性服务业从业人口密度梯度（ b ）均有所上升，并且呈显著的向心集聚趋势，即生产性服务业从业人口增长集中在核心区域，且腹地生产性服务业从业人口开始向核心城市集聚。其中,深圳的向心集聚趋势尤为明显，其理想生产性服务业从业人口密度增长率达到 2 倍以上，生产性服务业从业人口密度梯度增长率达到 14%，表现出很强的集聚能力。同时，武汉不仅理想生产性服务业从业人口密度显著下降，生产性服务业中心从业人口密度梯度保持不变，呈现明显的去中心化扩散趋势，即生产性服务业从业人口增长不再集中在中心区，而是向周边区域扩散，由此可推断武汉生产性服务业有向周边区域扩散转移的趋势。

　　总体来讲，多中心区域密度函数估计结果所反映出的生产性服务业集聚与扩散的趋势如下：北京、上海、深圳已经成为主导中国生产性服务业空间分布的核心城市，形成强有力的集聚核心，并且有逐渐增强的集聚趋势。广州的生产性服务业也表现出向心集聚的发展趋势，成为全国生产性服务业空间格局中的次级核心城市。与此同时，中国各大省会及副中心城市如武汉等作为格局中的中心城市，其生产性服务业有去中心化扩散趋势。从全国范围来看，生产性服务业空间格局逐步由多核心结构向多核、多中心结构转变，且中国生产性服务业呈现出向核心城市集聚和由核心城市及中心城市向周边腹地扩散两种趋势[①]。

四、小结

　　通过以上分析，我们可以总结出高速铁路运营后，生产性服务业空间格局特征与格局变迁的趋势如下。

　　（1）中国生产性服务业空间格局基本稳定，呈现明显的地域性特征，整体表现为东部及东南沿海密集，集中于长三角、珠三角和京津冀三大城市群，且密集程度呈现从东南沿海向西北内陆递减的态势。表现出以北京、上海、深圳为核心，以广州为次级核心，以各大省会及中心城市为中心的多核、多中心格局特征。

　　（2）高速铁路沿线城市间表现出明显的空间依赖特征，形成条带状 HH 区域集聚的热点区，而高速铁路沿线周边城市则为成片分布的 LH 区域。由此可见，高速铁路在一定程度上扩大了沿线城市与其他城市生产性服务业的差异。

　　（3）2003～2011 年，北京、上海、深圳和广州等核心城市和次级核心城市的向心集聚能力逐渐增强，而诸如武汉等中心城市生产性服务业向心集聚能力衰退，沿线城市间差距扩大，且这种不平衡空间格局仍有持续的趋势。

---

① 关于核心城市、次级核心城市、中心城市、次级中心城市的分类标准见本章第四节。

第四节 高速铁路对生产性服务业空间格局变迁的影响

王姣娥等（2014）指出，高速铁路的发展使得城市更倾向和少数城市进行首位联系，因此逐渐形成以区域中心城市为主要联系方向的对外联系空间格局。孟德友和陆玉麒（2011）认为高速铁路网建设对各区域的空间经济效应存在很大差异，可达性的圈层状空间格局特征突出，干线指向性越来越强；随着区域经济发展和铁路的大幅度提速，区域经济联系的空间网络格局逐渐形成。杨维凤（2010b）也指出高速铁路能够加速现代服务业的空间要素流通，扩大生产要素集散度的空间分异，有助于形成不同的空间组织形式。由此可见，高速铁路对于区域经济格局的重塑有着重要作用，本节着重考虑高速铁路对生产性服务业空间格局产生的影响。

一、高速铁路与生产性服务业空间格局关系的描述性分析

按照 2011 年可达性值[①]的大小，我们把高速铁路网络节点划分为五个层级。北京、上海、广州为第一层级，可达性值大于 0.5，远远高于其他城市，处于绝对优势地位，是核心网络节点城市。武汉、南京、郑州、杭州、深圳等为第二层级，可达性值介于 0.2～<0.5，是次级核心网络节点城市。西安、株洲、石家庄等为第三层级，可达性值介于 0.1～<0.2，是重要的网络联系中心。潍坊、萍乡、安阳等为第四层级，可达性值介于 0.05～<0.1，是地方性网络联系中心。滁州、惠州、淮南等为第五层级，可达性值介于 0～<0.05，是地方性网络联系次级中心（图 10-2）。

通过用可达性对高速铁路网络节点的层级划分发现，高级网络节点也是生产性服务业空间格局中的核心和次级核心城市，次级核心网络节点大部分与格局中的中心城市重合，我们从这个角度印证了高速铁路网络与生产性服务业空间格局基本耦合。

1. 核密度估计法

为准确描述高速铁路与生产性服务业分布格局特征与时空变化的关系，我们采用核密度估计法进行分析。核密度估计法能够可视化表达点分布模式，适合用

---

① 可达性值的数据来源及计算方法参见本章第四节第二部分。

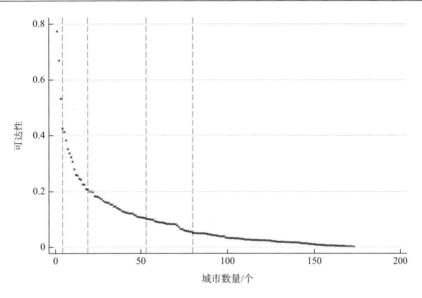

图 10-2　高速铁路网络节点层级划分图

于描述生产性服务业从业人口分布。以待计算格网中心 p 进行圆形区域搜索，计算每个网格的密度时，随着 p_i 与中心点距离的增大，$\hat{\lambda}_n(p)$ 对于区间（ $p_i - h$ ， $p_i + h$ ）内的观测值则赋予越来越小的权重。核密度估计函数表达式为

$$\hat{\lambda}_n(p) = \sum_{i=1}^{n} \frac{1}{h^2} k \left(\frac{p - p_i}{h} \right)$$ （10-8）

其中，p 表示待估点的位置；$\hat{\lambda}_n(p)$ 表示 p 点的密度值；k 表示权重函数；$p - p_i$ 表示需要密度估值的点 p 和 p_i 之间的距离；h 表示搜索半径，也称带宽，其大小影响分布密度估计的平滑程度，因此对 h 的取值通常是有弹性的。本节利用核密度估计法分析不同时点生产性服务业从业人口的空间分布与时空变化。

　　2. 结果与分析

　　在核密度分析的基础上，结合高速铁路网络节点层级划分，本节将全国 264 个城市按生产性服务业集聚程度划分为五类：北京、上海、深圳等生产性服务业集聚显著的核心网络节点城市为核心城市；位于核心城市周边集聚程度达到次级峰值的城市，如广州、天津等为次级核心城市；各大省会城市及高速铁路沿线次级网络节点城市为中心城市；集聚程度仅次于中心城市，且位于中心城市周边的城市为次级中心城市；其余为一般城市。

　　从生产性服务业从业人口分布状况看，生产性服务业从业人口高度集中在各大省会与副中心城市。北京、上海、深圳的生产性服务业从业人口密度远高于其

他城市，是全国生产性服务业集聚核心。广州、武汉、郑州、成都、杭州、厦门等省会及副中心城市生产性服务业从业人口密度远高于其所在省区其他城市，构成省域性中心城市。京津冀、珠三角和长三角地区生产性服务业从业人口密度最大，北京—天津—石家庄、上海—南京—杭州、广州—深圳分别构成了全国生产性服务业空间集聚的三大复合区。同时不难看出，高速铁路沿线城市的生产性服务业密集度相对其他城市和区域较高，高速铁路网络节点的集聚程度普遍高于普通高速铁路站点，普通高速铁路站点又高于高速铁路沿线区域。

从人口分布的变化与高速铁路的关系来看，中国生产性服务业空间格局基本稳定。京津冀、长三角和珠三角三大生产性服务业集聚中心在 2003 年已初步形成，产业沿集聚中心向外围呈梯度递减分布。至 2011 年，这三大集聚中心的集聚强度逐渐增强，进一步演化形成高等级集聚中心。而其他省会城市、副中心城市和高速铁路沿线城市，如郑州、武汉等，集聚范围均处于萎缩状态。高速铁路沿线城市生产性服务业从业人口呈现出由次级网络节点向高级网络节点输送的状态，此时高速铁路的"隧道效应"发挥重要作用，高级网络节点如北京、上海、广州逐步形成高度集聚区，而诸如武汉、郑州等次级网络节点集聚程度逐渐下降，呈现出沿高速铁路扩散的状态，此外，生产性服务业密集区有向高速铁路沿线收缩的趋势。

总体来讲，中国生产性服务业从业人口密度分布具有明显的地域差异，且呈现出生产性服务业从业人口密集区与"四纵四横"高速铁路网络高度耦合的特点。表现为东南沿海大于内陆区域，经济发达区高于经济欠发达区，全国性集聚与省域地方集聚并存的特点。全国性生产性服务业集聚于北京、上海、广州、深圳等核心城市与次级核心城市，它们同时是高速铁路高级网络节点城市。区域性生产性服务业集聚于各大省会、副中心城市，它们同时是高速铁路沿线次级网络节点城市、形成生产性服务业空间格局的核心城市。在 2003～2011 年，高速铁路在对生产性服务业空间格局的调整过程中，"隧道效应"发挥着主要作用。

二、高速铁路与生产性服务业空间集散关系的统计性分析

（一）指标选择与数据来源

我们选取加权平均旅行时间计算的可达性指标来描述高速铁路的作用，其计算公式如下：

$$a_i = \frac{\sum M_j T_{ij}}{\sum M_j} \qquad (10\text{-}9)$$

其中，a_i 表示加权平均旅行时间；M_j 表示 j 城市的质量参数，本章选取该城市地

区生产总值和人口来描述，即 $M_j = \sqrt{GDP_j \times PEO_j}$ ；T_{ij} 表示 i 城市与 j 城市间的最短铁路旅行时间。由于传统的可达性由城市间交通阻碍程度的大小来衡量，阻碍程度越小，式（10-9）中的 a_i 值越小，表示可达性越好。为了方便解释，我们对式（10-9）取倒数，并在其基础上引入 173 个高速铁路沿线城市每日高速铁路运营的频次 N_i，作为描述可达性的具体指标：

$$A_i = \frac{1/a_i}{N_i} \qquad (10\text{-}10)$$

为了更好地反映高速铁路对生产性服务业空间格局变迁的影响，这里所研究的可达性仅指高速铁路的可达性，所选取城市也是 173 个高速铁路沿线城市。

（二）高速铁路与生产性服务业空间分布的关系

为考察生产性服务业空间集聚与高速铁路的关系，我们制作了生产性服务业从业人口密度与可达性的相关性散点图，并进行趋势拟合。发现生产性服务业集聚与可达性并非严格意义上的高度相关，但是总体上呈现一定的相关性，其相关系数在 2003～2011 年由 0.53 上升至 0.58。假如把生产性服务业从业人口密度较高的城市视为该产业分布集聚的城市，那么由图 10-3 可以看出，可达性越高的城市，相应的生产性服务业集聚程度越高，尤其是生产性服务业空间格局中的核心城市，北京、上海、广州、深圳就集聚了全国大部分的生产性服务业从业人口，生产性服务业集聚程度有随可达性的增加而递增的趋势。

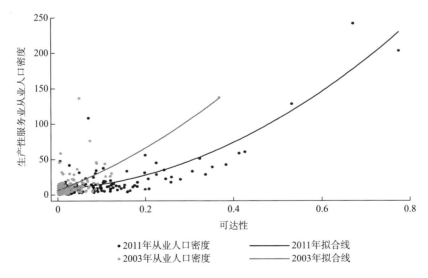

图 10-3　可达性与生产性服务业从业人口密度的关系

由于拟合曲线是非线性的，我们分别尝试用平方根指数函数、指数函数和二次函数对曲线进行拟合回归，结果发现平方根指数函数的拟合优度最高[①]，因此，我们采用平方根指数函数拟合，结果如下：

$$y_{2003} = 5.5e^{5.3\sqrt{x_{2003}}}$$

$$y_{2011} = 3.5e^{4.7\sqrt{x_{2011}}}$$

此外，2003 年的所有城市的可达性水平远低于 2011 年相应水平，而生产性服务业从业人口密度除北京、上海、深圳有明显的上升外，其他城市变化不大。

本节通过实证分析的方法使高速铁路对生产性服务业集聚的"廊道效应"得到印证。由拟合方程可知，可达性对生产性服务业人口密度差异具有显著的影响。可达性较高的城市和区域倾向具有较高的生产性服务业密集程度，且随着可达性提高有规模递增的趋势。此外，高速铁路在重要网络节点城市还发挥着"虹吸效应"，即高速铁路将次级发达城市的生产要素，沿高速铁路线路由部分核心城市和非核心城市向核心城市输送，导致高速铁路沿线城市间的差异扩大。例如，部分城市如许昌、镇江、嘉兴、无锡等，虽然位于高速铁路沿线，但其生产性服务业密集程度不升反降；而非高速铁路沿线城市如银川、酒泉、贵阳等，生产性服务业集聚程度相对稳定，没有明显变化；而核心城市向心集聚力成倍增长，且与周边腹地差距逐渐拉大。

三、高速铁路对生产性服务业空间格局变迁影响的计量分析

本节使用基于区域密度函数的动态可变参数模型来研究高速铁路对中国生产性服务业从业人口集聚与扩散的影响。Johnson 和 Kau（1980）、Alperovich（1983）最早将社会经济属性作为变量引入密度函数，提出可变参数模型，考察社会经济属性对生产性服务业从业人口密度梯度的影响。传统的可变参数模型关注对生产性服务业从业人口密度梯度的解释，而生产性服务业格局变迁重在考察该产业从业人口的集聚和扩散变化情况，即考察生产性服务业从业人口密度梯度的变化，因此，本节采用孙铁山等（2009）构建的动态可变参数模型，着重通过高速铁路带来的交通条件变化解释生产性服务业从业人口密度梯度的变化，从而考察高速铁路影响下的各核心城市生产性服务业集聚和扩散的动态过程。

（一）动态可变参数模型

首先，我们采用平方根负指数模型来描述核心城市的生产性服务业从业人口

---

① 拟合结果见附录 2。

密度：

$$D_{i,t}(x) = \sum_{n=1}^{N} D_{0i,t} \exp(b_{i,t} x^{0.5}) , \quad b < 0 \qquad （10-11）$$

其中，i 表示不同的核心城市。假设生产性服务业从业人口密度梯度 b（$b<0$）由可达性 A_i 所决定：

$$b_{i,t} = B(A_{i,t}) = -\beta_0 - \beta_1 A_{i,t} \qquad （10-12）$$

将式（10-11）取对数，代入式（10-12）得

$$\ln D_{i,t}(x) = \ln D_{0i,t} - (\beta_0 + \beta_1 A_{i,t}) x^{0.5} \qquad （10-13）$$

我们对式（10-13）进行变形，以解释生产性服务业从业人口密度梯度的变化，即 $b_{t+n} - b_t$（n 表示不同年份之间的间隔数量）可表示为：

$$\ln D(x)_{i,t+n} - \ln D(x)_{i,t} = (\ln D_{0i,t+n} - \ln D_{0i,t}) - (\beta_1(A_{i,t+n} - A_{i,t}))x^{0.5} \quad （10-14）$$

考虑到式（10-14）仅仅描述了变量 $A_{i,t}$ 的静态效果，为方便研究其动态效果，借鉴孙铁山等（2009）的做法对式（10-14）变形：

$$\ln D(x)_{i,t+n} - \ln D(x)_{i,t} = (\ln D_{0i,t+n} - \ln D_{0i,t}) - (\beta(A_{i,t+n} - A_{i,t}) + \beta' A_{i,t})x^{0.5}$$

$$（10-15）$$

其中，β 表示可达性变化对生产性服务业从业人口密度梯度的影响；β' 表示可达性初始条件对生产性服务业从业人口密度梯度的影响。

对 β 和 β' 的回归，本节采用两步估计法（Alperovich，1983），首先，通过可达性 $A_{i,t}$ 算出 $D_{0,t}$ 的估计值：$D_{0,t} = \alpha_0 + \alpha_1 A_t$；其次，将 $D_{0,t}$ 的估计值代入式（10-15），通过普通最小二乘法进行稳健回归。

（二）数据来源与处理

与第三节有所不同，本节因研究高速铁路对生产性服务业空间格局的影响，所以选择高速铁路沿线的 173 个城市作为分析对象。此外，可达性计算所使用的最短旅行时间数据与第三节相同，即通过查阅《全国铁路旅客列车时刻表》所得，而对于站点城市每日高速铁路发送与接收频次数据，2003 年的频次数据来源于《2003 年全国铁路旅客列车时刻表》，2011 年的频次数据来源于《2011 年全国铁路旅客列车时刻表》。

（三）实证与结果分析

对三个核心城市和一个次级核心城市的生产性服务业从业人口密度梯度估计结果如表 10-4 所示。普通最小二乘法回归结果显示，方差膨胀因子（variance inflation factor，VIF）均远小于 10，因此不存在多重共线性。通过观察变量系数的估计值，

可以了解可达性对不同核心城市生产性服务业从业人口集聚和扩散的影响。若变量系数估计值为正，说明变量对核心城市生产性服务业从业人口密度梯度的上升有促进作用，即促进生产性服务业集聚；若变量系数估计值为负，则表明变量促进生产性服务业扩散。

表 10-4　可达性对核心城市及次级核心城市生产性服务业集散状况的影响

参数	北京	上海	深圳	广州
β	0.0059*** （6.920）	0.0099*** （11.208）	0.0067*** （7.911）	0.0070*** （6.539）
β'	0.0023 （0.860）	-0.0073*** （-3.920）	-0.0024 （-1.220）	-0.0026 （-1.070）
常数项	0.0007*** （9.681）	0.0006*** （10.063）	0.0006*** （8.938）	0.0007*** （8.046）
VIF	1.73	1.93	1.74	1.78
R^2	0.3583	0.4711	0.3383	0.2587

注：括号内为 t 值

***表示 1%的显著性水平

估计结果显示：①可达性的提升能够显著促进各个核心城市生产性服务业向心集聚。其中，可达性变化对生产性服务业从业人口密度梯度的影响在上海最强，在北京最弱，而可达性变化对生产性服务业从业人口密度梯度的影响在广州与深圳的作用相当、差别不大。②可达性初始条件对生产性服务业从业人口密度梯度的影响在北京表现为集聚作用，而对其他核心城市则表现为扩散作用。其中，对上海的扩散作用最显著，但是对其他城市的集聚和扩散作用均不显著。③总体而言，高速铁路对生产性服务业空间格局中的核心城市及次级核心城市产生显著的向心集聚影响，印证了高速铁路高级网络节点"虹吸效应"的存在。

四、小结

通过以上分析，我们可以总结出高速铁路对生产性服务业空间格局的影响主要表现在以下几个方面。

高速铁路具有"隧道效应"，使生产性服务业向高速铁路沿线集聚。高速铁路沿线的省会及副中心城市成为生产性服务业空间格局中的中心城市，而其中的高速铁路高级网络节点则成为该格局中的核心或次级核心城市。此外，缺乏要素吸纳能力的沿线城市的生产要素有沿高速铁路向核心城市输送的趋势，这也是高速铁路沿线城市间生产性服务业密集程度差异扩大化的原因。但与此同时，非高速铁路沿线城市生产性服务业没有明显变化。

生产性服务业空间集聚特性与高速铁路高度相关，且集聚水平随可达性提升呈规模递增的趋势，这也表明了高速铁路在高级网络节点城市（如北京、上海、深圳）主要发挥"虹吸效应"。自高速铁路建成以来，这些城市的可达性水平显著提升，使其生产性服务业向心集聚能力成倍增强，与周边腹地的差距逐渐拉大，集聚了大部分的生产性服务业从业人口，从而形成全国范围内生产性服务业集聚的核心。

总体上，高速铁路使生产性服务业空间格局呈现局域的集聚和全域的扩散状态。主要集聚于以北京、上海、深圳-广州为核心的三大城市群，省域性的集聚主要集中在省会城市及副中心城市。在现阶段，高速铁路拉大了核心城市与其他城市间的差距。

第五节　高速铁路影响下的生产性服务业空间格局演化趋势

一、高速铁路网络规划概况

《中长期铁路网规划（2008 年调整）》提出"为满足快速增长的旅客运输需求，建立省会城市及大中城市间的快速客运通道，规划'四纵四横'等客运专线以及经济发达和人口稠密地区城际客运系统。建设客运专线 1.6 万公里以上"。

其中，"四纵"客运专线包括京沪线、京广线、京哈线、杭福深线。"四横"客运专线包括沪昆线、青太线、沪汉蓉线、徐兰线。

城际客运系统包括长三角城际快速客运系统、珠三角城际快速客运系统、环渤海城际快速客运系统、长株潭城际快速客运系统、武汉城市圈城际快速客运系统、中原城市群城际快速客运系统、关中城镇群城际快速客运系统、其他城际快速客运系统。

跨区际高速铁路包括贵广客运专线、南广客运专线、江西至福建客运专线、兰新客运专线等。

根据中国铁路网络规划情况可以看出，高速铁路规划网络几乎覆盖了中国 2/3 以上的国土面积，覆盖所有省会（拉萨除外）及 90% 以上的人口规模大于 50 万人的城市。新增高速铁路网络节点有重庆、成都、贵阳、昆明、南宁、太原、西宁、兰州，连通乌鲁木齐、海口、台北、呼和浩特，这将对中国城市格局、产业格局产生深刻的影响。

二、高速铁路建设与生产性服务业空间格局演变趋势

本节我们把可达性作为连接高速铁路与生产性服务业空间格局变化的"桥梁"，通过观察高速铁路引起的可达性短期变化，对生产性服务业空间格局的长期演化进行预测。

（一）生产性服务业在核心城市有向外扩散的趋势

按照高速铁路网络规划图，至 2020 年，以北京为核心的八小时高速铁路经济圈基本覆盖全国，实现全国范围内八小时可达，这进一步提高了城市之间的可达性。除新增铁路外，铁路提速也是中国中长期铁路网规划的一部分，因此，目前可达性已经位居前列的北京、上海、广州、深圳的可达性将面临新一轮的提升。然而，可达性的提升使得生产要素流动速度加快，也增强了这些核心城市吸引外界生产要素的能力，在短期内，集聚程度会进一步提升，与周边腹地差距逐渐拉大。

在中长期，当集聚程度上升到倒"U"形曲线（图 10-4）的顶点时，就会产生拥挤效应，此时，城市内部交通成本、地租价格和劳动力价格上升，使得核心城市内部集聚的规模报酬递减，导致生产要素外流，向核心城市的腹地扩散。此时，核心城市生产性服务业的理想中心从业人口密度开始回落，生产性服务业从业人口密度梯度也逐渐下降。因此，中长期内核心城市主要发挥对腹地的辐射和带动作用。扩散是新一轮的集聚，之所以存在集聚与扩散，是因为参照系不同（周文良，2006）。扩散相对于原要素流出地的核心城市而言是扩散，相对于要素流入地的腹地城市而言是集聚，因此，中长期生产性服务业空间格局的变化体现为核心城市集聚范围扩大，且高速铁路的建设会加速这种趋势。

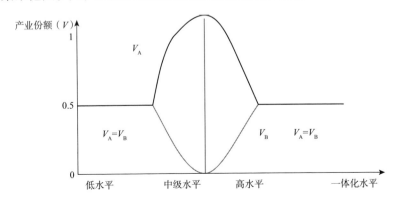

图 10-4　集聚程度与区域经济一体化程度的倒"U"形曲线

资料来源：周文良（2006）

（二）中长期的生产性服务业空间格局向多核心网络式空间结构演变

高速铁路网络规划连接了除拉萨以外的各个省会城市，使大部分省会城市，尤其是中西部地区省会城市新增为高速铁路网络节点。由第三节的分析可知，高速铁路的高级及次级网络节点北京、上海、广州、深圳的向心集聚能力尤为突出，借助高速铁路交通运输方式产生较大的"虹吸效应"，吸引了周边大量生产要素。因此，新增的网络节点城市也有可能被高速铁路"磁化"，从而增强生产性服务业的向心集聚能力，形成新的生产性服务业集聚核心。

此外，新形成的核心城市在发展的初期依旧遵循集聚规律，以发挥向心集聚作用为主，形成生产性服务业空间格局中的核心城市。与此同时，既有核心城市集聚范围扩大、集聚水平下降，降为次级集聚核心，主要发挥对周边腹地的辐射带动作用。这不仅使中国生产性服务业核心城市逐渐降级为中心城市，还使中心城市的数量增多、各个中心城市集聚水平总体趋于均衡，逐渐由少数核心城市主导转变为多中心城市共同发展的格局。

（三）长期的生产性服务业空间格局趋向空间一体化

在现阶段，中国生产性服务业发展状态位于倒"U"形曲线的左侧（图10-4），区域间生产性服务业集聚差异逐渐增大，出现核心城市（图中A类城市，V_A表示A类城市的集聚程度）高度集聚的"极化"现象，而其他城市（图10-4中B类城市，V_B表示B类城市的集聚程度）的生产要素则向核心城市转移，因此表现为较低的集聚水平。然而，高速铁路的建设和运营将加速这种"极化"趋势，使核心城市的集聚水平向1移动，而使其他城市的集聚水平逐渐趋于0，区域间产业分化程度加剧。如前所述，在中长期，核心城市的中心集聚水平下降，逐渐以发挥对周边腹地的辐射带动作用为主，而新增的高速铁路网络节点由于可达性的上升，迅速被"磁化"，吸引周边生产要素的能量迅速提升，形成新的集聚核心，与此同时，区域间生产性服务业空间差异逐渐缩小。在长期，随着高速铁路网络覆盖全国，伴随着V_A的进一步下降和V_B的进一步提升，最终达到$V_A = V_B$的均衡状态，使多中心城市生产性服务业集聚状态达到均衡，实现生产性服务业的空间一体化。

三、小结

随着高速铁路"四纵四横"网络规划格局的形成，生产性服务业空间格局将会发生以下变化。

在中长期，生产性服务业空间格局中的核心城市拥挤效应明显，向心集聚能力下降，出现向周边腹地扩散的趋势，集聚范围扩大、集聚程度降低。而且高速铁路提速通过加速生产要素流通能够加快这种趋势的发展。此外，由于新增很多高速铁路网络节点，生产性服务业空间格局中会产生更多的集聚中心，并且主要发挥吸引周边生产要素向心集聚的功能。随着既有的核心城市集聚程度的下降，最终实现生产性服务业空间格局由少数核心城市主导向多核心网络式格局转变。

在长期，新增核心城市集聚能力提升，与既有核心城市集聚趋于均衡，成长为多个集聚核心，其腹地范围覆盖全国，逐渐实现生产性服务业空间一体化。

第六节　结论与讨论

一、主要结论

本章以加入频次的加权平均旅行时间作为衡量高速铁路的指标，以生产性服务业从业人口密度分布与生产性服务业从业人口密度梯度变化作为衡量生产性服务业集聚与扩散的指标。首先，研究了生产性服务业空间格局的统计特征、静态空间格局特征与动态空间格局特征。其次，根据生产性服务业空间分布核密度估计结果和高速铁路网络的耦合描述性分析二者的关系；通过平方根指数函数对二者进行拟合，在统计上进一步阐述二者的关系；通过动态可变参数模型研究可达性初始条件及其变化对生产性服务业核心城市集聚与扩散的影响，用计量方法进一步分析高速铁路对生产性服务业空间格局的影响。最后，根据产业集聚理论与高速铁路的可达性变化，对中国未来生产性服务业空间格局变迁趋势进行预测。概括起来，获得了以下三个方面的主要结论。

第一，生产性服务业局域空间集聚状况基本呈现由东部、东南沿海地区向西北地区衰减的趋势，空间依赖性表现为京津冀、长三角、珠三角和高速铁路沿线城市的 HH 区域集聚状态。通过四个空间权重矩阵对比分析，我们初步认定北京、上海和深圳为生产性服务业空间格局中的核心城市。通过多中心区域密度函数的分析我们进一步证实其在生产性服务业空间格局中的核心地位，并认定广州市为次级核心城市。通过 2003 年和 2011 年的对比可知，中国生产性服务业空间格局基本稳定，三大核心城市生产性服务业向心集聚能力逐渐上升，且核心城市生产性服务业集聚范围有向高速铁路沿线收缩的趋势。

第二，高速铁路网络与生产性服务业空间格局相耦合，高速铁路核心网络节点城市也是空间格局中的核心城市及次级核心城市，次级网络节点成为空间格局中的中心城市。此外，高速铁路通过可达性变化对生产性服务业集聚和扩散产生显著的影响，对产业空间结构重组具有深远影响。通过发挥"隧道效应"使生产性服务业向高速铁路沿线集聚，通过"磁化"核心城市，增强了核心城市的向心集聚能力，吸引中心城市生产要素向核心城市流动，扩大了高速铁路沿线城市间生产性服务业集聚差异，导致中国生产性服务业局域集聚和全域扩散并存的现状。

第三，产业集聚到一定程度必然会导致向腹地扩散或产业转移，在未来，既有核心城市生产性服务业扩散是趋势。根据中长期高速铁路网络规划，即将开通的高速铁路网络节点城市，可能最快成为新增生产性服务业集聚区，形成格局中的中心城市，随着这些中心城市集聚程度的上升，既有核心城市集聚程度的下降，区域间差异逐渐缩小。生产性服务业空间格局将由少数核心城市主导逐渐向多核心网络式结构转变，最终实现生产性服务业在多核心带动下的一体化发展。

二、本章研究不足与展望

限于笔者的学术水平及数据资料的可获得性限制，本章存在以下不足。

本章重点考察了在高速铁路影响下中国生产性服务业空间格局变迁及演变趋势。事实上，正如本章在动态可变参数模型中展示的那样，生产性服务业空间格局变迁还受到其他社会经济因素的影响。因此，高速铁路仅是影响生产性服务业空间格局的一个因素，这里我们并没有将其他因素产生的影响考虑在内。另外，本章仅从生产性服务业从业人口密度分布和生产性服务业从业人口密度梯度的角度去考察生产性服务业的集聚与扩散，并没有综合考虑其他诸如生产性服务业产值等指标。

对于生产性服务业空间格局的预测仅是基于已有的理论研究和高速铁路网络规划。因此这种预测存在以下两个问题：首先，未来的线路建设可能会改变；其次，现实情况远比理论预期复杂，理论预期未必与未来的现实情况相符。因此，这会导致我们对生产性服务业空间格局的未来预期产生偏误。

在分析高速铁路对生产性服务业空间格局影响时，本章仅采用 173 个高速铁路沿线城市作为样本。本章也没有考虑地级以下的城镇发展，因此无法将城镇生产性服务业的情况考虑在内。因此，本章的研究尚不足以全面描述中国生产性服务业空间格局的变迁。

本章在探讨生产性服务业空间格局时仅从集聚和扩散两个层面考虑，而且仅针对核心城市的集聚和扩散情况予以实证分析，因此所得出的格局变迁的结论并不全面。

　　由于数据的限制，本章仅采用 2003 年和 2011 年的数据，并且仅考虑了高速铁路运输这一种运输方式，没有对交通运输系统进行综合考虑，得出的结论与现实难免存在一定差距。

　　在研究方法方面，后续研究可以做以下探讨。第一，对生产性服务业各个行业进行分类讨论，进而全面考虑中国生产性服务业空间格局；第二，在预测未来生产性服务业空间格局变迁时，可以借助 GIS 技术和模拟方法，将生产性服务业空间格局演变趋势以更加可视化、更加科学的方式表现出来，为政策制定提供更加可靠的依据；第三，在实证模型中，可以将高速铁路以外的其他社会经济因素考虑进去，更加全面地分析生产性服务业空间格局的影响因素，在交通运输方面，也可以尝试增加其他交通方式，以便更好地判断高速铁路发展对于生产性服务业空间格局的影响。

第十一章 铁路交通发展与沿线城市要素空间集聚

第一节 背景与思路

一、研究背景

无论是在古典区位论和现代区位理论中，还是在新经济地理学中，不难发现，运输成本的变化会改变经济要素流动的方向和规模，进而影响经济活动的集聚动态。由此可见，交通运输是影响要素空间集聚的重要因素之一。区域性交通条件的改善能显著降低运输成本，这必然会影响要素空间集聚的格局。在中国，铁路交通具有无可比拟的优势，是城市对外交通中的骨干力量，铁路交通的发展势必对经济要素的空间分布状态产生深远影响。

从 1997～2007 年这 10 年间，中国的铁路系统进行了六次大提速。这六次大提速提升了铁路系统的运力，使其竞争力和市场经济效益得到了长足的进步。1997年之前铁路系统的运输速度低、客流量下降和亏损经营的不良状况得到了很大程度的改善。根据当时铁道部的估算，2007 年第六次大提速后，中国各大城市之间的城际旅行时间减少了两到三成，铁路客运能力提高了 18%以上。这种改善使城市间的联系更加密切，增强了城市间的网络密集度，整体优化了空间系统（金凤君和武文杰，2007）。

随着国家《中长期铁路网规划》的实施，高速铁路开启了全新的经济时代，也就是"高速铁路时代"（徐长乐和郁亚丽，2011）。截止到 2014 年底，高速铁路运营里程超过 1.6 万公里，居全球第一位，高速铁路运营里程占据了铁路运营里程的 14.7%，截止到 2015 年底，高速铁路投产新线 3306 公里，总运营里程超过

1.9 万公里[①]（表 11-1）。根据中国轨道交通网以设计时速 200 公里（含 200 公里）及以上时速等级铁路为统计口径所做的统计，截止到 2015 年底，高速铁路运营总里程达 2.36 万公里，2015 年新增运营里程 4407 公里，新增运营线路 18 条（段）（图 11-1）。从已开通高速铁路线路列表（表 11-2）可以看到，截止到 2016 年中国高速铁路运营线路共计 73 条（段），"四纵四横"高速铁路主干网络已经成形。

表 11-1　2008～2015 年中国高速铁路发展总体概况

年份	运营里程/公里	占铁路运营里程比重	客运量/万人	占铁路客运量比重	旅客周转量/（亿人·公里）	占铁路旅客周转量比重
2008	672	0.8%	734	0.5%	15.6	0.2%
2009	2 699	3.2%	4 651	3.1%	162.2	2.1%
2010	5 133	5.6%	13 323	8.0%	463.2	5.3%
2011	6 601	7.1%	28 552	15.8%	1 058.4	11%
2012	9 356	9.6%	38 815.00	20.5%	1 446.1	14.7%
2013	11 028	10.7%	52 962	25.1%	2 141.1	20.2%
2014	16 456	14.7%	——	——	——	——
2015	19 762	16.3%	——	——	——	——

资料来源：《中国统计年鉴 2015》、国家铁路局公布的《2015 年铁道统计公报》

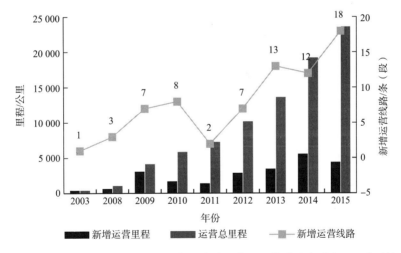

图 11-1　2003 年、2008～2015 年中国高速铁路运营里程统计（含时速 200 公里线路）

资料来源：根据中国轨道交通网（www.rail-transit.com）数据整理得到

---

① 国家铁路局对高速铁路的定义为新建设计开行 250 公里/小时（含预留）及以上动车组列车，初期运营速度不小于 200 公里/小时的客运专线铁路，中国轨道交通网的统计口径为设计时速 200 公里以上等级的铁路（包含设计时速 200 公里的线路）。目前，中国对高速铁路没有明确界定，两者统计口径存在一定差异。

表 11-2　截止到 2016 年中国开通高速铁路线路概况

序号	项目名称	里程/公里	开通时间	序号	项目名称	里程/公里	开通时间	序号	项目名称	里程/公里	开通时间
1	秦沈城际铁路	404	2003/10	20	京沪高速铁路	1318	2011/6	39	衡柳铁路	498	2013/12
2	合宁铁路	166	2008/4	21	广深高速铁路	102	2011/12	40	广西沿海高速铁路	262	2013/12
3	京津城际高速铁路	119	2008/8	22	龙厦铁路	171	2012/6	41	武咸城际铁路	90	2013/12
4	胶济铁路	363	2008/12	23	汉宜铁路	293	2012/7	42	成灌铁路彭州支线	21	2014/4
5	石太铁路	225	2009/4	24	郑武高速铁路	536	2012/9	43	武黄城际铁路	97	2014/6
6	合武高速铁路	357	2009/4	25	合蚌高速铁路	131	2012/10	44	武冈城际铁路	36	2014/6
7	达成铁路	374	2009/7	26	哈大高速铁路	921	2012/12	45	大西高速铁路太原南至西安北段	570	2014/7
8	甬台温铁路	283	2009/9	27	京石郑高速铁路	693	2012/12	46	合肥铁路南环线	40	2014/11
9	温福铁路	298	2009/9	28	广珠城际铁路	144	2012/12	47	杭长高速铁路	933	2014/12
10	武广高速铁路	1069	2009/12	29	宁杭高速铁路	249	2013/7	48	成绵乐客运专线	313	2014/12
11	郑西高速铁路	485	2009/12	30	杭甬高速铁路	150	2013/7	49	兰新铁路第二双线	1776	2014/12
12	福厦铁路	273	2010/4	31	盘营铁路	90	2013/9	50	贵广铁路	857	2014/12
13	成灌城际铁路	65	2010/5	32	向莆铁路	632	2013/9	51	南广铁路	577	2014/12
14	沪宁城际铁路	301	2010/7	33	津秦高速铁路	257	2013/12	52	郑开城际铁路	50	2014/12
15	昌九城际铁路	132	2010/9	34	厦深高速铁路	502	2013/12	53	青荣城际铁路	299	2014/12
16	沪杭城际铁路	160	2010/10	35	西宝高速铁路	138	2013/12	54	兰渝铁路重庆北至渭沱段	71	2015/1
17	宜万铁路	377	2010/12	36	渝利铁路	264	2013/12	55	沪昆高速铁路新晃西至贵阳北段	286	2015/6
18	长吉城际铁路	96	2010/12	37	茂湛铁路	103	2013/12	56	郑焦铁路	78	2015/6
19	海南东环铁路	308	2010/12	38	柳南客运专线	227	2013/12	57	合福高速铁路	850	2015/6

序号	项目名称	里程/公里	开通时间	序号	项目名称	里程/公里	开通时间	序号	项目名称	里程/公里	开通时间
58	哈齐高速铁路	282	2015/8	64	丹大快速铁路	292	2015/12	70	海南西环高速铁路	345	2015/12
59	沈丹高速铁路	208	2015/9	65	成渝高速铁路	308	2015/12	71	郑机城际铁路	43	2015/12
60	吉图珲高速铁路	361	2015/9	66	金丽温铁路	188	2015/12	72	佛肇城际铁路	80	2016/3
61	京津城际高速铁路延伸线	45	2015/9	67	赣瑞龙铁路	273	2015/12	73	莞惠城际铁路（常平东至小金口）	100	2016/3
62	宁安高速铁路	258	2015/12	68	津保铁路	158	2015/12				
63	南昆客专南百段	223	2015/12	69	牡绥铁路扩能改造工程	139	2015/1				

资料来源：根据中国轨道交通网（www.rail-transit.com）数据整理得到

根据《中长期铁路网规划（2008 年调整）》，到 2020 年，中国将逐步完成主要繁忙线路的客货分线，从而形成布局合理、功能完善、衔接顺畅的铁路交通网，在技术和装备上领先于国际水平，不断满足国民经济和社会发展对铁路运营能力的需求。其中，在客运专线方面，中国规划建设以"四纵四横"铁路快速客运通道及三个城际快速客运系统为基础的高速铁路网络。高速铁路网络的建设包含了三种类型的线路：一是"四纵四横"客运专线。其中，"四纵"客运专线包括京沪线、京广线、京哈线、杭福深线，"四横"客运专线包括沪昆线、青太线、沪汉蓉线、徐兰线，这些客运专线从横纵两个方向贯通连接了全国的重要枢纽城市。二是城际客运系统，包括长三角城际快速客运系统、珠三角城际快速客运系统、环渤海城际快速客运系统、长株潭城际快速客运系统、武汉城市圈城际快速客运系统、中原城市群城际快速客运系统、关中城镇群城际快速客运系统，其他城际快速客运系统。三是跨区际高速铁路，主要包括贵广客运专线、南广客运专线、江西至福建客运专线、兰新客运专线、大同至西安客运专线、成西客运专线、成贵客运专线、绵阳至成都至乐山客运专线、哈齐客运专线、哈尔滨至牡丹江客运专线、沈阳至丹东客运专线、京沈客运专线、合肥至福州（北京—铜陵—福州）客运专线。高速铁路作为一种新型的交通方式，其快速发展将会带来交通运输史上一次重大飞跃，且其对区域空间结构、人口流动、经济联系和土地利用等的影响也成为人们越来越关注的焦点（王姣娥等，2014）。

经过六次大提速和高速铁路的快速发展，中国铁路交通系统在运行速度、运行频次、覆盖规模和市场份额等方面都有了明显提升，逐渐形成了运能充足、功能完善和分布协调的发达交通网。根据《中国统计年鉴》，中国铁路运营里程的计算，1997～2014 年中国各省区市的铁路运营里程均实现一定程度的增长，各省区市的平均增长幅度高达约 118.5%。其中，广东省的增长幅度最高，为 415%。铁路交通的迅猛发展缩短了沿线城市之间的时间距离，促使各城市之间的联系和相互作用日益广泛和深入，而铁路线路布局和运营状况的区域差异又必然对不同交通区位条件的城市产生不同的经济影响。

　　本章所要关注的问题是在铁路交通如此快速发展的背景下，各个城市交通区位条件的变化，以及城市间空间联系的增强，将对中国经济要素的空间分布格局产生怎样的影响？基于此，本章的研究目的如下。

　　第一，揭示铁路交通发展对中国经济要素空间集聚的影响。选择对区域经济增长和经济系统空间结构有重要影响，且对区位条件变化比较敏感的三种类型要素——外商直接投资、劳动力和科技要素，分别分析铁路交通发展对这三种类型要素空间集聚状况的影响[1]。

　　第二，揭示铁路交通发展的边界突破效应和时空压缩效应对中国各城市间空间联系的影响。包括其如何改变原有邻接或地理距离意义上的邻里关系、对沿线城市要素的空间依赖特征产生何种影响。

　　第三，基于以上分析，预测高速铁路进一步发展对经济要素空间集聚的影响，并提出在高速铁路快速发展背景下促进中国经济要素和经济活动要素空间分布更合理的政策建议。

二、主要研究内容

　　本章的研究内容主要分为以下两个方面。

　　第一，以地级及以上城市为研究对象，运用可达性指标来测度各城市交通发展状况，并揭示铁路交通发展带来的城市可达性变化与要素空间集聚之间的关系。

　　第二，构造反映城市之间时间距离的空间权重矩阵，运用空间计量方法揭示在铁路交通发展的影响下，外商直接投资、劳动力和科技三大经济要素的空间集聚特征。

---

　　① 研究中包括的城市数量多，统计数据缺失或口径不一致等问题比较普遍，限制了本章选择更多的要素来进行研究。

三、研究价值

本章预期取得以下进展：第一，测算中国 1997～2011 年铁路系统发展所带来的城市可达性的变化。其中，在计算可达性时使用了《全国铁路旅客列车时刻表》中的铁路旅行时间。这种方法较之目前常用的可达性计算更为科学，能够更准确地衡量城市的交通区位状况。根据中长期的铁路规划线路估算了 2020 年的城市可达性，可以为后续的预测分析提供数据支持。第二，将经过上述计算所获得的可达性数据纳入考虑了要素空间相关性的要素区位选择模型中，可以更科学地分析铁路发展对沿线城市要素空间集聚所产生的作用，论证铁路交通发展是否是影响沿线城市要素空间集聚的重要因素。第三，在空间计量模型中选择更准确的方法来衡量城市间的空间关系，以时间距离而非传统的地理距离或邻接关系来构造空间权重矩阵，反映交通联系日益紧密的背景下城市间要素分布状况的空间关联性。

本章的理论意义在于以下几点：第一，揭示铁路发展影响沿线城市要素空间集聚的机制，即铁路交通发展是如何改变经济要素空间集聚态势，进而影响区域经济增长格局的。第二，对传统的邻接或地理距离所构造的空间权重矩阵进行改良，以更真实地反映城市间的空间联系。考虑到铁路交通网络的时空压缩和边界突破效应，城市间旅行时间所反映的时间距离比传统的邻接或地理距离更能反映城市间要素分布状况的空间关联性。因此，在具体模型中利用各城市间最短铁路旅行时间来构造空间权重矩阵。第三，测算各地级及以上城市的可达性，并实证分析经济要素空间集聚与可达性之间的关系，这可以为相关研究提供借鉴。

本章的实践意义在于，通过研究铁路发展与沿线城市经济要素空间集聚之间的关系，分析和预测中国高速铁路交通网建设规划的进一步实施将会对经济要素空间分布和区域经济增长格局产生怎样的影响，所获得的研究结论一方面可以为国家更好地规划铁路基础设施建设，促进各种要素依托铁路交通网而进入全国经济大循环中，为国家依托日益发达的铁路交通网在更广大的空间上吸纳要素并投入经济发展、提高要素的配置效率提供科学依据；另一方面可以为铁路沿线城市有效利用铁路交通发展所创造的机遇，制定吸纳要素的政策等提供决策依据。

四、研究方法

本章运用的研究方法主要分为三个方面。首先，运用 ArcGIS 软件以全国铁路交通线为底图，做出分析时段内铁路沿线各城市的要素变化值和可达性变化值的空间分布状况图，进行要素空间分布变化值与可达性空间分布变化率的相关性分析，为模型构建提供初步判断。其次，利用铁路最短旅行时间构造空间权重矩阵，用时间距离来反映城市间要素分布状况的空间关联性，选择各经济要素所适用的空间计量模型进行回归分析，以揭示铁路交通影响下经济要素的空间依赖特征。最后，将铁路交通发展带来的可达性变化作为影响经济要素空间分布的重要因素并将其加入传统的要素区位选择模型中，采用类比的方式，分别探索铁路交通发展与沿线城市三种类型要素的空间集聚之间的关系。

本章的具体研究步骤如下。

第一步，查阅、梳理和分析既有文献，归纳、总结交通运输影响要素空间集聚的原理，并找出现有文献或者研究成果的不当或不足之处，从而为本章的研究探讨建立理论基础。

第二步，查找铁路沿线城市外商直接投资、劳动力和科技要素三大要素的分布值和铁路交通线路方面的基础数据，做出分析时段内铁路沿线各城市要素变化值的空间分布状况图，分析要素空间分布与铁路交通线路分布的关系，为模型构建提供初步判断。

第三步，使用《全国铁路旅客列车时刻表》来查找沿线城市之间的旅行时间，计算出各城市的可达性指标值，对可达性进行可视化呈现，并进行要素空间分布变化值与可达性空间分布变化率的相关性分析。利用《中国城市统计年鉴》、《中国区域经济统计年鉴》和中国专利数据库（知网版）来查找影响要素区位选择的其他控制变量的数据，为进一步的回归分析奠定基础。

第四步，利用铁路最短旅行时间构造更能真实反映城市间要素分布空间关联性的权重矩阵，确定权值函数和三大要素所适用的阈值标准。

第五步，通过拉格朗日乘子检验分别确定适用于外商直接投资、劳动力和科技要素三种要素空间相关关系特征的空间计量模型，并分别进行回归分析。其中，在研究时段方面，本章选取1997～2011年进行实证分析[①]，中国于1997年4月1日进行了第一次铁路提速，截止到2007年共完成了六次铁路大提速，并在该时段内进行部分高速铁路建设，因此该时段是铁路提速及部分高速铁路建设的效果可以得到明显显现的时间跨度。在研究单元上，为了保持前后分析的一致性，本节以1997年和2011年铁路网络均覆盖的221个地级及以上城市作为分析对象。但是，限于模型中其他变量数据的可获得性，关于外商直接投资、劳动力和科技要素三种要素的研究分别选取了其中的172个、176个和187个城市作为分析对象。

第六步，根据回归分析结果探讨分析时段内可达性变化对要素空间分布状况

---

① 具体到全国铁路沿线地级及以上城市的旅行时间数据难以获得，限制了本章选择更多的年份作为实证分析对象，后文会对高速铁路网络进一步发展的影响做出相关预测。

的影响，同时揭示出在铁路交通发展影响下的要素空间依赖特征。从这两个方面来分析铁路发展对沿线城市要素空间集聚态势的影响。

第七步，结合上述实证结果，分析和预测中国高速铁路交通网建设规划的进一步实施将会对经济要素空间分布和区域经济增长格局产生怎样的影响，从而为国家更好地规划铁路网络建设，提高要素的配置效率，优化全国的经济布局格局提出相关的政策建议。

五、本章结构

本章主要分为八节，具体内容如下。

第一节为背景与思路。本节说明本章的研究背景及所研究的问题，介绍中国铁路交通大提速和高速铁路开通的主要情况，分析铁路交通发展对经济资源和经济要素空间分布所产生的影响，阐述本章的研究目的、研究内容、研究方法及研究价值，简要介绍本章的结构框架和章节安排。

第二节为文献综述。该节从以下四个方面展开。首先，简要地介绍要素空间集聚的内涵和特征、集聚的机制及要素空间溢出效应的研究；其次，阐述交通运输和要素空间集聚之间关系的研究状况及主要成果；再次，分析和评述高速铁路对中国要素空间集聚的影响；最后，通过以上分析和研究，发现既有文献的不足和疏漏之处，从而确定本章的研究重点。

第三节为铁路交通发展对沿线城市要素空间集聚的影响。首先，利用 ArcGIS 软件，以全国铁路交通线为底图，做出分析时段内铁路沿线城市外商直接投资、劳动力和科技要素三大要素变化值的空间分布状况图，分析经济要素的空间分布与铁路线路分布的关系。其次，对铁路沿线城市的可达性数据进行可视化展现，同时对分析时段内铁路沿线城市的要素空间分布变化量与可达性变化率进行相关性分析。最后，用城市间最短铁路旅行时间所表征的时间距离构建空间权重矩阵，进而运用空间计量方法做进一步的空间回归分析。

第四节为铁路交通发展对沿线城市外商直接投资空间集聚的影响。在传统的外商直接投资区位选择模型中加入可达性变量，并使用以时间距离构建的空间权重矩阵，通过空间回归分析，对研究时段内可达性变化率与城市外商直接投资变化量的关系进行实证检验，最终确定铁路发展对沿线城市外商直接投资空间集聚的影响。

第五节为铁路交通发展对沿线城市劳动力空间集聚的影响。选择劳动力区位分布所适用的空间计量模型，并在模型中加入可达性变量，通过空间回归分析，对研究时段内可达性变化率与城市劳动力变化量的关系进行实证检验，从而分析铁路发展对沿线城市劳动力空间集聚产生的影响。

第六节为铁路交通发展对沿线城市科技要素空间集聚的影响。将可达性变量纳入传统的科技要素空间分布模型中，并使用以最短铁路旅行时间构建的空间权重矩阵，运用空间计量方法对研究时段内可达性变化率与城市科技要素变化量的关系进行实证检验，最终分析出铁路发展对沿线城市科技要素空间集聚所产生的作用。

第七节为高速铁路发展对沿线城市要素空间集聚影响的预测。首先，预测2020年高速铁路网络发展所带来的可达性的变化；其次，使用引力模型分析高速铁路建设对城市之间空间联系强度的影响；最后，结合本章第四节～第六节分析得出的可达性与要素空间集聚的关系，就高速铁路进一步建设对外商直接投资、劳动力和科技要素空间分布可能产生的影响做出预测。

第八节为结论与讨论。总结了本章的研究结论并提出了相关的政策建议，讨论本章的不足之处，对进一步研究进行展望。

本章的技术路线如图 11-2 所示。

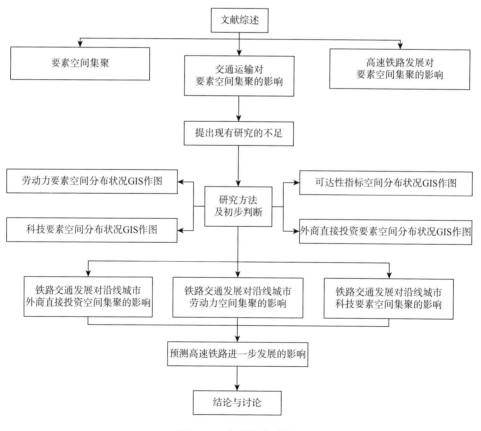

图 11-2　本章技术路线

第二节　文　献　综　述

经济要素的空间集聚是区域经济增长的重要动力，研究中国经济要素的空间集聚有助于更好地规划区域经济发展空间格局，优化资源空间配置，促进区域经济协调发展。交通基础设施作为影响经济要素空间分布的重要因素，一直受到学术界的广泛关注。本节的文献分析部分首先介绍要素空间集聚的内涵与特征、空间集聚的机制及对要素空间溢出效应的研究；其次，就交通运输对要素空间集聚影响的研究文献进行分析，并总结和评价常用的可达性评价方法；最后，介绍并分析高速铁路对要素空间集聚影响方面的研究成果。

一、要素空间集聚

（一）要素空间集聚的内涵和特征

针对要素空间集聚的内涵和特征，学者从不同的角度形成了差异性的分析结论。米娟（2008）认为，人类的经济活动使得各生产要素在某一特定区域集聚，从而产生集聚效应，促进区域经济发展。其中，要素空间集聚一般有两种表现方式：一种是区外要素向区内集聚，要素集聚度在一定空间形态上的提高；另一种是区域内的要素流在层次级别上发生变化，如资金流、人口流等提升为更高级的技术流、信息流。并且她归纳要素集聚具有空间性、外部性和规模性三大特点。范云芳（2009）从广义和狭义两个层面阐释要素集聚的内涵，狭义的要素集聚是指要素在地理层面上流入或者流出的过程，而广义的要素集聚是指劳动力、资本、技术等经济要素在区域经济发展中相互联系、相互协作，从而创造价值的过程。而且，要素集聚具有持续性、集聚结果的非均衡性、集聚结构的偏向性及集聚方式的多样性等特征。黄晖和金凤君（2011）以技术要素为研究重点，认为技术要素集聚是指技术作为一种经济要素在某一特定区域的发展过程中相互联系、相互作用的动态合作过程。张宓之（2014）也指出，要素集聚并不是资源配置的结果形态，而是以区域要素禀赋、"集聚力"及要素自身流动性为基础的变化过程。

（二）要素空间集聚的机制

不同的经济要素具有不同的地理空间布局，其空间集聚的作用机理也有内在差异性。本章主要考察外商直接投资、劳动力和科技要素三大要素的空间集聚态势，因此，本章将分别从外商直接投资、劳动力和科技要素三大要素角度梳理国内外对要素空间集聚机制的研究。

　　Coughlin 等（1991）通过构建条件 Logit 模型研究了在美国区位选择中影响外商直接投资的因素，分析发现，较高的人均收入和发达的经济集聚程度是吸引外商直接投资的重要因素，而税收和工资水平抑制了外商的投资意愿。Coughlin 和 Segev（2000）运用空间计量方法研究影响中国外商直接投资空间分布的重要因素，发现经济规模、劳动生产率和沿海区位显著促进外商直接投资流入量的增加，然而较高的工资成本和文盲率则对外商直接投资的流入起反向阻碍作用。Cheng 和 Kwan（2000）以中国数据为基础，分析发现较大的市场规模、健全的基础设施和有利的政策措施对外商直接投资的增加有促进作用，工资成本则会抑制外商直接投资的增长，而且外商直接投资存在显著的"区域性自我强化"效应。Campos 和 Kinoshita（2003）利用 25 个发展中国家 1990～1998 年的面板数据研究外商直接投资的区位分布格局。他们将影响因素划分为三类：一是区域独特优势，主要有较低劳动力成本、较大市场规模、成熟的劳动力市场、完善的基础设施和靠近发达地区的地理区位；二是区域宏观政策环境和市场开放程度；三是集聚经济的驱动。Deichmann 等（2003）的研究表明，区域基础设施、人力及社会资本水平、市场环境状况和先天禀赋条件对外商直接投资的区位选择具有显著影响。梁琦（2003）基于空间经济理论探讨外商直接投资与产业集聚的关系，发现区域的开放程度和产业集聚所引起的关联效应是促使外商直接投资集聚的最主要因素。Boudier-Bensebaa（2005）根据匈牙利的区域面板数据分析表明，劳动力供应、制造业密度和产业需求是吸引外商直接投资的重要驱动力。黄肖琦和柴敏（2006）从新经济地理学的角度研究外商直接投资的区位选择，揭示了贸易成本、技术外溢、市场规模和历史外商直接投资等新经济地理因素会对外商直接投资空间分布产生显著影响。

　　大量关于劳动力空间流动与集聚的研究侧重于强调经济因素的驱动作用。Greenwood 等（2014）对美国大都市劳动力区位选择进行了深入细致的研究，发现经济因素的作用比流入地的自然因素（如气候环境等）要显著，而且最能反映经济因素作用的变量是工作机会。Napolitano 和 Bonasia（2010）在 H-T（Harris-Todaro）模型中引入了住房价格指数、失业率等经济因素与人口密度、生活环境、犯罪率等非经济因素指标，构建了分析意大利劳动力流动决策的 GMM 动态面板模型，发现劳动力流动的影响因素在不同历史时期有所差异，工资水平和失业率等传统变量对 1985～1995 年劳动力流动的解释力较弱，住房价格指数却具有显著影响，而在 1995～2006 年，劳动力区位分布的最重要影响因素为工资水平，二氧化碳排放量也对劳动力流动有正向促进作用，而失业率、住房价格指数和人口密度的影响不显著，犯罪率则对劳动力流动有显著的负面影响。伴随新劳动力流动理论研究视角的深入，大量学者把家庭作为分析单位，认为家庭预期收入最大化和风险最小化的决策准则是影响劳动力区位分布的重要因素。有学者通过研究汇款现象分析家庭决策对劳动力流动的影响（Dustmann and Mestres，2010；Shimada，2012）。Hagen-Zanker 和 Siegel（2007）研究发现，较为贫困家庭的流动汇款大于富裕家庭，论证了劳动力流动的动因是提高家庭的生活水平和增强家庭经济的抗风险能力。Nelson（2015）从社会网络理论视角分析了社交关系网络对劳动力流动决策的重要影响。随着新经济地理学的发展，高技能劳动力，即人力资本的空间集聚问题吸引了学者的广泛关注和研究。顾加宁（2006）指出人力资本的空间分布也符合核心-边缘理论，论证了人力资本集聚效应的存在，并实证分析了预期收益、产业集聚、人力资本培育能力和人口迁移制度等是人力资本空间集聚的重要影响因素。包玉香等（2010）使用人力资本外部性模型对山东省人力资本空间集聚和区域经济增长进行计量分析，发现人力资本空间集聚与区域的经济增长具有正向的促进关系，并指出人力资本空间集聚有内生型和外生型两种路径。其中，发达地区的人力资本集聚很大程度上是通过外生型路径实现的，即区域内较高的经济发展水平，良好的生活、工作环境等因素驱动人力资本向区域内集聚。Brown 和 Scott（2012）使用多元 Logit 模型将拥有大学学历和未取得大学学历的同龄人群进行对比研究，发现生活舒适度对普通劳动力区位选择具有重要影响，然而，良好的工作机会和集聚经济对获取较高工资收入的高技能劳动力更具有吸引力。Behrens 等（2014）分析了人力资本积累、区位选择及其集聚效应对城市发展的影响，论证了人力资本的空间集聚是城市劳动生产率增长的重要源动力。

随着科技要素在经济发展中核心地位的确立，科技要素的空间非均衡分布现象得到了越来越多的学者的关注。Asheim 和 Isaksen（1997）认为，科技要素的空间集聚有利于在企业间营造信任与合作的良好氛围，为企业创新能力的增强和竞争力的提升提供有利条件。徐建国（2005）揭示了中国科技要素空间集聚分布的现象，实证检验了影响科技要素空间分布的主要因素，并指出科技要素的空间分布相对于经济的空间分布具有更明显的空间集聚特征。魏守华和吴贵生（2005）研究了科技要素在省际空间上的非均衡分布特征，并将科技资源集聚的成因总结为科技资源的稀缺性、国家科技空间布局的非均衡性、科技活动的区位选择和科技活动的空间"双向扩展"特征四个方面。王贤文和姜照华（2007）使用主成分分析法测算了中国区域科技要素集聚能力，研究表明中国科技要素集聚水平存在明显的自东向西、由南往北逐渐降低的梯度分布现象，与经济梯度分布格局相类似。黄晖和金凤君（2011）从增长极理论、极化效应与扩散效应、集群理论三个方面总结了技术要素集聚的基本理论，并对技术要素集聚的形成动因和形成条件进行深入分析，论证了政策因素、制度因素和产业集聚因素对科技要素集聚的影响。一些学者结合"空间性"思维对科技创新要素集聚进行了分析。吴玉鸣（2006a）在中国省域创新能力的研究中指出省域之间的创新是存在空间相关性的，即呈现显著的空间集聚现象。Cabrer-Borrás 和 Serrano-Domingo（2007）使用空间计量方法论证了科技创新要素在分布上存在空间依赖特征，区域的科技创新能力不仅取决于区域自身的研发投入、创新传统和人力资本禀赋，而且研发的空间溢出效应、进口供应商所带来的创新溢出和贸易伙伴的公共研发支出均对区域创新有促进作用。

（三）要素空间溢出效应

要素空间溢出效应得到了新经济地理学和创新系统学学者的广泛关注和研究。很多涉及地理空间的变量，如区域间的地区生产总值、人力资本和外商直接投资等都存在一定的空间关联性（张宓之，2014）。Coughlin 和 Segev（2000）在研究中国外商直接投资空间分布格局时对外商直接投资空间异质性和空间依赖性进行检验，结果表明外商直接投资空间分布存在显著的空间关联效应，一个区域外商直接投资的流入量与周边区域外商直接投资的增量存在显著的正空间相关性，但外商直接投资并不存在空间异质性。Blonigen 等（2007）通过对美国外商直接投资输出情况进行研究，在空间计量模型中同时加入外商直接投资和市场潜力变量的空间滞后项，发现外商直接投资的输出在空间分布上具有明显的依赖关系，周边区域的外商直接投资分布量和市场潜力均对当地外商直接投资的流入有显著的促进作用。何兴强和王利霞（2008）对全国 154 个地级及以上城市的外商直接投资区位分布的空间效应进行研究，发现周边城市的外商直接投资增量和市场规模较大的区域是外商直接投资的主要流入地。钟水映和李魁（2010）运用1990~2007 年中国省级面板数据构建空间计量模型，研究发现中国人口红利的空间效应对区域经济增长有重要的促进作用；在区域内部，东部地区存在显著的人口红利外溢，但中部、西部地区的外溢效应并不显著；在区域间，东部和中部之间存在人口红利的空间溢出效应，而其他区域间均不显著。高远东和花拥军（2012）构建了包含资本外溢性和技术空间依赖性的空间 MRW（Mankiw、Romer、Weil）模型，研究发现省域技术水平之间存在显著的空间依赖性，且东部地区人力资本的空间依赖性更为紧密，其空间溢出效应对区域经济增长的贡献值约为西部地区的两倍。Tappeiner 等（2008）运用空间数据探索分析的方法对欧洲 51 个区域的空间溢出情况进行了深入的实证分析，研究发现技术创新要素在空间分布上呈现出显著的自相关关系，证实了要素空间溢出效应的存在，并且尝试用创新要素的空间分布情况来解释空间溢出效应的扩散途径。

二、交通运输对要素空间集聚的影响

（一）可达性的概念和评价方法

可达性是衡量交通运输发展状况的重要指标，但是，目前学术界对可达性并没有一个唯一确定的定义。Hansen（1959）首次明确提出了可达性的概念，认为可达性是交通网络中各节点相互作用机会的潜力。Morris 等（1979）将可达性定义为经济活动利用某一种特定的交通系统从给定区位到达活动地点的便利程度。Kwan 等（2003）综合以往的研究文献，认为可达性可以分为地方可达性和个体可达性两类。李平华和陆玉麒（2005）对可达性的内涵和特征进行了详细的梳理，并提出可达性是反映交通成本的基本指标。根据 Geurs 和 van Wee（2004）的阐述，可达性的内涵应主要包括四个方面：①土地用地，如就业岗位或商业场所、教育、医疗、娱乐等本地及目的地的空间分布与属性；②交通系统，如道路系统、线路布局等反映人口及货物流动的时间消耗、流动成本、流动舒适性；③时空因素，如通勤时间、地理区位等；④个体特性，如收入水平的高低、是否拥有私家车、教育水平等，这些因素特性会影响人们交通模式的选择、空间上流动的可能性，并且会整体上影响可达性的结果。

伴随可达性概念的不断引申和发展，关于可达性的评价模型和度量方法也日益丰富和完善。从相关文献看，可达性的评价模型主要有空间阻隔模型、潜能模型、交通成本的加权平均值模型、机会累积模型、效用模型和时空约束模型，本章将着重对前三种评价方法进行介绍。

第一，空间阻隔模型。空间阻隔模型是最简单的可达性评价模型，采用此方法的学者认为可达性用来衡量克服空间阻隔的难易程度（Ingram，1971）。空间阻隔越小，节点的可达性越好。Ingram（1971）又进一步将可达性区分为相对可达性和综合可达性，相对可达性指交通网络中两个节点间的空间阻隔，综合可达性则扩展为某一节点到达网络中其他节点的空间阻隔，较常用的方法是测算空间阻隔的均值：

$$A_i = \frac{1}{n}\sum_{j=1}^{n} C_{ij}, \quad j \neq i, \ i,j = 1,2,\cdots,n) \tag{11-1}$$

其中，A_i 表示区域内节点 i 的综合可达性；C_{ij} 表示交通网络中节点 i 至节点 j 的空间阻隔，通常由两点间的空间直线距离、交通网络距离等指标来表征。在复杂的处理情况下也可以采用阻隔衰减的方法，即引入幂函数、指数函数、高斯函数等阻隔衰减函数 $f(C_{ij})$，对公式进行变形。

第二，潜能模型。潜能模型将可达性定义为交通网络节点间相互作用潜力的大小，突破了空间阻隔模型仅考虑节点城市间空间距离的局限性，将节点城市活动规模及目的节点对起点的吸引力纳入可达性的评价体系中。Hansen（1959）提出的潜力模型基本形式如下：

$$A_i = \sum_j \frac{D_j}{d_{ij}^{\alpha}} \qquad (11\text{-}2)$$

其中，A_i 表示节点 i 的可达性；d_{ij} 表示节点 i 与节点 j 之间的空间阻隔（一般为空间距离、旅行时间、交通费用等）；α 表示距离阻力的影响程度；D_j 表示节点 j 的机会（一般以人口、地区生产总值等指标表示），可以用来表征目的节点的吸引力。

第三，交通成本的加权平均值模型。交通成本的加权平均值模型是测度可达性的一种常用指标，根据朱永磊（2014）的描述，其具体的公式如下：

$$A_i = \frac{\sum_{j=1}^{n}(I_{ij} \times P_j)}{\sum_{j=1}^{n} P_j}, \quad i,j = 1,2,3,4,\cdots,n \qquad (11\text{-}3)$$

其中，A_i 表示节点 i 的可达性；P_j 表示节点的质量参数，用来反映因目标节点经济规模的不同对可达性产生影响的差异程度，通常使用人口数、地区生产总值、就业人口数或者社会商品销售总额等指标来表示；I_{ij} 表示节点 i 与节点 j 之间的阻力参数，通常使用两城市节点之间的最短旅行时间来测度。本模型以质量参数为权重，对交通成本进行加权平均突破了空间阻隔法的局限，指标数据易得，可操作性强。通过计算新建基础设施建设前后通行时间的差异，能够从时间节约中衡量可达性的变化情况（李平华和陆玉麒，2005）。但是该模型仅使用节点间的单次最短旅行时间来衡量可达性未免不够全面，尚存在未将运量、通行频次等影响城市间相互作用强度的指标纳入评价体系中的缺陷。

在对可达性指标进行改进之外，大量学者将可达性指标用于研究交通基础设施对区域经济发展和区域经济联系的影响中。陈博文等（2015）构建了包含可达性与经济变化的二阶空间滞后模型，研究江苏省交通可达性变动与区域经济发展的关系，分析表明交通建设拉大了长江南北可达性的绝对差距，提升了部分城镇之间的凝聚力，并提出要注意发挥交通基础设施建设对区域经济发展的结构性效益。刘辉等（2013）使用 GIS 网络分析与社会网络分析结合的方法，进行基于交通可达性的京津冀城市网络集中性及空间结构研究，分析表明可达性一方面会提高城市经济辐射能力和城市间的联系度，另一方面也会扩大城市间的差异程度。孟德友和陆玉麒（2012）以省会城市间铁路客运的最短旅行时间为测度指标，对中国 2003 年和 2008 年铁路客运网络的空间可达性及空间格局进行对比分析，研究表明第五次、第六次铁路客运提速大大提升了省际可达性，显著增强了可达性的干线指向性，而且区域间经济联系依托铁路主要干线形成了省际联系的主导轴线。

（二）交通运输影响要素集聚的研究

目前，学术界在研究交通发展对经济活动和经济要素集聚的影响时，主要从基于运输成本控制和区位禀赋差异视角的传统经济理论、以"核心-边缘"理论为主导的新经济地理学理论、交通基础设施的跨区域空间效应三个方面展开。传统经济理论较少将交通基础设施直接纳入理论分析框架内作为独立变量分析其对经济活动和经济要素集聚状况的影响，而是考察交通基础设施对经济主体生产成本及利润的影响（宋英杰，2013）。Graham 等（2003）使用世界范围内 17 个城市铁路系统的数据，研究了铁路基础设施的分布密度与经济活动和经济资源集聚之间的关系，认为交通基础设施是导致区域经济集聚力增强的重要因素。符淼（2009）运用空间计量方法证实了空间交通距离对技术要素集聚乃至经济集聚有显著的影响，随地理距离快速下降的技术溢出效应是局部集聚和东西部发展不均问题的原因之一，但该研究并未对交通运输与要素集聚的直接关系进行探讨。新经济地理学与传统经济理论中回避空间对企业生产成本的直接影响不同，而是将空间距离与企业成本建立直接的联系。Teixeira（2006）基于新经济地理学模型验证了交通基础设施与经济活动集聚之间存在倒"U"形相关，其通过对葡萄牙 1985~1998年的经济数据的研究，发现积极的交通政策减少了交通成本并进一步促进了经济活动集聚。陈得文和苗建军（2010）基于 1995~2008 年的省级面板数据使用 GMM三阶段最小二乘方法研究发现，交通基础设施对经济集聚有显著作用，且其在不同的时期对集聚的促进作用不同，在集聚的初期交通运输成本的减少可以极大地促进集聚的形成，随后其对集聚的影响逐渐减小。Lang（2010）研究了交通成本异质性对经济活动集聚力和扩散力所产生的影响，并且发现交通成本直接影响企业的布局。但是，总的来看，在新经济地理学角度的研究中，很少有专门针对铁路交通发展对经济活动和要素集聚影响的研究。目前，交通基础设施的跨区域空间效应受到学术界的重视，相关研究主要集中在溢出效应和门槛效应。Holl（2004）基于葡萄牙 1986~1997 年的微观数据并结合 GIS 研究发现，高速公路基础设施建设增强了公路周边区域的区位优势，从而促使企业经济活动向公路沿线区域集聚。张学良（2007b）结合中国交通基础设施供给状况的区域差异，实证分析了区域交通基础设施状况与区域经济增长之间的关系，发现两者都呈现出很强的空间集聚特征。张军涛等（2011）基于中国省级面板数据，使用空间计量方法，对跨区域基础设施投资的空间外溢性进行检验，认为跨区域基础设施投资在区域间和区域内均存在显著的外部溢出效应。金凤君和武文杰（2007）认为，在微观层面上，铁路客运交通提速影响经济活动的区位选择，促进产业结构的调整和升级；在宏观层面上，铁路客运交通提速则会有效缩短各区域之间的时空距离，降低交通成本，促进人流、物流、资金流、信息流的快速流动，进而对区域产业结构和空间结构调整产生重大影响。交通沿线上的点由于交通便利，区位条件优越，对经济资源和经济活动具有较强的吸引力，往往成为区域经济发展的增长极。

三、高速铁路发展对要素空间集聚的影响

目前，对高速铁路发展的经济要素集聚效应的研究还比较少。Sasaki 等（1997）通过定性分析，研究了日本新干线对区域经济活动集聚的影响，认为新干线增强沿线城市的区位优势，吸引经济活动集聚和企业布局。陆军等（2013）从高速铁路开通缩短城市间旅行时间的角度重新划分经济圈，并使用 GIS 技术制作了多中心地图，认为高速铁路会使中国的空间极化现象更为严重，板块化特征日益明显，各高速铁路经济区空间组织模式分异特征显著。张学良和聂清凯（2010）通过定性分析，认为高速铁路会加强城市间的经济联系，加深区域经济一体化特征。刘辉等（2013）认为随着高速公路和高速铁路基础设施的建设与运营，城市之间的"时间距离"缩短，会使得城市区位条件和城市空间关系产生变化。吴晖（2014）认为高速铁路的开通加速了生产要素的流动，促使物力、人力及投资在高速铁路沿线城市集聚，形成新的产业集中带。陈建军和郑广建（2014）经过定性分析，认为高速铁路收缩城市间空间和经济距离，交通可达性和便利性增强可以产生市场结构效应、劳动力池效应与创新溢出效应；并认为高速铁路的发展可以优化城市产业结构、改变城市空间结构、调整城市群体系。王姣娥和焦敬娟（2014）借助 ArcGIS 技术探讨高速铁路网络的空间效应，认为高速铁路建设会产生时空收敛效果，并进一步对生产要素流动、城市空间扩张、区域空间结构重构产生重要影响。

四、现有研究的不足

综上分析，铁路交通发展与要素空间集聚的研究具有重要的意义。可以看出，铁路的发展对各区域交通区位和城市间空间联系产生重大的影响，由交通区位变化带来的经济活动的重新分布和由时空压缩效应带来的要素空间依赖特征的变化都将伴随着经济要素空间集聚态势的演变。由于中国铁路交通发展的实证数据比

较庞杂又难以获得,对于铁路交通发展与沿线城市要素空间集聚关系的研究较少。部分学者注意到了交通网络对经济活动空间分布和经济要素空间集聚的重要影响,但其研究多是进行经验性的定性判断,定性地分析铁路交通发展对要素空间集聚和区域经济增长格局的影响,很少有具体到全国范围内铁路站点所在的各地级及以上城市和针对不同特性经济要素的专门性的实证分析。而且在具体的操作中,一方面,既有研究大都忽视了关于铁路发展的时空压缩和边界突破效应所引起的城市间空间关系和要素空间相关性的研究,一味沿用原有的地理距离构成的空间关系矩阵,这在"时空距离"大大被压缩的背景下是不能很好反映现实情况的;另一方面,大多数研究都沿用传统的可达性评价指标,对可达性的衡量都不够全面。本章是在现有交通网络对经济要素空间集聚相关研究基础上进行的补充和完善。

第三节 铁路交通发展对沿线城市要素空间集聚的影响

一、基本模型

铁路交通发展一方面必然会提高沿线城市的可达性,提升沿线城市的区位优势,促使其成为要素集聚地;另一方面,铁路交通发展会产生边界突破效应和时空压缩效应,增强城市之间的空间经济联系,从而改变原有邻接或地理距离意义上的邻里关系,对沿线城市的要素集聚产生影响。这两方面的作用都会导致铁路沿线城市要素集聚态势的变化,为了证实这个初步判断,根据可以获得的数据,本节选择了对区位条件变化比较敏感的可流动经济要素中的外商直接投资、劳动力和科技要素三大要素,以1997年中国第一次铁路大提速和2011年中国铁路第六次大提速的效果均得到充分呈现且已有部分高速铁路建成运营为分析时点,通过以表征"时间距离"的空间权重矩阵替换传统空间计量模型中的以地理距离或邻接关系表示的权重矩阵,并且,在要素空间分布模型中加入可达性指标两项工作来分析铁路交通发展所带来的影响。在具体的实证模型中,参考吴玉鸣(2006b)研究中国省域经济增长趋同的做法,将采用截面数据的空间计量回归方程作为基本分析模型,并把控制变量固定在2011年,着重研究可达性变化引起要素空间分布量的变化情况,从而分析铁路交通发展对要素空间集聚的影响。模型的基本形式如式(11-4)所示:

$$Y = \rho WY + \alpha X + \beta Z + \varepsilon$$
$$\varepsilon = \lambda W \varepsilon + \mu$$

(11-4)

式（11-4）为空间计量经济学中空间自回归移动平均（spatial autoregressive moving average，SARMA）模型的矩阵形式，其中，被解释变量 Y 表示本节研究的三种经济要素（外商直接投资、劳动力和科技要素）1997～2011 年的变化值；X 表示本节考察的关键变量，即铁路沿线城市 1997～2011 年可达性的变化率 $\Delta\mathrm{ACC}_i$；Z 对应于三种经济要素分析模型中各自的控制变量[①]。当 $\rho=0$ 时，SARMA 模型简化为常见的空间误差模型（spatial error model，SEM）；当 $\lambda=0$ 时，SARMA 模型简化为常见的空间滞后模型（spatial lag model，SLM）。

二、可达性测算

经过对文献综述里阐述的可达性评价模型进行对比分析，本节采用交通成本的加权平均值模型，在要素空间分布模型中引入用加权平均旅行时间描述的可达性指标，该模型适用于通过计算交通发展前后旅行时间的变化，从而从时间节约中衡量可达性的变化情况，正符合本节的研究思路，其具体计算式为

$$\mathrm{ACC}_i = \frac{\sum M_j \times T_{ij}}{\sum M_j} \qquad (11\text{-}5)$$

其中，ACC_i 表示城市 i 的可达性，其值越小，可达性越高，其交通区位条件也就越好；M_j 表示城市 j 的质量参数，本节选取各城市的市区生产总值；T_{ij} 表示两城市之间最短的铁路旅行时间。

三、空间权重矩阵的设置

要素的空间分布会受城市间空间关联性的影响，即要素的分布存在空间依赖性或空间自相关性特征，从而呈现出空间集聚现象。如果忽视要素空间相关性而进行模型估计，所得到的结果可能是有偏的。考虑到铁路交通网络的时空压缩效应和边界突破效应，运用城市间旅行时间所反映的时间距离比传统的邻接或地理距离更能反映城市间要素分布状况的空间关联性。因此，本节在模型中利用 2011 年各城市间最短铁路旅行时间来构造空间权重矩阵。因为空间关系的距离衰减规律对于时间距离同样适用，所以模型的权重矩阵元素的具体定义为

[①] 可达性的变化率 $\Delta\mathrm{ACC}_i$ 的测算在后文有具体解释，三种经济要素的空间集聚分析模型中的控制变量不同，后文会有具体的变量介绍。

$$W_{ij} = \begin{cases} \left[1 - \left(t_{ij}/t \right)^2 \right]^2, & 0 \leqslant t_{ij} \leqslant t \\ 0, & t_{ij} > t \end{cases} \qquad (11\text{-}6)$$

其中，t_{ij} 表示城市 i 与城市 j 之间的最短铁路旅行时间；t 表示时间阈值，若超过该时间范围，空间效应可忽略不计。t 值的选取参考 Mitchel（2005）的做法，对变量在多个时间段内进行 Moran 检验，选取相应的 Z 检验值最大时的时长作为阈值标准。考虑到可能存在一些城市在由 t 值所确定的时间范围内到达不了任何一个其他城市，即在阈值内该城市没有邻居城市的情况，我们为这些城市寻找到旅行时间最短的一个城市，将其权重设为 1，以保证所有城市至少有一个邻居城市的前提条件。将权重矩阵进行标准化处理，使每一行的和等于 1，权重矩阵反映每个城市的空间影响所占份额。

四、数据来源及处理

本节的空间回归分析以 1997～2007 年中国铁路六次大提速的线路和新开通的动车及高速铁路线路为分析基准，涵盖了 1997～2011 年铁路沿线的所有地级及以上城市。从 1998～2012 年《中国城市统计年鉴》和《中国区域经济统计年鉴》来查找影响要素区位选择的其他相关控制变量的数据，以从中国专利数据库（知网版）获取的各城市专利申请数量作为科技要素的衡量指标，从 1997 年和 2011 年的《全国铁路旅客列车时刻表》获得沿线城市之间的铁路旅行时间[①]。

五、要素空间分布状态

本节通过对铁路沿线地级及以上城市 1997～2011 年外商直接投资、劳动力和科技要素分布量的差值[②]进行分析，发现我国外商直接投资明显呈现出由南向北的铁路线带状分布的趋势，劳动力和科技要素则沿铁路线呈不连续的分布，表现为在一定节点范围内集聚分布的趋势。综合来看，在一定时间距离内的铁路沿线城市中，要素分布状况具有一致性。可见，这三种要素都表现出沿铁路交通线集聚分布的趋势，这意味着铁路交通发展与这三种要素的空间集聚之间存在密切关系。

---

① 本节沿用了《区域性交通条件改善与沿线城市人口增长—基于铁路运输提速的分析》[覃成林和朱永磊（2013）]中最短铁路旅行时间的具体查找方法。

② 本节的外商直接投资、劳动力和科技要素分别使用市辖区外商直接投资额、全市总就业人口和全市专利申请量来衡量。在后文的模型构建中，对这三种要素会有详细的指标介绍。

据此，我们推测，铁路交通发展对分析期内这三种要素的空间集聚有值得重视的影响。

六、可达性变化情况

本节用可达性指标分析铁路交通发展对城市区位的影响，在具体模型中使用1997～2011年铁路沿线城市的可达性变化率来描述在铁路交通发展影响下区位条件的改善程度。根据1997～2011年铁路沿线城市可达性变化量的分布情况，可以发现，可达性指标变化较大，即交通区位条件得到较明显改善的城市主要分布在福建、浙江、广东等东南沿海地区和重庆、甘肃、四川、新疆等的部分区域，而东北部地区可达性改善程度普遍不足。通过将可达性变化量的空间分布情况与三大要素的空间分布情况进行对比，会发现可达性差值图中的低值区域往往是要素变化量图中的高值区域。本节采用旅行成本衡量的可达性指标，可达性值越小，交通条件越好，因此，在分布图中会呈现出可达性差值与要素分布量差值反向分布的现象，交通条件得到明显改善的区域要素分布量往往也会有较大的增长。

七、可达性与要素空间分布变化的相关性

本节将 1997～2011 年的可达性变化率分别与该时段内外商直接投资变化值、劳动力变化值和科技要素变化值做相关性分析[①]，从而对铁路交通发展与要素分布变化之间的关系做出简单的测定。统计分析结果如表 11-3 所示，相关性散点图如图 11-3～图 11-5 所示。

表 11-3　可达性变化率与要素空间分布变化的相关性

可达性变化率	$DFDI_i$	$DLABOUR_i$	$DTECH_i$
ΔACC_i	-0.192^{**} （0.0118）	-0.284^{***} （0.0001）	-0.336^{***} （0.0000）

注：括号内为 p 值

***、**分别表示 1%、5%的显著性水平

---

① 结果展示中可达性变化率、外商直接投资变化值、劳动力变化值和科技要素变化值分别用ΔACC_i、$DFDI_i$、$DLABOUR_i$、$DTECH_i$ 来表示，与后面空间回归分析中的描述一致。

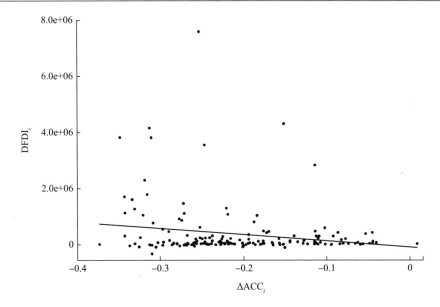

图 11-3　可达性变化率与外商直接投资变化值的相关散点图

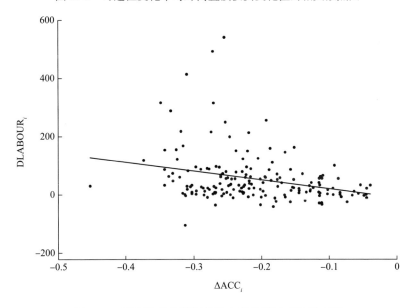

图 11-4　可达性变化率与劳动力变化值的相关散点图

　　从三组相关性分析的结果可以看到，可达性变化率与外商直接投资变化值、劳动力变化值和科技要素变化值均在统计上呈现显著的负相关关系。这意味着可达性值的降低，即铁路沿线城市可达性的提升吸引了更多经济要素沿铁路交通线集聚。

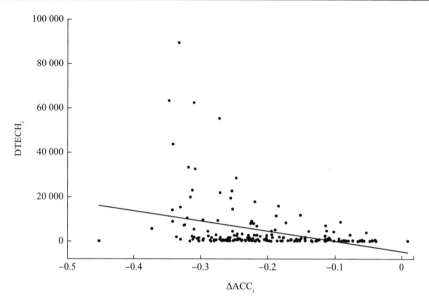

图 11-5　可达性变化率与科技要素变化值的相关散点图

第四节　铁路交通发展对沿线城市外商直接投资空间集聚的影响

一、外商直接投资空间集聚分析模型

根据前面构建的基本分析模型，在变量设置方面，本节借鉴了有关外商直接投资空间分布的已有理论和实证研究，同时考虑了数据的可得性，设置了如下变量。

被解释变量（$DFDI_i$）：城市 i 1997～2011 年实际外商直接投资额的差值（万元），即 $DFDI_i = FDI_{i2011} - FDI_{i1997}$。根据当年美元对人民币的平均汇率和价格指数折算为统一于控制变量年份的 2011 年人民币不变价。这里将 1997～2011 年外商直接投资变化量作为描述外商直接投资集聚变化的指标，即反映在该分析时段内外商直接投资的集聚变化情况。

ΔACC_i：城市 i 1997～2011 年的可达性变化率，描述铁路交通发展带来的城市 i 区位条件的改善，用于分析铁路交通发展对外商直接投资区位选择的影响。这里，$\Delta ACC_i = (ACC_{i2011} - ACC_{i1997}) / ACC_{i1997}$。

$PGDP_i$：城市 i 2011 年的人均地区生产总值（元），反映城市经济发展水平对外商直接投资变化量的影响。

RWR_i：城市 i 2011 年相对工资率，用来衡量劳动力成本对外商直接投资变化量的影响。参考 Chen（1997）、何兴强和王利霞（2008）的做法，将其定义为人均工资与劳动生产率的比值。其中，人均工资定义为在岗职工工资总额（万元）/在岗职工人数（万人），劳动生产率定义为地区生产总值（万元）/单位从业人员（万人）。

Tra_i：城市 i 外贸依存度。由于该指标的市区数据不可得，用城市 i 2011 年进出口总额（万元）占地区生产总值（万元）的比重来表示，反映市场开放程度对外商直接投资变化量的影响。

MP_i：城市 i 2011 年市场潜力，即城市 i 周边其他城市的地区生产总值加权和（$W^*\text{GDP}$[①]）。权值矩阵 W^* 由两两城市间最短铁路旅行时间的倒数构成。通过考察该变量的系数来检验一个城市的市场潜力即周边城市的地区生产总值加权和（$W^*\text{GDP}$）对外商直接投资的吸引力和集聚力，即检验某城市广义上的第三方市场是否能增加其外商直接投资分布量（Head and Mayer，2004；Blonigen et al.，2004，2005，2007；何兴强和王利霞，2008；Garretsen and Peeters，2009）。

在模型中引入空间变量时，首先要确定适用于外商直接投资空间集聚特征的时间阈值来构造空间权重矩阵。本节分别截取 1～10 小时作为阈值，在该阈值变化范围内，变量 DFDI_i 所对应的 Moran's I 的 Z 值变化情况如图 11-6 所示。

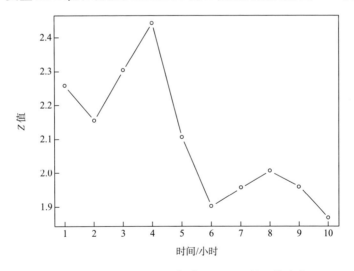

图 11-6 DFDI_i 的 1～10 小时 Moran's I 的 Z 值变化

从图 11-6 可以看出，在 4 小时处变量 DFDI_i 的 Moran's I 的 Z 值最大，为 2.442

---

① Blonigen 等（2004，2005，2007），何兴强和王利霞（2008），Garretsen 和 Peeters（2009）都曾使用类似变量。作为构建的传统变量，这里的 W^* 不同于后文用于空间回归的 W_1、W_2 和 W_3，它着重考虑地区生产总值潜在的市场辐射力，这里采用未设阈值的时间距离的倒数阵。

（$p=0.007$）。因此，本节以 4 小时为阈值构造了 172×172 的 W_1 方阵作为适用于外商直接投资空间回归分析的权重矩阵，并作与该空间权重矩阵相对应的标准化 Moran 散点图（图 11-7）。如图 11-7 所示，DFDI$_i$ 观测值与空间滞后值所拟合的回归线的斜率为 0.128，即表明变量 DFDI$_i$ 呈现高值与高值相邻、低值与低值相邻的空间集聚现象。为选择合适的空间计量模型。本节根据 Anselin（2005）的建议，进行拉格朗日乘子检验，当 LMLAG（变量空间相关性检验的统计量，表示不存在空间残差相关时空间自回归效应的 LM 检验）值大于 LMERR（误差项空间相关性检验的统计量，表示不存在空间自回归时空间残差相关的 LM 检验），且 R-LMLAG（稳健的变量空间相关性检验的统计量，表示存在空间残差相关性时空间自回归效应的 LM 检验）较 R-LMERR（稳健的误差项空间相关性检验的统计量，表示存在空间自回归时空间残差相关的 LM 检验）显著时，表明空间相关的正确来源更可能是一个遗漏的空间滞后变量，应选择空间滞后模型；反之，则选择空间误差模型。表 11-4 显示了变量 DFDI$_i$ 的拉格朗日乘子检验结果。

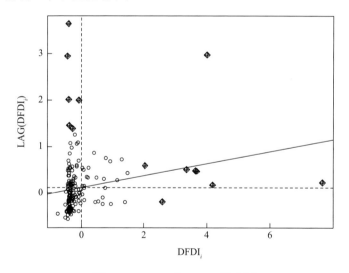

图 11-7　DFDI$_i$ 的 Moran 散点图

LAG（DFDI$_i$）表示 DFDI$_i$ 的空间滞后向量

表 11-4　变量 DFDI$_i$ 的拉格朗日乘子检验结果

指标	统计数据
LMERR	5.745[**] （0.017）
LMLAG	1.862 （0.172）
R-LMERR	7.215[***] （0.007）

续表

指标	统计数据
R-LMLAG	3.332* （0.068）
SARMA	9.077** （0.011）

注：括号内为 p 值

***、**、*分别表示 1%、5%和 10%的显著性水平

由变量 $DFDI_i$ 的拉格朗日乘子检验结果可知，LMERR 值大于 LMLAG，且 R-LMERR 较 R-LMLAG 显著。因此，可以判断变量 $DFDI_i$ 的空间相关性应该用空间误差模型来反映，沿线城市的外商直接投资更多地受周边城市外商直接投资分布的影响。

至此，本节得到适用于分析外商直接投资要素空间分布的空间误差模型：

$$DFDI_i = \alpha_0 + \alpha_1 \Delta ACC_i + \alpha_2 PGDP_i + \alpha_3 RWR_i + \alpha_4 Tra_i + \alpha_5 MP_i + \varepsilon_i$$
$$\varepsilon_i = \lambda W_1 \varepsilon_i + \mu$$

（11-7）

二、外商直接投资空间集聚结果分析

本节使用 R 软件的 spdep 软件包[①]，运用建立的空间误差模型分析铁路交通发展及控制变量对外商直接投资空间分布的影响，结果如表 11-5 所示。

表 11-5　外商直接投资集聚的空间回归结果

变量	回归系数	z 统计量
ΔACC_i	−819 880	−0.766
$PGDP_i$	6.900***	3.033
RWR_i	2 568 900**	2.041
Tra_i	911 570***	4.428
MP_i	112 310**	2.486
常数项	−1 248 000***	−3.639
λ	0.295***	3.456
似然比	−2 582.508	—
AIC	5 181	—

注：AIC 表示 Akaike information criterion，赤池信息准则

***、**分别表示 1%、5%的显著性水平

---

① 本节中的模型均使用 R 软件中的 spdep 软件包进行回归。

由上述模型回归结果可以看出以下几点。

可达性变化率的系数为负，但并未通过显著性检验，说明 1997～2011 年铁路交通发展提高了区域的可达性，改善了区域吸引外商直接投资的条件，但是，该效应对铁路沿线城市外商直接投资集聚增长的影响并不显著。可能的原因是外商直接投资等资本类要素的流动并不依赖于铁路交通运输，而更多地受市场潜力、经济发展水平和外贸依存度等因素的影响。

模型残差的空间滞后项系数 $\lambda=0.295$（$p=0.001$），在 1% 的显著性水平上显著。这说明在使用以 4 小时为阈值、以 2011 年城市间最短铁路旅行时间的渐变函数值为权重所构造的空间权重矩阵来反映城市空间关系的条件下，外商直接投资的分布存在显著的、正的空间溢出效应。铁路交通的发展增强了城市间的空间经济联系，强化了外商直接投资的空间依赖特征和集聚分布态势。这意味着各个城市在制定吸引外商直接投资的策略时需要考虑周边城市的相关影响，不能仅考虑城市自身的条件及策略。

在控制变量方面，市场潜力变量 MP_i 的系数显著为正，说明某城市周边其他城市的地区生产总值加权和（即第三方市场规模）越大，对该城市吸引外商直接投资越有利。人均地区生产总值变量 $PGDP_i$ 的系数显著为正，说明该城市的经济发展水平对吸引外商直接投资有显著的正向影响。外贸依存度变量 Tra_i 的系数显著为正，说明某城市的经济开放水平越高，对外商直接投资的吸引力也越大。衡量劳动力成本的相对工资率变量 RWR_i 的回归结果与预期不符，对外商直接投资增长量有显著的正向影响，可能的原因是在分析时段内对于各城市而言，较低的劳动力成本已经不是吸引外商直接投资流入的关键因素，反而较高的劳动力成本常常反映了较熟练的劳动技能，较高的劳动生产率和较大的市场规模是影响外商直接投资空间分布的重要劳动力因素。

第五节　铁路交通发展对沿线城市劳动力空间集聚的影响

一、劳动力空间集聚分析模型

推拉理论是研究流动人口和移民的重要理论之一。根据该理论，在市场经济和人口自由流动的情况下，人口迁移和移民搬迁的原因是人们可以通过搬迁改善生活条件。于是，流入地中那些使移民生活条件改善的因素就成为拉力，而流出地中那些不利的社会经济条件就成为推力（李强，2003）。劳动力流动就是流出地的推力与流入地的拉力相互作用的结果。流出地的经济发展水平低、发展速度缓慢、收入水平低、就业不足、产业结构不合理、公共服务水平低等形成推力，促使劳动力向其他区域流动；同时，流入地较高的经济发展水平和发展速度、较高的收入、较好的就业机会、较完善的公共服务等则形成拉力，吸引劳动力前往此地。根据劳动力流动的诸推拉力，本节选择以下分析劳动力空间分布的变量。

被解释变量（$DLABOUR_i$）：城市 i 1997 年与 2011 年总就业人口的差值（万人），即 $DLABOUR_i = LABOUR_{i2011} - LABOUR_{i1997}$。这里，使用 1997~2011 年劳动力变化量作为描述劳动力集聚变化的指标，即反映该分析时段内劳动力的集聚变化情况。

ΔACC_i：城市 i 1997~2011 年的可达性变化率，描述铁路交通发展带来的城市 i 的区位条件的改善，用于分析铁路交通发展对劳动力要素区位选择的影响。

$PGDP_i$：城市 i 2011 年人均地区生产总值（万元）的对数值，反映城市经济发展水平对劳动力变化量的影响。

Fin_i：城市 i 2011 年预算内财政支出额（万元）的对数值，反映城市公共服务水平对劳动力变化量的影响。

Une_i：城市 i 2011 年的城镇登记失业率（%），反映城市就业状况对其劳动力变化量的影响。

$Wage_i$：城市 i 2011 年职工平均工资（万元）的对数值，反映城市平均工资水平对其劳动力变化量的影响。

同样，在进行空间分析时，首先要用符合劳动力要素空间相关关系特征的时间阈值来构造空间权重矩阵。本节截取 1~10 小时作为阈值，在该阈值变化范围内，变量 $DLABOUR_i$ 所对应的 Moran's I 的 Z 值变化情况如图 11-8 所示。

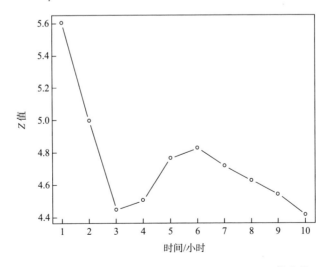

图 11-8　$DLABOUR_i$ 的 1~10 小时 Moran's I 的 Z 值变化

从图 11-8 可以看出，变量 $DLABOUR_i$ 在 1 小时处的 Moran's I 的 Z 值最大，为 5.604（p=0.000）。这个阈值判断结果不同于变量 $DFDI_i$，这是因为其与要素自身的流动性和空间依赖性的特点有关。劳动力要素的流动性要弱于资本类要素，且受生活习惯和既定社会关系网络等迁移心理因素的影响，劳动力更倾向在较短的时间距离范围内发生外溢效应。因此，本节以 1 小时为阈值构造了 176×176 的 W_2 方阵作为适用于劳动力要素空间回归分析的权重矩阵，同时作与该空间权重矩阵相对应的标准化 Moran 散点图（图 11-9）。如图 11-9 所示，$DLABOUR_i$ 观测值与空间滞后值所拟合的回归线的斜率为 0.422，即表明分析时段内劳动力变化量具有正的空间相关性。为选择合适的空间计量模型，本节对变量 $DLABOUR_i$ 做了拉格朗日乘子检验，结果见表 11-6。

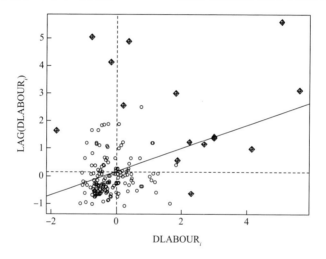

图 11-9　$DLABOUR_i$ 的 Moran 散点图

LAG（$DLABOUR_i$）表示 $DLABOUR_i$ 的空间滞后向量

表 11-6　变量 $DLABOUR_i$ 的拉格朗日乘子检验结果

指标	统计数据
LMERR	16.293*** （0.000）
LMLAG	15.530*** （0.000）
R-LMERR	1.699 （0.192）
R-LMLAG	0.936 （0.333）
SARMA	17.229*** （0.000）

注：括号内为 p 值

***表示 1%的显著性水平

由变量 DLABOUR$_i$ 的拉格朗日乘子检验结果可知，LMERR 和 LMLAG 检验均显著，但是 R-LMERR 和 R-LMLAG 均未通过显著性检验。根据 Anselin（2005）的观点，这很有可能出现了模型误设的问题，需要回到普通最小二乘法回归来寻找原因。经过分析发现，普通最小二乘法回归的残差存在严重的自相关问题，且以 Z 值=4.252（p=0.000）通过了 Moran 检验，这说明模型必须同时包含因变量的空间滞后项和残差项的空间滞后项，才能保证其不存在遗漏重要变量的偏误。且从拉格朗日乘子检验结果可以看出，SARMA 模型检验高度显著，因此，最终判断使用 SARMA 模型进行劳动力要素的空间回归，具体模型形式为

$$DLABOUR_i = \alpha_0 + \rho W_2 DLABOUR_i + \alpha_1 \Delta ACC_i + \alpha_2 PGDP_i$$
$$+ \alpha_3 Fin_i + \alpha_4 Une_i + \alpha_5 Wage_i + \varepsilon_i \qquad （11-8）$$
$$\varepsilon_i = \lambda W_2 \varepsilon_i + \mu$$

二、劳动力空间集聚结果分析

本节运用建立的 SARMA 模型进行铁路交通发展和其他劳动力区位选择因素对劳动力空间分布影响的回归分析，结果如表 11-7 所示。

表 11-7　劳动力集聚的空间回归结果

变量	回归系数	z 统计量
ΔACC_i	-152.718^{**}	-2.006
$PGDP_i$	30.616^{**}	2.394
Fin_i	29.886^{***}	4.319
Une_i	-12.958	-1.578
$Wage_i$	63.562^{***}	2.946
常数项	-1365.151^{***}	-5.975
ρ	0.028	0.238
λ	0.228^{*}	1.784
似然比	-992.975	
AIC	2003.9	

***、**、*分别表示 1%、5%和 10%的显著性水平

如表 11-8 所示，本节可以得到以下认识。

可达性变化率的系数为负，且在 5%的显著性水平上显著，说明 1997～2011年铁路交通发展所带来的可达性提升改善了铁路沿线城市劳动力分布的区位条

件，增强了沿线城市对劳动力的拉力，对劳动力数量的增长具有显著影响，从而促进劳动力向铁路沿线城市集聚分布。具体而言，铁路沿线城市可达性每提升1%，其劳动力数量平均会有约 153 个单位的相应增长。

模型残差的空间滞后项系数 $\lambda=0.228$（$p=0.074$），在 10% 的显著性水平上显著。这说明，在使用以 1 小时为阈值，以 2011 年城市间最短铁路旅行时间的渐变函数值为权重所构造的空间权重矩阵来反映城市间空间关系的条件下，劳动力的空间分布呈现出显著的正相关性。某城市周边其他城市的一些影响劳动力分布的不可测因素对该城市劳动力增长存在显著的、正的空间溢出效应。因变量 $DLABOUR_i$ 的空间滞后项系数 $\rho=0.028$，但其并未通过显著性检验，说明该城市周边其他城市的劳动力分布状况对该城市劳动力增长的直接影响不确定。总体来看，在铁路交通发展所带来的边界突破和时空压缩效应的影响下，劳动力的空间依赖特征显著，有明显的空间集聚态势。

在控制变量方面，人均地区生产总值变量 $PGDP_i$ 的系数显著为正，说明某城市的经济发展水平对其劳动力增长状况有显著的正向影响。预算内财政支出额 Fin_i 的系数显著为正，说明一个城市的公共服务水平越高，会吸引越多的劳动力流入该城市。职工平均工资 $Wage_i$ 的系数显著为正，说明该城市的平均工资水平越高，对劳动力的吸引力越强。城镇登记失业率 Une_i 的系数为负，但未通过显著性检验，说明一个城市的失业状况对劳动力要素变化量的影响不确定，这可能是由于城镇登记失业率指标存在滞后性，也可能是失业问题有结构性差异，因而城镇登记失业率对不同产业的就业状况所产生的影响不一致。

第六节　铁路交通发展对沿线城市科技要素空间集聚的影响

一、科技要素空间集聚分析模型

科技要素的构成较为复杂。本节不对其做扩散的单项考察，而是做总体分析，以便获得总体的、宜于比较的认识。具体地，本节基于科技资源投入与产出的内涵和结构，并考虑数据的可获得性，选择分析中国科技要素空间分布的指标。其中，选择了专利申请量作为反映科技产出的指标，并据此考察在铁路交通发展影响下城市科技要素的空间分布变化。在因果关系上，产出指标在较大程度上包含了科技要素空间分布变化的信息。在投入方面，区域科技资源配置能力主要体现在区域对科技人力资源、科技财力资源、科技物力资源、科技信息资源等要素的配置上（范斐等，2013）。此外，李显君（2004）在分析影响中国区域科技发展的十个因素时，指出区域经济发展水平对区域科技发展具有重要作用。有学者甚至认为，区域经济发展水平和发展阶段往往决定和制约着区域科技活动，是影响区域科技发展的首要因素（徐建国，2005）。基于这几个方面的考虑，本节主要使用人力投入、财力投入、物力投入、信息资源投入和区域经济发展水平指标来反映科技资源的投入。在模型中拟使用的变量如下。

被解释变量（$DTECH_i$）：城市 i 1997 年和 2011 年发明专利、实用新型专利、外观设计专利三大专利申请总数的差值（件），用来反映各区域科技的发展状况。$DTECH_i = TECH_{i2011} - TECH_{i1997}$。这里使用 1997～2011 年专利申请变化量作为描述科技要素集聚变化的指标，即反映该分析时段内科技要素的集聚变化情况。

ΔACC_i：城市 i 1997 年和 2011 年的可达性变化率。本节用该变量来描述铁路交通发展带来的城市 i 的区位条件改善，考察铁路交通发展对科技要素的区位选择的影响。这里，$\Delta ACC_i = (ACC_{i2011} - ACC_{i1997}) / ACC_{i1997}$。

$PGDP_i$：城市 i 2011 年的人均地区生产总值（元），反映经济发展水平对科技成果变化量的影响。

$TechF_i$：城市 i 2011 年的财政科技支出（万元）占地区生产总值（万元）的比重，即财政科学支出强度，其反映科技财力资源投入对城市科技活动的影响。财政科学支出强度是表征城市对科技活动的支持程度与衡量城市科技能力的重要标准（范斐等，2013）。

Tea_i：城市 i 2011 年的高等学校专任教师数（人），反映城市教育水平通过影响科技人才供给，进而对其科技发展所产生的影响。科技人才是城市科技创新得以持续的源泉和动力，而教育又是人才发展的根本。

Int_i：城市 i 2011 年的国际互联网用户数（户），反映信息条件对科技发展状况的影响。本节选择该指标，是因为良好的科技信息资源是科技活动得以顺利进行的基本保障与有力支撑，而国际互联网用户数可以较好地反映出城市科技信息资源的发展程度（范斐等，2013）。

Inv_i：城市 i 2011 年的社会固定资产投资总额（万元），反映科技物力资源投入对科技发展状况的影响。

同前面的分析一样，本节在引入空间变量时，要先确定适用于科技要素空间集聚特征的时间阈值来构造空间权重矩阵。本节截取 1～10 小时作为阈值，在该阈值变化范围内，变量 $DTECH_i$ 所对应的 Moran's I 的 Z 值变化情况如图 11-10 所示。

如图 11-10 所示，变量 $DTECH_i$ 在 1 小时处的 Moran's I 的 Z 值最大，为 5.287（$p=0.000$），这说明科技要素在 1 小时的时间范围内空间溢出效应最强。因此，本节以 1 小时为阈值构造了 187×187 的 W_3 方阵作为适用于科技要素空间回归分析的权重矩阵，并作与该空间权重矩阵相对应的标准化 Moran 散点图（图 11-11）。

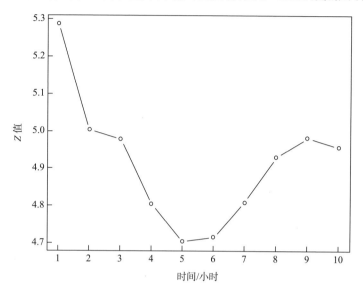

图 11-10　$DTECH_i$ 的 $1 \sim 10$ 小时 Moran's I 的 Z 值变化

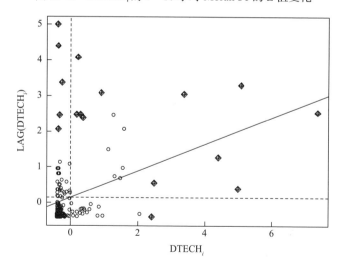

图 11-11　$DTECH_i$ 的 Moran 散点图

LAG（$DTECH_i$）表示 $DTECH_i$ 的空间滞后向量

在图 11-11 中，变量 $DTECH_i$ 观测值与空间滞后值所拟合的回归线的斜率为 0.373，表明分析时段内科技要素变化量呈现高高相邻和低低相邻的、正的空间相关性。

为选择合适的空间计量模型，本节进行变量 $DTECH_i$ 的拉格朗日乘子检验，结果如表 11-8 所示。

表 11-8　变量 $DTECH_i$ 的拉格朗日乘子检验结果

指标	统计数据
LMERR	0.384 （0.536）
LMLAG	4.282** （0.039）
R-LMERR	0.698 （0.403）
R-LMLAG	4.597** （0.032）
SARMA	4.980* （0.083）

注：括号内为 p 值
**、*分别表示 5%和 10%的显著性水平

由变量 DTECH 的拉格朗日乘子检验结果可知，LMLAG 值大于 LMERR，且 R-LMLAG 较 R-LMERR 显著，因此，可以判断 DTECH 变量的空间相关性应该用空间滞后模型来反映。这可能是由于科技的外溢效应相对于外商直接投资和劳动力更具有直接性，中国城市的科技要素更多是受周围城市科技资源分布状况的直接影响。

这样，本节就获得了适用于分析科技要素空间分布的空间滞后模型：

$$DTECH_i = \alpha_0 + \rho W_3 DTECH_i + \alpha_1 \Delta ACC_i + \alpha_2 PGDP_i + \alpha_3 TechF_i \\ + \alpha_4 Tea_i + \alpha_5 Int_i + \alpha_6 Inv_i + \mu_i \tag{11-9}$$

二、科技要素空间集聚结果分析

运用建立的空间滞后模型，本节分析了铁路交通发展和其他变量对科技要素空间分布的影响。模型回归的结果如表 11-9 所示。

表 11-9　科技要素集聚的空间回归结果

变量	回归系数	z 统计量
ΔACC_i	−13 863**	−2.468
$PGDP_i$	0.106***	4.532
$TechF_i$	0.028***	9.875
Tea_i	0.105**	2.145

续表

变量	回归系数	z 统计量
Int_i	0.001^{**}	2.414
Inv_i	0.000	0.395
常数项	-6541.5^{***}	-4.611
ρ	0.088^{**}	2.088
似然比	$-1\,896.961$	
AIC	3 811.9	

***、**分别表示 1%、5%的显著性水平

根据表 11-9 的结果，本节进行以下几个方面的分析。

如表 11-9 所示，可达性变化率的系数为负，且在 5%的显著性水平上显著。这表明，1997～2011 年铁路交通发展带来的可达性提升增强了铁路沿线城市对科技资源的吸引力，对考察期内铁路沿线城市科技要素的集聚增长具有显著影响。这意味着，铁路交通条件的改善强化了科技要素向铁路沿线城市集聚的效应。具体表现为铁路沿线城市的可达性每提升 1%，其专利申请数量平均会有约 13 863 个单位的相应增长。

因变量 DTECH_i 的空间滞后项系数 $\rho = 0.088$（$p = 0.044$），在 5%的显著性水平上显著。这说明，在使用以 1 小时为阈值，在以 2011 年城市间最短铁路旅行时间的渐变函数值为权重所构造的空间权重矩阵来表征城市间空间关系的条件下，科技要素的分布具有显著的、正的空间相关性，说明城市间的科技资源分布存在显著的内生交互效应。也就是说，在铁路交通网络的影响下，某一城市周边其他城市的科技资源分布状况对该城市科技要素增长存在显著的、正的空间溢出效应，科技要素的空间依赖特征和集聚分布态势明显。

就控制变量而言，人均地区生产总值 PGDP_i 的系数显著为正，说明一个城市的经济发展水平对其科技要素增长状况有显著的正向影响。财政科技支出占地区生产总值的比重 TechF_i 的系数显著为正，说明一个城市的财政科技支出强度越大，其科技发展能力越强，科技资源越丰富。高等学校专任教师数 Tea_i 的系数显著为正，说明某城市的教育发展水平对其科技要素增长有显著的正向影响。国际互联网用户数 Int_i 的系数显著为正，表明一个城市的信息条件越好，越有利于其吸引科技要素。衡量科技物力资源投入的社会固定资产投资总额 Inv_i 的系数虽为正，但未通过显著性检验，这意味着以社会固定资产投资状况衡量的物质基础对一个城市科技要素增长的影响不确定。

第七节　高速铁路发展对沿线城市要素空间集聚
影响的预测

一、高速铁路发展对城市可达性影响的预测

根据国家《中长期铁路网规划（2008 年调整）》中的高速铁路规划线路和各省市的高速铁路规划建设方案，到 2020 年高速铁路网所涉及的城市为 269 个，包括 210 个高速铁路沿线城市和 59 个普通铁路沿线城市。本节采用以下方法对这些城市之间的旅行时间进行预测：①如果是已经开通的高速铁路线路[1]，通过中国铁路客户服务中心网站（www.12306.cn）查找沿线城市间最新的高速铁路旅行时间；②如果是规划中的线路，则根据规划图中的规划通车里程和预计时速，估算出城市间的旅行时间；③如果是同一线路上的未规划建设高速铁路的城市，则使用中国铁路客户服务中心网站查出最新的铁路旅行时间；④如果是不同高速铁路线路上的城市，则通过由距离最近的站点中转的方法查找城市间的旅行时间。

2020 年高速铁路沿线城市可达性的计算方法采用加权平均旅行时间描述的可达性指标，可达性数值越小，城市可达性越好。本节对加权的地区生产总值指标也进行预测[2]，2020 年的地区生产总值数据采用 2011 年城市的地区生产总值和 2006～2011 年地区生产总值的年均增长率进行预测。

预测结果显示，高速铁路沿线城市是可达性低数值的集中分布区，特别是“四纵四横”线路交会区域的可达性数值都分布在 238～353，交通区位条件明显优于线路的边缘区域。

为了更好地分析 2020 年高速铁路发展所带来的可达性变化，本节将 1997 年、2011 年和 2020 年的可达性进行分区域对比分析，具体结果见表 11-10。从表 11-10 中数据可以看出，无论铁路提速阶段还是高速铁路迅速建设时期，东部地区和中部地区的可达性明显优于西部地区和东北部地区，且高速铁路建设带来的可达性的变化幅度远远大于铁路提速的影响。另外，值得注意的一点是，东北部地区和西部地区在 2011～2020 年的可达性增长率分别为 71.6% 和 66.0%，

---

① 由于本节数据查找工作的时间限制，这里是以 2014 年 12 月 31 日为时间节点来区分是否已开通高速铁路，并以 2014 年 12 月 31 日中国铁路客户服务中心网站上的通行时间为准。同一线路上未规划建设高速铁路的城市也是以 2014 年 12 月 31 日中国铁路客户服务中心网站上的旅行时间为准。

② 本节对 2020 年地区生产总值的预测参考刘万琪（2015）的《高速铁路发展与中国城市经济增长趋同》中的预测方法。2011 年地区生产总值通过《中国城市统计年鉴 2012》查找获得。

均大幅高于铁路提速阶段，这说明国家在高速铁路建设上逐渐加大了在西部地区和东北部地区的发展扶持力度。

表 11-10　2020 年不同区域的可达性均值及其变化情况

区域	1997 年可达性均值	2011 年可达性均值	2020 年可达性均值	1997～2011 年可达性增长率	2011～2020 年可达性增长率
全国	1621.2	1290.3	421.3	20.4%	67.3%
东部地区	1466.2	1089.7	341.5	25.7%	68.7%
中部地区	1283.2	1012.5	347.0	21.1%	65.7%
西部地区	2160.6	1709.3	580.6	20.9%	66.0%
东北部地区	1951.5	1802.4	511.5	7.6%	71.6%

二、高速铁路发展对城市空间联系强度影响的预测

高速铁路的迅猛发展大大缩短了城市之间的旅行时间，时空压缩和边界突破效应进一步增强，城市之间的空间经济联系模式及强度必然经历重大革新，从而对要素空间依赖特征产生影响。为了更好地分析高速铁路发展带来的城市空间联系的变化，本节参考王姣娥等（2014）所使用的引力模型，即经济联系强度模型，选取 1997 年、2011 年和 2020 年三个年份，分别呈现无高速铁路、铁路提速且部分高速铁路建成及高速铁路建设完成中长期规划三个时间节点上城市空间联系强度的变化情况，引力模型如下：

$$L_{ij} = \frac{\sqrt{P_i \times V_i} \times \sqrt{P_j \times V_j}}{T_{ij}^2} \tag{11-10}$$

其中，L_{ij} 表示两城市之间的经济联系强度；V_i、V_j 分别表示城市 i、城市 j 的经济总量，其中，1997 年和 2011 年的经济总量采用的是《中国城市统计年鉴》中城市辖区的地区生产总值，2020 年的经济总量用 2011 年城市的地区生产总值和 2006～2011 年地区生产总值的年均增长率进行预测；P_i、P_j 分别表示城市 i、城市 j 的人口数，其中 1997 年和 2011 年采用《中国城市统计年鉴》中城市辖区的总人口数，2020 年人口数的预测方法同地区生产总值的预测方法，即使用 2011 年市区总人口数和 2006～2011 年人口数的年均增长率进行预测；T_{ij} 表示两城市之间的最短旅行时间[①]。

为了衡量每个城市的对外经济联系强度，将引力模型得到的每个城市与其余

---

① 1997 年和 2011 年城市之间最短旅行时间的计算方法、2020 年城市之间最短旅行时间的预测方法均参照经济总量的计算方法。

所有城市两两之间的经济联系强度值进行加总，可以更好地反映每个城市在全国城市空间联系网络中的地位和作用，也更能反映高速铁路对每个城市"引力"变化的影响（王姣娥等，2014），具体计算公式如下：

$$L_i = \sum_{\substack{j=1 \\ j \neq i}}^{n} L_{ij} \qquad (11\text{-}11)$$

其中，L_i 表示城市 i 对外经济联系强度。

如表 11-11 所示，随着铁路的六次大提速及高速铁路的快速发展，城市的对外经济联系强度在 1997~2011 年及 2011~2020 年两个阶段均呈现整体显著提升。

表 11-11　1997 年、2011 年及 2020 年城市对外经济联系强度总体情况

指标	1997 年	2011 年	2020 年
全国总值	305.888	36 070	949 798.600
全国均值	1.593	135.094	3 557.298

具体来看，1997 年，对外经济联系强度大的城市主要集中在沿海地区、东北部老工业基地及中部省会城市，并且分布较为均匀。经过十几年在交通基础设施上的大量投入，中国的铁路、高速铁路线路更为密集，且城市的对外经济联系强度分布呈现不同于以往的状态。同 1997 年相比，由于高速铁路的开通及铁路的六次大提速，城市间的经济联系强度比 1997 年有较大幅度的增长。就分布状况来说，相对于 1997 年的较为均匀的分布，2011 年的城市对外经济联系强度较大的城市主要为京沪高速铁路沿线城市及京广高速铁路沿线的省会城市，城市对外经济联系强度分布呈现出一定的集聚态势。随着未来高速铁路的进一步发展，预测出的城市对外经济联系强度整体上较 2011 年的城市对外经济联系强度又有显著提升，分布状况较 2011 年呈现出进一步的集聚态势和极化现象，城市对外经济联系强度大的城市主要集中分布在京沪高速铁路、京广高速铁路、郑西高速铁路、京哈高速铁路沿线上，交通轴线上的区域中心更为凸显，如以西安、北京、郑州、武汉、长沙、广州、深圳、南京、上海为中心的几大集聚区。

三、高速铁路发展对要素空间分布影响的预测分析

研究结果表明，第一，高速铁路的迅速建设将进一步提升城市的可达性，并且高速铁路沿线城市的交通区位条件明显优于非高速铁路沿线城市，根据前面对铁路提速影响的研究，可以预测高速铁路的大力建设将进一步吸引经济要素向高速铁路沿线城市集聚，高速铁路交通线附近将成为经济活动的集中分布区域，因

此,高速铁路线路将发挥"隧道效应",形成沿高速铁路交通线的经济带是可以预见到的未来经济发展格局。具体而言,高速铁路进一步强化的区位增强效应将促使劳动力和科技要素明显呈现出沿铁路线集聚增长的态势。但可达性对外商直接投资空间分布的影响在统计上不显著,因此,高速铁路进一步发展对外商直接投资的吸引集聚效应可能并不明显,外商直接投资的具体流动趋势尚待进一步研究。从中国高速铁路建设对不同区域可达性的差异化影响可以预测到要素空间分布格局也必将呈现出明显的区域效应,经济要素和经济资源将进一步向区位条件优越的中东部地区集聚,而这会对西部地区和东北部地区的经济发展造成不利影响。当然,高速铁路的发展给沿线城市带来了要素集聚的机会,但能否充分利用这个有利的条件,关键还要看沿线城市能否不断加强自身的配套设施和政策建设,增强吸纳经济要素和经济资源的能力,否则只有高速铁路设施的空壳是不能持续性地留住经济要素和提升经济活动的活跃度的。

第二,高速铁路的建设和开通大幅度缩短了城市间的旅行时间,由此带来的边界突破效应和时空压缩效应,将促使城市间的空间经济联系更加密切,并且城市对外经济联系强度会发生结构性调整。因此,高速铁路沿线城市的要素空间依赖性的特征也必将发生变化。具体而言,高速铁路的开通一方面将增加"邻居城市"概念内的城市数量,另一方面会在整体上加强邻居城市之间相互作用和相互影响的强度,但要素依赖的强度也会在"邻居城市"范围内发生调整和扩散。外商直接投资、劳动力和科技要素都呈现出显著的空间相关性,预期在高速铁路网络的影响下三种要素的空间溢出效应都将进一步增强,空间分布值高高集聚和低低集聚的现象会更加显著。

第八节　结论与讨论

一、结论及政策启示

本章上述实证分析结果验证了第三节中铁路发展对沿线城市要素空间集聚影响初步分析部分所提出的判断是成立的。铁路交通的发展,一方面必然会提高沿线城市的可达性,改善沿线城市的区位条件,使之成为更具吸引力的要素集聚目的地;另一方面会产生边界突破效应和时空压缩效应,增强城市间的空间经济联系,从而改变原有城市邻近关系格局,对沿线城市要素空间依赖性的特征产生影响。这两个方面的作用都会导致铁路沿线城市要素集聚格局的变化。对于本章所考察的外商直接投资、劳动力和科技要素这三大要素而言,受各自区位选择和空间依赖特殊性的约束，在铁路交通发展及其他因素影响下，其空间集聚动态呈现出不同的特点。概括起来，在铁路交通发展的影响下，中国铁路沿线城市的要素集聚格局发生了下列变化。

首先，1997～2011 年，铁路沿线城市可达性的提升增强了其交通区位优势，吸引要素沿铁路交通线集聚分布。其中，这种区位增强效应强化了劳动力和科技要素沿铁路线集聚增长的态势。铁路沿线城市可达性每提升 1%，其劳动力数量平均会有约 153 个单位的相应增长，专利申请数量平均会有约 13 863 个单位的相应增长，但对外商直接投资空间分布的影响在统计上不显著。

其次，本章以城市之间的时间距离的函数值为权重构造空间权重矩阵，反映铁路交通发展产生的边界突破效应和时空压缩效应，进而揭示铁路交通发展对城市间空间关系、要素空间相关性和空间集聚状况所带来的影响。回归结果表明，三种要素的空间分布均存在显著的、正的空间相关性，集聚分布态势明显。但是，由于三种要素各自空间依赖的特征和样本量不同，其适用的权重矩阵、空间回归模型和空间依赖的方式也不尽相同。其中，对外商直接投资运用空间误差模型进行回归的结果表明，中国各城市外商直接投资增长状况显著受周边其他城市外商直接投资的空间分布影响。劳动力要素部分的研究应该采用 SARMA 模型，结果表明，残差的空间滞后项系数在统计上显著，说明一个城市的周边其他城市的一些影响劳动力分布的不可测因素对该城市劳动力增长状况存在显著的、正的空间溢出效应。然而，因变量 DLABOUR$_i$ 的空间滞后项系数并未通过显著性检验，说明该城市周边其他城市的劳动力分布状况对该城市劳动力增长的直接影响不确定。运用空间滞后模型对科技要素进行空间回归的结果表明，某一城市周边其他城市的科技资源分布状况直接对该城市科技要素增长存在显著的、正的空间溢出效应。在铁路交通网络影响下，科技要素呈现高高集聚、低低集聚的空间分布态势。

综合来看，虽然本章仅分析了外商直接投资、劳动力和科技要素这三类要素，但根据所获得的研究结论，本章认为，随着中国铁路交通的快速发展，经济要素向铁路沿线集聚分布的趋势将进一步增强，其空间依赖的特征也更加明显。这意味着，受要素向铁路沿线城市集聚的影响，中国区域经济发展将呈现出沿着铁路交通线进一步呈带状发展的趋势。这种变化对于中国区域经济发展至少会带来四个方面的重大影响。第一，为国家沿着铁路尤其是高速铁路推进经济带建设提供了机遇。过去，中国曾为建设经济带做出了持续的努力，在若干个五年计划和规划中都提出了经济带建设的设想，但是效果并不理想，其主要原因之一就是交通条件制约了沿线城市之间建立紧密的联系。过去一些规划或研究中提到的经济带其实是断断续续的，并不是真正内部联系紧密的经济带。目前，随着铁路交通的快速发展，尤其是高速铁路的发展，铁路沿线城市之间的联系空前密切，标志着中国推进经济带建设的时机已经真正到来。第二，区域中的各种要素依托铁路交通网络而进入全国经济大循环中，为国家依托日益发达的铁路交通网络在更广大的空间上吸纳各种要素投入经济发展，提高要素的配置效率等创造了条件。第三，与第二个方面的影响紧密相关，铁路交通网络将在全国经济空间布局中发挥更加重要的组织作用。国家可以充分利用铁路交通网络，规划和建设全国的多极网络空间组织体系，优化全国的经济布局格局，为促进区域协调发展提供有力的支撑（覃成林，2011）。第四，资本、劳动力、科技等要素进一步向铁路沿线集聚，在产生上述三个有利影响的同时，也势必使中国的区域发展不平衡格局随之趋于强化。非铁路沿线区域受要素流出的影响有可能承受比以前更大的"边缘化"压力。这是国家在进行区域经济发展决策和管理时需要面对的一个重要问题。为了应对这个挑战，本章认为，国家一方面可以将铁路交通网络不断向非沿线区域尤其是中西部欠发达地区延伸，将这些区域纳入铁路交通网络之中，使之享有铁路交通发展带来的发展机遇；另一方面对非沿线区域的经济社会发展给予必要的支持，包括大力发展高速公路、航空运输等，使之与铁路交通网络进行便捷的衔接，帮助其提高吸引要素和利用要素的能力。

二、本章研究不足与展望

由于数据资料和笔者学术能力所限，本章存在以下尚待改进的地方。

第一，在研究对象上，本章只选择了外商直接投资、劳动力和科技要素等对经济发展和经济结构有重要影响且流动性较强的经济要素进行考察，在之后的研究中可以扩展研究对象，分析铁路交通对更多经济要素空间集聚的影响。

第二，本章仅对铁路沿线的地级及以上城市进行考察，未涉及非铁路沿线城市和县级市及小城镇，因此，不足以全面反映铁路交通对经济要素在全国范围内的空间分布格局的影响。

第三，本章仅使用各城市经济要素的存量数据进行分析，并未涉及对动态的要素流动情况的研究。在之后的研究中，可以选择更合适的方式来衡量铁路交通对要素在城市间流动情况的影响。

第四，在分析高速铁路的进一步发展可能对要素空间集聚产生的影响时，本章研究仅停留在理论分析与预测上，并未使用数据进行实证回归与模拟。为了更好地预测高速铁路的建设与开通对要素空间分布的影响，希望以后可以选择更好的实证分析方法进行模拟分析。

第十二章　高速铁路发展与沿线中小城市资本集聚

第一节　背景与思路

一、研究背景

2007年4月18日，随着首趟动车组从上海站的驶出，中国正式开启了动车时代。到2017年末，短短10年时间，中国高速铁路的运营里程达2.5万公里，不仅位居世界首位，而且占全球高速铁路总里程的66%。高速铁路从无到有的10年，同时是中国城镇化高速发展的10年，全国各大城市均因高速铁路而串联，城市间的人流、资金流、物流和信息流的流通更为便捷高效，中国城市和区域的格局也因高速铁路网络以前所未有的速度发生着改变。

截止到2017年底，高速铁路惠及了180多个地级及以上城市，370多个县级城市，"四横四纵"高速铁路网络正式形成，并形成了武汉、西安、郑州等高速铁路中心枢纽。随着中国《中长期铁路网规划（2008年调整）》的出台，"八横八纵"的网络规划显示，预计到2020年，中国高速铁路里程将达到3万公里，届时沿线上百的中小城市①也将纳入高速铁路网络中。高速铁路的出现，改变了城市间的时空关系，城市间的频繁联动给人口和资本等要素的流动提供了更多的选择，中心城市交通圈的辐射范围因高速铁路的开通而变得更加广阔。以中原城市群唯一中

---

① 本章中小城市的划分方式来源于《第一财经周刊》于2017年5月发布的城市排名，该排名按照商业资源集聚度、城市枢纽性、城市人活跃度、生活方式多样性和未来可塑性五个维度，根据这五个维度平均加权计算，评出了中国城市分级榜单。本章把名单中划分为一线和二线的城市归为大城市，三线及以下的城市统归为中小城市。本章采取该分类方式来划分城市规模，主要是考虑到以下两点：一是该划分方式中，城市规模指标是非常重要的指标之一，三线及以下城市在规模上来看也均为中小规模城市；二是资本集聚不仅受规模因素的影响，同时受制度和市场经济活力等因素的影响，采用该划分方式能够综合考虑各类因素的影响。

心城市郑州为例，截止到 2017 年，郑州 1 小时交通圈已包含开封、鹤壁、安阳、新乡、漯河、商丘、许昌、洛阳、驻马店 9 个城市，河南省内大部分地级及以上城市都覆盖其中，未来将继续覆盖周口、平顶山、南阳等地级及以上城市；而 2 小时交通圈基本囊括了中原城市群多数地级及以上城市，甚至包括了邢台和邯郸两座省外城市，辐射范围覆盖方圆 700 公里城市，同时，中原城市群内部的互联互通也更为频繁，为中原崛起贡献了重要力量。

高速铁路缩短了城市间的时间距离，其建成加快了经济要素在沿线城市间的流动，而区域内部分经济要素早已过多地聚集于大城市，导致大城市经济要素的价格相对高于沿线其他中小城市，大城市的企业会出于其对潜在收益的追求，利用高速铁路带来的可达性的提升，对企业进行重新布局，从而导致产业向沿线其他中小城市扩散。

通过对事实的观察可以发现，已有两类中小城市因高速铁路的开通而获得了较快的发展。一类是居交通枢纽地位的中小城市，且其本身具备一定竞争优势。高速铁路极大地提升了其交通可达性，且其具有较低的人力成本和土地价格的优势，以及其在部分产业方面具有独特的竞争优势，以此吸引企业前来落户，并承接了发达地区的产业转移，从而获得了快速的发展。例如，在武广高速铁路开通之后，珠三角对人力、土地资源要求较高的许多企业将产业转向内陆地区，资源配置得到了优化，加快了沿线具有区位优势城市的发展。衡阳就是一座典型的受高速铁路影响而取得快速发展的城市（邓思远，2014），其为交通枢纽，衡阳与珠三角地区、武汉城市圈之间的两小时经济圈目前已经成为现实，使衡阳对外联系更为密切，经济辐射范围和资本吸引能力提升显著。另一类是位于发达地区的中小城市，高速铁路为这些城市带来了较好的发展机会，其依靠于发达地区大城市资源的空间溢出效应而获得有益的影响（宋文杰等，2015）。例如，在长三角地区，伴随着长三角城际高速铁路的建设，城市群内部的交流更加密切，高速铁路沿线中小城市因此获得了大城市资源的外溢，取得了快速的发展。除上述两类中小城市外，其他高速铁路沿线中小城市是否同样广泛受益于高速铁路，需要更进一步的探讨。

随着高速铁路时代的到来，已开通和规划开通高速铁路的各中小城市均以积极的姿态拥抱高速铁路，无论自身经济体量、城市竞争力、经济效益如何，均在高速铁路站点及其周边区域开展了大规模高速铁路新城的建设。尽管高速铁路进一步打破了城市间往来的壁垒，放大了沿线中小城市优势的同时放大了其劣势，可能会加剧沿线中小城市人才、资本等要素更多地向大城市聚集。而且中国目前多数城市仍处于吸聚增长的阶段，高速铁路对部分中小城市的影响可能是一把"双刃剑"。尽管高速铁路沿线城市间的联系得到加强，人流和物流来往更为密切，给沿线中小城市带来要素资源及可能的发展机会，但是也有可能产生负面影响，造成要素资源因此而流失。所以，高速铁路会给沿线各个中小城市都带来发展机遇吗？

高速铁路沿线中小城市得益于高速铁路的修建，其区位优势往往有所提升，区域经济一体化的进程得以加快，其资本回报率往往较高，因此资本会倾向流向这些回报率较高的城市，进而为其带来大量的投资，扩大了生产，增加了社会总需求，同时改善了城市的基础设施和投资环境，进一步提升了其资本的集聚。同时，大城市可能会对高速铁路沿线中小城市产生"虹吸效应"。"虹吸效应"的产生是由高速铁路的开通导致的资金、人才等要素向更具有竞争优势的区域聚集，如城市规模大，行政高效，环境优越的区域。大城市往往具有较强的"虹吸效应"，而处于高速铁路沿线的中小城市，尽管其要素吸引力随着高速铁路的开通得到一定的提升，但是仍不得不面对"虹吸效应"带来的负面影响。

目前，许多地方政府围绕高速铁路相继开展了政策研究，以期通过基础设施的建设、市场体制的完善、发展特色产业、充分发挥产业协作等方式，吸引产业和人才的集聚，在激烈的城市竞争中获取一席之地。

二、研究目的

由于要素资源集聚和扩散的特性，高速铁路对不同规模和不同特点的城市影响可能存在差异，同时，资本作为一种流动性极强的生产要素，是企业重新布局和产业转移的先行者，其集聚水平的变化能够显著影响城市经济的增长。本章基于以上判断，提出以下研究目的。

第一，揭示高速铁路对沿线中小城市资本集聚的影响，并对该影响进行边际效应的分析，测度不同年份高速铁路对中小城市资本规模的影响，并分析其内在原因。

第二，对高速铁路影响下大城市与沿线中小城市资本集聚情况进行比较，并进行分析，探讨大城市"虹吸效应"对中小城市资本集聚的影响。

第三，基于前述分析，根据目前高速铁路对中小城市资本集聚影响的情况，提出沿线中小城市如何在高速铁路快速发展的背景下保持自身经济持续稳定增长的政策建议。

三、研究内容

目前针对中小城市在高速铁路影响下其特征的变化情况进行研究的文献较少，本章试图通过对事实的观察，根据凯尔斯经济理论和区域经济理论分析高速铁路对沿线中小城市资本规模的影响，通过计量经济研究的方法来系统分析高速铁路对沿线中小城市资本规模的影响。本章研究内容主要包括以下几个方面。

第一，建立理论框架，选择合适的研究方法。通过所建立的理论框架分析高速铁路对沿线中小城市产生影响的作用路径，为讨论高速铁路对沿线中小城市资本集聚的影响打下理论基础。同时根据研究对象的特点，选择科学的研究方法，得出合理的实证结果。

第二，进行事实观察，分析高速铁路对中小城市影响的总体特征。对城市可达性水平的提升情况进行测度，并根据城市类型特点进行横向比较分析，进一步对中小城市目前的资本规模情况进行描述，测度高速铁路沿线不同区域中小城市资本规模的变化。

第三，以地级及以上城市为研究对象，进行回归分析。搜集全国城市的各项经济数据，选择合适的测度资本规模的指标，并运用实证方法测度高速铁路对沿线中小城市资本的影响，进一步揭示高速铁路对沿线中小城市产生的差异化影响，为在高速铁路影响下沿线中小城市经济的健康发展提供建议。

四、研究意义

第一，从理论意义方面讲，交通运输设施的进步给城市带来的影响是当前较为热门的研究问题。现有文献较少对沿线中小城市在高速铁路建设下的影响情况进行研究，本章聚焦于中小城市，分析高速铁路对沿线中小城市资本集聚的影响，在基于以往学者研究问题的基础上，就高速铁路对城市经济影响的研究做进一步深化。

第二，运用科学的方法合理地测度高速铁路对沿线中小城市资本集聚的影响。高速铁路的影响对沿线各城市是不均等的，不同特点的中小城市所受影响不一致，沿线中小城市具体受到的影响是怎样的，是否在高速铁路开通运营的过程中持续获益，均是值得深入讨论的问题。

第三，高速铁路对城市经济发展产生了广泛的影响。归纳起来，高速铁路主要从人口流动和产业转移方面对城市经济发展产生影响，具体来说，人口流动中难以获得精确的数据，而且人口受外部的影响往往较为滞后，且原因较为复杂；但产业转移过程中伴随着资本的流入，且资本的流动性更强，因此分析高速铁路对沿线中小城市资本的影响，可以为中国城市空间布局和产业规划提供重要参考。

五、研究方法

本章使用以下几种方法进行研究。

（1）理论与实证研究相结合。在理论分析中，通过新经济地理学的分析框架分析高速铁路产生的空间及经济效应，即高速铁路缩短了时间距离，提高了市场的一体化程度。同时，市场一体化程度的不同对生产要素的集聚和扩散也将产生不同的影响，为后文的高速铁路对沿线中小城市资本集聚影响的分析提供理论基础。

（2）倾向得分匹配倍差法。由于城市之间的个体差异，一般模型难以获取高速铁路产生的净效应，为了更合理地测度高速铁路对沿线中小城市的影响，利用获取到的面板数据，建立高速铁路对资本影响的计量模型，分析高速铁路对沿线中小城市资本集聚的影响。

（3）比较分析。由于地理位置、市场体制、政府政策等普遍性差异，本章认为大城市和中小城市，东部地区、中部地区、西部地区的城市特征存在明显的差异，为了更好地比较不同特征城市之间的差异，分析高速铁路对不同类型城市的影响，本章通过运用比较分析的方法，分城市类型横向比较高速铁路对城市资本集聚产生的影响。

六、本章结构

本章主要由以下几部分构成，具体内容如下。

第一节为背景与思路。详细介绍本章的研究背景、研究目的、研究内容、研究意义及研究方法，即通过结合当前的研究背景，在分析中国目前高速铁路对城市经济要素影响的基础上，提出文章的研究目的和研究内容，并根据研究目的探讨相应的研究意义，运用可行的研究方法，对文章提出的问题进行分析并得出结论。

第二节为文献综述。分别从高速铁路对城市可达性影响、高速铁路对城市要素集聚的影响和高速铁路对城市发展的差异化影响三个方面对文献进行梳理。首先，在高速铁路对可达性影响的研究方面，国内外学者从可达性的提升及产生差异化影响两个方面进行研究；其次，分别从高速铁路促进沿线城市经济集聚、高速铁路对城市聚集影响存在差异两个方面进行综述；最后，就高速铁路对大城市和中小城市发展的差异化影响进行综述。

第三节为理论框架与研究方法。在新经济地理学的分析框架下，高速铁路缩短了时间距离，减少了交易成本，对区域经济一体化产生了显著的影响。该节对区域经济一体化的三个阶段进行分析，提出了资本等生产要素在不同阶段的流动特点，为后文分析打下理论基础。同时，介绍本章主要的研究方法，即倾向得分匹配倍差法。

第四节为高速铁路对中小城市影响的总体特征。通过测度高速铁路对城市可达性的提升程度，分析高速铁路对大城市和中小城市可达性的影响；对中小城市资本规模变化情况进行分析，将中小城市与大城市资本规模的变动趋势进行比较，并进一步分高速铁路沿线和非高速铁路沿线的中小城市进行趋势分析。

第五节为高速铁路对沿线中小城市资本集聚的影响。通过划分实验组与控制组，对实验组和控制组的外商直接投资、社会固定资产投资总额和金融机构各项存款余额进行比较分析。采用倾向得分匹配倍差法，分析高速铁路对沿线中小城市资本规模变化产生的平均影响，检验高速铁路对沿线中小城市资本规模影响的动态边际效应，将平均处理效应分解为历年的动态边际影响并进行异质性检验，包括分东部、中部、西部区域的检验和同城化效应的检验，最终通过改变时间窗口和反事实的方法进行稳健性检验。

第六节为结论与讨论。通过对前述章节的总结，并给出相关的政策建议，讨论本章的不足之处并对进一步的研究进行展望。

本章技术路线图如图 12-1 所示。

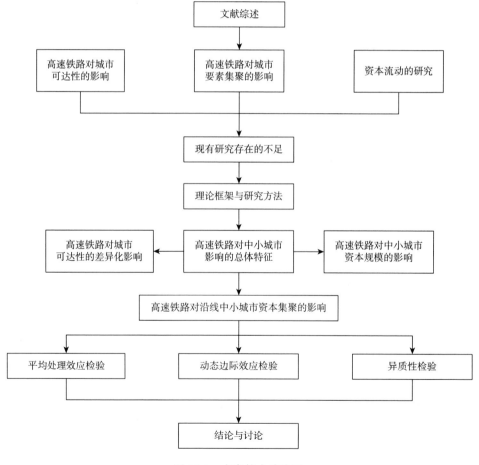

图 12-1　本章技术路线图

第二节　文　献　综　述

高速铁路的建设给中国的区域空间结构带来了巨大的变化，缩短了城市之间的时空距离，促进了经济要素的流动，对城市经济的集聚和扩散产生了较大的影响。高速铁路作为影响空间结构分布的重要因素，对中国区域经济的空间布局产生了广泛的影响，近年来一直受到国内外学术界的关注。

一、高速铁路对城市可达性的影响

高速铁路对城市间可达性的改善是其作用于城市要素集聚和影响城市经济发展的重要前提，国外早已有许多学者对此进行了研究。Gutiérrez（2001）通过使用加权平均旅行时间、经济潜力和日常可达性这三个指标，从而定量化地评价了欧洲高速铁路网络的建设对欧洲城市可达性的影响，研究结果表明高速铁路的出现使欧洲城市可达性得到了提升，而在可达性的测度指标中，日可达性这一指标最能反映出高速铁路对城市可达性的影响。蒋海兵等（2010）通过应用网络分析等方法来生成京沪区域中心城市的等时圈图，进而使用日常可达性、潜力值与加权平均时间这三个指标来探讨高速铁路对中心城市可达性的影响。结果显示高速铁路实现了对城市日常可达性的大幅优化，站点沿线城市的受益最大，并认为北京与上海的区域辐射力得到了扩大。孟德友和陆玉麒（2011）从可达性和空间经济联系两方面来考察河南省的地级及以上城市在高速铁路开通前后的变化，包括省内和省外两个方面的变化情况，对比分析后的结果显示，高速铁路使沿线城市的经济联系强度得到了增强，边缘城市的区位劣势得到了改善。张莉等（2013）认为高速铁路主要通过城市可达性来对区域经济进行影响，通过应用三个不同类型的模型对沪宁城际高速铁路开通前后的可达性进行对比，结果显示高速铁路沿线城市的可达性都发生了较为显著的变化。

高速铁路对城市可达性提升的程度存在一定的差异化，Vickerman 和 Ulied（2006）认为欧洲高速铁路对经济发展有着广泛的影响，通过对法国、德国和西班牙高速铁路的考察，认为高速铁路缩短了相对距离，其更快的速度降低了出行的时间成本，从而提高了欧洲这些区域的可达性并提升了其经济潜力。王姣娥等（2014）基于 GIS 网络分析工具，研究全国地级及以上城市的空间分布特征，包括对外经济联系总量和城市之间的经济联系强度，认为全国城市对外经济联系强度的差异因为高速铁路的建设而缩小，城市之间经济联系强度的差异却因此扩大，而城市群周围的中小城市获得的提升速率最大。钟业喜等（2015）对全国 31 个城市可达性水平进行测算，分析高速铁路对中心城市可达性格局的影响，结果显示高速铁路网络的发展使中心城市的可达性水平得到提升，但不同类型城市的提升水平不一致，且高速铁路网络对城市可达性水平产生的影响正逐渐超过城市空间区位。宋文杰等（2015）通过对不同规模城市的 359 个高速铁路站点到城区可达性的定量测算，认为大城市获得了较高可达性的提升，但部分中小城市相对提升较小，大城市与中小城市可达性的提升不一致，他们认为高速铁路促进了相邻大城市之间的联系，产生了一定的同城化效应，但目前仍处于同城化的初始阶段，同时大城市周围的中小城市也因大城市的扩散作用而获得有益影响。黄洁等（2016）将高速铁路的票价数据和家庭的人均收入数据考虑进来，分析高速铁路网络对中国省会城市经济可达性的影响，认为目前运费成本对东部地区居民出行影响较小，但仍是中低收入的省区出行考虑的重要因素，收入水平影响了居民对高速铁路提速、提价的性价比的认知。

二、高速铁路对城市要素集聚的影响

城市间可能产生两种作用，一是磁力与吸附效应，在高速发展的大城市与中小城市之间，高速铁路的开通使大城市的"虹吸效应"得以放大，中小城市要素资源通过高速铁路被大城市不断吸走，中小城市的短期生产要素面临流失；二是辐射与带动效应，大城市因自身系统的承载能力超过阈值，生产要素价格升高，产业与人口面临疏解和迁移，周边小城市承接了人口与资本的外溢，促进了城市间的协同发展。

在国内外关于高速铁路对城市要素集聚作用的研究中，主要有两种观点：一种观点认为，高速铁路对区域或城市要素集聚的影响目前并不明晰；另一种观点认为，高速铁路确切推动了区域或城市要素的集聚。大量的研究分析表明，交通运输是影响经济活动聚集与扩散的前提，推动了区域经济的发展，因此，高速铁路也是区域中产业集聚与扩散的重要推动力（周平和刘清香，2012）。陆大道（2002）也曾指出，经济发展到一定的阶段之后，生产要素会沿着交通轴线进行扩散和集聚，因此，高速铁路的出现无疑将加速要素的集聚和扩散效应。

（一）要素集聚的相关研究

从经济学上来讲，要素指最终产品形成过程中所投入的因素，包括资本、劳动、技术等，区域中要素由于始终处于流动状态，最终总会在某一区域形成要素集聚。要素的集聚是集聚经济效益的本质所在，是推动区域经济增长的重要条件，因为只有形成基本生产要素的集聚才能进一步推动产业的集聚，进而影响区域经济的增长，使区域经济的发展产生差异。各类要素由于属性特征的不同，其流动程度存在一定的结构性导向，其中资本、技术、高技能人才等要素流动较为容易，而普通劳动力、土地等要素流动较为困难，导致了流动性较强的要素可以快速流向具有一定区位优势的区域。

集聚这一概念的明确提出来自韦伯，他认为区域因素和集聚因素是工业企业在区域选择中的主要影响因素，企业通过区位的选择，进而最小化其生产和运输成本，最终企业集聚于区域内某一最优区域，形成集聚经济。目前，国内对集聚经济的研究较少，主要集中在对集聚现象的研究和实证的分析。孟庆民和杨开忠（2001）讨论了规模经济、范围经济和外部经济三个概念，并认为正是这三方面共同促进了经济的集聚，而经济扩散是集聚的不经济、区域分工共同作用导致的。吴玉鸣和徐建华（2004）通过运用 Moran 指数法和时空数据模型对中国 31 个省区市在 1998~2002 年的集聚情况进行分析，认为外商直接投资、国际与区际贸易、人力资本、技术创新等因素对集聚效应有着显著的影响。陈迅和童华建（2006）建立了 Carlino 模型、Segal 模型，通过采用一组描述性指标对中国东部和西部城市集聚效应进行了测度，得出的结果表明东部的集聚效应大于西部。张艳和刘亮（2007）检验了经济集聚对经济增长的影响，数据选取了 1999~2004 年，通过运用工具变量法进行回归，结果显示经济集聚具有一定的内生性，它能显著促进城市经济的增长。

（二）高速铁路对要素集聚影响的研究

1. 高速铁路对城市产生的集聚效应

Ahlfeldt 和 Feddersen（2010）认为高速铁路系统使经济主体更紧密地联系起来，促进区域内可达性增加，通过对德国与法兰克福之间高速铁路沿线城市的经济发展情况进行实证分析，发现高速铁路对当地地区生产总值增长的贡献率为8.5%，他们从之前分析的基础上得出结论，认为高速铁路促进了城市经济的集聚。覃成林等（2014）基于 1997~2011 年的铁路沿线城市数据，探究了全国高速铁路网建成对城市化格局的影响，认为高速铁路的开通提升了城市的可达性，影响城市人口的增长，并呈现人口向高速铁路沿线城市集聚、城市群作为城市人口主要集聚区的趋势进一步增强、小城市人口增长速度大于大中型城市的特点。覃成林和杨礼杉（2016）分析了铁路沿线城市在 1997~2011 年外商直接投资、劳动力和科技要素三大要素空间集聚的变化情况，认为铁路交通发展改善了沿线城市的区位条件，吸引要素沿铁路交通线集聚分布，铁路交通发展对沿线城市的三大要素水平的影响存在不同，其中对劳动力和科技要素集聚的影响较为显著，对外商直接投资空间分布的影响显著性不高。房价的变化也间接反映了要素集聚的变化情况，丁如曦和倪鹏飞（2017）基于城市房地产的视角，分析了283个地级及以上城市2005~2013年的数据，揭示了住房价格的空间分布及演变，认为实际住房价格与到全国层面经济中心城市的交通时间距离之间存在"∽"形非线性关系。

同时，集聚效应也带来了区域或城市之间经济要素分布的不均衡，发达地区城市受益更为充分，要素集聚程度更高。李祥妹等（2014）以长三角城市群中的沪宁城际高速铁路为例进行研究，发现高速铁路建设有效拓宽了城市间人口流动的范围，缩短了区域经济距离，大城市周边区域呈现人口集聚的极核效应，沿线居民出行频次增加，他们认为产业人口的流动是区域人口集聚的主要因素。覃成林和种照辉（2014）建立了包含可达性指标的经济集聚模型，就高速铁路对沿线城市经济集聚情况进行分析，得出的结果显示，高速铁路显著促进了沿线城市经济集聚水平的提升，但是同时使得铁路沿线城市之间的经济集聚水平差异扩大，经济集聚格局趋于非均衡。董艳梅和朱英明（2016）将高速铁路建设看作一次准自然实验，通过运用倾向得分匹配倍差法分析153个城市数据，结果显示高速铁路建设对城市的就业、工资和经济增长的总效应显著为正，重塑了区域间的经济格局，扩大了东部城市和西部城市之间的差距。王雨飞和倪鹏飞（2016）通过运用空间计量模型对全国地级及以上城市2004~2013年数据进行分析，发现高速铁路的发展强化了经济的增长效应和结构效应，改变了区域和城市的空间结构、分布结构和层级结构，认为经济基础较好的东部和中部城市进入中心区，集聚程度进一步增加，而经济基础相对薄弱的东北部地区和西部地区有被边缘化的危险。甚至，大城市由于集聚产生的"虹吸效应"，抑制了中小城市的发展。在大城市"虹吸效应"的作用下，资源禀赋较差城市的要素会流向大城市。Preston和Wall（2008）认为，高速铁路连接的核心城市会产生极化效应，对边缘城市反而产生不利影响，随着高速铁路连接城市可达性的提升，反而会使区域之间的城市被割裂，产生"隧道效应"。Ortega等（2012）认为高速铁路站的设立强化了大城市的地位，产生明显的"隧道效应"，对站点中间和边缘区域产生负面作用，并未推动经济的增长。边缘区域仅是高速铁路通过的节点，反而可能对经济的发展产生负面影响。张克中和陶东杰（2016）利用2001~2012年地级及以上城市面板数据，认为高速铁路的开通增强了中心城市的经济集聚，降低了沿途地级及以上城市的经济增长率，距离中心城市越近的城市所受到的负面影响反而越大。Qin（2017）认为高速铁路建设带来的基建投资会引导经济活动从受影响较小的区域流向受影响较大的区域，进而通过引入倍差法模型，考察了2004年和2007年的铁路提速升级，发现位于高速铁路线上却没有高速铁路停靠的县城的地区生产总值和人均地区生产总值出现了明显的下降，认为高速铁路提升了大城市之间的可达性，但是同时使县城的资本和劳动力等要素更多地流向了大城市。

2. 高速铁路对城市产生的扩散效应

高速铁路在促进集聚的同时，经济活动过多地集聚在中心城市，导致城市生产要素成本的提升，企业基于节省成本的原因，会将经济活动向外扩散。Sasaki等（1997）利用供给驱动的区域经济学模型，分析日本的新干线网络对区域经济系统的影响，并进行替代假设的情景模拟分析，发现新干线沿线区域在某种程度上产生了经济扩散。Kim（2000）通过使用来自64个区域的人口和就业数据，观察了该区域在时间和空间上的空间格局变化，对汉城和釜山之间的高速铁路进行了研究。其研究结果表明，人口（密度和总人数）有关的空间结构呈现持续集中在汉城及其边缘的趋势，而与就业有关的空间结构呈现随时间推移而扩散的趋势。认为工作机会和经济行为呈现出扩散化，最终会导致区域经济的扩散。Preston和Wall（2008）通过详细的案例研究，探讨英吉利海峡隧道高速列车对英格兰东南部社会经济发展的影响，研究结果认为高速铁路的开通对于促进区域经济一体化效果不明显，反而可能会在一定程度上导致产业的扩散。Baum-Snow等（2017）发现中国城市间铁路和公路交通的改善会使城市周边以外的区域形成次郊区化，从而使经济活动沿着相应的交通支线向外扩散，带动周边区域经济的增长。李红昌等（2016）构建集聚指数作为衡量集聚程度的指标，计量分析了高速铁路对城市经济集聚的影响，结果显示，中国高速铁路的修建有可能会促进沿线城市经济的集聚，也有可能导致沿线城市经济的扩散，具体来说，发展环境优越、行政效能高的城市的集聚程度变高，而发展环境不佳或者存在拥挤效应的城市会出现人才、企业流失等情况。

（三）资本集聚的研究

资本主要分为实物资本、金融资本，其中实物资本是指用来生产生产资料或消费品的耐用品，这类资本难以实现区间流动。而金融资本相对实物资本在区域和城市间更容易流动，因此是区域间资本流动的主要表现形式，基础设施的建设情况、市场机制的成熟度、政策等因素对其在区域间流动有重要影响。资本在空间分布并不均匀，成本同样存在差异，资本为了获取价值的增值，必然会从资本收益率低的区域转向资本收益率高的区域，最终在某一区域形成集聚。资本集聚使资本流动最终形成聚集形态。

从国外来看，学者大部分集中于跨国资本流动的研究。李嘉图（1962）认为比较优势是决定跨国资本流动的主要原因，优势国家的产品具有比较优势，其边际产出也会高于劣势国家，因而资本会流向具备比较优势的国家，获取更高的资本回报率。Temple（1994）认为基础设施及产业配套设施较为完善的区域能够吸引资本的流入，落后区域由于相关的基础设施落后、制度不健全及市场规模较小等原因会带来一系列的风险，中心城市能获得更多的资本流入。

目前国内对区域资本集聚和流动的研究相对匮乏，主要原因有两点，一是区域间的资本流动相对不明显，二是缺乏系统性的区域资本流动统计数据。胡晓鹏（2003）认为区域资本利润率对区域资本流动产生广泛的影响，资本流动对区域的经济发展具有极为重要的作用，而区域间资本收益率存在差距的根本原因正是区域间地区生产总值增长水平不同，区域间的资本流动也会显著受到区域经济差距的影响。陈东和樊杰（2011）认为银行间信贷资本流动是区际资本流动的重要形式，进而采用实际发放的贷款规模与可发放贷款规模之差这一指标对区际资本流动进行分析，分析结果显示，资本并没有从经济相对不发达的中西部地区流向经济发达的东部地区，而是相反地流动，他们认为政府的信贷管制和市场环境是影响银行间信贷资本流动的重要因素。基础设施对资本的流动与集聚有着重要的影响。李群和赵嵩正（2005）认为资源在流动中具有靶向性的特征，资源流动的强度取决于区域的特征，即该区域的区位条件、资源禀赋、基础设施、社会环境等方面的特征，这些特征能为资本和劳动力带来潜在收益的最大化，区域通过改善各方面的因素进而吸引资源流入，最终形成靶心效应，形成集聚。范欣等（2017）认为基础设施建设是社会的先行资本，能够打破市场的分割，加强区域内资源的流动，使市场在区域内得到整合，推动了区域经济一体化。龙玉等（2017）从风险投资的视角，研究了高速铁路通车对沿线城市风险投资规模的影响，通过实证研究得到结论，认为高速铁路带来的可达性提高、时空压缩效应使得高速铁路沿线城市吸引了更多的风险投资。

（四）现有研究的不足

综上所述，高速铁路对城市经济的发展有较为重要的影响，可以看到，高速铁路提升了城市之间的可达性，加快了要素流动，对经济要素的空间集聚和经济活动的分布产生了重要影响。目前，国内外学术界对高速铁路相关的研究较为丰富，中国研究大部分都是以实证为主，研究重心多集中在发达地区，如长三角城市群、京津冀城市群等，但是却甚少涉及就高速铁路对中小城市和欠发达地区影响的研究。目前中国高速铁路建设所处的发展阶段和环境仍存在一定的特殊性，城镇化水平、人均经济发展水平、产业结构特点与国外相比仍存在较大差别，在这种背景下，高速铁路影响下中小城市的集聚特征将会有怎样的变化？中小城市应该怎样应对？这是当前迫切需要解决的问题。

从研究成果来看，大部分研究更为关注经济的增长。从城市经济增长的影响因素来看，经济要素集聚是最基础的因素，资本是经济要素的重要组成部分，而资本对区位条件改善的反映较为迅速，能够显著反映高速铁路对城市经济的影响。中小城市由于受制于自身的发展水平、产业结构、人才储备及资源禀赋等因素，再加上地方财政的紧张，中小城市能否通过对高速铁路及高速铁路新城的投资来持续获取更多的资本集聚，目前看来并没有一个确切的答案。

本章正是从资本集聚的角度展开高速铁路对中小城市影响的研究，探索高速铁路对中小城市资本规模的具体影响，并进行分析和检验，得出相应的结论，进而补充和丰富高速铁路对中国城市经济影响的研究。

第三节　理论框架与研究方法

一、理论框架

在新经济地理学的分析框架下，大城市拥有大的需求市场和供给市场，包括厂商生产需求和生活消费的需求，以及生产商、劳动者提供的各类资源，由于运输成本及交易成本限制，企业往往希望在接近大市场的区域进行投资生产。因此，大城市往往会形成各类生产要素的集聚，形成空间分布的不均衡。同时，资本是最为重要的生产要素之一，也是产业转移过程中最先流动的生产要素，其分布同其他生产要素类似，存在显著的空间分布不均衡，同时其使用成本和收益存在显著的空间差异。因此空间分布不均衡的特征将使资本从一个区域流向另一个区域，追求更高的边际报酬，以获得资本的增值，资本的跨区流动成为必然。

高速铁路最为显著的作用为缩短了城市间的时间距离，降低了时间成本，提高了区域经济一体化程度，提升了城市的市场潜力。高速铁路提升区域经济一体化的程度是一个动态过程，大致可以分为以下三个阶段，每个阶段表现出不同的特点。

在区域经济一体化水平程度较低时，企业为了获取更高的边际收益、降低成本，总是倾向选择在接近大城市的空间进行生产，因此，由成本及收益引起的生产要素集聚向心力使得大城市进一步扩大优势，并使得大城市的基础设施、制度、人才和技术等各方面都强于其他中小城市，生产要素不断地集聚于大城市，即表现为"虹吸效应"，周边中小城市出现生产要素资源流失的现象，资本规模变小。

在区域经济一体化程度不断提高后，生产要素的集聚状况将发生改变。在城市的中心区内，由于集聚的资源过多，城市会产生拥挤效应，使城市生态难以承载，出现劳动成本和单位租金的提高、规模不经济等现象。而高速铁路沿线中小城市随着其区位、基础设施等条件的不断改善，其单位资源的边际收益呈上升趋势，进而部分技术含量低、劳动密集型的产业将从中心区向其他区域转移，资本等生产要素资源也随之从大城市流向其他城市。高速铁路沿线中小城市由于具备的区位优势，将成为产业转移的目的地，获得生产要素资源的不断流入，资本规模不断变大。

随着区域经济一体化程度的不断提高，生产要素在区域内不同城市间自由流动，当区域经济一体化程度达到某一临界值时，大城市人口会流向中小城市，同时大城市的部分高端产业会转移到中小城市，进而使中小城市产业更加专业化，最终形成资本在空间上的重新配置。

本章将在新经济地理学的规模报酬递增和交易成本条件下，分析在高速铁路影响下中小城市资本集聚和扩散的情况，以及高速铁路对中小城市资本规模影响的异质性，同时探讨高速铁路对中小城市资本规模产生影响的原因。

二、研究方法

（一）倍差模型（倍差法）

本章主要考察高速铁路对沿线中小城市资本集聚的影响，高速铁路开通之后，城市资本规模的变化主要来自两部分：一部分为时间效应，资本规模随时间同步自然增长；另一部分为政策效应，随着高速铁路的开通运营，资本规模受到高速铁路影响而发生变化。一般在考察高速铁路对城市经济的影响时，有两种方法：一种是利用截面数据，横向比较各个城市在经济数据上的差异，包括高速铁路沿线城市和非高速铁路沿线城市；另一种是利用时间序列数据，纵向比较城市在开通前后经济数据发生的变化。这两种方法都存在一定的缺陷，前者没能考虑到城市在高速铁路开通前后的变化，后者没能考虑到未开通高速铁路的城市随时间发生的变化。

为了更好地评估高速铁路对城市经济要素集聚的影响，使用倍差法来计量高速铁路对沿线城市经济要素集聚的影响。中小城市是否开通高速铁路往往取决于其是否位于区域中心城市之间的连线上，经济发达水平不是决定高速铁路是否从该城市经过的原因。因此，本章将高速铁路的开通视为一次自然实验，将开通高速铁路的高速铁路沿线中小城市视为实验组，通过引入控制组，即将一组未开通高速铁路的城市，即非高速铁路沿线城市作为参照，进而考察高速铁路开通的政策效应对城市的影响。

本章构建的一般化的多期倍差模型见式（12-1）：

$$\ln Y_{it} = \alpha_0 + \alpha_1 \text{Treated}_{it} + \beta_0 T_{it} + \beta_1 \text{Treated}_{it} \times T_{it} + \gamma_i + u_t + \varepsilon_{it} \qquad （12\text{-}1）$$

其中，Y_{it} 表示城市 i 在 t 时期的经济要素指标（如金融外币存款、房价）；Treated_{it} 表示城市 i 在 t 时期是否开通高速铁路的虚拟变量，t 时期开通高速铁路的城市取 1，反之取 0；T_{it} 表示时间虚拟变量，高速铁路开通之后，T_{it} 取值都为 1，反之取值为 0；交互项（$\text{Treated}_{it} \times T_{it}$）表示城市在高速铁路开通后的虚拟变量；$\beta_0$ 表示高速铁路开通对实验组（高速铁路沿线城市）和控制组（非高速铁路沿线城市）之间的差异化影响，β_0 衡量了政策的净效应；γ_i 表示非观测效应；u_t 表示控制了时间固定效应；ε_{it} 表示模型的残差。

倍差模型主要参数的含义见表 12-1。由式（12-1）可以看到，对于有高速铁路沿线城市（$\text{Treated}_{it}=1$），由于受到了高速铁路作用的影响，高速铁路开通前后城市经济要素集聚水平分别为 $\alpha_0 + \alpha_1$ 和 $\alpha_0 + \alpha_1 + \beta_0 + \beta_1$，高速铁路沿线城市在高速铁路开通前后的变化幅度为 $\Delta X_0 = \beta_0 + \beta_1$；对于其他非高速铁路沿线城市（$\text{Treated}_{it}=0$），在高速铁路开通前后的时间跨度中，城市经济要素集聚水平分别为 α_0 和 $\alpha_0 + \beta_0$，可知非高速铁路沿线城市在高速铁路开通前后经济要素集聚水平的变化幅度为 $\Delta X_1 = \beta_0$，该变化幅度没有包含高速铁路对城市经济要素的影响，所以，用实验组在高速铁路开通前后经济要素集聚水平的变化幅度 ΔX_0 减去控制组在高速铁路开通前后经济要素集聚水平的变化幅度 ΔX_1 得到高速铁路开通对沿线城市经济要素集聚的净影响 $\Delta X_2 = \beta_1$。该值是模型估计的重点，如果高速铁路开通显著推动了沿线城市经济要素的集聚，则 β_1 的系数应该为正且显著。

表 12-1　倍差模型中各个参数的含义

对比项	高速铁路开通前（$T_{it}=0$）	高速铁路开通后（$T_{it}=1$）	差分
高速铁路沿线城市（实验组）	$\alpha_0 + \alpha_1$	$\alpha_0 + \alpha_1 + \beta_0 + \beta_1$	$\beta_0 + \beta_1$
非高速铁路沿线城市（控制组）	α_0	$\alpha_0 + \beta_0$	β_0
倍差	—	—	β_1

实验组和控制组必须满足共同趋势的假设是倍差法实现其目的的前提，即高速铁路如果没有建设开通，那么高速铁路沿线城市与非高速铁路沿线城市经济集聚水平的变动趋势随时间变动一致。但是从经济发展的特点及现实情况来看，这一假设条件相对过于理想化，现实情况难以满足。

（二）倾向得分匹配法

事实上城市之间存在较大的差异，很难满足共同趋势的假设，所以为了保证倍差结果的有效性，在进行倍差法时需要选取与实验组各方面特征都相似的控制组，使实验组和控制组中城市的可观测变量都尽可能相似。通过参考 Heckman（1976）、Rosenbaum 和 Rubin（1983）等经济学家使用的倾向得分匹配（propensity score matching，PSM）法来消除偏差，使倍差法尽可能地满足共同趋势假设，获得可靠的结果。倾向得分匹配法的基本思路为在控制组（非高速铁路沿线城市）中获取某个城市 j，使得城市 j 与实验组（高速铁路沿线城市）中城市 i 的可观测变量都尽可能地相似，即 $C_i = C_j$，高速铁路是否通过城市取决于可观测的控制变量，从而使得城市 i 和城市 j 开通高速铁路的概率相近。

本章的倾向得分匹配法的开展步骤如下。

（1）选择城市的特征变量，通过 Logit 的回归来实现。

（2）计算倾向得分（propensity score，PS）值，根据多期倍差模型[式（12-1）]中具体的参数值，代入每个城市具体的特征变量，计算高速铁路通过该城市的概率值，即城市的倾向得分值。

（3）从控制组中为实验组中的每个城市选择一个 PS 值最接近的城市进行配对，一般选择两家作为配对城市。倾向得分不仅是一维变量，而且取值介于[0，1]，可以较好地将两个城市匹配起来。

配对中要求实验组城市的倾向得分值与控制组城市的倾向得分值尽量相等，同时实验组和控制组的各匹配变量之间不存在显著差异。

（三）倾向得分匹配倍差法

倾向得分匹配法的优势在于能解决样本选择偏差的问题，但是仍存在一定的缺陷，即由于控制变量的遗漏而产生内生性的问题，倍差法则能够较好地解决内生性的问题，但是不能解决样本选择偏差的问题。因此，二者互为补充，从而能够更准确地计量高速铁路所产生的政策效应的影响。

$$\ln Y_{it} = \alpha_0 + \alpha_1 \text{Treated}_{it} + \beta_0 T_{it} + \beta_1 \text{Treated}_{it} \times T_{it} + \beta_2 X_{it} + \gamma_i + u_t + \varepsilon_{it} \quad (12\text{-}2)$$

其中，X_{it} 表示影响城市经济要素集聚程度的控制变量，同时是影响高速铁路是否通过城市的协变量。式（12-2）为本章的基准模型。

第四节　高速铁路对中小城市影响的总体特征

一、高速铁路对各城市可达性的差异化影响

可达性的测量方法较多，本章为了准确度量由高速铁路开通给城市带来的

可达性的变化，使用总旅行时间来测度某一节点城市到其他城市的时间，其值主要由节点城市的地理位置及节点城市到其他城市的交通运输方式决定，最终测算得到的数值越小，则该节点城市的可达性越高。可达性计算公式如式（12-3）所示：

$$C_i = \sum_{j=1}^{n} \frac{D_{ij}}{V_{ij}} \tag{12-3}$$

其中，C_i表示节点城市i到全国其他地级及以上城市的时间之和；D_{ij}表示节点城市i与城市j之前的距离；V_{ij}表示节点城市i与城市j之间通过某种交通工具或者交通网络所能达到的最大速度。

数据处理：距离数据来自2007年和2015年铁路与公路的GIS数据，包括全国290个地级及以上城市的数据；如果两城市间通过普通铁路连接，城际旅行速度则取当年该普通铁路线路的平均速度，如果两城市间通过高速铁路则取全国高速铁路的平均速度。东部地区和中部地区高速公路速度设定为100公里/小时，西部地区设定为80公里/小时，国道速度设定为60公里/小时。最终将节点城市到其他289个城市的旅行时间之和进行加总，得到时间之和。

通过计算，发现城市的总旅行时间均得到了显著的减少。通过对总旅行时间的变化比例进行测算，发现减少率分布于25%~54%。其中，高速铁路沿线城市总旅行时间的变化程度显著高于非高速铁路沿线城市，说明高速铁路沿线城市显著受益于高速铁路的建设开通，可达性的提升程度高于非高速铁路沿线城市。2007~2015年，城市总旅行时间的阶梯差距的格局并没有因为高速铁路的开通而发生改变，即2007年总旅行时间较高的城市在2015年仍相对较高。

通过对东部地区、中部地区、西部地区[①]城市在高速铁路建设前后总旅行时间的比较分析，可以看到东部地区、中部地区、西部地区城市总旅行时间的减少率介于37.2%~44.3%（表12-2）。其中，东部地区城市在2007~2015年，总旅行时间减少率最高，说明高速铁路开通对东部地区城市可达性的提升程度最大，东部地区受益最大，其次为中部地区，西部地区受益程度最小。总体来看，高速铁路对城市可达性的提升均产生了显著的影响。

---

① 根据1986年第六届全国人民代表大会第四次会议通过的"七五"计划，以及参考《中国卫生统计年鉴》所适用的东部地区、中部地区、西部地区的划分方式，东部地区包含北京、河北、辽宁、天津、上海、江苏、浙江、福建、山东、广东和海南11个省级行政区；中部地区包含山西、内蒙古、吉林、黑龙江、安徽、江西、河南、湖北、湖南、广西10个省级行政区；西部地区包含四川、贵州、云南、西藏、陕西、甘肃、青海、宁夏、新疆9个省级行政区。研究数据不包含港澳台地区。

表 12-2 高速铁路影响下不同区域的城市总旅行时间变化

区域	平均总旅行时间/小时		减少率
	2007 年	2015 年	
东部地区	4613.38	2569.98	44.3%
中部地区	3920.26	2324.66	40.7%
西部地区	6166.64	3874.45	37.2%

如表 12-3 所示，对大型城市、中型城市、小型城市进行分析，可以看到大型城市、中型城市、小型城市总旅行时间的减少率介于 38.9%～43.9%，其中高速铁路开通对大型城市的影响最大，其总旅行时间减少率达到了 43.9%，且总旅行时间显著小于中型城市、小型城市；而中型城市和小型城市的总旅行时间减少率较为接近，中型城市的总旅行时间减少率小于小型城市。高速铁路对不同规模城市总旅行时间的影响存在较大差异，相较而言，大型城市受益更多。

表 12-3 高速铁路影响下不同规模城市总旅行时间变化

按城市规模划分	总旅行时间/小时		减少率
	高速铁路建设前期（2007 年）	高速铁路大规模建设期（2015 年）	
大型城市	4588.53	2572.04	43.9%
中型城市	4790.81	2925.96	38.9%
小型城市	5235.71	3193.71	39.0%

二、高速铁路对中小城市资本规模的影响

资本规模直观地反映了城市资本的集聚程度，城市资本规模越大，其资本集聚程度相应越高。本节选取城市资本规模作为衡量城市集聚程度的指标。

交通基础设施的建设促进了中国的经济增长，不同的地理位置和交通基础设施条件在中国区域经济发展差距中扮演了重要的角色（刘生龙和胡鞍钢，2010），同样，资本具有较强的流动性，对区位条件及经济环境的变化较为敏感，因此，有必要就高速铁路对城市资本规模的变化情况进行研究，测度其变化，并揭示变化的原因。

（一）中小城市资本规模的变化趋势

根据前述分析，随着经济的快速发展，城镇化程度的逐步提高，中国交通网络的快速发展和完善，大城市极化效应可能会逐步加强，中小城市将面临资本流失、资本的增速不如大城市的情况。为了分析中小城市是否存在该情况，以全国各地级

及以上城市为样本对 2007~2015 年城市资本规模的变化情况进行描绘，分析比较大城市与中小城市资本规模的变化情况，资料来源于《中国城市统计年鉴》。

通过图 12-2~图 12-4 可以看到，中小城市资本规模与大城市存在较大的差距，且大城市和中小城市资本规模绝对值的差距在 2007~2015 年逐步扩大。但是从增速上来看，在 2010 年之后，大城市与中小城市的金融机构各项存款余额维持了较为一致的增速；2009 年之后，大城市与中小城市的社会固定资产投资总额维持了较为一致的增速；2011 年之后，大城市与中小城市的外商直接投资额维持了较为一致的增速。从增速上来看，随着高速铁路的建设，大城市与中小城市之间资本规模的增速并没有产生显著的差别，但中小城市资本规模的增速在大部分年份略高于大城市。

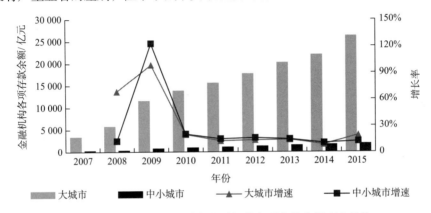

图 12-2　大城市与中小城市金融机构各项存款余额变化趋势

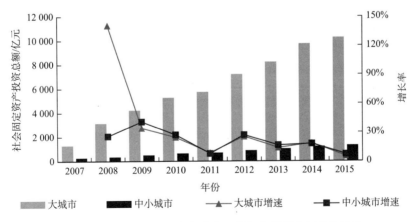

图 12-3　大城市与中小城市社会固定资产投资总额变化趋势

（二）高速铁路沿线中小城市资本规模的变化趋势

我们从前面研究已经知道中小城市与大城市资本规模的增速较为一致，为了

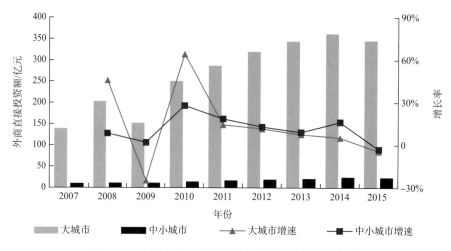

图 12-4　大城市与中小城市外商直接投资额变化趋势

更好地揭示高速铁路沿线中小城市资本规模的变化趋势，将高速铁路沿线中小城市与其他城市进行比较分析。各城市开通高速铁路的时间并不一致，因此在分析高速铁路沿线中小城市资本规模的变化趋势时，选取部分开通高速铁路的城市作为观察组，观察组样本的选取范围为 2012 年前开通高速铁路的中小城市，即2008～2012 年开通高速铁路的中小城市。考虑到东部经济较为发达，交通网络密集，空间溢出效应更为显著，根据城市特点将高速铁路沿线中小城市划分为以下几种类型进行分析：东部高速铁路沿线的中小城市、中西部高速铁路沿线中小城市和非高速铁路沿线中小城市。资本规模的测度指标为社会固定资产投资总额、金融机构各项存款余额、外商直接投资额。这样，东部高速铁路沿线中小城市共22 个，中西部高速铁路沿线中小城市共 32 个，非高速铁路沿线中小城市共 233 个，数据资料来源于《中国城市统计年鉴》。

　　从图 12-5～图 12-7 看到，在社会固定资产投资总额变动趋势中，东部高速铁路沿线中小城市与非高速铁路沿线中小城市的差额在逐年扩大，而中西部高速铁路沿线中小城市与非高速铁路沿线中小城市的差额基本维持稳定，可以看到东部高速铁路沿线中小城市在社会固定资产投资总额中的增速较高，中西部高速铁路沿线中小城市次之。在金融机构各项存款余额变动趋势中，中西部高速铁路沿线中小城市的增速较高，东部高速铁路沿线中小城市增速较为稳定，而非高速铁路沿线中小城市增速明显低于东部高速铁路沿线中小城市和西部高速铁路沿线中小城市。在外商直接投资额变动趋势中，中西部高速铁路沿线中小城市的平均增速最高，而东部高速铁路沿线中小城市和非高速铁路沿线中小城市的增速相对较低。总体来看，东部高速铁路沿线中小城市资本规模的增长幅度高于中西部高速铁路沿线中小城市和非高速铁路沿线中小城市，其中，中西部沿线中小城市资本规模的增长更为稳定。

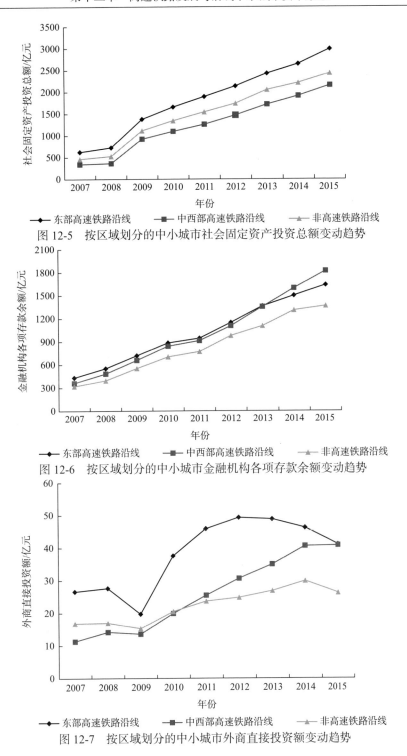

图 12-5　按区域划分的中小城市社会固定资产投资总额变动趋势

图 12-6　按区域划分的中小城市金融机构各项存款余额变动趋势

图 12-7　按区域划分的中小城市外商直接投资额变动趋势

第五节　高速铁路对沿线中小城市资本集聚的影响

一、变量说明与数据处理

（一）变量说明

资本为城市经济的发展贡献了主要力量，本节将资本分为三个部分来进行测度，即采用外商直接投资额（记为 FDI）、社会固定资产投资总额（记为 IFA）、金融机构各项存款余额（记为 DFI）来测度城市资本规模的情况。

1. 被解释变量

外商直接投资额具有较强的外部属性，外商直接投资规模反映了外部资金对城市的选择，因此外商直接投资额越大说明城市对外部资本的吸引能力越强。考虑到现实意义，选取当年实际使用外资金额而不是当年合同外资金额来测度外商直接投资规模。

社会固定资产投资总额是影响城市和区域经济增长的重要因素，对经济增长有直接拉动作用，推动社会对生产资料的需求，增加相关行业的产出和消费，推动城市和区域经济的增长，社会固定资产投资总额反映了社会资本对城市的投资规模。

金融机构各项存款余额是衡量一个城市综合实力的重要指标，反映了城市的资本吸引力和经济活跃度，是资本在经济、社会运行的结果，同时是未来城市发展的基础。

2. 解释变量

选取时间虚拟变量（T_{it}）、城市虚拟变量（$Treated_{it}$）及交互项（$Treated_{it} \times T_{it}$）为解释变量。时间虚拟变量计量了高速铁路在开通前后的实验组和控制组的变化；城市虚拟变量计量了高速铁路沿线城市与非高速铁路沿线城市之间经济水平的差异；交互项计量了高速铁路开通对实验组和控制组的影响，也是最为关键的解释变量。

3. 控制变量

对控制变量的合理选取能更好地控制其他因素的影响，解决部分内生性的问题。

地区生产总值（记为 GDP）：地区生产总值是衡量一个区域经济发达程度的常用指标，地区生产总值越高说明城市经济发达程度相对更高。

公共财政支出（记为 GE）：在城市经济发展的过程中，政府发挥了重要的作用，政府的公共财政支出决定了城市基本的生活经营环境，公共财政支出是衡量城市发达水平的重要指标。

人均城市道路面积（记为 CRA）：人均城市道路面积反映了城市基础设施的建设情况，其数值越大，说明城市的基础设施越完善。

城镇单位从业人员数（记为 MS）：城镇单位从业人员数能客观地衡量城市规模，城镇就业人员数越多城市规模越大，意味着市场规模也越大，对资本的吸引能力也越强。

产业结构（记为 IS）：产业结构反映出城市产业的发展进程，是描绘城市产业特点的重要指标，本节用第三产业增加值占地区生产总值的比重来表示城市的产业结构。

劳动力成本（记为 LC）：劳动力成本是企业成本重要的组成部分，也是影响企业在区域布局的重要影响因素，采用平均职工工资表示。

市场潜力（记为 MP）：参考 Nakagawa 和 Hatoko（2007）在研究瑞士和日本高速铁路时所采用的市场潜力这一控制变量，并进行部分调整，用本城市与二线及以上城市距离的倒数乘以二线及以上城市的地区生产总值，求和再取对数来描述市场潜力。

$$\text{mpo}_i = \ln \sum_{j=1}^{n} \text{GDP}_j a_{ij}^{-1} \tag{12-4}$$

其中，mpo_i 表示城市 i 的市场潜力；GDP_j 表示城市 j 的地区生产总值；a_{ij}^{-1} 表示城市 i 和城市 j 之间的距离的倒数。一般 mpo_i 越大则代表城市 i 的市场潜力越大，城市外部经济要素的吸引力越强。一般来讲，一个区域的市场潜力越大，对资本越有吸引力。

（二）数据及样本选择

本节使用的数据为 2007～2015 年中国地级及以上城市的各项经济指标，数据来源于历年《中国城市统计年鉴》、《中国区域经济统计年鉴》、《中国统计年鉴》、各省区市及各地级及以上城市统计年鉴，少部分城市缺失部分数据，通过查询当年《国民经济与社会发展统计公报》来补齐，如果仍有缺失则通过线性插值法补齐。在用居民消费价格指数（consumer price index，CPI）进行平减处理时，考虑到没有分城市的统计数据，因此用对应省区市的居民消费价格指数数据进行替代；

涉及外币的数据采用当年平均汇率进行换算。本节基础样本为全国范围内所有的地级及以上城市数据，由于部分城市数据存在缺失及行政区划的调整，最终选取了 277 个城市为基础样本，并以 2007 年为基期对数据进行了平减，以平减后的经济数据来衡量城市的经济情况。

数据观察范围为 2007～2015 年，主要考虑到 2008 年之前，中国无严格意义上的高速铁路建设，从 2008 年开始，高速铁路才有了较为集中的建设。在选取实验组时，考虑到高速铁路对城市资本增长的影响可能存在一定的滞后性，实验组的选取范围聚焦于高速铁路建设的前中期，即实验组样本为 2009～2011 年开通高速铁路的中小城市，经统计，截止到 2011 年底，共有 30 个中小城市开通了高速铁路。表 12-4 为 2008～2017 年开通高速铁路的城市。

表 12-4　开通高速铁路的城市

开通年份	开通高速铁路的城市
2008	北京、天津、合肥、南京、青岛
2009	太原、阳泉、石家庄、宁波、台州、温州、福州、六安、黄冈、宁德、武汉、咸宁、岳阳、长沙、衡阳、郴州、韶关、清远、广州、成都、遂宁
2010	上海、无锡、常州、镇江、苏州、杭州、嘉兴、莆田、泉州、厦门、郑州、洛阳、三门峡、西安、渭南、南昌、九江
2011	廊坊、沧州、德州、济南、泰安、济宁、枣庄、徐州、宿州、蚌埠、滁州、东莞、深圳、吉林
2012	邯郸、邢台、保定、秦皇岛、沈阳、锦州、哈尔滨、大连、长春、鞍山、辽阳、葫芦岛、营口、盘锦、铁岭、四平、淮南、漳州、龙岩、安阳、鹤壁、新乡、许昌、漯河、信阳、驻马店、宜昌、孝感、荆州、佛山、中山、珠海、江门、重庆
2013	唐山、湖州、绍兴、三明、永州、惠州、汕头、揭阳、潮州、汕尾、南宁、柳州、桂林、北海、防城港、钦州、来宾、海口、三亚、宝鸡、咸阳
2014	晋中、运城、临汾、金华、衢州、上饶、鹰潭、福州、宜春、萍乡、新余、淄博、潍坊、威海、烟台、开封、黄石、株洲、鄂州、湘潭、邵阳、怀化、娄底、云浮、梧州、贵港、肇庆、贺州、贵州、绵阳、眉山、乐山、德阳、兰州、嘉峪关、张掖、酒泉、西宁、乌鲁木齐
2015	本溪、丹东、齐齐哈尔、大庆、丽水、芜湖、马鞍山、铜陵、安庆、黄山、南平、池州、宣城、赣州、百色、资阳
2016	扬州、泰州、焦作、商丘、安顺、昆明、曲靖
2017	衡水、松原、白城、淮北、景德镇、广元、汉中

注：参考 2014 年 1 月 1 日起实施的《铁路安全管理条例》，第一百零七条规定，高速铁路是指"设计开行时速 250 公里以上（含预留），并且初期运营时速 200 公里以上的客运列车专线铁路"

（三）数据的描述性统计

本节变量的数据统计描述如表 12-5 所示。

表 12-5　变量的描述性统计

变量名称	变量说明	样本数/个	均值	最大值	最小值	标准差
FDI	外商直接投资额	2 079	48	1 320	23	115
IFA	社会固定资产投资总额	2 079	1 130	21 000	36	1 410
DFI	金融机构各项存款余额	2 079	2 700	122 000	50	6 830
GDP	地区生产总值	2 079	1 912	25 123	85	2 759
GE	公共财政支出	2 079	256	6 190	8	409
CRA	人均城市道路面积	2 079	11	108	1	8
MS	城镇单位从业人员数	2 079	51	987	2	74
LC	劳动力成本	2 079	4	11	0.5	1
IS	产业结构	2 079	37	80	9	9
MP	市场潜力	2 079	15	198	0.8	20

二、倾向得分匹配处理

（一）倾向得分匹配处理过程

本节数据涵盖的时间跨度为 2007~2015 年，一共 9 年。实验组的选取原则如下：①在 2009~2011 年开通高速铁路的城市，即高速铁路沿线城市；②划分为中小规模的城市。控制组的选取范围为 2007~2015 年没有开通高速铁路的城市，即非高速铁路沿线城市，考虑到 2011 年之后也有部分城市陆续开通高速铁路，若作为控制组则相对不合理，因此控制组中删除 2012~2015 年开通高速铁路的城市。

由于 2009 年才有少部分中小城市开通高速铁路，且高速铁路作为一种基础交通设施，其影响具有一定的滞后性，本章以 2010 年作为自然实验的高速铁路开通时间。考虑到 2008 年之前都没有中小城市开通高速铁路，使用 2008 年的数据进行倾向得分匹配，协变量为 2008 年的指标，输出变量则是 2010 年的相应指标。估计倾向得分主要通过 Probit 模型，使用核匹配法来确定权重，并施加共同支持条件最终得到控制组。当然在报告核匹配倾向得分估计结果之前，需要进行匹配平衡性检验。

倾向得分匹配法的可靠性主要取决于样本的"独立性条件"能否被满足，要求匹配后的实验组和控制组的城市在高速铁路开通前，其可观测变量不存在显著的差异。相较于匹配前，通过匹配后的实验组和控制组在地区生产总值（GDP）、公共财政支出（GE）、人均城市道路面积（CRA）、城镇单位从业人员数（MS）、劳动力成本（LC）、产业结构（IS）、市场潜力（MP）方面的差异得到了大幅下降，匹配变量标准差的绝对值均显著小于 10。根据 Rosenbaum 和 Rubin（1983）提出的观点，一般匹配变量标准差的绝对值大于 20 时，匹配效果不理想，本节匹配变量标准差均显著小于 20，由此可知本节匹配效果较为理想。而且均值 T 检验的相伴概率值也显示，经过匹配后的实验组和控制组在 2008 年的匹配变量不存在显著的差异。因此，实验组和控制组的城市在 2008 年具有较为一致的特征，它们在 2009～2011 年开通高速铁路的概率相近。实验组和控制组数据变量的统计描述如表 12-6 所示。

表 12-6　实验组和控制组变量的描述性统计

变量名称	变量说明	组别	样本数/个	均值	最大值	最小值	标准差
GDP	地区生产总值	实验组	30	1540	5320	273	979
		控制组	164	1094	6230	85	812
GE	公共财政支出	实验组	30	205	752	125	124
		控制组	164	160	746	78	107
CRA	人均城市道路面积	实验组	30	11	38	1	6
		控制组	164	10	62	1	5
MS	城镇单位从业人员数	实验组	30	42	136	11	23
		控制组	164	30	140	4	20
LC	劳动力成本	实验组	30	4	7	1	1
		控制组	164	3	8	1	1
IS	产业结构	实验组	30	36	60	23	6
		控制组	164	35	76	11	7
MP	市场潜力	实验组	30	11	35	2	7
		控制组	164	8	54	1	6

（二）被解释变量趋势变动分析

经过倾向得分匹配处理后，本节得到了经过匹配后的控制组，匹配后的实验组与控制组在高速铁路开通前，各项特征均较为相似。进而绘制了实验组和控制组的外商直接投资额、社会固定资产投资总额和金融机构各项存款余额均值变动趋势，如图 12-8～图 12-10 所示。可以发现，实验组和控制组的均值整体呈上升趋势，说明 2007～2015 年城市资本规模在不断增长。

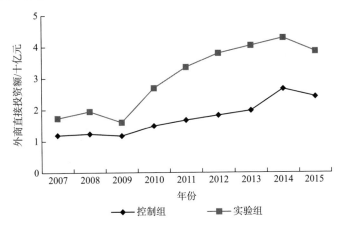

图 12-8　匹配后的外商直接投资额均值变动趋势

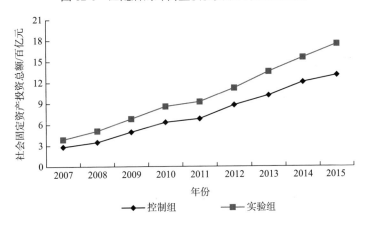

图 12-9　匹配后的社会固定资产投资总额均值变动趋势

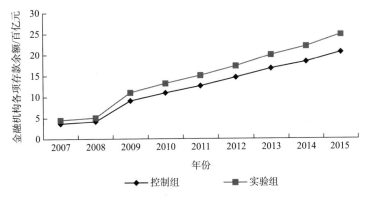

图 12-10　匹配后的金融机构各项存款余额均值变动趋势

更重要的一点，实验组和控制组的组间均值差（实验组均值减去控制组均值）

在 2009 年之后均逐渐增大。其中外商直接投资额的组间均值差在 2010 年显著增大，直到 2014 年之后出现缩小，但是仍保持在较高的水平；社会固定资产投资总额和金融机构各项存款余额的组间均值差在 2010 年后呈增加趋势，并一直延续到 2015 年。通过以上分析，可以大胆合理地猜测，高速铁路的开通运营对中小城市资本的集聚产生了积极的影响，下面将进一步分析其原因。

三、双重差分检验

（一）平均处理效应检验

通过倾向得分匹配处理后，我们获取了对应的实验组和控制组，接下来进行双重差分的检验。为了更好地控制时间变化的差异，本节采用固定效应法来进行双重差分，通过差分消除了变量的时间变化，同时政策虚拟变量也会因为其不随时间变化的特点而被消除，但是不会影响到本节估计结果和估计结果的有效性。回归分析采用 Stata 14.0 软件，表 12-7 为倍差模型的回归结果。

表 12-7　高速铁路对沿线中小城市资本的平均处理效应

变量	FDI		IFA		DFI	
	（1）	（2）	（3）	（4）	（5）	（6）
$Treated_{it} \times T_{it}$	1.068*** （0.073）	1.051*** （0.0754）	1.164*** （0.0465）	1.140*** （0.047）	1.480*** （0.050）	1.471*** （0.051）
T_{it}	0.161*** （0.055）	0.130 （0.158）	0.285*** （0.0352）	0.351*** （0.099）	0.323*** （0.038）	0.129 （0.106）
GDP		−0.259* （0.153）		−0.310*** （0.096）		−0.557*** （0.103）
GE		0.151** （0.059）		0.122*** （0.037）		0.132*** （0.040）
CRA		0.114*** （0.028）		0.0619*** （0.017）		0.0399** （0.018）
MS		−0.025 （0.041）		0.0260 （0.026）		0.102*** （0.028）
LC		−0.063 （0.052）		−0.126*** （0.0326）		−0.059* （0.035）
IS		−0.097*** （0.036）		−0.100*** （0.022）		−0.007 （0.024）
MP		0.169 （0.137）		0.332*** （0.086）		0.541*** （0.092）
常数项	−0.132*** （0.038）	−0.097*** （0.079）	−0.214*** （0.0243）	−0.218*** （0.049）	−0.283*** （0.026）	−0.186*** （0.053）

续表

变量	FDI		IFA		DFI	
	（1）	（2）	（3）	（4）	（5）	（6）
R^2	0.166	0.185	0.384	0.415	0.463	0.489
F 值	12.89***	12.83***	38.89***	35.95***	27.14***	25.94***

注：括号内为稳健标准误

***、**、*分别表示 1%、5%和 10%的显著性水平

其中（1）列、（3）列和（5）列为没有加入其他控制变量的回归估计结果，（2）列、（4）列和（6）列为加入其他控制变量的结果。在外商直接投资额（FDI）、社会固定资产投资总额（IFA）和金融机构各项存款余额（DFI）中，交互项 $\text{Treated}_{it} \times T_{it}$ 的系数在其他控制变量加入和没有加入的情况下均保持显著为正，可以说明高速铁路的开通运营显著增加了中小城市的资本规模，促进了中小城市对资本的吸引力。其中，金融机构各项存款余额（DFI）的交互项系数更大，其受到的高速铁路的影响更强。其余控制变量中，地区生产总值（GDP）、公共财政支出（GE）、人均城市道路面积（CRA）、劳动力成本（LC）、产业结构（IS）、市场潜力（MP）对两个及以上的资本类别产生了显著的影响。

（二）动态边际效应检验

上面得到的平均处理效应反映了高速铁路对实验组和控制组影响的平均效应，为了进一步检验高速铁路开通对中小城市资本规模的动态边际影响，引入了时间虚拟变量 t：

$$
\begin{aligned}
\ln Y_{it} = {} & \alpha_0 + \alpha_1 \text{Treated}_{it} + \alpha_2 T_{2009i} + \alpha_3 T_{2010i} + \alpha_4 T_{2011i} + \alpha_5 T_{2012i} + \alpha_6 T_{2013i} + \alpha_7 T_{2014i} \\
& + \alpha_8 T_{2015i} + \beta_1 \text{Treated}_{it} \times T_{2009i} + \beta_2 \text{Treated}_{it} \times T_{2010i} + \beta_3 \text{Treated}_{it} \times T_{2011i} \\
& + \beta_4 \text{Treated}_{it} \times T_{2012i} + \beta_5 \text{Treated}_{it} \times T_{2013i} + \beta_6 \text{Treated}_{it} \times T_{2014i} \\
& + \beta_7 \text{Treated}_{it} \times T_{2015i} + \beta_8 X_{it} + \gamma_i + \varepsilon_{it}
\end{aligned}
$$

（12-5）

其中，T_{2010i}、T_{2011i}、T_{2012i}、T_{2013i}、T_{2014i} 和 T_{2015i} 分别表示 2010 年、2011 年、2012年、2013 年、2014 年和 2015 年的时间虚拟变量。当年份为 2010 年时，实验组和控制组资本的变化分别为 $\alpha_0+\alpha_1+\alpha_2+\beta_1$ 和 $\alpha_0+\alpha_2$，二者之间的差值为 $\alpha_1+\beta_1$，同样，2011 年的实验组和控制组资本的差值为 $\alpha_1+\beta_2$，2012 年、2013 年、2014 年、2015 年的差值分别为 $\alpha_1+\beta_3$、$\alpha_1+\beta_4$ 和 $\alpha_1+\beta_5$ 可以看到 α_1 是固定的，为实验组与控制组的共同系数，所以在考察高速铁路对沿线中小城市资本影响的边际效应时，主要是考察交互项 $\text{Treated}_{it} \times T_{2009i}$、$\text{Treated}_{it} \times T_{2010i}$、$\text{Treated}_{it} \times T_{2011i}$、$\text{Treated}_{it} \times T_{2012i}$、

$Treated_{it} \times T_{2013i}$ 、 $Treated_{it} \times T_{2014i}$ 和 $Treated_{it} \times T_{2015i}$ 的系数 β_1 、 β_2 、 β_3 、 β_4 、 β_5 、 β_6 和 β_7 。

通过进一步回归，如表 12-8 所示。（1）列、（3）列和（5）列为没有加入其他控制变量的回归估计结果，（2）列、（4）列和（6）列为加入了其他控制变量的结果。从总体看，高速铁路对沿线中小城市资本的影响在逐年增强，显著增加了中小城市资本的规模，其影响在 2015 年达到了最大。

表 12-8　高速铁路对沿线中小城市资本的动态边际影响效应

变量	FDI		IFA		DFI	
	（1）	（2）	（3）	（4）	（5）	（6）
$Treated_{it} \times T_{2010i}$	0.299*** (0.113)	0.321*** (0.112)	0.567*** (0.066)	0.577*** (0.064)	0.762*** (0.073)	0.766*** (0.071)
$Treated_{it} \times T_{2011i}$	0.608*** (0.113)	0.633*** (0.113)	0.601*** (0.066)	0.621*** (0.065)	1.005*** (0.073)	1.027*** (0.072)
$Treated_{it} \times T_{2012i}$	0.892*** (0.113)	0.935*** (0.114)	0.894*** (0.066)	0.931*** (0.065)	1.304*** (0.073)	1.350*** (0.072)
$Treated_{it} \times T_{2013i}$	1.192*** (0.113)	1.230*** (0.115)	1.296*** (0.066)	1.326*** (0.066)	1.639*** (0.073)	1.684*** (0.072)
$Treated_{it} \times T_{2014i}$	1.560*** (0.113)	1.594*** (0.116)	1.612*** (0.066)	1.640*** (0.066)	1.894*** (0.073)	1.946*** (0.073)
$Treated_{it} \times T_{2015i}$	1.861*** (0.113)	1.901*** (0.116)	2.017*** (0.066)	2.033*** (0.067)	2.274*** (0.073)	2.307*** (0.074)
T_{2010i}	0.011 (0.046)	−0.001 (0.052)	0.024 (0.027)	−0.004** (0.030)	0.048 (0.030)	−0.031*** (0.033)
T_{2011i}	0.015 (0.046)	−0.008 (0.063)	0.029 (0.027)	−0.023 (0.036)	0.063** (0.030)	−0.048 (0.040)
T_{2012i}	0.022 (0.046)	−0.008 (0.077)	0.046* (0.027)	−0.020 (0.036)	0.080*** (0.030)	−0.086** (0.048)
T_{2013i}	0.023* (0.046)	−0.014 (0.087)	0.062** (0.027)	−0.003 (0.050)	0.099*** (0.030)	−0.115** (0.055)
T_{2014i}	0.060 (0.046)	−0.082* (0.100)	0.082*** (0.027)	0.043 (0.058)	0.113*** (0.030)	−0.126** (0.063)
T_{2015i}	0.035 (0.046)	−0.075 (0.120)	0.096*** (0.027)	0.076 (0.069)	0.131*** (0.030)	−0.153** (0.076)
控制变量	否	是	否	是	否	是
常数项	−0.135*** (0.021)	−0.137*** (0.050)	−0.164*** (0.012)	−0.137*** (0.029)	−0.220*** (0.014)	−0.103*** (0.033)
R^2	0.252	0.269	0.535	0.561	0.564	0.594
F 值	14.34***	14.31***	51.43***	47.65***	33.38***	32.58***

注：括号内为稳健标准误

***、**、*分别表示 1%、5%和 10%的显著性水平

当被解释变量为外商直接投资额（FDI）时，关键解释变量 $Treated_{it} \times T_{2010i}$、$Treated_{it} \times T_{2011i}$、$Treated_{it} \times T_{2012i}$、$Treated_{it} \times T_{2013i}$、$Treated_{it} \times T_{2014i}$ 和 $Treated_{it} \times T_{2015i}$ 均显著为正，系数在不断增大，说明高速铁路对 FDI 的影响在 2010～2015 年得到显著提升，其边际效应表现为递增态势。当被解释变量为各项社会固定资产投资总额（IFA）时，各年份的关键解释变量均在1%的水平显著为正，且边际效应表现为递增态势，说明高速铁路对 IFA 的影响一直在加强。当被解释变量为金融机构各项存款余额（DFI）时，各年份的关键解释变量均在1%的水平显著为正，系数在 2010～2015 年得到显著上升，边际效应表现为递增态势，说明高速铁路对 DFI 的影响在一直加强。

（三）异质性检验

1. 高速铁路对沿线中小城市资本集聚影响的分区域检验

不同区域城市的特点存在显著区别，东部地区往往由于其经济较为发达，城市群和大城市的空间溢出效应较为显著，且东部地区往往基础设施、市场体制更完善，其劳动力成本也更高，同时国家及地方财政政策与中西部地区也存在差别。资本在流向东部地区和中西部地区时往往会出于不同的考虑，因此有必要分区域进行检验。

如表 12-9 所示，（1）列、（3）列、（5）列为东部地区沿线中小城市的回归估计结果，（2）列、（4）列、（6）列为中西部地区沿线中小城市的回归估计结果。各列回归估计结果中，交互项 $Treated_{it} \times T_{it}$ 的系数都显著为正，与前文的平均处理效应结果一致。可以看到，无论被解释变量是 FDI、IFA 还是 DFI，东部地区沿线中小城市交互项系数分别为 0.992、1.462 和 1.816，均显著大于中西部地区沿线中小城市的 0.813、1.120 和 1.309，说明东部地区沿线中小城市资本规模受到高速铁路的影响程度大于中西部地区沿线中小城市。尽管高速铁路对东部地区和中西部地区沿线中小城市均产生了积极的影响，相较而言，东部地区沿线中小城市在资本规模方面的受益度大于中西部地区沿线中小城市。

表 12-9 高速铁路对沿线中小城市资本集聚分区域的影响效应

变量	FDI		IFA		DFI	
	（1）	（2）	（3）	（4）	（5）	（6）
$Treated_{it} \times T_{it}$	0.992*** （0.101）	0.813*** （0.085）	1.462*** （0.063）	1.120*** （0.057）	1.816*** （0.063）	1.309*** （0.057）
T_{it}	0.038 （0.183）	0.026 （0.160）	0.053 （0.114）	0.190* （0.107）	−0.318*** （0.113）	0.138 （0.108）

变量	FDI		IFA		DFI	
	（1）	（2）	（3）	（4）	（5）	（6）
常数项	-0.181^{**} （0.091）	-0.078 （0.079）	-0.131^{**} （0.057）	-0.169^{***} （0.053）	-0.014 （0.056）	-0.186^{***} （0.054）
R^2	0.121	0.115	0.413	0.356	0.530	0.397
F 值	11.07^{***}	14.60^{***}	19.10^{***}	27.78^{***}	16.85^{***}	28.71^{***}
控制变量	是	是	是	是	是	是

注：括号内为稳健标准误

***、**、*分别表示1%、5%和10%的显著性水平

2. 同城化影响下高速铁路对沿线中小城市资本集聚的影响

高速铁路沿线中小城市与大城市距离的不同将可能带来异质性，即距离大城市越近，高速铁路开通对资本集聚的影响将更为显著。陆铭和向宽虎（2012）也发现，离区域性的大城市距离越近，城市受到的集聚力越强，高速铁路的开通极大地缩小了周边中小城市与大城市之间的时间距离，高速铁路带来的同城效应将更加明显，因此离大城市越近，中小城市可能受到的"虹吸效应"也越为显著，越会对要素的集聚产生负面影响。为了检验中小城市资本集聚是否受同城化的影响，在式（12-2）中加入受同城化影响的高速铁路沿线中小城市与时间 T 交互项，如式（12-6）所示：

$$\ln Y_{it} = \alpha_0 + \beta_0 T_{it} + \beta_1 \text{Treated}_{it} \times T_{it} + \beta_2 T_{it} \times \text{City}_i + \beta_3 X_{it} + \gamma_i + u_t + \varepsilon_{it} \quad （12\text{-}6）$$

其中，City_i 表示城市虚拟变量，当 $i=1$ 时，城市 i 为距离大城市200公里以内的中小城市（即1小时都市圈），当 $i=0$ 时，城市 i 为其他中小城市；β_2 表示受同城化效应影响的高速铁路沿线中小城市与其他高速铁路沿线中小城市之间的差异。

如表12-10所示，（1）列、（3）列、（5）列为受同城化效应影响的高速铁路中小城市的回归估计结果，（2）列、（4）列、（6）列为其他中小城市的回归估计结果，可以看到各回归方程的关键解释变量 $T_{it} \times \text{City}_i$ 均显著为负，同城化效应对沿线中小城市资本规模具有一定的负面影响，其中FDI受到的影响最大。回归结果进一步说明，大城市的"虹吸效应"仍存在，且对距离较近中小城市的影响更为显著，但是高速铁路对沿线中小城市资本规模总体仍具有显著的正向影响。

表 12-10　同城化影响下高速铁路对沿线中小城市资本集聚的影响

变量	FDI		IFA		DFI	
	（1）	（2）	（3）	（4）	（5）	（6）
$T_{it} \times \text{City}_i$	-1.323^{***} （0.221）	-1.309^{***} （0.220）	-0.294^{***} （0.170）	-0.282^{*} （0.158）	-0.382^{***} （0.133）	-0.404^{***} （0.126）

续表

变量	FDI		IFA		DFI	
	（1）	（2）	（3）	（4）	（5）	（6）
Treated$_{it}$×T_{it}	2.959*** （0.166）	2.870*** （0.167）	3.222*** （0.127）	2.912*** （0.120）	2.360*** （0.099）	2.179*** （0.096）
常数项	−0.043 （0.083）	−0.177 （0.177）	0.325*** （0.064）	−0.105 （0.127）	0.122** （0.050）	−0.613*** （0.101）
R^2	0.223	0.237	0.499	0.571	0.516	0.565
F 值	54.03	33.38	183.36	143.26	21.36	140.05
控制变量	否	是	否	是	否	是

注：括号内为稳健标准误

***、**、*分别表示 1%、5%和 10%的显著性水平

四、稳健性检验

（一）改变时间窗口的检验

前述研究中，划分为实验组的时间区间为 2009～2011 年，为了进一步检验回归结果的可靠性，本节分别通过以下两种方式进行处理：①将实验组的划分区间缩短至 2009～2010 年，即实验组为 2009～2010 年开通高速铁路的中小城市，即高速铁路沿线中小城市，共 18 个城市，控制组仍为 2007～2015 年没有开通高速铁路的城市，即非高速铁路沿线中小城市。②将所有样本的年限考察范围缩短为 2007～2013 年，实验组仍为 2009～2010 年开通高速铁路的中小城市，控制组为 2007～2013 年没有开通高速铁路的中小城市。

采用方式①得到的估计结果如表 12-11 所示，（1）列和（2）列分别为不加入控制变量和加入控制变量的结果。对重新分类的样本进行倾向得分匹配倍差法处理后，交互项 Treated$_{it}$×T_{it} 仍表现为显著且数值大于 1。同样，采用方式②得到的结果也表明高速铁路对中小城市的资本增加产生了显著的影响，增加了中小城市的资本规模，本节不再列出其结果。

表 12-11 高速铁路对沿线中小城市资本集聚影响的稳健性检验

变量	FDI		IFA		DFI	
	（1）	（2）	（3）	（4）	（5）	（6）
Treated$_{it}$×T_{it}	1.120*** （0.076）	1.102*** （0.075）	1.820*** （0.055）	1.806*** （0.055）	2.127*** （0.063）	2.135*** （0.061）
T_{it}	0.180 （0.113）	0.178 （0.112）	−0.576*** （0.083）	−0.577*** （0.082）	−0.948*** （0.095）	−0.950*** （0.091）

续表

变量	FDI		IFA		DFI	
	（1）	（2）	（3）	（4）	（5）	（6）
常数项	-0.099^{***} （0.030）	-0.177^{***} （0.055）	-0.190^{***} （0.022）	-0.241^{***} （0.040）	-0.214^{***} （0.025）	-0.095^{**} （0.045）
R^2	0.182	0.198	0.460	0.473	0.451	0.495
F 值	18.02^{***}	18.00^{***}	23.35^{***}	22.73^{***}	20.03^{***}	20.38^{***}
控制变量	否	是	否	是	否	是

注：括号内为稳健标准误

***、**分别表示 1%、5%的显著性水平

（二）反事实检验

在本节中，实验组和控制组具有可比性是用双重差分法进行分析的前提条件，即实验组和控制组具有相同的趋势。借鉴 Hung 和 Wang（2014）采用的反事实检验方法进行实证检验，本节选取 2007～2009 年，即高速铁路开通之前的时间段，将 2008 年设为高速铁路开通的假想时间点，如果回归方程的主要解释变量不显著，则说明实验组与控制组具有相同的趋势。用同一回归方程进行检验，得到的回归结果如表 12-12 所示。

表 12-12　高速铁路对沿线中小城市资本集聚影响的反事实检验

变量	FDI	IFA	DFI
$\text{Treated}_{it} \times T_{it}$	0.155 （0.155）	0.066 （0.041）	-0.065 （0.071）
T_{it}	0.082 （0.192）	0.179^{*} （0.068）	0.161 （0.118）
常数项	-0.092 （0.101）	-0.058 （0.036）	0.035 （0.062）
R^2	0.348	0.554	0.347
F 值	2.74	26.63	10.05
控制变量	是	是	是

注：括号内为稳健标准误

*分别表示 10%的显著性水平

根据检验结果可以看到，实验组和控制组的外商直接投资额（FDI）、社会固定资产投资总额（IFA）、金融机构各项存款余额（DFI）在 2007～2009 年没有发生显著的变化（即交互项系数 $\text{Treated}_{it} \times T_{it}$ 不显著），可以表明本节前述的回归结果是稳健的，并且实验组和控制组在高速铁路开通之前具有相同的趋势，连通到高速铁路的中小城市没有显现出资本增长的相对优势。

五、小结

通过以上实证分析，可以得出以下几个结论。

（1）高速铁路对沿线中小城市资本规模的增大产生了显著的影响。具体来看，当被解释变量为外商直接投资额时，主要解释变量 $Treated_{it} \times T_{it}$ 的系数值较小，在被解释变量为社会固定资产投资总额和金融机构各项存款余额的系数值较大。主要可能是因为外商直接投资额受到的影响更为复杂，相较于国内企业对市场的熟悉程度较低，其投资较为谨慎，更愿意聚集在熟悉的区域，因此对城市区位条件变化的敏感程度相对较低。

（2）从动态边际效应分析的结果来看，高速铁路对沿线中小城市的外商直接投资额、社会固定资产投资总额和金融机构各项存款余额的影响效应都在逐年递增。说明高速铁路对沿线中小城市资本规模的影响存在一个累积过程，随着沿线中小城市区位条件的优化，沿线中小城市可以充分发挥比较优势，在企业前期投入获得明显的效应后，产生正向反馈，进而逐步加大对沿线中小城市资本的投入，资本规模增长速度加快。

（3）从分区域分析的结果来看，高速铁路对东部地区的影响程度大于中西部地区，主要原因可能是东部地区基础设施、市场机制、科技等更为完善和发达，资本规模的基数更大，高速铁路开通后，沿线中小城市显著受到大城市空间溢出效应的影响，沿线中小城市因此受益，资本得以迅速转移。同时，同城化效应对沿线中小城市产生了显著的影响，相较于未受到同城化效应影响的城市，同城化效应给资本集聚带来了负向作用，受大城市"虹吸效应"的影响，距离大城市越近的沿线中小城市所受的影响更加显著。

（4）稳健性检验的结果说明，将实验组或控制组的样本范围缩小后，高速铁路仍对沿线中小城市资本规模的增加产生了显著的影响，因为缩小样本范围并没有改变样本中沿线中小城市的特点，即开通或没有开通高速铁路，实验组和控制组仍存在显著差别。反事实检验结果也显示前述分析结论是稳健的，且高速铁路开通之前实验组与控制组具有相同的趋势。稳健性检验的结论说明实验组和控制组的选取较为合理，结论稳健可靠。

第六节　结论与讨论

本章的实证分析结果验证了高速铁路促进了沿线中小城市资本规模的增长，

增加了沿线中小城市对资本的吸引力,沿线中小城市在高速铁路网络布局中强化了区位优势,相较于没有开通高速铁路的中小城市,高速铁路对沿线中小城市资本规模的影响在逐年增加,高速铁路沿线中小城市的经济增长潜力因此也更大。从边际动态效应来看,高速铁路对资本的影响力之所以在不断地增强,与资本本身的特点也存在较大的联系。随着前期资本的涌入,城市基础设施的改善、消费市场的扩大、管理体制的改进,资本的边际收入将会进一步提高,后续资本会随之加速流入,城市的资本增长速度也会加快,所以体现为高速铁路对沿线中小城市资本的动态边际效应在不断的提高。分区域来看,中国目前东部地区的经济增长速度仍高于中西部地区,资本在东部地区沿线中小城市可获得的边际收益较高,大城市的溢出资本更愿意选择在东部地区进行流动,因此使得高速铁路对东部地区沿线中小城市资本规模的影响大于中西部地区中小城市。通过对同城化效应进行检验,本章认为在高速铁路开通的情形下,同城化对中小城市的资本集聚带来了一定的负面影响,大城市周边的沿线中小城市仍显著受到大城市"虹吸效应"的影响。

本章认为,目前中国大城市资本保持稳定集聚,高速铁路沿线的中小城市资本集聚水平迅速提高,而非高速铁路沿线的中小城市则可能面临资本的流出。随着高速铁路网络的进一步完善,更多的中小城市将被纳入高速铁路网络之中,各城市间的区位水平差距变小,高速铁路沿线城市之间将产生更为激烈的竞争,未来高速铁路对沿线中小城市的影响将存在不确定性。且当前中国城市仍处于资本的集聚发展阶段,高速铁路固然促进了城市间各类要素的流通,但是一方的流入将必然导致另一方的流出。在发展高速铁路网络时,需要对缩小区域经济差距、实现区域协调发展这一战略目标做出具体的考量,以实现各城市间资本规模的相对均衡。

本章提出以下政策建议。

要及时防止大城市的"虹吸效应",以一线城市为例,为了防止城市的过度集聚,北京开始疏解相关非首都的功能,周边新城和小城镇都将接纳北京中心城区转移的人口,同时政府已经出台了各项产业转移的措施,进而实现"以业控人"。政府通过对城市的规划、产业政策的实施,对周边区域的产业布局产生较强的影响,一线大城市溢出的资本将会产生一定的扩散效应,有利于抑制大城市资本的"虹吸效应"。同时,通过出台相应的产业转移服务、基础配套服务等政策,将能够加快资源要素的扩散,推动资本要素的均衡配置,促进城市间资本的均衡发展,最终实现大城市带动中小城市发展的良好格局。未来随着中国城镇化程度的进一步提高,将有更多的大型城市出现资源饱和,通过上述政策的实施,使高速铁路沿线形成一批具备竞争力的中小城市,产生较强的资本集聚,形成健康快速的发展,与一线、二线中心城市相呼应,最终形成共同发展的良好格局。

　　高速铁路沿线中小城市要找准自身定位，融入区域发展的大框架中。中小城市应考虑到城际协调发展，将自身定位为串联重要城市的节点，可以是服务节点、要素节点或功能节点。例如，第二产业发展程度较低的城市可以结合自身的特点发展旅游、农业、特色高端服务业等，充分利用区位优势构建具有特色的核心竞争力，形成多层次的产业布局，吸引资本集聚。同时，应积极结合自身的城市发展阶段及区域综合经济实力的特点，打造具有竞争优势的产业，形成资本的集聚。在方法路径上，中小城市应通过政府出台的系统规划、金融机构的大力支持，使区域经济在短期内形成资本的聚集，通过供给和需求端同步发力，进而发现新需求、创造新供给、带动新发展，形成具备特色的发展路径，进一步扩大资本规模。基于区域和城市的优势资源，以期最终形成以龙头产业为首、配套产业为辅、机会产业为补充的复合产业集群。

　　由于笔者个人学术能力有限，本章存在以下尚待改进的地方。

　　第一，本章仅以地级及以上城市为考察对象，没有把数据分析得更为细致，没有涉及县级城市，因为中国经济政策最终均是以县域为单位执行的，没有充分地反映出高速铁路对沿线中小城市影响的特点。

　　第二，由于数据限制，本章仅以每年的总资本规模数据进行分析，没有对本城市自有资本和外部流入资本进行区分，没有对城市间的资本流动情况进行研究，在之后的研究中，如果将这一部分研究补足，将可能显示出不一样的特点。

参 考 文 献

安虎森. 2005. 空间经济学原理[M]. 北京：经济科学出版社.

安虎森，李瑞林. 2007. 区域经济一体化效应和实现途径[J]. 湖南社会科学，（5）：95-102.

巴曙松，邢毓静，杨现领. 2010. 未来 20 年中国城市化的前景与挑战[J]. 改革与战略，26（5）：79-83.

白重恩，杜颖娟，陶志刚，等. 2004. 地方保护主义及产业地区集中度的决定因素和变动趋势[J]. 经济研究，（4）：29-40.

白南生，李靖. 2008. 城市化与中国农村劳动力流动问题研究[J]. 中国人口科学，（4）：2-10.

白雪梅，赵峰. 2011. 中国区域经济趋同测度研究——基于面板数据空间计量模型的分析[J]. 财经问题研究，（4）：108-115.

白永平，张秋亮，黄永斌，等. 2013. 兰新铁路沿线经济带区域经济差异变动的空间分析[J]. 干旱区地理，（1）：147-155.

白云峰. 2010. 高速铁路对区域社会经济发展影响研究——以京津城际铁路为例[D]. 北京：北京交通大学.

包玉香，王宏艳，李玉江. 2010. 人力资本空间集聚对区域经济增长的效应分析——以山东省为例[J]. 人口与经济，（3）：28-33.

蔡昉，都阳. 2000. 中国地区经济增长的趋同与差异——对西部开发战略的启示[J]. 经济研究，（10）：30-37.

蔡宁，吴结兵. 2006. 产业集群组织间关系密集性的社会网络分析[J]. 浙江大学学报（人文社会科学版），（4）：58-65.

曹彪. 2010. 武广高铁对区域物流的影响[J]. 港口经济，（1）：40-41.

曹传新. 2002. 国外大都市圈规划调控实践及空间发展趋势——对我国大都市圈发展规划的借鉴与启示[J]. 规划师，18（6）：83-87.

陈博文，陆玉麒，柯文前，等. 2015. 江苏交通可达性与区域经济发展水平关系测度——基于空间计量视角[J]. 地理研究，34（12）：2283-2294.

陈晨，程林，修春亮. 2013. 沈阳市中心城区交通网络中心性及其与第三产业经济密度空间分布的关系[J]. 地理科学进展，（11）：1612-1621.

陈春阳，孙海林，李学伟. 2005. 客运专线运营对区域经济的影响[J]. 北京交通大学学报（社会科学版），4（4）：6-10.

陈得文，苗建军. 2010. 空间集聚与区域经济增长内生性研究——基于 1995—2008 年中国省域面板数据分析[J]. 数量经济技术经济研究，（9）：82-93.

陈东，樊杰. 2011. 区际资本流动与区域发展差距——对中国银行间信贷资本流动的分析[J]. 地理学报，（6）：723-731.

陈栋生. 2009. 中国区域经济发展的新格局——改革开放 30 年回顾与前瞻[J]. 南京社会科学，（3）：21-28.

陈建军. 2009. 要素流动、产业转移和区域经济一体化[M]. 杭州：浙江大学出版社.

陈建军，陈菁菁. 2011. 生产性服务业与制造业的协同定位研究——以浙江省 69 个城市和地区为例[J]. 中国工业经济，（6）：141-150.

陈建军，黄洁. 2008. 集聚视角下中国的产业、城市和区域——国内空间经济学最新进展综述[J]. 浙江大学学报（人文社会科学版），（4）：12-21.

陈建军，袁凯. 2013. 从经济关联走向知识关联——产业空间分布动力机制演化[J]. 南开学报（哲学社会科学版），（5）：88-96.

陈建军，郑广建. 2014. 集聚视角下高速铁路与城市发展[J]. 江淮论坛，（2）：37-44.

陈洁，陆锋，程昌秀. 2007. 可达性度量方法及应用研究进展评述[J]. 地理科学进展，26（5）：100-110.

陈立人，王海斌. 1997. 长江三角洲地区准都市连绵区刍议[J]. 城市规划汇刊，（3）：31-36，64-65.

陈良文，杨开忠. 2007. 集聚与分散：新经济地理学模型与城市内部空间结构、外部规模经济效应的整合研究[J]. 经济学（季刊），7（1）：53-70.

陈明星，陆大道，刘慧. 2010. 中国城市化与经济发展水平关系的省际格局[J]. 地理学报，65（12）：1443-1453.

陈秀山，汤学兵. 2009. 新经济地理学研究进展与发展趋向[J]. 甘肃社会科学，（1）：27-34.

陈迅，童华建. 2006. 西部地区集聚效应计量研究[J]. 财经科学，（11）：103-109.

陈洋，李郇，许学强. 2007. 改革开放以来中国城市化的时空演变及其影响因素分析[J]. 地理科学，27（2）：142-148.

陈殷，李金勇. 2004. 生产性服务业区位模式及影响机制研究[J]. 上海经济研究，（7）：52-57.

陈振汉，厉以宁. 1982. 工业区位理论[M]. 北京：人民出版社.

程大中. 2008. 中国生产性服务业的水平、结构及影响——基于投入-产出法的国际比较研究[J]. 经济研究，（1）：76-88.

程大中，黄雯. 2005. 中国服务业的区位分布与地区专业化[J]. 财贸经济，（7）：73-81，97.

程工. 2008. 中原城市群区域经济一体化研究[M]. 北京：知识产权出版社.

戴宾. 2004. 城市群及其相关概念辨析[J]. 财经科学，（6）：101-103.

戴宾. 2005. 成渝经济区与成渝城市集群、成内渝经济带[J]. 重庆工商大学学报，（6）：23-26.

戴特奇，金凤君，王姣娥. 2005. 空间相互作用与城市关联网络演进——以我国 20 世纪 90 年代城际铁路客流为例[J]. 地理科学进展，24（2）：80-89.

邓桂枝. 2012. 生产性服务业区域集聚测度及其适宜性研究——基于我国 22 个省市面板数据的分析[J]. 经济问题，（7）：46-50.

邓思远. 2014. 武广高铁对衡阳市发展的影响研究[D]. 长沙：湖南师范大学.

邓翔，李建平. 2013. 我国产业集聚的外部性和规模报酬递增的测度[J]. 区域经济评论，（6）：36-40.

邓秀丽. 2012. 北京市金融服务业空间格局及其演变研究[D]. 北京：首都师范大学.

丁洪钧，宁越敏. 1983. 城市地理概论[M]. 合肥：安徽科学出版社.

丁如曦，倪鹏飞. 2017. 中国经济空间的新格局：基于城市房地产视角[J]. 中国工业经济，（5）：94-112.

董大鹏. 2010. 交通运输对区域经济发展作用与调控——以吉林省为例[D]. 长春：东北师范大学.

董晓菲，王荣成. 2010. 东北地区哈大交通经济带经济发展空间差异研究[J]. 地域研究与开发，（2）：22-28.

董晓霞，黄季焜，罗泽尔 S，等. 2006. 地理区位、交通基础设施与种植业结构调整研究[J]. 管理世界，（9）：59-63，79.

董艳梅，朱英明. 2016. 高铁建设能否重塑中国的经济空间布局——基于就业、工资和经济增长的区域异质性视角[J]. 中国工业经济，（10）：92-108.

杜华东，赵尚梅. 2013. 中国产业结构变迁的实证研究——基于社会网络分析法的分析[J]. 管理评论，25（3）：38-47，90.

杜能. 2015. 孤立国同农业和国民经济的关系[M]. 北京：商务印书馆.

段杰，阎小培. 2003. 粤港生产性服务业合作发展研究[J]. 地域研究与开发，（3）：26-30.

樊桦. 2011. 高速铁路对城市化发展的影响与亟待解决的问题[J]. 综合运输，（8）：42-46.

范爱军，李真，刘小勇. 2007. 国内市场分割及其影响因素的实证分析——以我国商品市场为例[J]. 南开经济研究，（5）：111-119.

范斐，杜德斌，李恒，等. 2013. 中国地级以上城市科技资源配置效率的时空格局[J]. 地理学报，68（10）：1331-1343.

范剑勇. 2004a. 市场一体化、地区专业化与产业集聚趋势——兼谈对地区差距的影响[J]. 中国社会科学，（6）：39-51.

范剑勇. 2004b. 长三角一体化、地区专业化与制造业空间转移[J]. 管理世界，（11）：77-84，96.

范剑勇，谢强强. 2010. 地区间产业分布的本地市场效应及其对区域协调发展的启示[J]. 经济研究，45（4）：107-119，133.

范欣，宋冬林，赵新宇. 2017. 基础设施建设打破了国内市场分割吗？[J]. 经济研究，52（2）：20-34.

范云芳. 2009. 要素集聚、国际分工与中国的比较优势研究[D]. 西安：西北大学.

方创琳. 2010. 中国城市群形成发育的新格局与新趋向[C]. 2010 国际都市圈发展论坛会议集. 上海.

方创琳，王德利. 2011. 中国城市化发展质量的综合测度与提升路径[J]. 地理研究，30（11）：1931-1946.

方创琳，张小雷. 2003. 西陇海兰新经济带节点城市的发展方向与产业分工[J]. 地理研究，（4）：455-464.

方大春，孙明月. 2014. 高速铁路建设对我国城市空间结构影响研究——以京广高铁沿线城市为例[J]. 区域经济评论，（3）：136-141.

方维慰. 2011. 中国信息服务业空间格局的评价分析[J]. 科技与经济，（5）：65-69.

方远平，阎小培. 2004. 1990 年代以来我国沿海中心城市服务业特征与趋势比较研究——以北京、上海与广州为例[J]. 经济地理，（5）：614-619，637.

费洪平. 1993. 产业带空间演化的理论研究[J]. 热带地理，（3）：272-280.

冯华，薛鹏. 2011. 中国高速铁路的综合效益与支持政策探析[J]. 广东社会科学，（3）：12-19.

冯茜华. 2004. 城市群一体化发展指标体系研究[J]. 规划师，（9）：101-103.

冯伟，徐康宁. 2013. 交通基础设施与经济增长：一个文献综述[J]. 产经评论，4（3）：63-70.

冯云廷. 2011. 城市经济学[M]. 大连：东北财经大学出版社.

符森. 2009. 地理距离和技术外溢效应——对技术和经济集聚现象的空间计量学解释[J]. 经济学（季刊），8（3）：1549-1566.

高柏，等. 2012. 高铁与中国 21 世纪大战略[M]. 北京：社会科学文献出版社.

高远东，花拥军. 2012. 人力资本空间效应与区域经济增长[J]. 地理研究，31（4）：711-719.

顾朝林. 1995. 中国城镇体系研究[M]. 北京：商务印书馆.

顾朝林. 2011. 城市群研究进展与展望[J]. 地理研究，30（5）：771-784.

顾朝林，庞海峰. 2008. 基于重力模型的中国城市体系空间联系与层域划分[J]. 地理研究，27（1）：1-12.

顾朝林，吴莉娅. 2008. 中国城市化研究主要成果综述[J]. 城市问题，12：2-12.

顾朝林，于涛方，李王鸣，等. 2008. 中国城市化：格局·过程·机理[M]. 北京：科学出版社.

顾朝林，张敏. 2000. 长江三角洲城市连绵区发展战略研究[J]. 现代城市研究，（1）：7-11，62.

顾朝林，赵晓斌. 1995. 中国区域开发模式的选择[J]. 地理研究，14（4）：8-22.

顾朝林，甄峰，张京祥. 2000. 集聚与扩散 – 城市空间结构新论[M]. 南京：东南大学出版社.

顾加宁. 2006. 人力资本的区域集聚效应与中国现状研究[J]. 商场现代化，（20）：252-254.

桂琦寒，陈敏，陆铭，等. 2006. 中国国内商品市场趋于分割还是整合：基于相对价格法的分析[J]. 世界经济，（2）：20-30.

郭荣朝，顾朝林. 2004. 宁西铁路沿线经济带构建研究[J]. 地理科学，（4）：413-418.

郭万清. 2011. 高铁时代的泛长三角区域城市协调发展[J]. 江淮论坛，（1）：13-17.

郭竹学. 2012. 沪昆高铁对江西区域经济影响研究[D]. 北京：北京交通大学.

韩会然，焦华富，李俊峰，等. 2011. 皖江城市带空间经济联系变化特征的网络分析及机理研究[J]. 经济地理，31（3）：384-389.

韩增林，徐丛春，李双建，等. 2005. 交通网络内生产要素集散机理及模式研究——以沈大高速公路为例[J]. 地域研究与开发，（1）：22-26.

韩增林，杨荫凯，张文尝，等. 2000. 交通经济带的基础理论及其生命周期模式研究[J]. 地理科学，（4）：295-300.

何兴强，王利霞. 2008. 中国 FDI 区位分布的空间效应研究[J]. 经济研究，43（11）：137-150.

何雄浪，李国平. 2007. 专业化产业集聚、空间成本与区域工业化[J]. 经济学（季刊），（4）：1021-1040.

贺灿飞，魏后凯. 2001. 信息成本、集聚经济与中国外商投资区位[J]. 中国工业经济，（9）：38-45.

贺灿飞，朱彦刚，朱晟君. 2010. 产业特性、区域特征与中国制造业省区集聚[J]. 地理学报，65（10）：1218-1228.

贺天龙，伍检古. 2010. 珠三角生产性服务业集聚的实证研究[J]. 中国市场，（41）：66-69.

侯敏，朱荣付. 2007. 北京地区交通对城市空间形态的影响研究[J]. 测绘通报，（12）：59-61，65.

侯赟慧，刘志彪，岳中刚. 2009. 长三角区域经济一体化进程的社会网络分析[J]. 中国软科学，（12）：90-101.

胡鞍钢，刘生龙. 2009. 交通运输、经济增长及溢出效应——基于中国省际数据空间经济计量的结果[J]. 中国工业经济，（5）：5-14.

胡丹，宋玉婧，申玉铭，等.2009.北京市生产性服务业的增长及其空间结构[J].地理科学进展，28（2）：264-270.

胡刚，姚士谋.2007.东南沿海地区城市空间结构发展趋势探讨[J].现代经济探讨，（6）：5-8.

胡国平，徐显峰，刘军，等.2012.都市生产性服务业外向发展机制及影响因素——基于我国15个副省级城市1999—2008年面板数据的研究[J].宏观经济研究，（3）：40-47.

胡天军，申金升.1999.京沪高速铁路对沿线经济发展的影响分析[J].经济地理，（5）：101-104.

胡晓鹏.2003.中国资本流动与区域差距关联性的实证研究[J].开发研究，（4）：45-48.

华宇虹，李文兴.2012.准公共物品属性视角下的城市轨道交通战略成本动因研究[J].北京交通大学学报（社会科学版），11（2）：14-20.

黄晖，金凤君.2011.技术要素集聚对我国区域经济增长差异的影响[J].经济地理，31（8）：1341-1344.

黄洁，钟业喜，李建新，等.2016.基于高铁网络的中国省会城市经济可达性[J].地理研究，（4）：757-769.

黄寿峰，王艺明.2012.我国交通基础设施发展与经济增长的关系研究——基于非线性Granger因果检验[J].经济学家，（6）：28-34.

黄肖琦，柴敏.2006.新经济地理学视角下的FDI区位选择——基于中国省际面板数据的实证分析[J].管理世界，（10）：7-13，26，171.

黄晓燕，曹小曙，李涛.2011.海南省区域交通优势度与经济发展关系[J].地理研究，30（6）：985-999.

黄赜琳，王敬云.2006.地方保护与市场分割：来自中国的经验数据[J].中国工业经济，（2）：60-67.

黄赜琳，王敬云.2007.基于产业结构区际贸易壁垒的实证分析[J].财经研究，（3）：4-16.

吉亚辉，杨应德.2012.中国生产性服务业集聚的空间统计分析[J].地域研究与开发，31（1）：1-5.

季菲菲，陈雯，魏也华，等.2014.长三角一体化下的金融流动格局变动及驱动机理——基于上市企业金融交易数据的分析[J].地理学报，（6）：823-837.

贾善铭.2014.区域经济多极增长机制研究[D].广州：暨南大学.

贾善铭，覃成林.2012.高铁的经济属性与我国高铁发展方式研究[J].学习与实践，（11）：39-46.

贾顺平.2011.交通运输经济学[M].北京：人民交通出版社.

蒋海兵，徐建刚，祁毅.2010.京沪高铁对区域中心城市陆路可达性影响[J].地理学报，65（10）：1287-1298.

蒋丽，吴缚龙.2013.2000−2010年广州人口空间分布变动与多中心城市空间结构演化测度[J].热带地理，33（2）：147-155.

蒋嵘，周贺，潘章勇.2010.波士顿−华盛顿城市群一体化发展对皖江城市带的启示[J].现代商贸工业，22（11）：112-113.

蒋田田.2013.关天交通经济带的形成与空间结构演化研究[D].西安：西北大学.

蒋秀兰，梁成杜，刘金方.2009.高速铁路对京津冀都市圈经济发展的影响探讨[J].中国铁路，（8）：14-16，37.

蒋秀兰，刘金方，朱桃杏.2008.高速铁路对京津冀城市群的影响[J].铁道运输与经济，（1）：

1-4.

金凤君. 2004. 基础设施与区域经济发展环境[J]. 中国人口·资源环境，（4）：72-76.

金凤君. 2012. 基础设施与经济社会空间组织[M]. 北京：科学出版社.

金凤君，王姣娥. 2004. 20世纪中国铁路网扩展及其空间通达性[J]. 地理学报，（2）：293-302.

金凤君，武文杰. 2007. 铁路客运系统提速的空间经济影响[J]. 经济地理，（6）：888-891，895.

金江. 2012. 交通基础设施与经济增长——基于珠三角地区的空间计量分析[J]. 华南师范大学学报（社会科学版），（1）：125-129.

金煜，陈钊，陆铭. 2006. 中国的地区工业集聚：经济地理、新经济地理与经济政策[J]. 经济研究，（4）：79-89.

柯善咨，郭素梅. 2010. 中国市场一体化与区域经济增长互动：1995～2007年[J]. 数量经济技术经济研究，27（5）：62-72.

孔令斌. 2004. 我国城镇密集地区城镇与交通协调发展研究[J]. 城市规划，（10）：35-40.

库姆斯 PP，迈耶 T. 2011. 经济地理学：区域和国家一体化[M]. 安虎森，颜银根，徐杨，等译. 北京：中国人民大学出版社.

李碧花. 2014. 生产性服务业布局的产业基础和区位条件研究——以会计师事务所为例[J]. 广东财经大学学报，29（6）：13-22.

李彬，杨圣勤. 2014. 社会网络中心性对产业集群内信息资源传递的影响分析[J]. 对外经贸，（7）：56-57.

李二玲，李小建. 2007. 基于社会网络分析方法的产业集群研究[J]. 人文地理，（6）：10-15，128.

李国强. 1998. 京九经济带形成的条件和策略[J]. 科技导报，（1）：58-61.

李红昌，Tjia L，胡顺香. 2016. 中国高速铁路对沿线城市经济集聚与均等化的影响[J]. 数量经济技术经济研究，（11）：127-143.

李嘉图 D. 1962. 政治经济学及赋税原理[M]. 郭大力，王亚南译. 北京：商务印书馆.

李杰，孙燕群. 2004. 从啤酒市场整合程度看WTO对消除地方保护的影响[J]. 世界经济，（6）：37-45.

李健. 2008. 基于因子分析的三大都市密集地区的城市发展优势——对城市竞争力排序的商榷[J]. 地理研究，27（3）：659-671.

李金滟，宋德勇. 2008. 专业化、多样化与城市集聚经济——基于中国地级单位面板数据的实证研究[J]. 管理世界，（2）：25-34.

李林. 2009. 信息网络条件下西部生产性服务业发展及对策[J]. 山东社会科学，（1）：101-103.

李孟桃. 2008. 生产性服务业的发展及其影响动因研究[D]. 上海：上海交通大学.

李平华，陆玉麒. 2005. 可达性研究的回顾与展望[J]. 地理科学进展，（3）：69-78.

李普峰，李同升. 2009. 西安市生产性服务业空间格局及其机制分析[J]. 城市发展研究，16（3）：87-91.

李强. 2003. 影响中国城乡流动人口的推力与拉力因素分析[J]. 中国社会科学，（1）：125-136.

李群，赵嵩正. 2005. 资源流动机制与区域经济发展探析[J]. 财贸经济，（6）：61-65.

李树琮. 2002. 中国城市化与小城镇发展[M]. 北京：中国财政经济出版社.

李涛，曹小曙，黄晓燕. 2012. 珠江三角洲交通通达性空间格局与人口变化关系[J]. 地理研究，31（9）：1661-1672.

李伟. 2013. 大城市旅游流网络结构构建与分析：以武汉市为例[D]. 武汉：华中师范大学.

李显君. 2004. 中国区域科技发展研究：理论、现状和计划[R]. 清华大学博士后出站报告.

李祥姝，刘亚洲，曹丽萍. 2014. 高速铁路建设对人口流动空间的影响研究[J]. 中国人口·资源与环境，24（6）：140-147.

李响. 2011. 基于社会网络分析的长三角城市群网络结构研究[J]. 城市发展研究，18（12）：80-85.

李贻宾. 2005. 长江三角洲区域经济一体化浅析[J]. 世界经济情况，（18）：22-25.

李郁芳，李项峰，蔡彤. 2009. 政府行为外部性的经济学分析[M]. 北京：经济科学出版社.

连浩延. 2006. 高铁对区域发展的影响——以台湾本岛生活圈为例[D]. 台北：台湾政治大学地政研究所.

梁成柱. 2008. 高速铁路对京津冀经济圈要素流动的影响[J]. 河北学刊，（4）：228-230.

梁红艳，王健. 2012. 中国生产性服务业与制造业的空间关系[J]. 经济管理，（11）：19-29.

梁琦. 2003. 跨国公司海外投资与产业集聚[J]. 世界经济，（9）：29-37.

梁晓艳，李志刚，汤书昆，等. 2007. 我国高技术产业的空间聚集现象研究——基于省际高技术产业产值的空间计量分析[J]. 科学学研究，（3）：453-460.

梁雪松. 2010. 基于双重区位空间的湖南旅游业发展机遇探讨——"武广高铁"开通视阈[J]. 经济地理，（5）：859-864.

林聚任. 2009. 社会网络分析：理论、方法与应用[M]. 北京：北京师范大学出版社.

林森. 2010. 多层次区域发展视角下城市群一体化的思考[J]. 财经问题研究，（6）：28-31.

林晓言，陈小君，白云峰，等. 2010. 京津城际高速铁路对区域经济影响定量分析[J]. 铁道经济研究，（5）：5-11.

林彰平，闫小培. 2006. 转型期广州市金融服务业的空间格局变动[J]. 地理学报，（8）：818-828.

林仲洪. 2010. 高速铁路建设对加速中国城镇化进程的重要作用[J]. 铁道经济研究，（6）：39-42.

刘秉镰，武鹏，刘玉海. 2010. 交通基础设施与中国全要素生产率增长——基于省域数据的空间面板计量分析[J]. 中国工业经济，（3）：54-64.

刘传明，曾菊新. 2011. 县域综合交通可达性测度及其与经济发展水平的关系——对湖北省79个县域的定量分析[J]. 地理研究，30（12）：2209-2221.

刘宏盈，韦丽柳，张娟. 2012. 基于旅游线路的区域旅游流网络结构特征研究[J]. 人文地理，（4）：131-136.

刘辉，申玉铭，孟丹，等. 2013. 基于交通可达性的京津冀城市网络集中性及空间结构研究[J]. 经济地理，33（8）：37-45.

刘辉煌，雷艳. 2012. 中部城市生产性服务业集聚及其影响因素研究[J]. 统计与决策，（8）：108-110.

刘晶. 2011. 高速铁路建设对西部区域经济体崛起的战略意义——以"关中-天水经济区"发展为例[J]. 经济研究导刊，（6）：120-121.

刘军. 2004. 社会网络分析导论[M]. 北京：社会科学文献出版社.

刘培林. 2005. 地方保护和市场分割的损失[J]. 中国工业经济，（4）：69-76.

刘强. 2001. 中国经济增长的收敛性分析[J]. 经济研究，（6）：70-77.

刘清春，王铮. 2009. 中国区域经济差异形成的三次地理要素[J]. 地理研究，（2）：430-440.

刘荣增. 2003. 城镇密集区发展演化机制与整合[M]. 北京：经济科学出版社.

刘生龙，胡鞍钢. 2010. 交通基础设施与经济增长：中国区域差距的视角[J]. 中国工业经济，（4）：14-23.

刘生龙，胡鞍钢. 2011. 交通基础设施与中国区域经济一体化[J]. 经济研究，46（3）：72-82.

刘书明. 2013. 区域经济一体化中地方政府合作问题与对策——以关中-天水经济区为例[J]. 西
    北农林科技大学学报（社会科学版），13（1）：74-79.

刘曙华，沈玉芳. 2007. 生产性服务业的区位驱动力与区域经济发展研究[J]. 人文地理，（1）：
    112-116.

刘曙华，沈玉芳. 2011. 生产性服务业的空间研究进展及其评述[J]. 地理科学进展，30（4）：
    498-503.

刘天东. 2007. 城际交通引导下的城市群空间组织研究[D]. 长沙：中南大学.

刘万琪. 2015. 高速铁路发展与中国城市经济增长趋同[D]. 广州：暨南大学.

刘伟. 2006. 长江经济带区域经济差异分析[J]. 长江流域资源与环境，（2）：131-135.

刘贤腾. 2007. 空间可达性研究综述[J]. 城市交通，（6）：36-43.

刘修岩. 2008. 经济集聚、空间外部性与地区差距[D]. 上海：复旦大学.

刘修岩. 2009. 集聚经济与劳动生产率：基于中国城市面板数据的实证研究[J]. 数量经济技术经
    济研究，（7）：109-119.

刘耀彬. 2008. 湖北省城市体系空间结构测度及其优化[J]. 地域研究与开发，（1）：32-35，63.

刘勇. 2009. 与空间结构演化协同的城市群交通运输发展——以长三角为例[J]. 世界经济与政
    治论坛，（6）：78-84.

刘志彪. 2002. 协调竞争规则：长三角地区经济一体化的重要基石[J]. 南京政治学院学报，（4）：
    44-48.

刘志彪. 2006. 论现代生产者服务业发展的基本规律[J]. 中国经济问题，（1）：3-9.

柳林. 2010. 交通网络集聚与产业集聚协整关系研究[D]. 北京：北京交通大学.

龙玉，赵海龙，张新德，等. 2017. 时空压缩下的风险投资——高铁通车与风险投资区域变化[J].
    经济研究，52（4）：195-208.

鲁勇. 2002. 行政区经济[M]. 北京：人民出版社.

陆大道. 1995. 区域发展及空间结构[M]. 北京：科学出版社.

陆大道. 2002. 关于"点-轴"空间结构系统的形成机理分析[J]. 地理科学，（1）：1-6.

陆军，宋吉涛，梁宇生，等. 2013. 基于二维时空地图的中国高铁经济区格局模拟[J]. 地理学报，
    68（2）：147-158.

陆铭，高虹，佐藤宏. 2012. 城市规模与包容性就业[J]. 中国社会科学，（10）：47-66.

陆铭，向宽虎. 2012. 地理与服务业——内需是否会使城市体系分散化?[J]. 经济学（季刊），
    11（3）：1079-1096.

罗芬，王怀採，钟永德. 2014. 旅游者交通碳足迹空间分布研究[J]. 中国人口·资源与环境，
    24（2）：38-46.

罗家德. 2005. 社会网分析讲义[M]. 北京：社会科学文献出版社.

罗明义. 1995. 论区域经济一体化与基础设施建设[J]. 思想战线，（6）：19-23.

罗鹏飞，徐逸伦，张楠楠. 2004. 高速铁路对区域可达性的影响研究——以沪宁地区为例[J]. 经
    济地理，（3）：407-411.

罗霞. 2006. 高速公路对区域经济的影响机理及效益研究[D]. 长沙：湖南大学.

骆玲，曹洪. 2010. 高速铁路的区域经济效应研究[M]. 成都：西南交通大学出版社.

吕韬. 2013.中国上市公司股权激励与盈余管理的实证研究[D].天津：天津财经大学.

吕韬，曹有挥. 2010. "时空接近"空间自相关模型构建及其应用——以长三角区域经济差异分析为例[J]. 地理研究，29（2）：351-360.

麻清源，马金辉，张超. 2006. 基于网络分析的交通网络评价及其与区域经济发展关系研究[J]. 人文地理，（4）：113-116，78.

马珺. 2005. 公共品概念的价值[J]. 财贸经济，（11）：25-31，106.

马伟，王亚华，刘生龙. 2012. 交通基础设施与中国人口迁移：基于引力模型分析[J]. 中国软科学，（3）：69-77.

马晓河，胡拥军. 2010. 中国城镇化进程、面临问题及其总体布局[J]. 改革，（10）：30-45.

孟德友，范况生，陆玉麒，等. 2010. 铁路客运提速前后省际可达性及空间格局分析[J]. 地理科学进展，29（6）：709-715.

孟德友，陆玉麒. 2009. 基于引力模型的江苏区域经济联系强度与方向[J]. 地理科学进展，28（5）：697-704.

孟德友，陆玉麒. 2011. 高速铁路对河南沿线城市可达性及经济联系的影响[J]. 地理科学，31（5）：537-543.

孟德友，陆玉麒. 2012. 基于铁路客运网络的省际可达性及经济联系格局[J]. 地理研究，31（1）：107-122.

孟庆民. 2001. 区域经济一体化的概念与机制[J]. 开发研究，（2）：47-49.

孟庆民，杨开忠. 2001. 一体化条件下的空间经济集聚[J]. 人文地理，（6）：7-11.

米娟. 2008. 中国区域经济增长的要素集聚差异性研究[D]. 沈阳：辽宁大学.

那伟，刘继生. 2007. 吉林省城市体系等级规模结构研究[J]. 人文地理，（5）：50-54.

宁越敏. 2011. 中国都市区和大城市群的界定——兼论大城市群在区域经济发展中的作用[J]. 地理科学，31（3）：257-263.

宁越敏，施倩，查志强. 1998. 长江三角洲都市连绵区形成机制与跨区域规划研究[J]. 城市规划，（1）：15-19，31.

潘海啸. 2001. 快速交通系统对形成可持续发展的都市区的作用研究[J]. 城市规划汇刊，（4）：43-46.

潘海啸. 2002. 大都市地区快速交通和城镇发展——国际经验和上海的研究[M]. 上海：同济大学出版社.

潘海啸，粟亚娟. 2000. 都市区高速公路对近域城镇发展影响研究——以上海市为例[J]. 城市规划汇刊，（5）：44-50.

潘鑫，宁越敏. 2008. 长江三角洲都市连绵区城市规模结构演变研究[J]. 人文地理，（3）：17-21.

彭文斌，邝嫦娥. 2010. 中国区域经济差距与资本流动的因子分析[J]. 统计与决策，（9）：103-104.

彭宇拓. 2010. 论高速铁路对加速我国城市化进程的促进作用[J]. 理论学习与探索，（5）：18-19.

彭震伟，屈牛. 2011. 我国同城化发展与区域协调规划对策研究[J]. 现代城市研究，（6）：20-24.

乔洁，秦萧，沈山. 2012. 高速铁路经济效应研究进展与前瞻[J]. 经济问题探索，（8）：112-118.

秦待见. 2008. 走中国特色城镇化道路要充分发挥小城镇的作用[J]. 中国特色社会主义研究，（3）：96-99.

秦尊文. 2011. 围绕武汉建设国家中心城市来完善湖北城市化布局和形态[J]. 学习与实践，（5）：5-8.

邱锦祥. 1991. 高铁对台北都会区第三级产业人口成长值影响分析[J]. 运输计划季刊，20（2）：

149-168.

邱灵，申玉铭，任旺兵. 2008. 北京生产性服务业与制造业的关联及空间分布[J]. 地理学报，
　　63（12）：1299-1310.

屈子力. 2003. 内生交易费用与区域经济一体化[J]. 南开经济研究，（2）：67-70.

饶会林. 1999. 城市经济学[M]. 大连：东北财经大学出版社.

任志艳，延军平. 2013. 高速公路对西安地区城市间引力度影响与评价[J]. 干旱区资源与环境，
　　（2）：46-51.

尚于力. 2008. 京、沪生产性服务业比较研究——基于产业关联与空间分布的分析[D]. 北京：首
　　都师范大学.

尚正永，白永平. 2007. 赣州市 1 小时城市经济圈划分研究[J]. 地域研究与开发，（1）：16-19，24.

申金升，王意冈，王浣尘. 1993. 区域经济系统交通运输间接效益的一种分析方法——经济潜能
　　模型（EPM）[J]. 经济地理，（4）：73-77.

申玉铭，邱灵，任旺兵，等. 2007. 我国服务业发展的基本特征与空间差异研究[J]. 人文地理，
　　（6）：1-5.

沈玉芳，王能洲，马仁锋，等. 2011. 长三角区域物流空间布局及演化特征研究[J]. 经济地理，
　　31（4）：618-623.

石忆邵. 1999. 从单中心城市到多中心城市——中国特大城市发展的空间组织模式[J]. 城市规
　　划汇刊，（3）：36-39.

宋文杰，史煜瑾，朱青，等. 2016. 基于节点—场所模型的高铁站点地区规划评价——以长三角
　　地区为例[J]. 经济地理，36（10）：18-25，38.

宋文杰，朱青，朱月梅，等. 2015. 高铁对不同规模城市发展的影响[J]. 经济地理，35（10）：
　　57-63.

宋英杰. 2013. 交通基础设施的经济集聚效应——基于新经济地理理论的分析[D]. 济南：山
　　东大学.

苏文俊，施海涛，王新军. 2009. 京沪高铁对鲁西南沿线主要城市的影响[J]. 复旦学报（自然科
　　学版），48（1）：111-116.

苏雪串. 2004. 中国城市群的形成与发展在城市化中的作用：以长江三角洲为例[J]. 山西财经大
　　学学报，（1）：46-49.

苏雪串. 2012. 城市群：形成机理、发展态势及中国特点分析[J]. 经济与管理评论，28（2）：45-49.

孙大斌. 2003. 由产业发展趋势探讨我国区域经济一体化动力机制[J]. 国际经贸探索，（6）：
　　71-74.

孙露，薛冰，张子龙，等. 2014. 基于 SNA 的中国产业网络结构演化及定量测度[J]. 生态经济，
　　（2）：83-87，115.

孙铁山，李国平，卢明华. 2009. 京津冀都市圈人口集聚与扩散及其影响因素——基于区域密度
　　函数的实证研究[J]. 地理学报，64（8）：956-966.

孙婷. 2008. 高速铁路对城市发展的影响[J]. 现代城市研究，（7）：82-87.

孙一飞. 1995. 城镇密集区的界定——以江苏省为例[J]. 经济地理，（3）：36-40.

覃成林. 1996. 论区际经济关系与区域经济协调发展[J]. 经济纵横，（11）：22-25.

覃成林. 1997. 中国区域经济差异研究[M]. 北京：中国经济出版社.

覃成林. 2011. 区域协调发展机制体系研究[J]. 经济学家，（4）：63-70.

覃成林，黄小雅. 2014. 高速铁路与沿线城市经济联系变化[J]. 经济经纬，31（4）：1-6.

覃成林，刘万琪，贾善铭. 2015. 中国铁路交通发展对沿线城市经济增长趋同的影响[J]. 技术经济，34（3）：51-57.

覃成林，杨礼杉. 2016. 铁路对沿线城市要素空间集聚的影响[J]. 城市问题，（2）：25-35.

覃成林，郑洪涛，高见. 2005. 中原城市群经济市场化与一体化研究[J]. 江西社会科学，（12）：36-42.

覃成林，种照辉. 2014. 高速铁路发展与铁路沿线城市经济集聚[J]. 经济问题探索，（5）：163-169.

覃成林，朱永磊. 2013. 区域性交通条件改善与沿线城市人口增长——基于铁路运输提速的分析[J]. 经济问题探索，（9）：92-98.

覃成林，朱永磊，种照辉. 2014. 高速铁路网络对中国城市化格局的影响[J]. 城市问题，（9）：9-15.

覃一冬. 2012. 中国城市经济集聚决定因素的实证研究——基于新经济地理学视角[J]. 当代经济科学，34（5）：118-123.

唐根年，徐维祥，罗民超. 2003. 浙江区域块状经济地理空间分布特征及其产业优化布局研究[J]. 经济地理，（4）：457-461.

唐建新. 1998. 基础设施与经济增长——兼论我国基础设施"瓶颈"约束产生的原因与对策[J]. 经济评论，（2）：48-51.

唐路，薛德升，许学强. 2003. 1990 年代以来国内大都市带研究回顾与展望[J]. 城市规划汇刊，（5）：1-5，96.

唐珏岚. 2004. 国际化大都市与生产性服务业集聚[J]. 世界经济与政治，（11）：64-65.

唐勇. 2006. 一体化市场制度与区域经济一体化——制度变迁的"中间抵制"与突破[J]. 浙江社会科学，（1）：71-74.

陶长琪，周伟贤. 2010. 中国省域经济增长模式的空间演化分析[J]. 经济管理，32（1）：41-49.

陶希东. 2010. 高铁时代中国大都市圈发展战略重建研究[J]. 现代城市研究，（6）：11-15.

藤田昌久，蒂斯 J F. 2016. 集聚经济学：城市、产业区位与全球化 [M]. 2 版. 石敏俊，等译. 上海：格致出版社.

藤田昌久，克鲁格曼 P，纳布尔斯 A J. 2005. 空间经济学：城市、区域与国际贸易[M]. 梁琦译. 北京：中国人民大学出版社.

田祖海，苏曼. 2008. 公路交通运输对区域经济发展的影响分析[J]. 商业研究，（4）：123-125.

万三敏. 2011. 河南省旅游经济趋同与趋异研究[J]. 地域研究与开发，30（5）：123-126.

汪德根. 2013. 武广高速铁路对湖北省区域旅游空间格局的影响[J]. 地理研究，（8）：1555-1564.

王成新，梅青，姚士谋，等. 2004. 交通模式对城市空间形态影响的实证分析——以南京都市圈城市为例[J]. 地理与地理信息科学，（3）：74-77.

王凤学. 2012. 中国高速铁路对区域经济发展影响研究[D]. 长春：吉林大学.

王桂新，毛新雅，张伊娜. 2006. 中国东部地区三大都市圈人口迁移与经济增长极化研究[J]. 华东师范大学学报（哲学社会科学版），（5）：1-9.

王海江，苗长虹，茹乐峰，等. 2012. 我国省域经济联系的空间格局及其变化[J]. 经济地理，32（7）：18-23.

王昊，龙慧. 2009. 试论高速铁路网建设对城镇群空间结构的影响[J]. 城市规划，33（4）：41-44.

王洪庆，朱荣林. 2004. 制度创新与区域经济一体化[J]. 经济问题探索，（5）：35-38.

王会宗. 2011. 交通运输与区域经济增长差异——以中国铁路为例的实证分析[J]. 山西财经大
　　学学报,（2）: 61-68.

王缉宪. 2011. 高速铁路影响城市与区域发展的机理[J]. 国际城市规划, 26（6）: 1-5.

王继峰. 2008. 基于可达性的交通规划方法研究[D]. 北京: 清华大学.

王家庭, 赵亮. 2009. 我国交通运输与经济增长关系的实证研究: 1978-2007[J]. 四川大学学报(哲
　　学社会科学版）,（6）: 75-82.

王姣娥, 丁金学. 2011. 高速铁路对中国城市空间结构的影响研究[J]. 国际城市规划, 26（6）:
　　49-54.

王姣娥, 焦敬娟. 2014. 中国高速铁路网络的发展过程、格局及空间效应评价[J]. 热带地理, 34（3）:
　　275-282.

王姣娥, 焦敬娟, 金凤君. 2014. 高速铁路对中国城市空间相互作用强度的影响[J]. 地理学报,
　　69（12）: 1833-1846.

王姣娥, 金凤君. 2005. 中国铁路客运网络组织与空间服务系统优化[J]. 地理学报,（3）: 371-380.

王良健, 周克刚, 许抄军, 等. 2005. 基于分形理论的长株潭城市群空间结构特征研究[J]. 地理
　　与地理信息科学,（6）: 74-77, 99.

王荣斌. 2011. 中国区域经济增长条件趋同研究[J]. 经济地理,（7）: 1076-1080.

王素君, 姜万庆. 2010. 高速公路资产运营评价与管理[M]. 北京: 人民出版社.

王贤文, 姜照华. 2007. 科技集聚地与中国区域科技集聚度的实证研究[J]. 科学学与科学技术管
　　理, 28（4）: 40-45.

王霄宁. 2005. 基于社会网络分析的产业集群定量化模型[J]. 统计与决策,（6）: 43-45.

王小鲁, 樊纲. 2004. 中国地区差距的变动趋势和影响因素[J]. 经济研究,（1）: 33-44.

王晓玉. 2006. 国外生产性服务业集聚研究述评[J]. 当代财经,（3）: 92-96.

王欣, 吴殿廷, 王红强. 2006. 城市间经济联系的定量计算[J]. 城市发展研究,（3）: 55-59.

王兴平, 赵虎. 2010. 沪宁高速轨道交通走廊地区的职住区域化组合现象——基于沪宁动车组出
　　行特征的典型研究[J]. 城市规划学刊,（1）: 89-90.

王旭升. 2007. 中部崛起背景下的郑汴一体化发展研究[J]. 地域研究与开发,（6）: 28-34, 47.

王学定. 2011. 区域经济一体化理论与酒嘉实践[M]. 北京: 科学出版社.

王亚男, 冯奎, 郑明媚. 2012. 中国城镇化未来发展趋势——2012 年中国城镇化高层国际论坛
　　会议综述[J]. 城市发展研究, 19（6）: 1-3.

王燕军, 宗跃光, 欧阳理, 等. 2011. 关中–天水经济区协调发展进程的社会网络分析[J]. 地域
　　研究与开发, 30（6）: 18-21.

王垚, 年猛. 2014. 高速铁路与城市规模扩张——基于中国的实证研究[J]. 财经科学,（10）:
　　113-122.

王雨飞, 倪鹏飞. 2016. 高速铁路影响下的经济增长溢出与区域空间优化[J]. 中国工业经济,
　　（2）: 21-36.

王振波, 徐建刚, 朱传耿, 等. 2010. 中国县域可达性区域划分及其与人口分布的关系[J]. 地理
　　学报, 65（4）: 416-426.

王子龙, 谭清美, 许箫迪. 2006. 产业集聚水平测度的实证研究[J]. 中国软科学,（3）: 109-116.

韦伯 A. 1997. 工业区位论[M]. 李刚剑, 陈志人, 张英保, 译. 北京: 商务印书馆.

魏后凯. 1997. 中国地区经济增长及其收敛性[J]. 中国工业经济,（3）: 31-37.

魏后凯, 朱焕焕. 2015. 长江中游城市群范围界定与一体化推进策略[J]. 企业经济, (9): 12-18.

魏立华, 丛艳国. 2004. 城际快速列车对大都市区通达性空间格局的影响机制分析——以京津唐大都市区为例[J]. 经济地理, (6): 834-837.

魏守华, 吴贵生. 2005. 我国省区科技空间分布特征、成因及其政策含义[J]. 管理世界, (4): 20-27.

吴昊. 2009. C篇: 京津城际铁路对京津地区经济社会发展的作用[J]. 铁道经济研究, (4): 15-19.

吴晖. 2014. 高速铁路建设对沿线地区经济发展影响研究[D]. 兰州: 兰州交通大学.

吴晋峰. 2014. 入境外国旅游流网络分布、性质和结构特征研究[J]. 干旱区资源与环境, (7): 177-182.

吴可人. 2010. 高铁的辩证思考[J]. 浙江经济, (21): 6.

吴良镛. 2002. 面对城市规划 "第三个春天" 的冷静思考[J]. 城市规划, (2): 9-14, 89.

吴三忙, 李善同. 2010. 市场一体化、产业地理集聚与地区专业分工演变——基于中国两位码制造业数据的实证分析[J]. 产业经济研究, (6): 7-16.

吴意云, 朱希伟. 2012. 接入效应、市场分割与商品交易市场发展[J]. 经济学 (季刊), 11 (1): 63-82.

吴玉鸣. 2006a. 空间计量经济模型在省域研发与创新中的应用研究[J]. 数量经济技术经济研究, (5): 74-85, 130.

吴玉鸣. 2006b. 中国省域经济增长趋同的空间计量经济分析[J]. 数量经济技术经济研究, (12): 101-108.

吴玉鸣, 徐建华. 2004. 中国区域经济增长集聚的空间统计分析[J]. 地理科学, (6): 654-659.

武伟, 宋迎昌, 朴寅星. 1997. 以铁路干线为主的地区经济发展轴研究[J]. 开发研究, (5): 33-35.

武志强, 王照亮. 2011. 贵广高速铁路对沿线城市经济联系强度的影响研究[J]. 经济视角, (1): 135.

肖灿夫, 舒元, 李江涛. 2008. 欧洲经济一体化、区域差距与经济趋同[J]. 国际贸易问题, (11): 43-49.

肖金成, 袁朱. 2009. 中国十大城市群[M]. 北京: 经济科学出版社.

肖金成, 史育龙, 申兵, 等. 2009. 中国特色城镇化道路的内涵和发展途径[J]. 发展研究, (7): 4-8.

谢泼德 E. 2005. 地理学还是经济学? 空间、时间、相互依赖和经济人的概念//克拉克 G L, 费尔德曼 M P, 格特勒 M S. 牛津经济地理学手册[M]. 刘卫东译. 北京: 商务印书馆: 102-120.

谢文蕙. 2008. 城市经济学[M]. 北京: 清华大学出版社.

行伟波, 李善同. 2009. 本地偏好、边界效应与市场一体化——基于中国地区间增值税流动数据的实证研究[J]. 经济学 (季刊), 8 (4): 1455-1474.

行伟波, 李善同. 2010. 引力模型、边界效应与中国区域间贸易: 基于投入产出数据的实证分析[J]. 国际贸易问题, (10): 32-41.

行伟波, 李善同. 2012. 地方保护主义与中国省际贸易[J]. 南方经济, (1): 58-70.

徐旳, 陆玉麒. 2004. 高等级公路网建设对区域可达性的影响——以江苏省为例[J]. 经济地理, (6): 830-833.

徐建国. 2005. 我国科技资源空间分布的实证研究[D]. 北京: 清华大学.

徐康宁. 2006. 产业集聚形成的源泉[M]. 北京: 人民出版社.

徐康宁. 2008. 一座城市的千年沉落[J]. 经济学家茶座,（4）: 125-131.

徐宪平. 2012. 面向未来的中国城镇化道路[J]. 求是,（5）: 37-39.

徐永健, 许学强, 阎小培. 2000. 中国典型都市连绵区形成机制初探——以珠江三角洲和长江三角洲为例[J]. 人文地理,（2）: 19-23.

徐长乐, 郇亚丽. 2011. 高铁时代到来的区域影响和意义[J]. 长江流域资源与环境, 20（6）: 650-654.

许吉辰, 李佩瑶. 2012. 长株潭 "3+5" 城市群一体化水平实证分析[J]. 当代经济,（10）: 142-144.

许罗丹, 谭卫红. 2003. 外商直接投资聚集效应在我国的实证分析[J]. 管理世界,（7）: 38-44.

许学强, 周春山. 1994. 论珠江三角洲大都会区的形成[J]. 城市问题,（3）: 3-6, 24.

许政, 陈钊, 陆铭. 2010. 中国城市体系的 "中心-外围模式" [J]. 世界经济, 33（7）: 144-160.

薛凤旋, 郑艳婷. 2005. 我国都会经济区的形成及其界定[J]. 经济地理, 25（6）: 827-833.

薛俊菲, 顾朝林, 孙加凤. 2006. 都市圈空间成长的过程及其动力因素[J]. 城市规划,（3）: 53-56.

郇亚丽. 2012. 新形势下高铁时代到来的区域影响研究[D]. 上海: 华东师范大学.

严浩坤. 2011. 东西部资本流动与区域增长[M]. 北京: 科学出版社.

阎小培, 郭建国, 胡宇冰. 1997. 穗港澳都市连绵区的形成机制研究[J]. 地理研究,（2）: 23-30.

阎小培, 姚一民. 1997. 广州第三产业发展变化及空间分布特征分析[J]. 经济地理,（2）: 41-48.

杨海华, 胡刚. 2010. 广佛同城化的生成机制和合作模式研究. 南方论丛,（2）: 32-38.

杨锐, 黄国安. 2005. 网络位置和创新——杭州手机产业集群的社会网络分析[J]. 工业技术经济,（7）: 114-118.

杨锐, 李伟娜. 2010. 网络结构、关系互动对创新活动的影响——苏州 IT 产业集群实证分析[J]. 科学学研究, 28（7）: 1094-1103.

杨维凤. 2010a. 京沪高速铁路对我国区域空间结构的影响[J]. 河北经贸大学学报,（5）: 55-63.

杨维凤. 2010b. 京沪高速铁路对我国区域空间结构的影响分析[J]. 北京社会科学,（6）: 38-43.

杨维凤. 2011. 京沪高速铁路对我国区域经济发展的影响[J]. 生态经济,（7）: 61-64.

杨扬, 余壮雄, 舒元. 2010. 经济集聚与城市经济增长——来自中国城市的经验证据[J]. 当代经济科学, 32（5）: 113-118.

杨荫凯, 韩增林. 1999. 交通经济带的基本理论探讨[J]. 人文地理,（2）: 6-10.

杨荫凯, 张文尝, 吴启焰. 1999. 哈大交通经济带形成与演化的时空模式研究[J]. 经济地理,（5）: 105-109, 122.

杨子晖. 2011. 政府规模、政府支出增长与经济增长关系的非线性研究[J]. 数量经济技术经济研究,（6）: 77-92.

姚士谋, 朱英明, 陈振光, 等. 2001. 中国城市群[M]. 合肥: 中国科学技术大学出版社.

姚影, 欧国立. 2009. 基于交通改善的城市经济联系实证研究——以长三角城市群为例[J]. 交通运输系统工程与信息, 9（1）: 156-160.

叶昌友, 王遐见. 2013. 交通基础设施、交通运输业与区域经济增长——基于省域数据的空间面板模型研究[J]. 产业经济研究,（2）: 40-47.

易开刚. 2005. 长三角城市群商贸经济一体化发展的成因、机制与战略[J]. 经济地理,（6）: 775-778.

殷克东, 张雷, 方景清. 2008. 交通运输方式在城市发展中的连通作用[J]. 当代经济,（2）: 60-62.

尹冰, 吕成文, 赵晨. 2010. 高速铁路对城市发展的影响研究[J]. 铁道经济研究,（4）: 28-31.

于涛. 2007. 高速铁路建设的内外部经济研究[J]. 铁道运输与经济，（1）：4-6.

喻闻，黄季焜. 1998. 从大米市场整合程度看我国粮食市场改革[J]. 经济研究，（3）：52-59.

袁万海. 2012. 高速铁路与城市化发展的互动机制的研究[D]. 北京：北京交通大学.

原玉丰. 2011. 生产性服务业在城市新区的区位选择与聚集化发展研究[J]. 特区经济，（4）：
　　245-247.

臧旭恒，曲创. 2002. 从客观属性到宪政决策——论"公共物品"概念的发展与演变[J]. 山东大
　　学学报（人文社会科学版），（2）：37-44.

张安琳，蒲泽旭，王敏，等. 2013. 京津城际高速铁路对区域社会经济影响分析[J]. 交通科技与
　　经济，15（1）：14-18.

张超，王春杨. 2013. 地方政府竞争视角下的我国区域市场分割研究综述[J]. 经济问题探索，
　　（2）：80-86.

张成华，欧阳娜. 2012. 长三角共同市场规则量表的构建与实证研究[J]. 特区经济，（1）：54-56.

张东风，马广青，张东红. 2007. 中国高速公路产业论[M]. 北京：中国社会科学出版社.

张敦富. 2007. 城市经济学原理[M]. 北京：中国轻工业出版社.

张光南，张海辉，杨全发. 2011. 中国"交通扶贫"与地区经济差距——来自1989—2008年省
　　级面板数据的研究[J]. 财经研究，（8）：26-35.

张汉斌. 2011. 高速铁路缩小区域差距的传导机制分析[J]. 综合运输，（3）：49-50，87.

张华，梁进社. 2007. 产业空间集聚及其效应的研究进展[J]. 地理科学进展，（2）：14-24.

张京祥. 2000a. 城市与区域管治及其在中国的研究和应用[J]. 城市问题，（6）：40-44.

张京祥. 2000b. 城镇群体空间组合[M]. 南京：东南大学出版社.

张军涛，毕乐强，纪昭君. 2011. 区域间公共基础设施溢出效应研究[J]. 城市发展研究，18（2）：
　　76-81.

张克中，陶东杰. 2016. 交通基础设施的经济分布效应——来自高铁开通的证据[J]. 经济学动
　　态，（6）：62-73.

张莉，朱长宁，曹莉娜. 2013. 沪宁城际高速铁路对区域可达性的影响研究[J]. 铁道运输与经济，
　　35（1）：82-87.

张萌萌，孟晓晨. 2014. 高速铁路对中国城市市场潜力的影响——基于铁路客运可达性的分析
　　[J]. 地理科学进展，33（12）：1650-1658.

张宓之. 2014. 区域要素集聚、空间效应与企业集群发展能力提升研究——基于浙江省的实证分
　　析[D]. 杭州：浙江工业大学.

张楠楠，徐逸伦. 2005. 高速铁路对沿线区域发展的影响研究[J]. 地域研究与开发，（3）：32-36.

张润朋，刘蓉. 2002. 新经济条件下我国生产性服务业的发展[J]. 热带地理，（4）：315-319.

张曙光. 2010. 中国高速铁路与城市化发展[J]. 中国科学院院刊，25（3）：264-270.

张旺，申玉铭，周跃云. 2011. 长株潭城市群生产性服务业集聚的空间特征[J]. 热带地理，31（4）：
　　422-427，438.

张文尝，金凤君，樊杰. 2002. 交通经济带[M]. 北京：科学出版社.

张晓春，宋家骅，邵源，等. 2012. 都市圈背景下深圳轨道交通发展战略研究[J]. 都市快轨交通，
　　23（3）：1-6.

张学良. 2007a. 探索性空间数据分析模型研究[J]. 当代经济管理，（2）：26-29.

张学良. 2007b. 中国交通基础设施与经济增长的区域比较分析[J]. 财经研究，33（8）：51-63.

张学良. 2009. 交通基础设施、空间溢出与区域经济增长[M]. 南京: 南京大学出版社.

张学良. 2010. 后危机时代的长三角城市群一体化发展[J]. 中国浦东干部学院学报, 4 (2): 35-39.

张学良. 2012. 中国交通基础设施促进了区域经济增长吗——兼论交通基础设施的空间溢出效应[J]. 中国社会科学, (3): 60-77.

张学良, 聂清凯. 2010. 高速铁路建设与中国区域经济一体化发展[J]. 现代城市研究, 25 (6): 7-10.

张妍, 黄志龙. 2010. 中国城市化水平和速度的再考察[J]. 城市发展研究, 17 (11): 1-6.

张艳, 程遥, 刘婧. 2010. 中心城市发展与城市群产业整合——以郑州及中原城市群为例[J]. 经济地理, 30 (4): 579-584.

张艳, 刘亮. 2007. 经济集聚与经济增长——基于中国城市数据的实证分析[J]. 世界经济文汇, (1): 48-56.

张佑林. 2004-3-5. 长三角经济过度竞争剖析[N]. 经济学消息报.

张宇硕. 2012. 铁路经济带节点城市经济联系强度比较分析——以西陇海—兰新、呼包—包兰—兰青铁路经济带为例[D]. 兰州: 西北师范大学.

张兆安. 2007. 把握长三角经济一体化的基本特征[J]. 浙江经济, (11): 10-11.

赵丹, 张京祥. 2012. 高速铁路影响下的长三角城市群可达性空间格局演变[J]. 长江流域资源与环境, 21 (4): 391-398.

赵奇伟, 熊性美. 2009. 中国三大市场分割程度的比较分析: 时间走势与区域差异[J]. 世界经济, (6): 41-53.

赵庆国. 2010. 高速铁路在消除地区差别实现区域经济协调发展中的十大作用[J]. 理论学习与探索, (6): 14-17.

赵庆国. 2013. 高速铁路缩小我国区域差的作用机理分析[J]. 当代财经, (4): 106-112.

赵群毅, 周一星. 2007. 北京都市区生产者服务业的空间结构——兼与西方主流观点的比较[J]. 城市规划, (5): 24-31.

赵祥. 2009. 地方政府竞争与 FDI 区位分布——基于我国省级面板数据的实证研究[J]. 经济学家, (8): 53-61.

赵祥, 郭惠武. 2009. 产业关联、要素结构与产业扩散[J]. 首都经济贸易大学学报, 11 (5): 49-59.

赵玉红, 陈玉梅. 2013. 我国城镇化发展趋势及面临的新问题[J]. 经济纵横, (1): 54-56, 124.

甄峰, 刘慧, 郑俊. 2008. 城市生产性服务业空间分布研究: 以南京为例[J]. 世界地理研究, (1): 24-31.

郑长德, 曹梓燨. 2008. 资本流动与经济增长收敛性关系——基于中国省际差异的实证研究[J]. 广东金融学院学报, (1): 34-43.

郑雪姣. 2009. 安徽省生产性服务业产业关联与空间分布研究[D]. 北京: 首都师范大学.

钟水映, 李魁. 2010. 人口红利、空间外溢与省域经济增长[J]. 管理世界, (4): 14-23.

钟业喜, 黄洁, 文玉钊. 2015. 高铁对中国城市可达性格局的影响分析[J]. 地理科学, 35 (4): 387-395.

周浩, 余金利. 2013. 铁路提速、可达性与城市经济增长[J]. 经济评论, (1): 52-59.

周浩, 郑筱婷. 2012. 交通基础设施质量与经济增长: 来自中国铁路提速的证据[J]. 世界经济,

（1）78-97.

周惠来，郭蕊. 2007. 中国城市群研究的回顾与展望[J]. 地域研究与开发，（5）：55-60.

周平，刘清香. 2012. 京沪高铁对山东区域经济发展的溢出效应[J]. 经济与管理评论，（1）：151-156.

周涛. 2011. 新经济形势下珠三角一体化发展研究[J]. 技术与创新管理，32（5）：496-499.

周文良. 2006. 制造业的集聚、扩散及其政策选择[D]. 广州：暨南大学.

周孝文. 2010. 高速铁路对区域经济协调发展的促进作用[J]. 铁道经济研究，（6）：19-22.

周一星. 1995. 城市地理学[M]. 北京：商务印书馆.

朱林兴. 1986. 中国社会主义城市经济学[M]. 上海：上海社会科学院出版社.

朱其雄. 2011. 北京和沈阳经验对珠三角城际轨道交通发展的启示[J]. 广东科技，20（12）：135-136.

朱欣苑. 2006. 上海现代服务业集群发展研究[D]. 广州：暨南大学.

朱永磊. 2014. 铁路运输发展与中国城市化格局演变[D]. 广州：暨南大学.

Aguilar A G. 1999. Mexico City growth and regional dispersal: the expansion of largest cities and new spatial forms[J]. Habitat International, 23（3）: 391-412.

Ahlfeldt G M, Feddersen A. 2010. From periphery to core: economic adjustments to high speed rail[R]. LSE Research Online Working Paper.

Albalate D, Bel G. 2012. High-speed rail: lessons for policy makers from experiences abroad[J]. Public Administration Review, 72（3）: 336-349.

Alonso-Villar O. 2002. Urban agglomeration: knowledge spillovers and product diversity[J]. The Annals of Regional Science, 36（4）: 551-573.

Alperovich G. 1983. Determinants of urban population density functions: a procedure for efficient estimates[J]. Regional Science and Urban Economics, 13（2）: 287-295.

Anas A, Xiong K. 2003. Intercity trade and the industrial diversification of cities[J]. Journal of Urban Economics, 54（2）: 258-276.

Andersson D E, Shyr O F, Fu J. 2010. Does high-speed rail accessibility influence residential property prices? Hedonic estimates from southern Taiwan[J]. Journal of Transport Geography, 18（1）: 166-174.

Anselin L. 2005. Exploring spatial data with GeoDaTM: a workbook[EB/OL]. http://www.docin.com/p-528004816.html[2020-10-03].

Arauzo-Carod J M, Viladecans-Marsal E. 2009. Industrial location at the intra-metropolitan level: the role of agglomeration economies[J]. Regional Studies, 43（4）: 545-558.

Arduin J P, Ni J. 2005. French TGV network development[J]. Japan Railway & Transport Review, 40（3）: 22-28.

Asheim B T, Isaksen A. 1997. Location, agglomeration and innovation: towards regional innovation systems in Norway?[J]. European Planning Studies, 5（3）: 299-330.

Banerjee A V, Duflo E, Qian N. 2012. On the road: access to transportation infrastructure and economic growth in China[R]. NBER Working Paper, w17897.

Barro R J. 1991. Economic growth in a cross section of countries[J]. The Quarterly Journal of Economics, 106（2）: 407-443.

Barro R J. 1998. Determinants of Economic Growth: A Cross Country Empirical Study[M]. London: MIT Press.

Barro R J. 2000. Inequality and growth in a panel of countries[J]. Journal of Economic Growth, 5 (1): 5-32.

Baum-Snow N, Brandt L, Henderson J V, et al. 2017. Roads, railroads, and decentralization of Chinese cities[J]. Review of Economics and Statistics, 99 (3): 435-448.

Baum-Snow N, Pavan R. 2012. Understanding the city size wage gap[J]. The Review of Economic Studies, 79 (1): 88-127.

Beeson P E, DeJong D N. 2002. Divergence[J]. Contributions in Macroeconomics, 2 (1): 1-38.

Behrens K, Duranton G, Robert-Nicoud F. 2014. Productive cities: sorting, selection, and agglomeration[J]. Journal of Political Economy, 122 (3): 507-553.

Berliant M, Reed III R R, Wang P. 2006. Knowledge exchange, matching, and agglomeration[J]. Journal of Urban Economics, 60 (1): 69-95.

Beyers W B. 1993. Producer services[J]. Progress in Human Geography, 17 (2): 221-231.

Blonigen B A, Davies R B, Naughton H T, et al. 2005. Spacey parents: spatial autoregressive patterns in inbound FDI[R]. NBER Working Paper, (w11466).

Blonigen B A, Davies R B, Waddell G R, et al. 2004. FDI in space: spatial autoregressive relationships in foreign direct investment[R]. NBER Working Paper, w10939.

Blonigen B A, Davies R B, Waddell G R, et al. 2007. FDI in space: spatial autoregressive relationships in foreign direct investment[J]. European Economic Review, 51 (5): 1303-1325.

Blum U, Haynes K E, Karlsson C. 1997. Introduction to the special issue—the regional and urban effects of high-speed trains[J]. The Annals of Regional Science, 31 (1): 1-20.

Blundell R, Dias M C. 2005. Evaluation methods for non-experimental data[J]. Fiscal Studies, 21 (4): 427-468.

Bonnafous A. 1987. The regional impact of the TGV[J]. Transportation, 14 (2): 127-137.

Boudier-Bensebaa F. 2005. Agglomeration economies and location choice: foreign direct investment in Hungary[J]. Economics of Transition, 13 (4): 605-628.

Bowes D R, Ihlanfeldt K R. 2001. Identifying the impacts of rail transit stations on residential property values[J]. Journal of Urban Economics, 50 (1): 1-25.

Brown W M, Scott D M. 2012. Human capital location choice: accounting for amenities and thick labor markets[J]. Journal of Regional Science, 52 (5): 787-808.

Browning H L, Singelman J. 1975. The emergence of a service society: demographic and sociological aspects of the sectoral transformation of the labor force in the usa[R]. Springfield: National Technical Information Service.

Brülhart M, Koenig P. 2006. New economic geography meets Comecon: regional wages and industry location in central Europe [J]. Economics of Transition, 14 (2): 245-267.

Buchanan J M. 1965. An economic theory of clubs[J]. Economica, 32 (125): 1-14.

Button K. 2012. Is there any economic justification for high-speed railways in the United States?[J]. Journal of Transport Geography, 22: 300-302.

Cabrer-Borrás B, Serrano-Domingo G. 2007. Innovation and R&D spillover effects in Spanish regions: a spatial approach[J]. Research Policy, 36（9）: 1357-1371.

Campos J, de Rus G. 2009. Some stylized facts about high-speed rail: a review of HSR experiences around the world[J]. Transport Policy, 16（1）: 19-28.

Campos N F, Kinoshita Y. 2003. Why does FDI go where it goes? New evidence from the transition economies[R]. IMF Working Papers.

Chang Y H, Yeh C H, Shen C C. 2000. A multiobjective model for passenger train services planning: application to Taiwan's high-speed rail line[J]. Transportation Research Part B: Methodological, 34（2）: 91-106.

Chen C. 1997. Provincial characteristics and foreign direct investment location decision within China[R]. University of Adelaide, Chinese Economies Research Centre.

Chen Y J. 2009. Agglomeration and location of foreign direct investment: the case of China[J]. China Economic Review, 20（3）: 549-557.

Chen Z H, Haynes K E. 2015. Impact of high speed rail on housing values: an observation from the Beijing–Shanghai line[J]. Journal of Transport Geography, 43: 91-100.

Chen Z H, Xue J B, Rose A Z, et al. 2016. The impact of high-speed rail investment on economic and environmental change in China: a dynamic CGE analysis[J]. Transportation Research Part A: Policy and Practice, 92: 232-245.

Cheng L K, Kwan Y K. 2000. What are the determinants of the location of foreign direct investment? The Chinese experience[J]. Journal of International Economics, 51（2）: 379-400.

Chi G Q. 2010. The impacts of highway expansion on population change: an integrated spatial approach[J]. Rural Sociology, 75（1）: 58-89.

Ciccone A, Hall R E. 1996. Productivity and the density of economic activity[J]. American Economic Review, 86（1）: 54-70.

Clark C. 1951. Urban population densities[J]. Journal of the Royal Statistical Society Series A （General）, 114: 490-494.

Coughlin C C, Segev E. 2000. Foreign direct investment in China: a spatial econometric study[J]. The World Economy, 23（1）: 1-23.

Coughlin C C, Terza J V, Arromdee V. 1991. State characteristics and the location of foreign direct investment FDI within the United States[J]. Review of Economics and Statistics, 73（4）: 675-683.

Dalvi M Q, Martin K M. 1976. The measurement of accessibility: some preliminary results[J]. Transportation, 5（1）: 17-42.

de Rus G. 2008. The economic effects of high speed rail investment[R]. OECD/ITF Joint Transport Research Centre Discussion Paper, （7）: 154-189.

Debrezion G, Pels E, Rietveld P. 2011. The impact of rail transport on real estate prices: an empirical analysis of the Dutch housing market[J]. Urban Studies, 48（5）: 997-1015.

Deichmann J I, Eshghi A, Haughton D, et al. 2003. Foreign direct investment in the Eurasian transition states[J]. Eastern European Economics, 41（1）: 5-34.

Démurger S. 2001. Infrastructure development and economic growth: an explanation for regional disparities in China?[J]. Journal of Comparative Economics, 29（1）: 95-117.

Drucker J. 2013. Industrial structure and the sources of agglomeration economies: evidence from manufacturing plant production[J]. Growth and Change, 44（1）: 54-91.

Duranton G, Puga D. 2001. Nursery cities: urban diversity, process innovation, and the life-cycle of products[J]. American Economic Review, 91（5）: 1454-1477.

Dustmann C, Mestres J. 2010. Remittances and temporary migration[J]. Journal of Development Economics, 92（1）: 62-70.

Elhorst J P, Oosterhaven J. 2008. Integral cost-benefit analysis of maglev projects under market imperfections[J]. Journal of Transport and Land Use, 1（1）: 65-87.

Ellis D. 2010. Relationship between transportation and the economy[R]. Beijing Jiaotong University.

Friedmann J. 1966 . Regional Development Policy: A Case Study of Venezuela[M]. London: MIT Press.

Fingleton B. 2001. Equilibrium and economie growth[J]. Journal of Regional Seience,（1）: 117-147.

Fröidh O. 2005. Market effects of regional high-speed trains on the Svealand line[J]. Journal of Transport Geography, 13（4）: 352-361.

Fujita M, Krugman P. 2004. The new economic geography: past, present and the future[J]. Regional Science, 83: 139-164.

Fujita M, Krugman P, Venables A J. 1999a. The Spatial Economy[M]. London: MIT Press.

Fujita M, Krugman P, Venables A J. 1999b. The Spatial Economy: Cities, Regions, and International Trade[M]. Cambridge: Cambridge University Press.

Fujita M, Thisse F. 2002. Economics of Agglomeration: Cities, Industrial Location, and Regional Growth[M]. Cambridge: Cambridge University Press.

Garretsen H, Peeters J. 2009. FDI and the relevance of spatial linkages: do third-country effects matter for Dutch FDI?[J]. Review of World Economics, 145（2）: 319-338.

Geurs K T, van Wee B. 2004. Accessibility evaluation of land-use and transport strategies: review and research directions[J]. Journal of Transport Geography, 12（2）: 127-140.

Gillespie A E, Green A E. 1987. The changing geography of producer services employment in Britain[J]. Regional Studies, 21（5）: 397-411.

Givoni M. 2006. Development and impact of the modern high-speed train: a review[J]. Transport Reviews, 26（5）: 593-611.

Glaeser E L, Scheinkman J A, Shleifer A. 1995. Economic growth in a cross-section of cities[J]. Journal of Monetary Economics, 36（1）: 117-143.

Glaeser E L. 2000. The new economics of urban and regional growth[M]//Sheppard E, Barnes T J. The Oxford Handbook of Economic Geography. Oxford: Oxford University Press: 83-98.

Goe W R. 2002. Factors associated with the development of nonmetropolitan growth nodes in producer services industries, 1980–1990[J]. Rural Sociology, 67（3）: 416-441.

Gottmann J. 1957. Megalopolis or the urbanization of the northeastern seaboard[J]. Economic Geography, 33（3）: 189-200.

Graham D J, Couto A, Adeney W E, et al. 2003. Economies of scale and density in urban rail transport : effects on productivity[J]. Transportation Research Part E : Logistics and Transportation Review, 39（6）: 443-458.

Greenfield H I. 1966. Manpower and the Growth of Producer Services[M]. New York：Columbia University Press.

Greenwood M J, Fishe M M, Nijkamp P. 2014. Migration and labor market opportunities[M]. Berlin：Springer.

Gutiérrez J. 2001. Location, economic potential and daily accessibility: an analysis of the accessibility impact of the high-speed line Madrid–Barcelona–French border[J]. Journal of Transport Geography, 9（4）: 229-242.

Gutiérrez J, González R, Gómez G. 1996. The European high-speed train network：predicted effects on accessibility patterns[J]. Journal of Transport Geography, 4（4）: 227-238.

Hagen-Zanker J, Siegel M. 2007. The determinants of remittances: a review of the literature[R]. Maastricht Graduate School of Governance Working Paper, No. 3.

Hall P. 2009. Magic carpets and seamless webs：opportunities and constraints for high-speed trains in Europe[J]. Built Environment, 35（1）: 59-69.

Hansen W G. 1959. How accessibility shapes landuse[J]. Journal of the American Institute of Planners, 25：73-76.

Hanson G H. 2005. Market potential, increasing returns and geographic concentration[J]. Journal of International Economics, 67（1）: 1-24.

Harman R. 2006. High speed trains and the development and regeneration of cities[EB/OL]. http://www.greengauge21.net/wp-content/uploads/hsr-regneration-of-cities.pdf[2020-11-10].

Harrington J W. 1995. Empirical research on producer service growth and regional development: international comparisons[J]. The Professional Geographer, 47（1）: 66-74.

Head K, Mayer T. 2004. Market potential and the location of Japanese investment in the European Union[J]. Review of Economics and Statistics, 86（4）: 959-972.

Heckman J J, Ichimura H, Todd P E. 1997. Matching as an econometric evaluation estimator: Evidence from evaluating a job training programme[J]. The Review of Economic Studies, 64（4）: 605-654.

Heckman J J, Ichimura H, Todd P. 1998. Matching as an econometric evaluation estimator[J]. Review of Economic Studies, 65（2）: 261-294.

Heckman J J. 1976. The common structure of statistical models of truncation, sample selection and limited dependent variables and a simple estimator for such models[J]. Annals of Economic and Social Measurement, 5（4）: 475-492.

Heikkila E, Gordon P, Kim J I, et al. 1989. What happened to the CBD-distance gradient? Land values in a policentric city[J]. Environment and Planning A: Economy and Space, 21（2）: 221-232.

Hirschman A O. 1958. The Strategy of Economic Development[M]. New Haven：Yale University Press.

Hodge D. 1997. Accessibility-related issues[J]. Journal of Transport Geography, 5（1）: 33-34.

Holl A. 2004. Manufacturing location and impacts of road transport infrastructure：Empirical evidence from Spain[J]. Regional Science and Urban Economics, 34（3）: 341-363.

Holl A. 2007. Twenty years of accessibility improvements：the case of the Spanish motorway building programme [J]. Journal of Transport Geography, 15（4）: 286-297.

Holmes T J, Lee S. 2012. Economies of density versus natural advantage: crop choice on the back forty[J]. Review of Economics and Statistics, 94（1）: 1-19.

Howells J, Green A E. 1986. Location, technology and industrial organisation in UK services[J]. Progress in Planning, 26: 83-183.

Huber P, Paffermayr M, Wolfmayr Y. 2006. Market potential and border effects in Europe[R]. European Regional Science Association.

Hubert B. J. Friedmann. 1968. Regional development policy: a case study of Venezuela[J]. Revue Tiers Monde, 9（34）: 502-504.

Hung M, Wang Y. 2014. Mandatory CSR disclosure and shareholder value: evidence from China [R]. Working Paper, University of Southern California and the Hong Kong University of Science and Technology.

Ingram D R. 1971. The concept of accessibility: a search for an operational form[J]. Regional Studies, 5（2）: 101-107.

Johnson S R, Kau J B. 1980. Urban spatial structure: an analysis with a varying coefficient model[J]. Journal of Urban Economics, 7（2）: 141-154.

Kilkenny M. 1998. Transport costs and rural development[J]. Journal of Regional Science, 38（2）: 293-312.

Kim K S. 2000. High-speed rail developments and spatial restructuring: a case study of the capital region in South Korea[J]. Cities, 17（4）: 251-262.

Kim T J, Knaap G. 2001. The spatial dispersion of economic activities and development trends in China: 1952—1985[J]. The Annals of Regional Science, 35（1）: 39-57.

Kobayashi K, Okumura M. 1997. The growth of city systems with high-speed railway systems[J]. The Annals of Regional Science, 31（1）: 39-56.

Kotavaara O, Antikainen H, Rusanen J. 2011. Population change and accessibility by road and rail networks: GIS and statistical approach to Finland 1970—2007[J]. Journal of Transport Geography, 19（4）: 926-935.

Krugman P. 1980. Scale economies, product differentiation, and the pattern of trade[J]. American Economic Review, 70（5）: 950-959.

Krugman P. 1991. Increasing returns and economic geography[J]. Journal of Political Economy, 99（3）: 483-499.

Krugman P. 1993. First nature, second nature, and metropolitan location[J]. Journal of Regional Science, 33（2）: 129-144.

Krugman P, Venables A J. 1996. Integration, specialization, and adjustment[J]. European Economic Review, 40（3/5）: 959-967.

Kwan M P, Murray A T, O'Kelly M E, et al. 2003. Recent advances in accessibility research: representation, methodology and applications[J]. Journal of Geographical Systems, 5（1）: 129-138.

Lang C. 2010. Heterogeneous transport costs and spatial sorting in a model of new economic geography[J]. Papers in Regional Science, 89（1）: 191-202.

Levinson D M. 2010. Economic development impacts of high-speed rail[J]. Social Science Electronic

Publishing, 22(2):288-291.

Levinson D M. 2012. Accessibility impacts of high-speed rail[J]. Journal of Transport Geography，22：288-291.

Levinson D M，Mathieu J M，Gillen D，et al. 1997. The full cost of high-speed rail：an engineering approach[J]. The Annals of Regional Science，31（2）：189-215.

Li S M，Shum Y M. 2001. Impacts of the national trunk highway system on accessibility in China[J]. Journal of Transport Geography，9（1）：39-48.

López E，Gutiérrez J，Gómez G. 2008. Measuring regional cohesion effects of large-scale transport infrastructure investments：an accessibility approach[J]. European Planning Studies，16（2）：277-301.

Mallick R，Carayannis E G. 1994. Regional economic convergence in Mexico：an analysis by industry[J]. Growth and Change，25（3）：325-334.

Marie D. 2010. High-speed rail and local economic development：an analysis based on innovations，local and national spaces and local actors' strategies[R]. European Regional Science Association. Papers in ERSA 50th Conference.

Marmolo E. 1999. A constitutional theory of public goods[J]. Journal of Economic Behavior & Organization，38（1）：27-42.

Marshall J N，Damesick P，Wood P. 1987. Understanding the location and role of producer services in the United Kingdom[J]. Environment and Planning A: Economy and Space，19（5）：575-595.

Martín V E. 1998. High speed rail in the European Union. Urban impact in France and Spain[J]. Geographicalia，36：19-32.

Martin R，Sunley P. 1998. Slow convergence? The new endogenous growth theory and regional development[J]. Economic Geography，74（3）：201-227.

McGee T G. 1991. The Emergence of Desa-kota Regions in Asia：Expanding a Hypothesis[M]. Honolulu：University of Hawaii Press.

Mitchel A. 2005. The ESRI Guide to GIS Analysis，Volume 2：Spatial Measurements and Statistics[M]. Redlands：Esri Press.

Morris J M，Dumble P L，Wigan M R. 1979. Accessibility indicators for transport planning[J]. Transportation Research Part A: General，13（2）：91-109.

Murayama Y. 1994. The impact of railways on accessibility in the Japanese urban system[J]. Journal of Transport Geography，2（2）：87-100.

Nakagawa D，Hatoko M. 2007. Reevaluation of Japanese high-speed rail construction：recent situation of the north corridor Shinkansen and its way to completion[J]. Transport Policy，14（2）：150-164.

Napolitano O，Bonasia M. 2010. Determinants of different internal migration trends：the Italian experience[R]. University Library of Munich，Germany.

Naughton B. 1999. How much can regional integration do to unify China's markets? Conference for Research on Economic Development and Policy Research[R]. Center for Research on Economic Development and Policy Research, Working Paper，Stanford University.

Nelson D R. 2015. Migration and networks[M]//Commendatore P，Kayam S，Kubin I. Complexity and Geographical Economics. Cham：Springer International Publishing，141-164.

Okada H. 1994. Features and economic and social effects of the Shinkansen[J]. Japan Railway and Transport Review, 3: 9-16.

Ollivier-Trigalo M, Barone S. 2011. The regionalization of rail transport in France: an analysis of the interplay between actors (from the late 1990s through the 2000s) [J]. Transport Policy, 18 (4): 604-612.

Oosterhaven J, Romp W E. 2003. Indirect economic effects of new infrastructure: a comparison of Dutch high speed rail variants[J]. Tijdschrift Voor Economische En Sociale Geografie, 94 (4): 439-452.

Ortega E, López E, Monzón A. 2012. Territorial cohesion impacts of high-speed rail at different planning levels[J]. Journal of Transport Geography, 24: 130-141.

Parr J B. 1985. The form of the regional density function[J]. Regional Studies, 19 (6): 535-546.

Peterman D R, Frittelli J, Mallett W J. 2009. High speed rail (HSR)in the United States[J].American Economic Review, 7 (1): 46-90.

Pirie G H. 1979. Measuring accessibility: a review and proposal[J]. Environment and Planning A: Economy and Space, 11 (3): 299-312.

Ploeckl F. 2010. Borders, market access and urban growth, the case of Saxon towns and the Zollverein[R]. IEB Working Papers.

Poncet S. 2003. Measuring Chinese domestic and international integration[J]. China Economic Review, 14 (1): 1-21.

Pooler J A. 1995. The use of spatial separation in the measurement of transportation accessibility[J]. Transportation Research Part A: Policy and Practice, 29 (6): 421-427.

Preston J, Wall G. 2008. The ex-ante and ex-post economic and social impacts of the introduction of high-speed trains in South East England[J]. Planning, Practice & Research, 23 (3): 403-422.

Puga D. 2002. European regional policies in light of recent location theories[J]. Journal of Economic Geography, 2 (4): 373-406.

Qin Y. 2017. No county left behind? The distributional impact of high-speed rail upgrades in China[J]. Journal of Economic Geography, 17 (3): 489-520.

Quinn D P, Inclan C. 1997. The origins of financial openness: a study of current and capital account liberalization[J]. American Journal of Political Science, 41 (3): 771-813.

Redding S J, Sturm D M. 2008. The costs of remoteness: evidence from German division and reunification[J]. American Economic Review, 98 (5): 1766-1997.

Rietveld P, Nijkamp P. 1993. Transport and regional development[R]. European Transport Economics, European Conference of Ministers of Transport.

Rosenbaum P R, Rubin D B. 1983. The central role of the propensity score in observational studies for causal effects[J]. Biometrika, 70 (1): 41-55.

Samuelson P A. 1954. The pure theory of public expenditure[J]. Review of Economics and Statistics, 36 (4): 387-389.

Sánchez-Mateos H S M, Givoni M. 2012. The accessibility impact of a new high-speed rail line in the UK—a preliminary analysis of winners and losers[J]. Journal of Transport Geography, 25: 105-114.

Sands B. 1993. The development effects of high-speed rail stations and implications for California[J]. Built Environment, 19（3）: 257.

Sasaki K, Ohashi T, Ando A. 1997. High-speed rail transit impact on regional systems: does the Shinkansen contribute to dispersion?[J]. The Annals of Regional Science, 31（1）: 77-98.

Shimada A. 2012. Migration decisions, expected remittances, and altruism[J]. International Review of Economics, 59（3）: 285-296.

Shin D C. 2005. Recent experience of and prospects for high-speed rail in Korea: Implications of a transport system and regional development from a global perspective[EB/OL]. https://www.kdevelopedia.org/resource/view/05201211160123387.do#.X6ph_PlX-iQ[2020-01-20].

Smith B E. 1997. A review of monocentric urban density analysis[J]. Journal of Planning Literature, 12（2）: 115-135.

Song S F. 1996. Some tests of alternative accessibility measures: a population density approach[J]. Land Economics, 72（4）: 474-482.

Spiekermann K, Wegener M. 1994. The shrinking continent: new time—space maps of Europe[J]. Environment and Planning B: Planning and Design, 21（6）: 653-673.

Tang S S, Savy M, Doulet J F. 2011. High speed rail in China and its potential impacts on urban and regional development[J]. Local Economy: the Journal of the Local Economy Policy Unit, 26（5）: 409-422.

Tappeiner G, Hauser C, Walde J. 2008. Regional knowledge spillovers: fact or artifact?[J]. Research Policy, 37（5）: 861-874.

Teixeira A C. 2006. Transport policies in light of the new economic geography: the Portuguese experience[J]. Regional Science and Urban Economics, 36（4）: 450-466.

Temple M. 1994. Regional Economics[M]. London: The Macmillan Press Ltd.: 45-51.

Ureña J M, Menerault P, Garmendia M. 2009. The high-speed rail challenge for big intermediate cities: a national, regional and local perspective[J]. Cities, 26（5）: 266-279.

Vaturi A, Portnov B A, Gradus Y. 2011. Train access and financial performance of local authorities: greater Tel Aviv as a case study[J]. Journal of Transport Geography, 19（2）: 224-234.

Vickerman R. 1997. High-speed rail in Europe: experience and issues for future development[J]. The Annals of Regional Science, 31（1）: 21-38.

Vickerman R, Spiekermann K, Wegener M. 1999. Accessibility and economic development in Europe[J]. Regional Studies, 33（1）: 1-15.

Vickerman R, Ulied A. 2006. Indirect and wider economic impacts of high speed rail[J]. Economic Analysis of High Speed Rail in Europe, 23（3）: 3-13.

Wang J, Charles M. 2010. The potential impacts of high speed rail on regional economic development in Australia: towards a multi-regional input-output approach[R]. The 7th World Congress on High Speed Rail.

Willigers J. 2003. High-speed railway developments and corporate location decisions[R]. European Regional Science Association Conference.

Wren C. 2012. Geographic concentration and the temporal scope of agglomeration economies: an index decomposition[J]. Regional Science and Urban Economics, 42（4）: 681-690.

Young A. 2000. The razor's edge: distortions and incremental reform in the People's Republic of China[J]. The Quarterly Journal of Economics, 115 (4): 1091-1135.

Zhang X L. 2013. Has transport infrastructure promoted regional economic growth? — with an analysis of the spatial spillover effects of transport infrastructure[J]. Social Sciences in China, 34 (2): 24-47.

Zheng S Q, Kahn M E. 2013. China's bullet trains facilitate market integration and mitigate the cost of megacity growth[J]. Proceedings of the National Academy of Sciences of the United States of America, 110 (14): 1248-1253.

附　　录

附录1　多中心区域密度函数拟合结果的稳健性检验

为了检验正文中多中心区域密度函数回归结果的稳健性，我们用 2011 年的时间距离代替欧式距离对该模型进行非线性最小二乘法拟合。由附表1可知，结果仍然显现出北京、上海、深圳的区域中心生产性服务业从业人口密度显著高于其他城市，且显现出极强的向心集聚能力，生产性服务业从业人口密度梯度较小，表明周边区域生产性服务业从业人口密度随着与核心城市时间距离的递增，而产生明显衰减的趋势，进一步证明了三大核心的"极核"趋势。然而，在该回归结果中，广州的生产性服务业区域中心从业人口密度虽然比正文中小，但也在 5%的显著性水平上显著，因此，结合正文中回归结果，将广州定义为格局中的次级核心城市。

附表1　基于时间距离的多中心区域密度函数拟合结果

区域	参数	模型（1）	模型（2）	模型（3）	模型（4）	模型（5）	模型（6）
北京	D_0	177.2107*** （7.026）	196.3724*** （34.843）	195.5196*** （77.446）	196.4081*** （35.089）	193.7144*** （168.335）	194.6369*** （117.477）
	b	0.2232*** （6.897）	0.3264*** （5.799）	0.3983*** （3.975）	0.3271*** （5.761）	0.4781*** （2.966）	0.4418*** （3.320）
上海	D_0		236.1775*** （70.891）	233.8600*** （108.224）	236.1593*** （71.841）	230.8519*** （165.078）	232.7168*** （139.680）
	b		0.3969*** （6.959）	0.4536*** （6.151）	0.3982*** （6.916）	0.5370*** （5.495）	0.4810*** （5.940）
广州	D_0			83.9974** （2.194）			28.4681** （1.995）
	b			0.0862*** （5.748）			0.0455** （2.559）
深圳	D_0				388.4618*** （54.266）	385.3112*** （115.325）	374.8242*** （52.909）
	b				0.2546*** （4.881）	0.3005*** （3.965）	0.3970*** （3.439）

续表

区域	参数	模型（1）	模型（2）	模型（3）	模型（4）	模型（5）	模型（6）
武汉	D_0					14.2238*** （2.641）	
	b					0.0283* （1.875）	
	N	264	264	264	264	264	264
	R^2	0.1295	0.3067	0.4392	0.8205	0.8513	0.8547

注：括号内为 t 值

***、**、*分别表示 1%、5%和 10%的显著性水平

附录 2　可达性与生产性服务业集聚关系模型

从正文中可知，可达性与生产性服务业集聚关系的拟合曲线是非线性的。因此，我们分别尝试用平方根指数函数、指数函数和二次函数对曲线进行拟合回归，各模型拟合结果见附表 2。x 表示可达性值，y 表示生产性服务业从业人口密度，具体表达式如下：

平方根指数函数：

$$y = a\,\mathrm{e}^{b\sqrt{x}}$$

指数函数：

$$y = a\,\mathrm{e}^{bx}$$

二次函数：

$$y = ax^2 + bx + c$$

附表 2　模型拟合结果比较

参数	平方根指数函数		指数函数		二次函数	
	2003 年	2011 年	2003 年	2011 年	2003 年	2011 年
α	5.5332*** （5.692）	3.5706*** （2.721）	10.6754*** （7.564）	11.2522*** （5.007）	329.0951 （1.212）	327.5676*** （2.726）
β	5.3356*** （21.107）	4.7534*** （9.498）	7.0841*** （20.300）	4.0304*** （10.262）	234.0917** （2.338）	33.5462 （0.503）
常数项					6.1679*** （4.720）	8.1419*** （4.219）
N	173	173	173	173	173	173
R^2	0.4824	0.4916	0.4563	0.4807	0.2881	0.3849

注：括号内为 t 值

***、**分别表示 1%、5%的显著性水平

　　上述三种模型基于 2003 年和 2011 年对比的拟合结果显示,平方根指数函数的拟合优度最高,而且,估计系数在 1%的水平上显著,因此,正文中选择平方根指数函数来描述可达性与生产性服务业集聚的关系较为合适。

后　记

　　2011 年 12 月，我们成功申报获批了国家社会科学基金重大项目"高铁快速发展背景下区域经济协调发展及相关政策研究"（11&ZD159）。在其后的 4 年多时间里，本书课题组围绕高速铁路对中国区域经济发展所产生的影响开展了较为系统的研究，并根据研究结论提出了利用高速铁路建设和运营带来的机遇，促进区域经济增长和区域经济协调发展的政策建议。其间，我们在国内外学术期刊上发表了一批论文，在全国哲学社会科学规划办公室主办的《成果要报》上发表了三篇决策建议报告。从 2016 年项目结项至今，我们仍然在继续研究高速铁路对中国区域经济发展的影响，并陆续发表了一批新论文。在项目执行和后续的研究过程中，我们也培育了一批博士研究生和硕士研究生。他们逐渐成长为高速铁路与区域经济发展领域的学术新秀，为该领域的发展做出了积极的贡献。为了集中反映项目的研究成果，我们挑选了部分没有发表和已经发表的研究成果以《高速铁路驱动的中国区域经济》的书名集结出版。之所以对这些研究成果冠此书名，是因为我们在研究中从理论和实证分析两个方面验证了高速铁路是驱动中国区域经济发展的一个新动力。全书的总体思路、结构及价值等已经在总论部分做了介绍，此处不再赘述。近年来，在科学出版社的帮助下，我们对书稿做了多次的调整和修改，力求使内容更加完善。本书各章的写作安排如下：第一章由覃成林、贾善铭撰写，第二章由贾善铭、周春雨、覃成林撰写，第三章由刘万琪撰写，第四章由郑海燕撰写，第五章由霍妮撰写，第六章由种照辉撰写，第七章由黄小雅撰写，第八章由贾善铭、覃成林撰写，第九章由朱永磊撰写，第十章由杨晴晴撰写，第十一章由杨礼杉撰写，第十二章由蒋浩杰撰写。全书由覃成林、贾善铭、种照辉完成统稿工作。张震、刘丽玲、樊双涛、江嘉琳、殷赏、唐海菊等同学参与了本书的校对工作。遵照学术自由、自主的原则，本书各章节的文责由相应的撰写者负责。

　　众所周知，高速铁路的建设和运营是影响 21 世纪中国经济社会发展的大事件。从 2008 年京津城际高速铁路开通运营以来，在短短的十多年里，中国的高速铁路从无到有，已经发展成为世界规模最大的高速铁路网络。截止到 2019 年底，全国高速铁路运营总里程超过了 3.5 万公里，占世界高速铁路里程的 2/3 以上。毫无疑问，高速铁路不仅对国内的经济社会发展做出了重大贡献，而且也早已成为中国经济走向世界的亮丽名片。对于中国的区域经济发展而言，高速铁路是一个新的十分重要的影响因素。在过去的十多年里，关于高速铁路对中国区域经济发展的影响已经成为了区域经济学的一个持续的热点研究领域，相关的学术成果大量涌现。从未来发展看，中国国家铁路集团有限公司在 2020 年 8 月 12 日发布了《新时代交通强国铁路先行规划纲要》，规划到 2035 年全国要建成 7 万公里左右的高速铁路网络。这个宏伟的发展规划目标使我们感到振奋。可以预见，关于高速铁路对中国区域经济发展的影响，未来的学术探究空间将更加广阔。因此，我们期待以《高速铁路驱动的中国区域经济》这本书积极参与相关的学术交流，向同行们求教。

在本书即将付梓之时，我们要特别感谢国家发展和改革委员会国土开发与地区经济研究所原所长肖金成研究员、中国科学院地理科学与资源研究所金凤君研究员、国家发展和改革委员会杨荫凯博士、暨南大学经济学院刘金山教授和陈安平教授。他们为我们成功申报上述国家社会科学基金重大项目和开展项目研究工作等提供了无私且宝贵的支持。同时，我们衷心地感谢中国社会科学院魏后凯研究员、已故中国人民大学教授陈秀山先生、暨南大学刘少波教授、中山大学周春山教授和薛德生教授、广东省发展和改革委员会原副主任余云州先生、暨南大学社会科学研究处处长潘启亮博士等专家学者对我们在项目研究中所给予的指导和帮助。正是有了这一大批专家学者的指点和支持，我们才有机会、有能力完成本书所载的研究成果。此外，我们还要感谢科学出版社的李莉编辑和其他工作人员为本书出版所付出的辛劳。李莉编辑积极推动了本书的出版工作，为我们启动本书的出版计划给予了积极的鼓励和大力支持。还有许多同行、同学对本书研究成果的完成给予了多方面的帮助。在此，我们一并对他们表示衷心的感谢。

我们怀揣感恩之心编撰出版拙著《高速铁路驱动的中国区域经济》，报答上面所述及和没有述及的人们。展望未来，我们将以饱满的热情继续开展高速铁路与区域经济发展的相关研究，以中国在这个领域里的丰富实践经验为事实根据，努力发现其中的规律和进行理论创新。同时，我们将继续结合相关研究成果提出有价值的决策建议，把学术研究成果转化为促进区域经济发展的科学力量。惟愿如此，以尽学人之责。

覃成林

2020 年 8 月 31 日 于广州